LIRE LE XVIIe SIÈCLE
sous la direction de Delphine Denis et Christian Biet
43

Série *Romans, contes et nouvelles*
dirigée par Frank Greiner
5

Histoire d'histoires

Ouvrage publié avec le soutien de l'université de Gênes
(Dipartimento di Lingue e Culture Moderne – Équipe F@rum)

Sergio Poli

Histoire d'histoires

Considérations sur l'histoire tragique du premier XVIIe siècle

Traduction dirigée par Chiara Rolla

PARIS
CLASSIQUES GARNIER
2016

IDÉATION

N. Murzilli et C. Rolla.

TRADUCTION

L. Bianchini, E. Bricco, C. Briguglio, F. Brunin, R. Gangemi, A. Giaufret, H. Giaufret-Colombani, M.-C. Lambert, I. Merello, B. Mesmaeker, N. Murzilli, F. Oddone, C. Rolla, M. Rossi, S. Vicari.

RELECTURE ET HARMONISATION

L. Bianchini, E. Bricco, A. Giaufret, M.-C. Lambert, C. Rolla, M. Rossi.

SUPPORT TECHNIQUE

M. Bonizzone.

Sergio Poli, professeur de français à l'université de Gênes, s'est occupé de la fiction narrative du XVIIe siècle, en particulier de l'histoire tragique. Il s'est aussi intéressé à la lexicographie et à l'impact des technologies de l'information et de la communication sur les sciences humaines.

ISBN 978-2-406-05830-4 (livre broché)
ISBN 978-2-406-05831-1 (livre relié)
ISSN 2108-9876

AVANT-PROPOS

Genèse d'un projet : traduire en français le volume *Storia di storie* de Sergio Poli

J'ai connu Sergio Poli en 1986. J'étais une jeune étudiante de première année du cursus en Langues et Littératures Étrangères Modernes ; il était un jeune chercheur chargé du cours d'Histoire de la littérature française du Moyen Âge à l'âge baroque. Ce fut à cette occasion que j'entendis parler pour la première fois d'histoires tragiques : Sergio Poli venait de publier le volume *Storia di storie*[1] et il l'utilisa pour nous présenter la crise de la fin du XVIe siècle et le passage, difficile et trouble, au XVIIe siècle. Ses cours passionnants m'ont transmis l'amour de la littérature française, et de la littérature de la première partie du Grand Siècle en particulier. Ce furent lui et Cecilia Rizza qui accompagnèrent mes travaux de recherche de Maîtrise et de Doctorat, tous deux consacrés à la prose de la première moitié du XVIIe siècle.

Février 2015 : les membres de la section de Français du Dipartimento di Lingue e Culture Moderne de l'Université de Gênes réfléchissent à une façon de fêter le terme de la carrière universitaire de Sergio Poli.

C'est Sergio lui-même qui, sans le savoir, nous a suggéré l'idée du projet : lors d'une pause-café il exprime son regret de ne jamais avoir traduit en français son volume consacré aux histoires tragiques. Il a suffi d'un regard pour que nous nous comprenions moi et ma collègue Nancy Murzilli et l'idée a été accueillie avec enthousiasme par tous les membres de la section. En gardant le secret jusqu'au jour de son départ, non sans quelques difficultés, travaillant toujours en cachette, nous avons segmenté le texte et commencé, chacun, à le traduire. Ensuite nous avons recomposé les parties en soumettant le résultat à de nombreuses relectures pour qu'il fût le plus harmonieux du point

1 *Storia di storie. Considerazioni sull'evoluzione della storia tragica in Francia dalla fine delle guerre civili alla morte di Luigi XIII*, Abano Terme, Piovan editore, 1985.

de vue de la langue et du style. Ce travail est l'expression et le fruit de l'affection pour Sergio Poli de toute la section de Français, car toutes et tous ont contribué à sa réalisation.

Notre traduction se veut la plus « fidèle » possible au texte italien. Nous avons cherché à garder le style et l'esprit de Sergio Poli, qui s'exprimaient parfois dans une syntaxe italienne riche et articulée, j'oserais dire « baroque ». Conséquence directe de son enthousiasme et de son vif intérêt pour une époque, ses auteurs et leurs ouvrages qu'il était selon nous indispensable de transposer, autant que possible, dans la langue française.

En accord avec l'auteur, nous avons jugé nécessaire d'estomper quelques passages critiques qui auraient pu être considérés aujourd'hui comme trop liés à l'époque de la rédaction du livre, afin de les mettre en rapport avec les études plus récentes répertoriées dans la bibliographie qui a été mise à jour[1]. Pour ce travail des outils fondamentaux ont été les deux volumes du *Répertoire analytique*[2] dirigés par Frank Greiner, que je tiens à remercier pour avoir accueilli notre projet dans cette collection prestigieuse qu'il dirige pour les Classiques Garnier. Dans le but d'enrichir la version française à la lumière des études plus récentes, Sergio Poli a jugé indispensable d'ajouter une *Introduction* où il revient sur l'acte de naissance du genre histoire tragique et en récapitule l'"ADN". Par rapport à la version originale en italien, la structure de l'édition française a donc sensiblement changé : si en 1985 on comptait trois chapitres encadrés par une *Introduction* et une *Conclusion*, la présente édition a transformé l'*Introduction* de 1985 en une *Première partie*. Le résultat est donc un volume composé de quatre parties encadrées par une nouvelle *Introduction* et la *Conclusion* originale.

Sergio Poli publie *Storia di Storie* en 1985. En France comme en Italie c'est une période de grand ferment critique dans le domaine

1 Nous avons gardé la structure originale de la Bibliographie, à savoir la division en « Corpus des œuvres citées (XVIe et XVIIe siècles) » et « Bibliographie critique ». En ce qui concerne la première section, nous avons préféré l'ordre alphabétique en signalant entre crochets les éditions critiques. En ce qui concerne la « Bibliographie critique », elle a été enrichie par des textes publiés après 1985 que nous avons signalés par un astérisque.

2 *Fictions narratives en prose de l'âge baroque. Répertoire analytique. Première partie (1585-1610)*, sous la direction de F. Greiner, Paris, Honoré Champion, 2007 ; *Fictions narratives en prose de l'âge baroque. Répertoire analytique (1611-1623)*, sous la direction de F. Greiner, Paris, Classiques Garnier, 2014.

de la réflexion sur la notion de Baroque littéraire. À Gênes, en particulier, il y a à l'époque un véritable foyer d'études sur la période fin XVIe-début XVIIe siècle : il s'agit des chercheurs qui se sont formés au sein de l'équipe de recherche de Cecilia Rizza, parmi lesquels figurent Rosa Galli Pellegrini, Felicita Robello et, bien sûr, Sergio Poli. Ce sont les années qui suivent les études magistrales de A. Cioranescu, C.-G. Dubois, R. Godenne, M. Lever, G. Molinié, J. Rousset, J. Serroy et qui témoignent du renouveau d'intérêt et de la redécouverte de toute une période littéraire plutôt négligée jusqu'aux années 1950.

L'étude de Sergio Poli s'insère alors dans ce climat si stimulant pour les études baroques et de cette atmosphère il conserve l'enthousiasme et l'ardeur. Le volume garde aussi toute la fraîcheur et la passion d'un jeune chercheur, l'intérêt d'un panorama riche et complet et ouvre des perspectives qui sont encore actuelles aujourd'hui. Bien délimité dans le temps et dans l'espace – le sous-titre original italien du volume[1] circonscrivait nettement les frontières spatio-temporelles de l'étude – le livre de Poli nous permet de parcourir, avec une grande rigueur scientifique, l'une des périodes les plus riches et passionnantes de l'histoire de la littérature française. Si la limite *ad quem* est clairement affichée déjà dans le sous-titre italien (la mort de Louis XIII en 1643), la frontière *a quo* est un peu plus floue et c'est l'auteur lui-même qui essaie de la déterminer : « le présent travail commencera là où se sont généralement arrêtés les spécialistes de l'histoire tragique du XVIe siècle, c'est-à-dire aux *Nouvelles histoires tragiques* de Poissenot, de 1586. Ces dernières ont le prix, *grosso modo*, de nous conduire vers la fin d'une période, celle des guerres civiles. Une période outrepassée par l'histoire tragique, qui se transforme pour s'adapter aux temps nouveaux mais qui poursuit son chemin avec succès[2] ».

La démarche chronologique adoptée par Poli lui permet de reconstruire un tableau d'ensemble, une véritable fresque qui, à travers l'histoire des histoires tragiques, leur évolution, ou peut-être vaut-il mieux dire, leur parabole, fait ressurgir une époque, avec tous ses clairs-obscurs, ses contradictions, sa cruauté.

En effet, c'est dans un contexte historique trouble, violent et instable que les histoires tragiques se développent ; elles affichent donc, comme

1 *Cf. inf.* n. 1, p. 7 de cet *Avant-propos*.
2 *Inf.* p. 46-47.

le souligne T. Pech, le sceau d'une « littérature d'un âge de fer[1] ». Un âge qui manifeste aussi un goût du spectacle très fort, notamment pour la tragédie, avec la redécouverte des œuvres de Sénèque traduites par Baïf vers 1540. Comme le souligne A. de Vaucher-Gravili, « dans la France du début du XVIIe siècle, la tragédie est à l'ordre du jour. Trente ans de guerres civiles ont marqué les mœurs au sceau de la violence et la barbarie s'est installée dans le pays[2]. » Directement liées à la fin des guerres de religion et à l'avènement du règne d'Henri IV, ces pièces théâtrales « fonctionnent comme une dispersion esthétique et spectaculaire des transgressions possibles et s'interrogent [...] sur l'impact discursif *et* spectaculaire qu'elles produisent ou envisagent de produire sur des spectateurs (et plus rarement des lecteurs) sans habitudes ni traditions exactement constituées[3]. » Au théâtre comme dans la prose s'impose alors la nécessité d'une « invraisemblance spectaculaire, transgressive et sanglante [qui définisse] à la fois le rôle possible du souverain, [qui envisage] des conduites sociales *exceptionnelles*, [qui sidère] le spectateur par un éblouissement de violence, [... qui exprime], au travers des contradictions proposées par l'intrigue et les discours, un doute sur le monde pacifié, sur l'union mystique de l'État [...], sur la manière dont la famille et la loi fonctionnent ou dysfonctionnent[4]. » Les histoires narrées et les actions scéniques accumulent les faits extraordinaires, les viols, les meurtres, les suicides ; elles deviennent terrifiantes et choquantes pour fasciner le public et l'inviter à réfléchir sur les problématiques mises en scènes et les conséquences qu'elles comportent. « Les faits sont ainsi reliés le long d'une chaîne de causes et d'effets qui s'ordonnent en fonction de l'impact émotionnel qu'on souhaite procurer au [lecteur/] spectateur et qui l'entraînera, parce qu'il sera saisi de manière urgente et parfois angoissante, à exercer son jugement[5]. »

---

1 T. Pech, *Conter le crime. Droit et littérature sous la Contre-Réforme : les histoires tragiques (1559-1644)*, Paris, Champion, 2000, p. 69.

2 F. de Rosset, *Les Histoires tragiques de nostre temps* (1619 ; sixième et dernière réédition). Édition établie par A. de Vaucher Gravili. Paris : Le livre de poche, 1994, « Classiques de poche », n° 16101, p. 8. Sur les rapports entre le théâtre et les récits tragiques à la fin du XVIe et au début du XVIIe siècle voir aussi *Théâtre de la cruauté et récits sanglants en France (XVIe-XVIIe siècles)*, C. Biet dir., Robert Laffont, collection Bouquins 2006.

3 C. Biet, *Introduction* in *Théâtre de la cruauté et récits sanglants en France*, *op. cit.*, p. XXVII-XXVIII.

4 *Ibid.*

5 *Ibid.*

D'un point de vue théorique, comme tous les genres en prose en voie de formation à l'époque[1], les histoires tragiques sont elles aussi en quête de leurs lettres de noblesse : leurs auteurs empruntent largement leurs sujets aux dramaturges[2] et sans doute, comme l'affirme Pech, le choix de l'adjectif « tragique » pourrait procéder d'une « recherche de dignité dans un genre qui en était a priori dépourvu[3] ». Les auteurs qui constellent le panorama tracé par Poli sont en effet bien conscients du pouvoir du tragique sur le public auquel ils s'adressent ; dans leurs récits les appels à une atmosphère politico-religieuse bien précise sont évidents et les rapports entre les histoires narrées et le contexte historico-politique sont présents bien plus qu'en filigrane.

Le volume de Poli est donc une mise au point sensible tant à la dimension formelle qu'historique du genre[4] et il constitue le point de départ des études successives qui se sont penchées sur l'histoire tragique[5]. En partant de la fin du XVIe siècle, sans négliger les rapports avec Bandello et les problèmes liés à la notion d'héritage générique, Poli se concentre surtout sur les ouvrages publiés dans la première moitié du XVIIe siècle en illustrant avec précision les enjeux et la portée de ces récits. Dans les quatre parties qui composent son ouvrage, il passe en

---

1 Je pense notamment au roman : *cf.* C. Esmein-Sarrazin, *L'Essor du roman. Discours théorique et constitution d'un genre littéraire au XVIIe siècle*, Paris, Champion, 2008 ; C. Rolla, « Alla ricerca di uno "statuto" del romanzo nella Francia del primo Seicento », *Quaderni del Dipartimento di Lingue e Letterature Straniere Moderne*, Università di Genova, n° 10, 1998, p. 27-40 ; *id.*, « Le "statut" du roman dans la première moitié du XVIIe siècle : à propos de quelques œuvres et auteurs "mineurs" (Gerzan, Guérin de Bouscal, *Axiane*) », in *Préfaces romanesques*, ét. réunies par M. Kozul, J. Herman, P. Pelckmans, K. Peeters, Actes du XVe Colloque international de la SATOR, Louvain-Anvers, mai 2003, Louvain, éd. Peeters, coll. « La République des Lettres », vol. 23, 2005, p. 103-116 ; *id.*, *L'apologie du roman. À la recherche d'un statut du roman dans la France de la première moitié du XVIIe siècle. Recueil de textes théoriques avec une introduction et des notes biographiques*, Roma, Aracne, 2006.

2 *Cf.* H. T. Campangne, « De l'histoire tragique à la dramaturgie : l'exemple de François de Belleforest », *RHLF*, 2006/4 (Vol. 106), p. 791-810 ; *Théâtre de la cruauté et récits sanglants en France (XVIe-XVIIe siècles)*, C. Biet dir., *op. cit.* ; *Les tragédies de Sénèque et le théâtre de la Renaissance*, M. Oddon et J. Jacquot (dir.), Paris, CNRS, 1972.

3 T. Pech, *Conter le crime*, *op. cit.*, p. 69.

4 *Cf.* D. Rieger, «"Histoire de loi" – "Histoire tragique". Authenticité et structure de genre chez François de Rosset », in *Dynamique sociale et formes littéraires. De la société de cour à la misère des grandes villes*, Tübingen, Gunter Narr, 1997, p. 20.

5 Dans le travail de mise à jour de la bibliographie, ainsi que pour rédiger cet Avant-propos nous avons souvent rencontré des textes qui déclaraient ouvertement avoir comme point de départ théorique le volume de Sergio Poli.

revue les auteurs les plus connus, mais aussi les mineurs, qui témoignent tout de même de la vaste portée et diffusion de ce phénomène littéraire. La démarche ponctuelle et chronologique suivie a permis à Poli de s'interroger sur la genèse (influences génériques fondatrices telles que la *novella* italienne et la tragédie sénéquéenne ainsi que les apports novateurs du roman à son essor), sur le rayonnement et la décadence de ce genre littéraire tout en ouvrant des perspectives de recherche sur sa postérité. Poli cible aussi son attention sur la situation narrative décidément complexe, constituant la toile de fond de ces récits, qui hésitent entre la mise en scène de chroniques violentes ou cruelles – historiques ou issues du quotidien – et la nécessité de se confronter à un discours moralisant à la portée parabolique. Son analyse tient compte aussi des incidences esthétiques et stylistiques liées aux canons baroques et anticipe de loin certaines mises au point très récentes[1].

Le volume de Poli contient aussi beaucoup d'autres intuitions qui seront très vite codifiées. Je pense notamment à la réflexion qu'il conduit autour des textes liminaires, à leur importance du point de vue de la codification du genre, à une époque où aucun traité théorique n'existait. C'est déjà avoir pressenti, quelques années avant les synthèses magistrales de Genette[2], la centralité des paratextes et du pacte de lecture qui leur est implicite.

Tout en tenant compte de ces considérations, nous avons donc estimé que l'histoire de l'histoire tragique, « véritable genre-éponge[3] », forme « caméléon » et pour cela très baroque[4] à la recherche d'un propre statut,

1 C. Biet par exemple, dans l'*Introdution* de son recueil paru en 2006 (*Théâtre de la cruauté et récits sanglants en France* (XVIe-XVIIe *siècles*), *op. cit.*) propose une synthèse du genre très exhaustive qui sans aucun doute a pris en compte les conclusions atteintes par le volume de Poli : « Certes, ces "histoires tragiques", qui sont aux XVIe et XVIIe siècles, des nouvelles, des récits plus ou moins brefs, racontent des "cas" de vengeance ou de violence édifiants, étonnants et extraordinaires, au sein d'une histoire simple, et donnent lieu à une sorte d'examen dévot. Après une introduction générale établissant le thème du "cas", les récits utilisent une écriture paroxystique qui entraîne la passion du lecteur, font en sorte qu'il s'interroge sur la loi exprimée et mettent en place une représentation de la punition avant d'en venir à une conclusion moralisante qui remet le lecteur sur le chemin du Bien. Le dénouement funeste laisse finalement la place à une réflexion sur l'infraction et sur la transgression figurées par le crime ou la vengeance. » (p. IX).

2 Je pense notamment à *Seuils* (Paris, Seuil, 1987).

3 T. Pech, *Conter le crime*, cit, p. 110.

4 « [...] cette chaîne infinie, cette roue en mouvement perpétuel, cette transmutation constante, incarne exactement la poétique du mouvement, de la métamorphose, de l'instabilité et

où se croiseraient celui de la tragédie, du roman, de la nouvelle, méritait de voir finalement traduit en français l'un de ses textes fondateurs[1]. En effet, la définition élaborée par Poli en 1991 jaillit de *Storia di storie* et sera à la base des recherches des années successives :

> [...] il s'agit d'un genre qui a débuté en France à une époque précise, dont la vie a duré plus ou moins un siècle, et qui a gardé jusqu'à la fin certains traits distinctifs : la Loi, la Transgression et la Punition en ont toujours été les ressorts essentiels ; la violence, l'amour et l'ambition les sujets préférés ; une introduction et une conclusion en guise de morale le cadre nécessaire[2].

De plus et pour conclure, ces textes, comme le souligne C. Biet, non seulement représentent pour le chercheur un champ d'investigation riche encore de pistes à parcourir, mais peuvent aussi bien « séduire les lecteurs modernes[3] » et les aider peut-être aussi à mieux comprendre notre actualité. La liste d'ouvrages contemporains, notamment théâtraux, qui « mêlent le théâtre, la danse, la musique, le cinéma et les arts plastiques [et qui] ont [...] placé les corps, la souffrance et la violence au centre des plateaux[4] » est en effet très étendue[5].

Serait-il possible alors de comprendre quelque chose de notre présent souvent si violent à travers l'histoire des histoires tragiques et l'analyse sociologique et historique de l'époque qui les a vues naître et fleurir ? Beaucoup de parallèles et d'analogies sembleraient pouvoir être établis entre la cruauté et la violence du climat des guerres de religion et l'actualité mondiale du XXIe siècle. Les paroles de Saint-Réal, auteur d'un essai paradigmatique publié en 1671 – *De l'usage de l'histoire*[6] –, reviennent sur le plaisir trouble qu'on peut prendre en lisant ou en

---

de la surprise. Parmi tous les genres de l'époque, l'histoire tragique française s'avère donc l'un des plus réalistes, mais également l'un des plus profondément baroques. » (*infra* Conclusion, p. 299)

1 *Cf.* T. Pech, *Conter le crime*, *op. cit.*, p. 33.

2 S. Poli, *Histoire(s) tragique(s). Anthologie/typologie d'un genre littéraire*, Bari/Paris, Schena/Nizet, 1991, p. 7.

3 C. Biet, Introduction in *Théâtre de la cruauté et récits sanglants en France (XVIe-XVIIe siècles)*, *op. cit.*, p. VIII.

4 *Ibid.*, p. V.

5 C. Biet cite en particulier *L'Histoire des larmes* de Jan Fabre, *Puur* de Wim Vandekeybus, *Anathème* de Jacques Delcuvellerie et fait référence au festival d'Avignon de l'année 2005 (*Cf.* Ibidem, p. V).

6 Saint-Réal, *De l'usage de l'histoire à M**** (1671), texte présenté par R. Démoris et C. Meurillon, Lille, GERL, 17/18, 2000.

assistant à des spectales horrifiques et sont à notre avis d'une grande modernité :

> C'est une chose assez étrange, si l'on y veut faire réflexion, qu'il soit nécessaire de distinguer les plaisirs des hommes en naturels et ceux qui ne le sont pas. On trouve du plaisir à voir un beau jour, une belle nuit, un beau paysage, une belle personne ; mais tout de même, on trouve du plaisir à voir donner une sanglante bataille, à voir jeter un homme à terre par un autre qui se joue, et cela est fort surprenant ; car non seulement la nature ne nous porte point à faire du mal à autrui, quand il ne nous en revient autre bien que celui de le voir ; mais encore elle nous inspire de la haine pour ce mal, quelque part qu'il soit, et même un désir de l'empêcher, autant que nous pouvons, bien loin de nous en divertir. Comme se peut-il donc faire, que nous ayons de la complaisance pour des objets, contre lesquels la nature réclame et implore pour ainsi dire, notre secours[1] ?

Tout comme à l'époque contemporaine, le moment littéraire entre la fin du XVIe siècle et les premières décennies du XVIIe siècle révèlerait « l'avènement d'un art neuf, avec un public nouveau, et marque[rait] un phénomène social et une mise en place de nouveaux lieux de sociabilité[2]. » Hier comme aujourd'hui[3] il semblerait que « le corps, livré à ses

1 *Ibid.*, p. 18-19, cité par C. Biet, *op. cit.*, p. X.

2 C. Biet, Introduction in *Théâtre de la cruauté*, *op. cit.*, p. XXV.

3 Sur la violence dans les arts plastiques contemporains voir en particulier : S. Ferrières-Pestureau, « Figures de la violence dans l'art pictural », *Cahiers de psychologie clinique*, 2012/2 (n° 39), p. 11-30 ; I. de Maison Rouge, *L'art contemporain*, Milan, « Les Essentiels », 1997. Et pour rester dans le domaine des histoires sanglantes des XVIe/XVIIe siècles, nous signalons une artiste contemporaine belge, Agnès Geoffray, qui a créé une installation intitulée « Canards sanglants » : http://www.agnesgeoffray.com/photos/Canards-Sanglants-_ga206327.html, consulté le 18/11/2015. Sur la violence dans la littérature contemporaine voir en particulier : R. Guidée, « L'écriture contemporaine de la violence extrême : à propos d'un malentendu entre littérature et historiographie », Fabula / Les colloques, Littérature et histoire en débats, URL : http://www.fabula.org/colloques/document2086.php page consultée le 17/11/2015 ; *Violence, érotisme et littérature. L'écriture du corps brutalisé dans l'imaginaire littéraire contemporain*. Journée d'étude organisée par Figura, Centre de recherche sur le texte et l'imaginaire. Montréal, Université du Québec à Montréal, 8 novembre 2013. Document audio. En ligne sur le site de l'Observatoire de l'imaginaire contemporain. http://oic.uqam.ca/fr/evenements/violence-erotisme-et-litterature-lecriture-du-corps-brutalise-dans-limaginaire-litteraire, consulté le 17/11/2015 ; « Les dires de la violence », *Post-scriptum. Revue de recherche interdisciplinaire en texte et médias*, 2014, http://post-scriptum.org/-7-les-dires-de-la-violence-, consulté le 17/11/2015 ; « Deuils sans fin dans la littérature contemporaine », *Post-scriptum. Revue de recherche interdisciplinaire en texte et médias*, 2015, http://post-scriptum.org/-14-deuils-sans-fin-dans-la-litterature-, consulté le 17/11/2015.

pulsions désirantes et meurtrières, devient [...] un facteur emblématique de désordre et participe à un mouvement de dérèglement de l'écriture qui permet l'exploration de ses limites[1]. »

« Désordre » ; « mouvement » ; « dérèglement » : la modernité de l'art baroque est revendiquée aussi par ces relectures/réécritures contemporaines qui établissent un fil rouge entre « le goût baroque de la *meraviglia*, sa recherche de l'excès[2] » et les plus récentes tendances de l'art contemporain. C'est un saut chronologique assez risqué mais qui présente à notre avis des correspondances et des connexions décidément intéressantes pour les dix-septiémistes de l'heure actuelle.

Je termine ma réflexion en m'appropriant les mots employés par Sergio Poli dans la conclusion d'une étude très récente sur les *Histoires tragiques* de François de Rosset :

> Ce sont des liens qui pourraient paraître contradictoires, mais qui trouvent leur origine dans un contexte socio-politique où les intérêts économiques des éditeurs et des auteurs commencent à jouer un rôle important. Pour attirer le public de plus en plus vaste, il faut trouver des faits éclatants, vrais et contemporains et comme la vérité seule est ou pauvre ou dangereuse, il est opportun de la déguiser, par le mensonge, l'altération et, finalement, par la littérature, dans un exercice d'équilibre parfois difficile[3].

Chiara Rolla

1 *Ibid.*, p. XXVII.

2 S. Poli, « Poétique de la vérité et conséquences textuelles : sur une histoire tragique de François de Rosset », in *Les « Histoires tragiques » de François de Rosset*, textes recueillis par B. Conconi, Bologna, Emil, 2014, p. 49.

3 *Ibid.*

INTRODUCTION

L'ADN D'UN GENRE : SOUS LE SIGNE DE LA TRADUCTION

L'acte de naissance du genre – ou sous-genre – "histoire tragique" est très précis, bien connu et accompagné d'opportunes réflexions auctoriales : c'est la traduction, de la part de Boaistuau, de quelques nouvelles de Bandello. Une traduction réalisée en 1558, qui fait tout à coup émerger de la vaste mer de la nouvelle une typologie littéraire jusqu'alors non identifiée. Cette naissance, pour les raisons qui seront illustrées par la suite, ne fait pas partie de l'horizon temporel de ce travail ; qui plus est, elle a été analysée ou pour le moins évoquée pratiquement par tous ceux qui se sont occupés des histoires tragiques, à partir des successeurs eux-mêmes de Boaistuau. Il est toutefois important d'y réfléchir au préalable, pour en mettre en évidence des traits qui n'ont pas toujours été soulignés et qui conditionnent non seulement l'œuvre de départ, mais l'évolution successive de tout le genre.

Le statut de la traduction, au XVIe siècle, se précise, et la réflexion sur l'acte traductif prend un relief particulier : le mot "traduction" lui-même apparaît en français[1], comme on le sait, dans *La Manière de bien traduire d'une langue à l'autre d'Étienne Dolet* (1540), et tout un pan de la littérature du XVIe siècle surgit des traductions des Classiques et des Italiens. Parallèlement, le discours théorique sur la traduction vire rapidement de « la manière de bien traduire » à l'« innutrition[2] »,

---

1 Comme on le sait, le mot apparaît pour la première fois en latin chez Leonardo Bruni, *De interpretatione recta*, écrit entre 1420-1426.

2 Le terme remonte à Émile Faguet, qui l'utilisa à propos des idées de Du Bellay et de la Pléiade (E. Faguet, *Seizième siècle. Études littéraires*, Paris, Boivin, 1894, p. 214, 215). Faguet pourtant ne fait que reprendre un *topos* très commun qui remonte aux Latins « se

forme d'imitation substantielle par assimilation ; puis il privilégie tout de suite après l'invention, étape de la rhétorique qui mène tout droit à l'originalité. Si Du Bellay défend donc l'imitation en qualifiant (déjà !) les « traducteurs » de « traditeurs[1] », Peletier du Mans souligne la valeur de l'« inventio » et Guillaume des Autels est peut-être le premier qui fait en son temps l'apologie de l'originalité[2].

Même si Boaistuau, dans son *Advertissement à ses Histoires tragiques extraictes des œuvres italiennes de Bandel* (1559)[3] déclare à son Lecteur ne pas s'être assujetti au style de Bandello, « car sa phrase m'a semblé tant rude, ses termes impropres, ses propos tant mal liez et ses sentences tant maigres, que j'ay eu plus cher la refondre tout de neuf et la remettre en nouvelle forme », il insiste, comme son successeur Belleforest, pour définir son recueil comme une « traduction », en cantonnant implicitement son travail de refonte du modèle italien sur le terrain de l'« elocutio » plutôt que sur celui de l'invention. D'autre part, il proclame tout haut sa « liberté » non seulement quant au style, mais surtout pour ce qui est du choix des sujets et de leur désignation :

> Au reste, j'ay intitulé ce Liure de titre Tragique, encores que (peut estre) il se puisse trouver quelque histoire, laquelle ne respondra en tout, à ce qui est requis en la Tragédie ; neantmoins, ainsi que j'ay esté libre en tout le sujet, ainsi ay-je voulu donner l'inscription au Liure, telle qu'il m'a pleu[4]

Tout est là, donc. Le modèle, l'acte traductif, le choix thématique du sujet, extrait de Bandello, mais librement. Le fait qu'il s'agit d'une traduction comporte encore quelques conséquences importantes.

---

nourrissant » de littérature grecque, et que l'on retrouve de Quintilien aux humanistes italiens et français. *Cf.* à ce propos, par ex. K. Meerhoff, *Rhétorique et poétique au XVIe siècle en France : Du Bellay, Ramus et les autres*, Leiden, E. J. Brill, 1986, n. 41, p. 40.

1 « Mais que dirai-je d'aucuns, vraiment mieux dignes d'être appelés traditeurs, que traducteurs ? » *Défense et illustration de la langue française*, chap. VI.

2 R. Mortier, *L'Originalité. Une nouvelle catégorie esthétique au siècle des Lumières*, Genève, Droz, coll. « Histoire des idées et critique littéraire », vol. 207, 1982, p. 24. Cité dans V. J. Martel « De l'invention. Éléments pour l'histoire lexicologique et sémantique d'un concept : XVIe -XXe siècles » *Études françaises*, vol. 26, n° 3, 1990, p. 29-49, à la p. 35.

3 Paris, Vincent Sertenas, 1559.

4 C'est moi qui souligne.

LE NOM

La première concerne… le nom même du genre. L'appareil d'intitulation qui le désigne n'est pas du tout banal, et son intérêt réside non seulement dans l'adjectif « tragique », sur lequel Boaistuau s'attarde, mais aussi, et peut être davantage, sur le nom « histoire », qu'il ignore complètement dans la réflexion métatextuelle de *l'Advertissement*. Pour son traducteur, les « novelle » de Bandello deviennent d'emblée des « histoires », malgré l'existence du genre – et d'une mode – de la « nouvelle » dans la tradition française.

Certes, nous ne pouvons pas oublier que les deux termes apparaissent ensemble dès le début du récit bref moderne : c'est Boccace lui-même qui dessine une typologie du genre dans la préface du *Décaméron*, quand il affirme vouloir écrire « cento Novelle, o Favole o Parabole o Istorie che dire le vogliamo ». Ces mots ont naturellement offert aux commentateurs une matière abondante de réflexions « classificatoires », résumées en partie par Manni au XVIIIe siècle[1] et poursuivies jusqu'à nos jours ; mais, surtout, ils ont inauguré une coprésence signalée dans bien des préfaces :

> Je, vostre très obéissant serviteur […] ose et présume ce présent petit œuvre […] vous présenter et offrir […] qui en soy contient et tracte cent **histoires** assez semblables en matere, sans attaindre le subtil et tresorné langage du livre de Cent Nouvelles. Et se peut intituler le livre de **Cent Nouvelles nouvelles**[2]

> Entre autres je croy qu'il n'y a nulle de vous qui n'ait leu les cent Nouvelles de Bocace, nouvellement traduictes d'ytalien en françois, que le Roy François premier de son nom, monseigneur le Daulphin, ma dame la Daulphine, madame Marguerite, ont faict tant de cas, que si Bocace, du lieu où il estoit les eut peu oyr, il debvoit resusciter à la louange de telles personnes. Et, à l'heure, j'oy les deux dames dessus nommées avecq plusieurs autres de la court qui se delibererent d'en faire autant, sinon en une chose differente de Bocace : c'est de n'escripre **nulle nouvelle**, qui ne soit **veritable histoire**[3].

1 D. M. Manni, *Istoria del Decamerone di Giovanni Boccaccio*, Firenze, Ristori, 1792, p. 134 *sqq.*

2 Dédicace des *Cent Nouvelles nouvelles* « À Mon trescher et tres redoubté Seigneur Monseigneur le Duc de Bourgoigne, de Brabant, etc. ». C'est moi qui souligne.

3 Marguerite de Navarre, *Heptaméron*, "Prologue". C'est moi qui souligne.

Même cette coprésence, pourtant, disparaît complètement chez le traducteur des *Novelle.* C'est justement là, à notre avis, l'un des effets de la traduction d'abord, et de la traduction (française) d'une œuvre moderne, ensuite : deux faits élémentaires qui ont de profondes conséquences sur la nature de l'objet traduit et sur sa relation avec la source.

L'« effet-traduction », en premier lieu, rend plus difficile l'emploi du terme « nouvelle ». Au-delà de toutes les typologies possibles, en effet, ce terme renvoie un tant soit peu à cette connotation de « nouveauté » sur laquelle jouent souvent les titres français : Les *Cent nouvelles nouvelles*, La *Nouvelle fabrique des excellents traits de vérité*, *Nouvelles récréations et joyeux devis*, *Nouvelles histoires tant tragiques que comiques*, etc. Dans une traduction qui s'avoue comme telle, les « nouvelles » traduites ne sont plus, par définition, « nouvelles », du moins quant à leur matière et à sa nouveauté relative. Il leur faut donc pour titre un désignateur rhématique différent.

L'effet « traduction moderne », ensuite, a trait à la compétition entre le traducteur et son modèle, dont le « style rude », les « termes impropres », les propos « mal liez » et les « sentences maigres » sont dûment critiqués. Cette compétition est autorisée par la doxa française de l'époque, où d'un côté se mêlent des sentiments anti-italiens et des aspirations à la primauté politique et culturelle, et de l'autre émerge un nouveau statut de la « traduction » comme opération savante et auctoriale. Dans le cas des traductions des vénérables auteurs classiques, le prestige des grands modèles antiques restait inattaquable ; pour un genre mineur et moderne, l'autorité du traducteur ne peut que s'affirmer par la polémique littéraire, culturelle et anti-italienne, à laquelle est sensible le public français. Le fait de nommer « histoires » des nouvelles de Bandello répond donc aussi à ce but, et relève le texte « dérivé ». L'histoire va de pair, sur ce terrain, avec la tragédie qui lui fournit une lettre de noblesse supplémentaire. C'est ce que révèle encore mieux la dédicace à Mgr. Mathieu de Mauny, abbé de Noyer. Boaistuau, en passant cette fois sous silence tout geste traductif, y arrive à définir son recueil comme un bien plus sérieux « traité » :

> Et n'ayant pour le present autre chose en mais digne de vous que ce traicté d'histoires…

Ce que l'« histoire » évacue, nécessairement, c'est alors le « discours » bandellien. Et c'est là, à la lisière du récit, que cette exclusion, implicite dans le changement du titre, s'avère comme la plus fructueuse du point de vue de la naissance et de l'évolution du nouveau genre. Car la suppression du discours de Bandello entraîne une profonde mutation du cadre, prêt à se transformer.

DU CADRE À L'INCIPIT

Le phénomène de la dissolution de l'histoire-cadre boccacienne est fréquemment évoqué dans les analyses sur la nouvelle, à partir des réflexions de Jolles[1] et d'Auerbach[2] jusqu'aux observations de Wetzel[3]. Celui-ci souligne les trois fonctions possibles du cadre, que le *Décaméron* de Boccace hérite de traditions différentes en les amalgamant selon un dosage conforme aux structures d'une société libre et autonome. Ce sont celle d'éviter un danger, comme dans *Les mille et une nuits* les récits de Shéhérazade éloignant chaque fois la mort (dans le *Décaméron*, le danger à éviter serait représenté par la peste) ; celle de régler et d'organiser (alternance dans les journées du *Décaméron* des « rois » et des « reines » qui dictent les sujets des nouvelles et l'ordre des narrateurs) ; celle, justement, de discuter les contenus et les situations, comme le font régulièrement entre eux les personnages-narrateurs. Face aux changements sociaux et aux crises idéologiques, les formes de la nouvelle changent : le cadre d'un côté occupe de plus en plus d'espace, de l'autre il disparaît. Wetzel nomme, comme étapes de cette disparition aussi bien les histoires tragiques (en première position) que les *Novelas* de Cervantes[4]. Mais la première place devrait, dans cette courte liste, être attribuée à Bandello.

On connaît bien, en effet, les transformations profondes que Bandello fait subir à la structure héritée de Boccace : substitution d'un récit-cadre (au singulier) par des lettres dédicatoires (au pluriel) ; élimination de bornes

1 A. Jolles, *Formes simples*, Paris Seuil, 1972 (Ire éd. 1930).

2 E. Auerbach, *Zur Technik der Frührenaissancenovelle in Italien und Frankreich*, Winter, Heidelberg, 1971.

3 *Cf.* par exemple H. Wetzel, *Premesse per una storia del genere della novella romanza dal Due al Seicento*, in *La novella italiana*, Atti del Convegno di Caprarola, 19-24 settembre 1988, Roma, Salerno editrice, 1989 ou encore *Die romanische Novelle bis Cervantes*, Stuttgart, Metzler, 1977.

4 *Ibid.*, p. 280.

spatio-temporelles bien marquées (la campagne florentine et la grande peste) en faveur d'horizons plus vastes et de chronologies plus floues ; substitution du nombre réduit de devisants « idéaux » (pseudonymes grécisants) par un nombre indéfini de dédicataires concrets et identifiables, différents de nouvelle à nouvelle. Qui plus est, dans les *Novelle* tout un niveau diégétique est aboli, la voix « épistolaire[1] » se faisant polyphonique et englobant complètement celle de ses destinataires ; finalement, tout un pan fictionnel recule face à la nature testimoniale de la lettre. Les trois fonctions du cadre, énumérées par Wetzel, en résultent donc bouleversées ; et la seule qui subsiste est celle de la réflexion (quelquefois émergeant d'une "discussion rapportée") sur ce qui va être raconté. En altérant et en multipliant le « cadre », Bandello l'a donc bel et bien éliminé. Il a fait même plus : il a subverti toute la zone liminaire du récit, en effaçant les cloisons entre *Dédicace, Avertissement* et récit-cadre, et en les superposant les uns aux autres dans le moule épistolaire auquel, à la rigueur, appartiendraient même les histoires racontées. C'est un phénomène immédiatement perceptible dès la dédicace aux « Candidi ed umani lettori », où il affirme avoir commencé à écrire des nouvelles pour obéir aux commandements d'Ippolita Sforza, qui figure justement, quelques lignes après et presque sans transition de ton, comme la dédicataire de la première nouvelle d'un côté, et comme la dédicataire de tout le recueil, de l'autre.

Une telle structure, originale sinon révolutionnaire, représente pour le traducteur français un défi presque insurmontable. Ne pouvant pas proposer à ses lecteurs des dédicaces/introductions renvoyant à des personnages et à des situations très italiens, même si quelquefois assez « internationaux », mais peu cohérents avec l'horizon sociopolitique national, il se trouve obligé de chercher cette « nouvelle forme » dont il parle dans sa préface en critiquant son devancier. Il rétablit donc les jalons canoniques qui pilotent l'entrée du lecteur dans les contenus fictionnels : *Dédicace* (à Mgr de Mauny), *Advertissement au Lecteur*, et récits traduits, l'un après l'autre, sans épîtres introductives. Où placer, pourtant, le « discours" ? C'est-à-dire, comment garder le sens des commentaires (aux événements racontés), que Bandello attribuait chaque fois à ses dédicataires, et qu'il introduisait parfois – en tant que voix aussi bien épistolaire que narrative – dans les débuts des nouvelles elles-mêmes ? Le problème est de taille : la forme épistolaire permettait à Bandello de diluer librement

1 Le terme est imprécis ; mais il s'agit quand même d'épîtres dédicatoires.

entre dédicace et incipit du récit cette fonction contextuelle et "orientative » sur les valeurs en jeu, qui était auparavant confiée aux réflexions et aux commentaires des devisants de l'histoire-cadre décaméronéenne. Boaistuau n'a pas de cadre à traduire, et ne peut pas traduire telles quelles les épîtres de Bandello ; face à son modèle, il ressent toutefois la nécessité de remplir l'espace qui précède chacune de ses histoires et qui donne au lecteur un point de vue « correct » pour interpréter ce qui suit. Il invente alors un espace auctorial, où, comme le faisait Bandello, résonne sa voix, mais où, à la différence de son modèle, cette voix s'adresse directement au lecteur. Cet espace, il l'appelle *Sommaire*, bien que son but principal soit de présenter la leçon morale et exemplaire du récit introduit et non de le résumer ou d'en illustrer les moments essentiels. C'est là, pour l'auteur, un espace d'appropriation : une petite partie seulement de son discours lui vient de sa source, qui ne lui sert en tout cas que de point de départ et, quelquefois, de cible pour des répliques implicites. Après le sommaire le récit commence comme un bloc autonome, bien séparé des réflexions auctoriales qui le précèdent.

UN ADN DÉSORMAIS ÉTABLI

De cette façon, le traducteur français a circonscrit tout l'espace de l'évolution successive du genre.

Du point de vue des contenus, cette évolution pourra d'un côté se lire comme un parcours vers une « francisation » de la matière, comme le souhaitaient déjà les derniers écrivains du XVIe siècle :

> … nous ne sommes point plus steriles en belles inventions que les estrangers & […] avons bien de quoy recreer & soulager l'ennuy qu'apporte l'oysiveté par des discours nez en France, & habillez à la françoise[1] ;
>
> Et après il vous plaira considerer que c'est de l'invention d'un François, pour faire mentir l'estranger qui se vante que nous n'avons aucune invention, et que nostre estude n'est qu'à traduire[2] ! ;

1 J. Yver, « Au favorable et bienveillant lecteur », *Le Printemps*, 1572.

2 V. Habanc, « À mon plus inthime et parfaict amy IDM gentilh. Xaint. », *Nouvelles histoires tant tragiques que comiques*, 1585.

> … que si quelque hardy entrepreneur osoit aussi diligemment rechercher ce qui est advenu depuis soixante ans jusques icy parmy ce Royaume en matière d'histoires Tragiques, comme Bandel a fureté par tous les cantons de son Italie, que les Italiens passeroient les monts pour venir mendier de nous ce que journellement empruntons d'eux[1].

Cette francisation, si souhaitée, se fera jour au cours du XVIIe siècle, et marquera l'une des périodes les plus fécondes et fortunées de l'histoire tragique.

Du point de vue de la forme, le sommaire inventé par Boaistuau subira des étirements dans les dimensions, comme déjà chez Belleforest et surtout chez Poissenot, des modifications de nature, jusqu'à abandonner la fonction de seuil extérieur du récit pour assumer, revenu presque à ses origines, celle d'incipit du récit lui-même. Ce sera là l'une des contributions originales de l'histoire tragique au rééquilibre formel de la nouvelle.

Du point de vue du titre d'« histoire » choisi par son créateur, jamais nom de genre – ou de sous genre – fut plus ambigu et plus fécond, en pénétrant de son ambiguïté toute l'Histoire des histoires. Il brille d'une double lumière sur toute la production du XVIIe, en marque les nouveautés et en accompagne la fin. De même, jamais aucun adjectif n'aurait pu mieux accompagner ce noble nom que « tragique » : sa brillance ou son éclipse contribuent à décider de la fortune, du long crépuscule et de la mort de ces ouvrages dont les échos lointains retentissent encore au-delà du siècle de Louis XIV.

---

1 B. Poissenot, « Prologue de l'auteur sur ses Histoires tragiques », *Nouvelles histoires tragiques*, 1586.

L'HISTOIRE TRAGIQUE, UN TERRITOIRE INEXPLORÉ

HISTOIRE TRAGIQUE, UN GENRE OU UNE SOUS-ESPÈCE ?

À propos du roman du XVIIe siècle, M. Magendie, dans l'ouvrage bien connu de tous les spécialistes, fait observer :

> Il nous serait aisé de dégager la conception que l'on s'est faite du roman de la première moitié du XVIIe siècle, si nous avions pour le roman l'équivalent de la *Pratique du théâtre*, de Daubignac, de l'*Art poétique* de Boileau, du *Traité du poème épique*, du P. Le Bossu. Mais le roman était considéré par les doctes comme un genre secondaire, et il ne semblait pas mériter l'honneur que l'on faisait à la tragédie, à l'ode ou à l'épopée[1].

Pour sa part Godenne affirme, à propos de la nouvelle de la Renaissance : « Notons enfin que pas un nouvelliste ne se préoccupe de donner la moindre définition du genre[2] ».

Toute, ou presque, la production narrative en prose des XVIe et XVIIe siècles présente à nos yeux le même problème : au foisonnement d'œuvres et d'auteurs correspond une surprenante absence d'élaboration théorique sur les genres, souvent considérés non seulement comme « mineurs » mais parfois – peut-être – même peu convenables au rang et à la gravité des gentilshommes qui s'y consacrèrent et qui souvent omirent de signer leurs écrits[3].

Loin de constituer une caractéristique purement négative, le mépris relatif des doctes favorisa la diversité et la liberté : des œuvres de toutes

1 M. Magendie, *Le roman français au XVIIe siècle*, Paris, Droz, 1932, p. 119.

2 R. Godenne, *Histoire de la nouvelle française aux XVIIe et XVIIIe siècles*, Genève, Droz, 1970, p. 23.

3 *Cf.* G. Reynier, *Le roman sentimental avant l'Astrée*, Paris, Colin, 1908, p. 263.

dimensions, de toutes formes, de valeur inégale, de la traduction au plagiat et à l'innovation, de la compilation à l'invention, forment un territoire d'une extrême richesse et d'une grande variété, plein de surprises, malgré son caractère un peu anarchique et confus dû à l'absence de divisions précises, de hiérarchies préétablies. D'autre part ces caractéristiques constituent un obstacle notable pour les critiques et les historiens de la littérature, professionnellement contraints de distinguer et de classer. Ils se trouvent en effet ici face à une matière protéiforme et indéfinissable, ne sachant quel sens attribuer à des termes tels que « roman », « nouvelle » ou « histoire », et souvent tentés de simplifier à l'excès en identifiant seulement un « genre long » et un « genre bref », séparés, au maximum, par un « genre moyen[1] ». Une solution, en l'occurrence, d'une douteuse efficacité, aussi approximative que les autres sinon encore plus imprécise : sur la base de quels critères et en se réclamant de quelle autorité peut-on établir une frontière entre des quantités aussi générales, entre des concepts aussi subjectifs ? Et quelle statistique, en admettant que l'on puisse en faire une, parviendrait à fournir des éléments de jugement significatifs ?

La distinction entre genre « long » ou « court » n'est que l'un des exemples des difficultés déjà rencontrées pour identifier et opposer, dans le domaine des genres narratifs, de grands ensembles de structures plus ou moins proches. Les choses se compliquent encore lorsqu'il faut quitter les niveaux plus généraux pour affronter des questions de taxinomie plus pratique et isoler, par exemple, le roman d'aventure, le roman idéaliste ou le roman réaliste dans le but de les différencier les uns des autres, ou séparer le conte de la nouvelle ou de l'histoire. C'est avec ces difficultés que se mesure Godenne pour identifier la nouvelle afin d'en tracer une histoire[2], ce sont ces dernières qu'affronte Serroy avec le même objectif face à cet objet caméléontique que constituent les « histoires comiques[3] ». Il serait peut-être plus juste de renoncer par avance à tout type de classification incertaine et souvent – au moins en partie – *a posteriori*[4], mais, il faut l'avouer, les étiquettes sont nécessaires

1 *Cf.* par ex. G. Pérouse, *Nouvelles françaises du XVIe siècle*, Genève, Droz ; entre autres p. 470.
2 R. Godenne, *op. cit.*, *Préliminaires*, p. 11 *sqq.*
3 J. Serroy, *Roman et réalité. Les histoires comiques au XVIIe siècle*, Paris, Minard, 1981, p. 778.
4 F. Garavini dans une courtoise polémique avec Serroy parle justement d'« inconsistenza » du « concetto di genere » (« inconsistance du concept de genre », notre traduction),

pour assimiler et retenir ; et puis les étiquettes ont une grande vertu : celle de pouvoir être discutables, provisoires, dilatables à volonté et, enfin, remplaçables, contribuant ainsi au progrès de la connaissance.

L'étiquette « histoire tragique » n'est pas moins approximative que les autres ; elle est probablement même plus discutable que la plupart des autres : comme les romans sentimentaux, réalistes, etc., elle se distingue de la nouvelle, genre contigu, plus par le ton que par les dimensions ou la forme. Elle naît de la même nouvelle (italienne), si bien que toute différenciation par rapport à cette dernière pourrait sembler abusive. En outre, la partie structurelle ou substantielle de l'expression qui nous intéresse, le mot d'« histoire », apparaît, comme on l'a maintes fois noté, d'une généralité déconcertante[1] : il désigne tout type de récit, long ou bref, ce qui est vrai et ce qui est faux, ce qui est arrivé dans la réalité ou qui est seulement imaginaire ; et chacun de ces sens est régulièrement enregistré par le *Dictionnaire* de Furetière. Enfin, peut-être justement à cause du caractère flou de ses contours, le panorama de ce genre littéraire dessiné par ceux qui – souvent de façon marginale – s'en sont occupé, nous apparaît plein d'ombres, de lacunes, parfois d'inévitables erreurs. Peut alors se faire jour le doute fatidique : y a-t-il vraiment eu, entre le XVIe et le XVIIe siècle, un genre narratif que l'on peut définir comme histoire tragique ? Ou plutôt n'y a-t-il pas eu des « nouvelles » tragiques à côté de nouvelles (semblables en tout et pour tout, sauf pour la conclusion) comiques, et même des « romans » tragiques, à côté de romans sentimentaux ou réalistes, vu que le binôme « histoire tragique » apparaît comme sous-titre de plusieurs narrations longues du début du XVIIe siècle[2] ?

De telles questions toutefois, à bien y réfléchir, n'ont guère de sens : genre ou sous-genre, l'histoire tragique a existé, vu que tant d'œuvres en prose de l'époque portèrent un titre de ce genre, et en ignorer la spécificité équivaudrait à se priver de la compréhension de toute une partie d'une littérature et d'une culture. Nombreuses et assez uniformes, les histoires tragiques forment sans conteste un ensemble distinct et relativement

---

« Indefinibili "Histoires comiques"... », *Studi francesi*, n° 79, janvier-avril 1983, p. 71-74.

1 *Cf.* à ce propos R. Godenne, *op. cit.*, p. 122 *sqq.*

2 *Cf.* la bibliographie de G. Reynier, *op. cit.* ; aussi bien le terme d'« histoire » que (un peu moins) l'adjectif « tragique » connaissent une grande vogue entre le XVIe et le XVIIe siècle, conjoints ou séparés ; il en est de même pour les termes proches.

homogène au sein de la production de l'époque : Godenne, même partant d'un point de vue opposé, en fait la remarque quand il affirme :

> Pourtant, l'époque apparaît peu encline à désigner par « nouvelle » des récits sérieux. Ainsi n'attribue-t-elle jamais le titre à toute une production d'histoires qualifiées de « tragiques » parce qu'elles relatent des aventures fort sanglantes, alors qu'elles s'inspirent, elles aussi, de la *novella* ; voilà qui démontre assez que l'époque associe principalement l'idée de « nouvelle » à la forme de l'anecdote plaisante[1].

C'est ce que reconnaît Sozzi qui, consacrant deux volumes à la *Nouvelle française de la Renaissance*, en réserve un à la seule histoire tragique, la définissant comme « produzione narrativa unitaria e coerente[2] » [production unitaire et cohérente] et la qualifiant de « genere » [genre] à proprement parler ; c'est ce que reconnaissaient de nombreux écrivains de l'époque – et c'est ce qui nous importe au premier chef – qui, renvoyant dans les préfaces à certains prédécesseurs plutôt qu'à d'autres, identifient un réseau de liens et de dettes, nous éclairant par-là, même s'ils le font de manière sporadique et lacunaire, sur « leur » façon de classer leurs propres ouvrages[3].

Contrairement par ailleurs à d'autres « genres » (qu'il me soit permis d'utiliser dorénavant l'expression par commodité, malgré son caractère peut-être abusif) dont l'origine se perd dans les brumes de l'incertitude, l'« histoire tragique » porte une date de naissance bien précise et connaît, du moins pendant une certaine période, un développement d'une extrême simplicité et d'une grande cohérence. Dans la seconde moitié du XVIe siècle, en effet, se succèdent de façon compacte auteurs et œuvres, et – par une coïncidence qui ne doit rien au hasard – sur cette période nous possédons une bonne quantité d'analyses critiques détaillées ; il en va différemment pour le siècle suivant, au cours duquel la production revêt un caractère beaucoup moins homogène. Il s'ensuit qu'elle est beaucoup moins étudiée et, partant, que son développement et ses rapports avec les autres genres littéraires ou avec les tendances politico-sociales de l'époque sont moins clairement dessinés par la critique.

---

1 R. Godenne, *op. cit.*, p. 22.

2 L. Sozzi, *La nouvelle française de la Renaissance*, t. 2 *L'histoire Tragique dans la deuxième moitié du XVIe siècle : choix de textes*, Torino, Giappichelli, 1973, *Avvertenza*, p. I.

3 *Cf. infra*, p. 274 *sqq.*

C'est pourquoi, à les examiner de loin et à travers les travaux qui, d'une manière ou d'une autre, en parlent, la fortune et les avatars du récit tragique français révèlent un cours tout à fait bizarre, tel un fleuve karstique, impossible à prévoir et mystérieux : nous en connaissons en effet les sources et la première section du cours, mais nous en perdons à plusieurs reprises et provisoirement les traces pour le voir ensuite réapparaître plus bas un peu différent, et avec parfois des eaux mêlées ; et, bien que l'on sache exactement où il naît, on ne peut trop bien savoir comment il va de l'avant et on ignore au fond où, quand et comment il finit.

Le présent ouvrage n'a pas d'autre prétention que d'en suivre, bien que sommairement, le cours le moins connu, celui qui concerne le XVIIe siècle ; il ne prétend pas tout éclaircir, une recherche individuelle ne le permettant pas ; il oublie peut-être quelque apport ayant un certain intérêt ou cite des œuvres qui pourraient faire l'objet d'analyses aussi fructueuses si l'on adoptait un point de vue étranger à celui de l'histoire tragique. Il a toutefois l'objectif de tracer, du moins dans ses grandes lignes, le panorama complet d'un genre – ou d'un sous-genre – mais, quoi qu'il en soit, d'un phénomène littéraire qui a caractérisé, sur des modes différents, avec des résultats et une importance variés, toute la première moitié du XVIIe siècle et qui a été peut-être pratiqué et certainement lu pendant longtemps encore.

L'« HISTOIRE TRAGIQUE » DU XVIe SIÈCLE

D'histoires « tragiques » les nouvelles des XIVe et XVe siècles, et ensuite de la Renaissance, en sont évidemment pleines, si l'on entend naturellement par « histoires tragiques » les récits comportant la fin violente du personnage principal, souvent accompagnée d'une atmosphère sombre et triste, et parfois de quelque détail macabre : qu'il suffise de penser à certaines nouvelles de Boccace, à quelques-unes des *Cent nouvelles nouvelles*, et ainsi de suite jusqu'à l'*Heptaméron* de Marguerite de Navarre[1]. Il

1 *Cf.* par ex. certaines nouvelles de la 4e journée du *Décaméron* ou d'autres, du même type dans l'*Heptaméron* (p. ex. II, 2 ; IV, 36, VII, 10, etc.).

s'agit toutefois de récits isolés parmi des nouvelles de type différent et, en général, tout à fait minoritaires : ils sont loin de donner une tonalité à l'ensemble du recueil auquel ils appartiennent.

C'est pour cette raison que l'on s'accorde généralement pour fixer à l'« histoire tragique » française une véritable date de naissance, plutôt tardive : 1559. Cette année-là paraît en effet la première traduction française des nouvelles de Bandello par Boaistuau[1] ; il s'agit de six nouvelles seulement, mais qui forment l'avant-garde d'une longue série ; lorsqu'à Boaistuau succède Belleforest, sortent, l'un après l'autre, sept volumes de récits provenant de la même source[2]. Plus que de traductions littérales il s'agit d'adaptations : à un Boaistuau déclarant qu'il n'avait « seulement prins de luy (de Bandello) [que] le sujet de l'histoire[3] » font aussitôt écho les fières affirmations de Belleforest, qui critique comme « rude et grossier » le style de son modèle et informe le lecteur des modifications importantes qu'il apporte : « Je l'ay enrichy de sentences, d'adoption d'histoires, harangues, et épistres, selon que j'ay veu que le cas le requeroit[4] ».

Le ton de Bandello, caractérisé par le style simple de la conversation, est radicalement dénaturé par l'insertion de dissertations moralisantes, de parenthèses historico-érudites, de lettres et de discours non prévus dans l'original, ou dans celui-ci beaucoup plus brefs ; certains détails des faits narrés et des conclusions sont parfois modifiés. L'exigence d'« enseigner » prime souvent sur toute autre considération et guide la main de l'auteur et le choix des nouvelles elles-mêmes.

Puisque ce n'est pas tout Bandello qui est traduit, le choix se porte seulement sur les histoires dramatiques et tristes, celles que Boaistuau d'abord puis Belleforest baptisent du titre, appelé à une belle fortune, *Histoires tragiques* : « Que si quelqu'un prend plus de plaisir aux comptes joyeux qui sont dans le Bandello, qu'il s'y deduise à l'aise : quant à moi, je lui en quitte ma part[5] ».

---

1 P. Boaistuau, *Histoires tragiques extraictes des œuvres italiennes de Bandel*, Paris, V. Sertenas ou B. Prevost, 1559.

2 *Histoires tragiques extraictes des œuvres italiennes de Bandel et mises en langue fr., les six premières par P. Boaistuau… et les suyvantes par F. de Belleforest…*, Paris, J. Macé 1568. L'histoire éditoriale des sept volumes est très complexe. *Cf.* G. Reynier, *op. cit.*, p. 366. Et pour les traductions de Bandello en France *cf.* R. Sturel, « Bandel en France au XVIe siècle », *Bulletin italien*, nn. 13-18 (1913-1918).

3 P. Boaistuau, *op. cit.* éd. de Turin, C. Farina, 1570, *Avertissement au Lecteur.*

4 F. de Belleforest, *Histoires tragiques extraictes des œuvres italiennes de Bandel*, *op. cit.*, p. 152.

5 Cité par G. Reynier, *op. cit.* (t. III, p. 55), p. 163.

C'est donc dans ces sept volumes qu'apparaît pour la première fois l'histoire tragique, pour ainsi dire à l'état pur, sans alternance avec des histoires comiques ou facétieuses ; pour la première fois elle s'étiquette comme telle, se différenciant, déjà dans le titre, de la nouvelle dont pourtant elle descend. C'est alors seulement qu'elle inaugure une voie originale, développant certains éléments romanesques assez rares dans la tradition de celle-ci : à côté d'une série ininterrompue de brutalités, d'adultères, d'incestes, de meurtres et de suicides, à un mélange jamais vu jusqu'alors d'amour et de mort, s'ouvrent parfois çà et là des parenthèses sentimentales ou pathétiques tandis que la rhétorique galante y fait son apparition.

Si la fraîcheur et la variété de Bandello sont perdues, le succès est grand et immédiat, non seulement en France mais dans toute l'Europe, si grand qu'il dépasse celui du modèle : les éditions et les traductions des adaptateurs français se succèdent sur un rythme rapide, tandis que celles de Bandello ralentissent[1] ; et souvent quelques-unes des nouvelles les plus célèbres de l'auteur italien sont connues dans les autres pays à travers le filtre des imitateurs français[2].

Un tel succès est naturellement l'indice d'une mode qui débute : l'un après l'autre sont imprimés de nouveaux recueils dont les auteurs se réclament plus ou moins explicitement de Belleforest, se rendant réciproquement hommage dans leurs préfaces et donnant tangiblement l'impression d'un développement et d'une continuité sans interruptions[3] ; *Le Printemps* de Jacques Yver[4], les *Discours modernes et facecieux* de Jean Bergier[5], les *Nouvelles*

---

1 De 1554 à 1566 ne sortent que trois éditions de Bandello, dont deux incomplètes : *cf.* G. Reynier, *op. cit.*, p. 160-161 et Bibl. et R. Sturel, *op. cit.* Et si les recueils de Poissenot et d'Habanc ne connaissent pas de rééditions, la série des traductions de Belleforest se poursuit longtemps triomphalement et Yver est republié jusqu'à dix-sept fois de 1572 à 1618.

2 Il suffit de rappeler à ce propos l'exemple shakespearien : l'histoire de Roméo et Juliette dérive, par l'intermédiaire d'une traduction anglaise, d'une nouvelle de Bandello, mais à travers Boaistuau ; *Hamlet* s'inspire d'un récit inséré par Belleforest dans son recueil, le tirant non de Bandello mais d'un texte de Saxo Grammaticus. *Cf.* L. Sozzi, *La nouvelle française de la Renaissance*, Torino, Giappichelli, 1973, vol. II, p. 25-26.

3 Par ex. J. Yver, *Au favorable et bienveillant lecteur* (*Printemps*, Paris, Galiot, Corrozet, 1585) cite les traductions de Bandello en France ; B. Poissenot, *Prologue de l'Auteur* (*Nouv. h. tr.*, Paris, G. Bichon, 1586) fait l'éloge de Belleforest et nomme Yver, etc.

4 J. Yver, *Le Printemps d'Yver*, Paris, Anvers, 1572 (posthume).

5 J. Bergier, *Discours modernes et facecieux des faicts advenus en divers pays pendant les guerres civiles en France*, par I.B.S.D.SC. (Jean B., sieur de Saint-Clément), Lyon, par P. Michel, 1572.

histoires tragiques de Poissenot[1], les *Nouvelles histoires tant tragiques que comiques* d'Habanc[2] nous amènent jusqu'à la fin des années quatre-vingts ; et au début de la décennie, *Le Thresor des Histoires tragiques* ne fait que confirmer, bien que n'étant qu'un modeste florilège, la grande faveur des lecteurs[3].

Qu'offraient donc à leur public tous ces recueils ? par la succession de drames sanglants, de passions, de jalousies, d'exécutions et de supplices, d'yeux arrachés par vengeance et de cœurs jetés, au sens propre, dans les flammes, ils satisfaisaient les goûts violents d'une époque et d'une société écartelées par les guerres civiles, bouleversées par l'effondrement des valeurs aristocratiques, désorientées face à la crise des idéaux de la Renaissance. Avec leurs héroïnes hautaines, tragiques et véhémentes, habiles à dissimuler et féroces pour défendre leur amour ou leur honneur, ces recueils présentaient des exemples de décision, d'habileté, de stoïcisme pour affronter les circonstances les plus noires sans manquer à la dignité personnelle, sans trahir leurs désirs. Par les suicides ils donnaient l'exemple d'une révolte extrême contre une époque décevante et hostile. Par les exécutions et les vengeances ils montraient l'inexorable punition destinée à quiconque violait les lois écrites et non écrites.

Ne manquent pas dans ces récits des intrigues situées dans l'Antiquité ou au Moyen-Âge, pour satisfaire un certain goût antiquaire ; nombre d'entre elles concernent des pays et des peuples lointains, de l'Afrique à la Scandinavie, aux steppes slaves[4], pour séduire grâce à un peu d'exotisme ; mais surtout toutes les histoires sont déclarées absolument *vraies* : « Ces faits devaient paraître d'autant plus impressionnants qu'ils sont presque toujours donnés comme authentiques[5] » souligne Reynier. La véracité est en effet souvent revendiquée par les préfaces[6], au début ou à l'intérieur des récits[7], étayée par des citations précises de témoins[8].

---

1 B. Poissenot, *Nouvelles histoires tragiques*, Paris, Bichon, 1586.

2 V. Habanc, *Nouvelles histoires tant tragiques que comiques ausquelles est faict mention de plusieurs choses memorables advenues en nostre temps*, Paris, M. Quillemot, 1585.

3 *Thresor des Histoires tragiques*, Paris, G. Mallot, 1581.

4 *Cf.* A.-M. Schmidt, « Histoires Tragiques », in *Études sur le XVIe siècle*, Paris, Michel, 1967, p. 247-259.

5 G. Reynier, *op. cit.*, p. 164.

6 *Cf.* le *Sommaire de la troisiesme histoire* de Boaistuau.

7 « Ainsi par ceste veritable histoire… » (J. Yver, *Le Printemps, Seconde histoire*, cité par L. Sozzi, *op. cit.*, p. 98).

8 L'histoire 119 de Belleforest (cité par J. Reynier, *op. cit.* p 164) a comme témoin « François Elori, Florentin, qui proteste avoir cogneu ceux desquels est dressee l'histoire qui s'ensuit ».

Une telle insistance ne doit point étonner, puisque le « vrai » est à plus d'un titre nécessaire aussi bien aux œuvres qu'aux auteurs : c'est grâce à lui, par exemple, qu'il est possible de faire accepter l'invraisemblance patente de certains épisodes et de certaines situations, déclarés absolument authentiques malgré les apparences. La vérité est, par ailleurs, inextricablement liée à l'objectif didactique mis en avant par tous les auteurs pour justifier leurs histoires : seuls des faits réellement advenus peuvent avoir force d'exemples, convaincre le lecteur que la voie du vice, de la rébellion ou de l'outrage ne paient en aucun cas ; et seul le vrai peut susciter l'extrême curiosité du public, le pousser au blâme ou à l'émotion, bref provoquer ce frisson ambigu où se mêlent l'horreur, l'attirance morbide, la pitié et la satisfaction que procurent si souvent les faits divers les plus horribles. Enfin, quelle arme meilleure que la pure vérité pour répondre aux détracteurs du genre, alarmés par une si scandaleuse peinture de violences, passions illicites ou contre nature ? L'art doit être le miroir de la vie et ce n'est certes pas en en cachant les périls que l'on enseigne à les éviter.

Par ailleurs c'est à cette poétique qu'est étroitement lié le concept d'*actualité*. Un fait contemporain constitue un *exemplum* autrement plus vivant et plus efficace que des événements advenus à une autre époque, sous d'autres cieux et dans le cadre de lois et d'usages différents. Le passé est un maître mais le présent met en garde et suscite la crainte. C'est pourquoi, même si l'Histoire n'est pas absente, si des pays très lointains sont de temps à autre évoqués, parmi les continuateurs de Belleforest se fait toujours plus vive l'exigence de raconter des faits proches dans le temps et peu éloignés dans l'espace. Voici donc Bergier qui parle dans ses « discours modernes » des « faicts advenus en divers pays pendant les guerres civiles en France » ou Habanc spécifier que dans ses *Nouvelles histoires* : « est faict mention de plusieurs choses memorables advenues de nostre temps ». Le merveilleux, l'excessif, le terrible et l'imprévisible s'installent ainsi dans la chronique quotidienne, deviennent des catégories aux aguets, prêtes à saisir à l'improviste dans leurs spires la vie du lecteur lui-même. Comment donc ignorer leur menace et négliger la leçon donnée par les récits ?

La structure profonde des histoires, elle-même, confirme à première vue les intentions « vertueuses » des auteurs : enfermées dans le schéma tripartite de la loi qu'il faudrait respecter, de l'infraction qui la transgresse, de la punition qui s'abat sur le héros – ou sur l'héroïne – qui ont trop osé, l'histoire tragique « pur entro nessi tormentati e cruenti, ricompone idealmente l'unità del reale e ristabilisce l'equilibrio intaccato e compromesso dalla rivolta[1] » [bien que dans le cadre de liens tourmentés et violents, recompose de façon idéale l'unité du réel et rétablit l'équilibre atteint et compromis par la révolte]. Tandis donc qu'autour des écrivains et des lecteurs le monde se fait toujours plus incompréhensible, la lutte politique plus chaotique et que les principes qui semblaient les plus sacrés – celui de l'autorité religieuse, celui de la majesté royale, celui des hiérarchies sociales immuables et préétablies – sont constamment déniés, l'histoire tragique rectifie l'Histoire[2], visant en un certain sens à restaurer la Loi, prêchant l'obéissance, le respect, l'ordre. Un ordre toutefois toujours plus précaire, toujours plus impossible, toujours plus visiblement injuste, quoi qu'en disent les auteurs.

L'équilibre brisé par l'infraction n'est en effet pas facile à rétablir et dans bien des cas les punitions, à bien y regarder, constituent elles-mêmes de nouvelles infractions, les interdits punissent, les infractions conduisent à de douloureux renoncements. On découvre alors que la structure, en apparence si symétrique et si transparente, est instable, que les différentes fonctions, théoriquement bien distinctes, se recouvrent et se confondent, que l'ordre idéal à reconstituer se révèle à jamais perdu, du moment que la punition qui devrait le restaurer le transgresse à son tour. L'histoire tragique devient par conséquent l'enregistrement d'un impossible désir, le récit d'un rêve et la découverte de son contraire. L'adjectif qui la définit semble donc, même de ce point de vue, tout à fait pertinent.

Il s'agit donc d'un genre complexe et ambigu, qui doit probablement son énorme et rapide succès entre autres à ces caractéristiques. Et cette ambiguïté qui lui est propre, on la retrouve, au XVIe siècle, jusqu'au niveau du style et du langage. Dans un monde quelque peu magique et mystérieux, traversé par les présages, animé par des correspondances, les personnages, appartenant à des classes sociales diverses, agissent et parlent sur le mode de l'opposition : à la tragique noblesse des héroïnes, par exemple, correspond la vulgarité crue des pères et des amants ; le style rhétorique et la magnificence des monologues pathétiques, des invectives, des dialogues soutenus et scintillants s'opposent au langage

1 L. Sozzi, *op. cit.*, p. VIII.
2 *Cf. ibid.*

bas et facétieux des scènes érotiques[1]. C'est là une caractéristique moins surprenante qu'il pourrait sembler, en un siècle raffiné et brutal, pas encore poli par les bienséances égalisatrices ; et elle est d'autant moins surprenante si l'on pense à l'étroite parenté de ces récits avec la nouvelle.

Apparues à une époque peu glorieuse pour la France et longtemps considérée comme intermédiaire par l'histoire de la littérature, pratiquées par des écrivains de seconde importance, les histoires tragiques du XVIe siècle ont été longtemps ignorées par les critiques. Aujourd'hui, même si subsistent de nombreuses zones d'ombre, même si nous savons encore bien peu de quelques auteurs[2], si plusieurs textes sont encore peu connus, le tableau d'ensemble que nous avons tracé est assez clair et les travaux concernant ce sujet se font de moins en moins rares. Il a fait l'objet d'études dans le cadre d'analyses plus larges qui le traitent de façon plus ou moins sommaire : celle de Reynier dans son volume, un peu dépassé mais qui reste précieux, sur le roman sentimental avant l'*Astrée*[3], celle de Hainsworth lorsqu'il étudie les traditions françaises des *Novelas exemplares* de Cervantes[4], et Coulet ne l'oublie pas lorsqu'il traite du roman de la Renaissance[5]. Certains ont consacré à ces textes un article, comme A.-M. Schmidt[6], étudiant les thèmes, les personnages et le milieu ; d'autres lui ont consacré un volume, comme L. Sozzi[7], qui en a analysé les structures. Aucun auteur ayant quelque importance n'est négligé par G.-A. Pérouse[8] dans son enquête systématique sur le « genre bref » narratif du XVIe siècle tandis que des textes d'Yver et de Poissenot avaient été inclus précédemment dans l'anthologie sur les *Conteurs du XVIe siècle* de P. Jourda[9]. Témoignent enfin de l'intérêt croissant pour ce domaine de la littérature narrative les travaux concernant l'un ou l'autre des auteurs et les éditions toujours plus nombreuses de leurs recueils[10].

1 *Cf.* A.-M. Schmidt, *op. cit.*, p. 251, 252 et 259.
2 On sait bien peu, par exemple, de Bergier et d'Habanc.
3 G. Reynier, *op. cit.*, p. 160-168.
4 G. Hainsworth, *Les « Novelas exemplares » de Cervantes en France au XVIIe siècle*, Paris, Champion, 1933, p. 105-106.
5 H. Coulet, *Le roman jusqu'à la Révolution*, Paris, Colin, 1968, p. 133-134.
6 A.-M. Schmidt, *op. cit.*
7 L. Sozzi, *op. cit.*
8 G.-A. Pérouse, *Nouvelles françaises du XVIe siècle*, Genève, Droz, 1977.
9 P. Jourda, *Conteurs français du XVIe siècle*, Paris, Gallimard, 1965.
10 Il suffit de rappeler l'édition des histoires de Boaistuau par R. Carr, les travaux sur Boaistuau et surtout sur Belleforest de M. Simonin (*cf.* bibliographie).

Si donc l'histoire tragique semble connaître un développement aussi simple et aussi cohérent sous la plume d'un nombre d'auteurs restreint, toujours les mêmes, cités, avec quelques menues variations, plus ou moins en bloc par tous les spécialistes, et si la parabole de son parcours semble entièrement enfermée dans un arc de temps d'une trentaine d'années, correspondant presque toutes aux guerres civiles, ceci est dû *même* au travaux et aux préférences des critiques, qui ont privilégié une époque et un point de vue. En effet l'histoire tragique ne disparaît certes pas avec la fin du XVIe siècle, même si les recherches approfondies des spécialistes pourraient laisser penser que la dernière partie du siècle constitue l'apogée de son développement, et que, peut-être, au cours de la période des guerres civiles elle fait seulement ses premiers pas, importants, bien sûr, mais encore incertains, en vue d'une floraison à venir, plus luxuriante.

Si l'on excepte les traductions de Boaistuau, de Belleforest et l'œuvre de Poissenot, où peut-on donc trouver un recueil d'histoires tragiques à l'état pur, sans interférences de narrations d'autres genres ? Le *Printemps* d'Yver est une sorte de *summa* des différents types de nouvelle très en vogue parmi ses contemporains, comprenant deux récits tragiques, deux histoires chevaleresques et une nouvelle à la Boccace ; Bergier noie ses « discours tragiques » parmi les « discours facecieux » ; Habanc traite d'« histoires tant tragiques que comiques ». À une époque où domine l'influence italienne, l'histoire tragique, à y regarder de près, ne réussit que sporadiquement à prendre les distances par rapport au modèle codifié de la nouvelle, et au moment où en France s'impose le goût baroque, ces recueils renoncent à contrecœur au mélange des genres et des tons. Au XVIIe siècle il en ira cependant autrement : et ce sera justement au XVIIe siècle que l'histoire tragique atteindra une autonomie complète et obtiendra ses succès les plus durables.

L'HISTOIRE TRAGIQUE DU XVIIe SIÈCLE : LACUNES ET INCERTITUDES

Cependant, si on l'observe à travers les travaux existants, le panorama du genre, à partir des années 1590 et au-delà, subit un changement complet, en nette opposition avec celui que trace la critique pour les années précédentes : face à une série d'auteurs, compacte, fidèlement citée dans sa compacité, nous trouvons un nombre extrêmement variable d'écrivains, dont les noms sont tantôt connus, tantôt moins connus, dont les écrits sont parfois attribués à des genres différents. Au lieu d'une succession rapide et cohérente d'œuvres, nous nous trouvons face à peu de textes, quelquefois assez différents entre eux et souvent à des années de distance l'un de l'autre et, surtout, au lieu d'une quasi-unanimité de jugements et de points de vue, nous trouvons hésitations, jugements contradictoires et silences. Non que l'histoire tragique soit souvent ignorée dans le panorama des œuvres en prose du XVIIe siècle : elle est présente pour la première fois chez Hainsworth, Reynier et Coulet dans les ouvrages précédemment cités[1] ; par la suite, Godenne s'y intéresse dans *L'Histoire de la nouvelle française aux XVIIe et XVIIIe siècles*[2] et Lever ne les oublie pas dans son essai sur *Le roman français au XVIIe siècle*[3]. Les auteurs, toutefois, y sont cités en désordre et y côtoient des historiens, parfois des romanciers ; généralement leurs noms sont suivis – souvent à juste titre – d'un jugement totalement négatif sur leurs qualités d'écrivains et rapidement mis de côté. Voici donc que pour Hainsworth les histoires de Laffemas, de d'Intras et de Nervèze sont « *en général* d'une conception assez pauvre[4] », tandis que celles de Boitel, Gonon, Malingre et Parival ne seraient que de simples « compilations[5] » plus proches de l'histoire que de la littérature : elles sont pour cela comparées à d'autres recueils « franchement historiques[6] ». Pour Coulet, les histoires de Moulinet du Parc, de Camus, Rosset et Malingre – les autres auteurs sont passés sous silence – seraient au contraire « du

1 Respectivement aux p. 107-109, 352-353, 154-156.
2 Aux p. 40-41 *sqq.*
3 M. Lever, *Le roman français au XVIIe siècle*, Paris, PUF, 1981, p. 69-81.
4 C'est moi qui souligne, G. Hainsworth, *op. cit.*, p. 106.
5 *Ibid.*, p. 106.
6 *Ibid.*, p. 108.

même genre que celles qui avaient paru au siècle précédent[1] ». C'est avec Moulinet du Parc – sans compter Rosset – que les histoires tragiques connaissent « plus de vogue que jamais » selon Reynier[2], qui cite Nervèze simplement comme auteur d'histoires sentimentales, en compagnie de Des Escuteaux, et qui dresse ensuite un *Tableau chronologique des romans publiés de 1593 à 1610 classés par genres*[3] où cet écrivain revient dans une colonne *Histoires tragiques*, où les histoires tragiques à proprement parler sont mêlées à de longs (et tragiques) romans. Quant à Godenne[4], il constate une décadence de l'histoire tragique avec une Mlle de Gournay et un Livet « qui imitent la manière de Bandello et de ses traducteurs », et avec un Boitel, un Goulart et un Gonon – cités en note – qui « ne cherchent pas à faire œuvre originale ».

Au milieu de tant d'indécision ces spécialistes ne s'accordent que sur deux noms : ceux de F. de Rosset et de J.-P. Camus. L'affirmation de Hainsworth, selon qui « avec Rosset, Camus est peut-être le seul auteur du XVIIe siècle qui ait exploité avec quelque succès l'histoire tragique[5] », pourrait être endossée par tous ceux qui se sont occupés du sujet, ou presque. Comme deux soleils resplendissants au sein d'une confuse nébuleuse, Rosset et Camus brillent sans rivaux dans l'univers de l'histoire tragique du XVIIe siècle, attirant à eux le regard de tout critique et de tout historien de la littérature. Dans les divers panoramas d'ensemble de l'histoire tragique les autres noms apparaissent accessoires et leur présence plutôt due au hasard. Une telle uniformité de jugements doit-elle être attribuée seulement à l'émergence de la valeur intrinsèque des œuvres ? Probablement pas. À la base de leur fortune relative se trouvent d'autres motifs, qui diffèrent pour chacun d'eux et cette diversité a pour corollaire une attention inégale envers eux. En faveur de Camus, de loin le préféré[6], jouent la personnalité, l'importance globale de ses écrits, les

---

1 H. Coulet, *op. cit.*, p. 154.

2 G. Reynier, *op. cit.*, p. 352-353.

3 *Ibid.*, p. 383 *sqq.*

4 R. Godenne, *op. cit.*, p. 40.

5 G. Hainsworth, *op. cit.*, p. 108.

6 Seul Hainsworth, parmi les critiques cités, tend à reconnaître la grande importance de Rosset. Tous les autres insistent surtout sur Camus, auquel ont été consacrées d'innombrables études (*cf.* bibliographie) et dont nous avons des réimpressions, pour rester dans le domaine des histoires tragiques, les *Spectacles d'horreur* (Genève, Slatkine, 1973, intr. de R. Godenne) et dont on a publié une anthologie de nouvelles tragiques (précédée d'une étude critique) par R. Favret (J.-P. Camus, *Trente nouvelles*, Paris, Vrin, 1977).

préoccupations théoriques exprimées avec clarté et profusion : évêque de Belley, important personnage historique[1], ami de Saint François de Sales, il se présente à la postérité avec un éclat biographique bien supérieur à celui de Rosset, dont on sait peu, qui pour vivre n'avait pas de rentes et devait se fonder sur sa production littéraire[2]. Par ailleurs l'énorme production de Camus, dans laquelle les romans alternent avec les récits, les écrits polémiques avec les œuvres spirituelles, s'impose à l'attention des lecteurs les plus divers par sa quantité et sa variété qui contraste avec le travail intelligent mais humble de Rosset traducteur qui s'est entièrement consacré à l'acclimatation en France des classiques italiens et espagnols, et qui, par ailleurs, est inspiré par une muse beaucoup plus limitée. Sans compter enfin que les préoccupations morales de l'évêque se traduisant en une série de préceptes littéraires ne pouvaient manquer d'attirer très vite l'attention des chercheurs de notre temps, préoccupés de définir les poétiques de la première moitié du XVIIe siècle[3].

Un seul élément joue en revanche en faveur de Rosset : l'énorme succès de ses *Histoires tragiques*, véritable *bestseller* de l'époque, qui, avec la succession ininterrompue d'éditions et de réimpressions à partir des années 1620 jusqu'à une date postérieure à 1750, atteste de la vogue étonnamment durable d'un genre méprisé par les doctes mais très prisé du public[4]. Si l'on adoptait comme critère la fortune éditoriale, Rosset occuperait de loin la première place parmi les auteurs d'histoires tragiques, comme le reconnaît Hainsworth, seul parmi les critiques cités plus haut[5]. Mais aujourd'hui la moindre versatilité de sa muse, l'absence d'éclat social et historique du personnage historique, le mystère qui couvre encore partiellement sa vie[6], tout ceci a contribué à éveiller un intérêt moindre pour l'auteur et son œuvre, d'où la rareté des études et une seule réimpression, partielle[7].

---

1 Il participa aux États Généraux de 1614 et s'y mit en lumière en qualité de représentant du clergé.

2 *Cf.* G. Hainsworth, « F. de Rosset and his *Histoires tragiques* », *The French Quaterly*, XII, 1930, p. 124 *sqq.*

3 M. Magendie, *op. cit.*, p. 140 *sqq.* le cite justement en qualité de théoricien du roman.

4 *Cf.* S. Poli, « Su alcune edizioni dimenticate delle *Histoires tragiques* di Rosset », *Studi Francesi*, n° 69, 1979, p. 488-495.

5 *Cf.* G. Hainsworth, *Les « Novelas exemplares »*, *op. cit.*, p. 106.

6 *Cf.* G. Hainsworth, *François de Rosset*, *op. cit.*, p. 124-125.

7 La réimpression par les soins de R. Godenne propose à nouveau l'édition de 1615 : une édition qui non seulement ne tient pas compte de la *Seconde partie des histoires tragiques*

Un schéma Rosset-Camus–imitateurs (peu nombreux et insignifiants) s'est, quoi qu'il en soit, imposé à propos de l'histoire tragique du XVIIe siècle. La responsabilité en incombe non seulement aux historiens de la littérature mais aussi à Camus lui-même qui accrédite l'idée dans l'une de ses préfaces : « Je marche après les pas de François de Belleforest et de François de Rosset, qui ont auparavant moi escrit des histoires tragiques avec un succès assez heureux[1] ».

L'évêque relie ainsi directement ses propres écrits à ceux de son prédécesseur immédiat et à l'origine même de l'histoire tragique ; il exclut *a priori* de l'histoire du genre tout autre auteur du XVIIe siècle, en négligeant même les émules du XVIe siècle, de Boaistuau et de Belleforest. Il est vrai qu'il se réfère probablement à ceux qui ont joui de ce « succès assez heureux » auquel lui aussi aspire, mais c'en est fait : le schéma est prêt et la postérité n'aura qu'à s'y conformer, de près ou de loin.

Il connaît quelques failles seulement dans l'unique volume consacré à l'histoire tragique française de cette période, celui d'A. de Vaucher Gravili qui y examine les structures des récits tragiques non seulement de Rosset et de Camus mais aussi de Malingre et de Parival[2]. Le modèle de l'analyse est emprunté au travail similaire effectué par Sozzi, cité plus haut, sur l'histoire tragique du siècle précédent ; les différents écrivains sont tous mis sur le même plan, dans la mesure où, par ailleurs, l'étude des *structures* s'interdit tout jugement de valeur. Il exclut cependant dans le même temps tout panorama du genre, toute tentative d'en dessiner l'évolution. Si donc le schéma montre quelques lézardes, s'il est élargi, il n'est toutefois pas mis en discussion et ne l'aurait pu être.

Sa mise en cause *implicite* atteste cependant son caractère peu crédible ou tout au moins son incomplétude : lorsqu'en effet Rosset publie pour la première fois ses *Histoires tragiques*, en 1614, plus d'un quart de siècle le sépare de la parution des *Nouvelles histoires tragiques* de Poissenot, dernier recueil du XVIe siècle cité par les spécialistes et trois lustres devront encore s'écouler avant que Camus contribue à l'histoire du genre, autour

---

(Paris, Huby, 1620) publiée posthume, mais qui ne contient même pas les nombreuses histoires ajoutées dans les éditions suivantes, Rosset étant encore en vie. *Cf.* à ce sujet ma fiche, *Studi Francesi*, n° 74, 1981, p. 351.

1 J.-P. Camus, *L'Autheur au Lecteur*, in *L'Amphithéâtre sanglant*, Paris, 1630.

2 A. de Vaucher Gravili, *Loi et transgression – Les histoires tragiques au XVIIe siècle*, Lecce, Milella, 1982.

des années 1630[1]. Est-il donc possible que la grande passion du public pour les récits de ce genre, si vive pendant de longues années et attestée par de nombreuses rééditions, ait été satisfaite par ces seuls auteurs ? Ou bien ne devra-t-on pas reconsidérer l'œuvre de ces écrivains, rapidement cités souvent de façon superficielle par les spécialistes, pour tenter de distinguer les compilateurs des éventuels créateurs, pour identifier de toute façon des maillons intermédiaires entre les narrateurs des guerres civiles et Rosset, et entre ces derniers et Camus ? Bref, pour redessiner un tableau plus complet de l'histoire tragique, un tableau où les deux protagonistes conservent un rôle probablement aussi important mais certainement plus compréhensible ?

Les nombreuses hésitations des spécialistes, portant non seulement sur les auteurs mais aussi sur le sens général devant être attribué à leurs œuvres dans le cadre d'une évolution de ce genre littéraire exigent une enquête de ce type. Il existe une contradiction qui doit être résolue, ou pour le moins expliquée, entre ce qu'affirme par exemple Lever : « Lorsque François de Rosset fait paraître son recueil d'*Histoires tragiques* en 1614, le genre commence à s'essouffler. Peut-être même allait-il s'éteindre tout à fait si cet auteur, jusqu'alors obscur polygraphe, ne lui eût donné un élan nouveau et durable[2] », et ce que soutient Pérouse :

> De fait, en ce début du XVIIe siècle, l'histoire tragique poursuit sa carrière avec un succès croissant. Car l'histoire tragique ne représentait qu'un assez mince filon pendant la plus grande partie du XVIe siècle [...]. Au temps de Louis XIII, en revanche, elle occupe désormais à elle seule des volumes entiers, dont celui de Rosset [...] est sans doute le plus intéressant. Cette multiplication d'histoires tragiques va de pair avec leur assombrissement[3]...

L'histoire tragique a-t-elle en effet été sauvée grâce à Rosset d'une décadence assurée et inévitable, ou bien arrive-t-elle justement avec lui au zénith de son éclat ? La première hypothèse présuppose, autour de l'« obscur polygraphe », un panorama de désolation, la seconde, au contraire, le situe au centre d'une riche trame d'œuvres et d'auteurs. En

1 *Les événements singuliers* sont de 1628, *L'Amphithéâtre sanglant* et *Les spectacles d'horreur* sont de 1630.

2 M. Lever, « De l'information à la nouvelle : les canards et les *Histoires tragiques* de François de Rosset », *Revue d'Histoire Littéraire de la France*, n° 4, juillet-août 1979, p. 579.

3 G.-A. Pérouse, *op. cit.*, p. 468.

outre, ce Rosset, qui eut, toujours selon Pérouse, « des prédécesseurs et des émules en grand nombre[1] », en quoi se distingua-t-il éventuellement de ses collègues et pourquoi remporta-t-il un tel succès ? Et qui seraient, par ailleurs, ces émules et ces prédécesseurs ?

Et puis, que signifie exactement le titre *Histoire(s)tragique(s)* qui pour les libraires constituait une garantie de vente et pour le public signalait un certain contenu ? Quelle forme imposait-il au texte ? Quelles exigences requérait-il de la part de l'auteur ? À quel lecteur s'adressait-il ? L'étude que nous entreprenons ici a pour objectif de chercher à fournir des réponses à ces questions. Des réponses certes initiales et incomplètes : incomplètes puisque nous entendons suivre l'évolution de l'histoire tragique de la fin des guerres de religion jusqu'à l'épanouissement du règne de Louis XII, et à la Régence en passant par le règne d'Henri IV, mais sans aller plus loin et sans revenir sur les voies déjà empruntées auparavant ; initiales parce que le domaine de recherche est vaste et complexe et qu'il a été bien peu exploré. Même un simple panorama d'auteurs et d'œuvres, tel que celui que nous nous promettons de brosser, peut donc se révéler utile, offrir des points de repère, discutables peut-être mais, quoi qu'il en soit précieux, indiquer des directions, frayer des voies que d'autres pourront parcourir plus commodément, élargir ou, le cas échéant, modifier.

QUELLE HISTOIRE TRAGIQUE ?

C'est ici que se présente une première difficulté, fondamentale : quels textes considérer pour une *histoire* de l'histoire tragique au XVIIe siècle ? Quels écrivains inclure dans le panorama et selon quels critères ? Godenne, au début de son ouvrage sur l'histoire de la nouvelle en France se pose un problème analogue et décide de le résoudre comme suit : « C'est l'étude des textes auxquels, à travers les siècles, on a conféré le titre de *nouvelle* qui permettra de répondre à la question de savoir ce qu'est une nouvelle[2] ».

1 *Ibid.*, note 6.
2 R. Godenne, *op. cit.*, p. 13.

C'est-à-dire qu'il décide d'analyser exclusivement les œuvres portant dans le titre la mention explicite du genre auquel elles appartiennent, entrant en polémique avec quiconque décide de considérer comme « nouvelles » certaines œuvres en se fondant uniquement sur des critères valables aujourd'hui, sur des catégories littéraires élaborées à des époques postérieures.

Semblable méthode a l'indéniable prix de la clarté et conduit certainement à des choix indiscutables ; elle semble cependant dans notre cas trop étroite. Combien de romans et lesquels, en effet, du XVIIe siècle à notre époque, pourraient-ils entrer dans une histoire des œuvres narratives romanesques fondée sur de telles prémisses ? et certainement, pour nous limiter au genre bref, il existe des nouvelles, considérées comme telles par leurs auteurs, qui pourtant n'exhibent point d'étiquette dans le titre. Tant il est vrai que Godenne lui-même est le premier à déroger – avec discrétion, reconnaissons-le – à la règle qu'il a établie, quand, par exemple, il mentionne rapidement les histoires tragiques, un type particulier, peut-être, de nouvelles, mais baptisées différemment.

En ce qui concerne ces dernières, par ailleurs, une solution de ce type est franchement inapplicable, du moins de façon rigoureuse : avant tout à cause de l'ambiguïté de leur statut[1], ensuite à cause du caractère général de leur dénomination, surtout du terme « histoire » susceptible de prendre les sens les plus divers et d'être appliqué à des textes ayant un ton et un contenu différents ; enfin à cause du témoignage non négligeable des spécialistes qui s'en sont occupés, lesquels ont souvent cité des œuvres aux titres variés, non accompagnés de l'indication essentielle qui nous assurerait de leur nature. Interviennent en outre d'autres éléments qui compliquent la question : ces récits, issus de la nouvelle, tendent souvent à la forme du roman[2] ; leur vogue relativement brève en a fait un « genre » très éloigné de nous ; le discrédit dans lequel ils sont si rapidement tombés auprès des intellectuels de l'époque – dans le meilleur des cas l'oubli qui les a enveloppés – a pesé et pèse sur leur « image » et sur nos connaissances, faussant ou déterminant *a priori* notre jugement. Pour tous ces motifs le critère de Godenne, sans être totalement abandonné, doit pourtant être modifié : il a besoin simultanément de plus d'élasticité

1 *Cf.* le 1er paragraphe de ce même chapitre.

2 Pérouse relève (*op. cit.*, p. 469) que dans les premières années du XVIIe siècle « la nouvelle *tragique* est en voie de se donner les structures proprement romanesques ».

et de plus de rigidité, en vue de saisir les différents aspects d'une réalité multiforme et, en même temps, pour en délimiter les frontières avec une certaine approximation. Plus d'élasticité en ce qui concerne les titres, si souvent génériques ou à effet, visant davantage à impressionner qu'à « définir ». Plus de rigidité pour ce qui est de la substance, en fixant *a priori* quelques critères concernant la forme des œuvres elles-mêmes. Dans les titres, par exemple, l'adjectif « tragique » est-il vraiment fondamental ? ses synonymes, comme « malheureux », « sanglants », etc. utilisés par nombre d'auteurs ne seraient-ils pas aussi significatifs ? et parfois ne serait-il pas utile de ne pas négliger des adjectifs comme « mémorable », « admirable », quand c'est le caractère tragique des événements racontés qui suscite la stupeur, et les grave dans la mémoire ? Le nom d'« histoire » pourrait même n'être pas nécessaire : son caractère général lui-même le rend pauvre en connotations, si bien qu'il est facile de le remplacer. Les titres de l'époque, par exemple, fourmillent de substantifs incluant le concept d'histoire, dans le sens de récit d'un événement et de tragédie ; voici donc « martyre », « enfer » et voici même « amour », qui si souvent prend une teinte négative implicite. Les exclure dès le départ signifierait exclure d'entières zones que l'on entend explorer. Il serait de même peu judicieux de ne pas examiner, sur la base d'un titre insignifiant, des œuvres considérées par d'autres spécialistes comme appartenant d'une certaine façon au domaine qui nous intéresse.

En ce qui concerne la forme, il ne faudrait pas, au contraire, pousser la tolérance au-delà de certaines limites. Si ce qui peut être accepté comme histoire tragique peut porter des titres divers, il n'est pas dit que tout titre, même vaguement sombre ou tragique, doive nécessairement révéler une matière correspondant à nos attentes. Le caractère général de l'expression « histoire tragique », le caractère encore plus vague des dénominations similaires ou équivalentes qui toutes désignent un ton et un *contenu* mais non une *structure*, non une *forme*, comme il advient pour la nouvelle, bien plus, l'absence d'une poétique fortement codifiée des narrations en prose, sans oublier la grande liberté des écrivains dans ce domaine, tout ceci ne doit pas nous faire dévier d'une voie qu'en définitive *nous devons choisir*. Si nous devons suivre, *grosso modo*, ce filon narratif qui explose en France dans la seconde moitié du XVIe siècle, à partir des traductions de Bandello par Boaistuau et Belleforest, nous ne devons pas, par exemple, oublier que ces traductions appartenaient au genre bref, et que les œuvres à examiner ici devront respecter cette caractéristique. Il est vrai que les notions de long et de bref sont ambiguës et discutables et que, peut-être, il serait plus sûr de nous limiter exclusivement à l'examen des histoires contenues dans des *recueils* et jamais des histoires publiées isolément. Pour ne pas prêter le flanc à la critique ce serait plus sûr mais certainement pas plus utile : le schéma du recueil entre en effet en crise, comme nous le verrons, à cette époque et, d'autre part, de nombreuses nouvelles qui paraissent dans des recueils sont plus longues et plus complexes que des récits qui se présentent à nous isolés. Les modèles de l'histoire tragique, comme du reste le titre *histoire tragique*, ne sont en rien spécifiques ni des uns ni des autres. Exclure *a priori* tout récit court pour la raison qu'il n'est pas accompagné d'autres récits signifierait par conséquent nous priver de nombreuses possibilités de compréhension du phénomène littéraire que nous désirons étudier. Il serait toutefois inopportun d'examiner des œuvres comptant plusieurs centaines de pages : au-delà d'une certaine limite, quoique cette frontière entre long et bref soit subjective, tout doute cesse et les différences de dimension se traduisent inévitablement en *différences structurelles*.

Les textes dont nous parlerons, en effet, pour les raisons présentées ci-dessus, devront aussi être *simples*, c'est-à-dire posséder une *structure* qui peut être riche en coups de théâtre mais doit être dépourvue d'intrigues secondaires et de très nombreux personnages[1]. Enfin nous ne pourrons considérer comme histoires tragiques les récits *qui ne reposent pas sur le schéma tripartite* qui est à la base des narrations du XVIe siècle. En l'absence d'un interdit, de quelque type qu'il soit, sans la transgression et la punition qui en dérive, ces récits, quelles qu'en soient les intrigues, quelle que soit leur importance, ne sont pas des histoires tragiques et, de mon point de vue, la mort éventuelle du héros ne suffit point pour nous persuader du contraire. Une mort en quelque sorte méritée ou imposée est décisive pour situer l'œuvre à l'intérieur des frontières du genre ; une fin dramatique, mais « malheureuse », due à des circonstances adverses,

1 C'est la raison pour laquelle nous hésitons à inclure dans un panorama de l'histoire tragique *Les amours diverses, contenant cinq histoires tragiques* de Nicolas Le Moulinet, sieur du Parc, bien que l'ouvrage soit souvent cité et malgré son titre canonique. Cette œuvre en effet, par sa structure, sa longueur, le nombre des personnages est plutôt un roman qu'une brève « histoire ».

à des obstacles imprévus, nous fait passer dans les territoires de l'histoire sentimentale, où règnent la tendresse, la pitié, le pathétique, non la répression et la lutte. L'histoire tragique doit rester, selon l'expression d'A. de Vaucher Gravili, une « histoire de loi[1] ».

De tels critères sont peut-être discutables mais ce sont les seuls en mesure d'établir un pont entre le XVIe et le XVIIe siècle ; ils ne veulent pas constituer un carcan mais une boussole qui puisse nous orienter dans une production aux mille facettes. C'est cette boussole qui nous permettra de procéder à une brève revue de récits : elle ne prétend pas à l'exhaustivité, vu l'immensité de la matière ; elle ne prétend pas non plus à une totale originalité, étant donné qu'elle n'ajoute guère de noms à ceux que, par le passé, ont ici ou là mentionnés les spécialistes ; elle se veut toutefois plus structurée, comblant certaines lacunes, opérant certains rapprochements et, si possible, plus approfondie, visant à donner de chaque œuvre une description, toute sommaire qu'elle soit. Dans la mesure où toute description est toujours – mais surtout dans notre cas – *description de formes*, comment le panorama que nous nous proposons de présenter pourrait-il ne pas s'organiser aussi sur la base d'éléments structuraux, bref ne pas se constituer, du moins en partie, en discours sur les poétiques, sur une vision particulière du monde ? C'est seulement de cette façon, en effet, en partant d'un corpus suffisant et suffisamment détaillé d'œuvres et d'auteurs que ces écrits pourront être appréciés pour ce qu'ils valent ; non pour ce qu'ils valent *en soi*, puisqu'il s'agit dans certains cas de textes d'un poids littéraire mince, mais de ce qu'ils valent *pour nous*, éclairant de leurs sombres et violentes lumières des zones floues d'un goût et d'une mentalité perdus. À moins que parfois ils ne soient pas aussi lointains qu'ils le semblent.

Même si notre enquête a pour objet l'histoire tragique de la première moitié du XVIIe siècle, elle doit interpréter les limites chronologiques avec une certaine liberté sans se laisser excessivement enfermer dans d'artificielles barrières dictées par des catégories abstraites sans correspondre à des événements ou à une situation réelle. C'est pourquoi le présent travail commencera là où se sont généralement arrêtés les spécialistes de l'histoire tragique du XVIe siècle, c'est-à-dire aux *Nouvelles histoires tragiques* de Poissenot, de 1586. Ces dernières ont le prix, *grosso*

1 A. de Vaucher Gravili, *op. cit.*, p. 45.

modo, de nous conduire vers la fin d'une période, celle des guerres civiles. Une période outrepassée par l'histoire tragique, qui se transforme pour s'adapter aux temps nouveaux mais qui poursuit son chemin avec succès.

Ce chemin nous le suivrons pas à pas comme il s'est poursuivi au long des années, des règnes et des régences ; suivre le fil du temps n'est pas toujours la voie la plus féconde mais c'est certainement la plus aisée et celle qui fait ressortir avec le plus d'évidence les liens rattachant les livres et les choses ; puis, le cas échéant, nous n'hésiterons pas à nous arrêter, à revenir en arrière, à la recherche d'affinités qui ne soient pas uniquement temporelles. Quant au terme *ad quem*, nous ne renoncerons pas à jeter un coup d'œil même au-delà de la moitié du siècle, au moins jusqu'au seuil du règne absolu du Roi Soleil : c'est jusque-là que nous amènent les textes consultés, c'est là que *semble* mourir l'histoire tragique. Ou, si elle ne meurt pas, comme cela est probable, elle se transforme et se cache, mais pour en suivre les traces il faudrait posséder le temps et les instruments qui pour l'instant nous font défaut.

LA FIN DES GUERRES CIVILES ET LE RÈGNE D'HENRI IV

VERS LA POLITESSE ET LE SENTIMENTALISME

Étant née, comment on l'a vu dans l'introduction, à l'aube des guerres de religion, au cours d'une période de crise sociale, politique, institutionnelle, l'histoire tragique semble immédiatement en répercuter, au sein du monde de la littérature, les angoisses, les conflits, les horreurs ; la présence, au sein du récit, d'une kyrielle d'épisodes cruels, de révoltes sanguinaires, de répressions brutales, ne pouvait qu'évoquer, dans l'esprit du lecteur, les événements dont il avait été le témoin et ne pouvait manquer, en même temps, de lui rappeler de manière incessante la vanité, le caractère insensé, le danger d'un monde sournois et d'une fortune aveugle.

La réalité et la fiction littéraire, dans cette phase du XVIe siècle, ont tendance par conséquent à *se compléter*, d'un côté, et à *s'identifier*, de l'autre. À se compléter, étant donné que par la punition des rebelles, ou par leur repentir ou, même, par leur auto-élimination, le récit tragique offre un modèle parfait de la manière dont devrait se présenter la réalité et de ce qu'elle n'est pas toujours : le règne de l'ordre, de la hiérarchie et de la justice triomphante ; à s'identifier, vu qu'un double mouvement de convergence semble animer la vie et l'écriture : la première ne se déroulait-elle pas selon des événements souvent si féroces et surprenants, si mémorables et monstrueux, qu'ils n'étaient pas sans rappeler les inventions les plus effrénées de la fantaisie ? Et, d'ailleurs, les auteurs des histoires tragiques ne revendiquent-ils pas – comme on l'a déjà vu précédemment et comme on le verra plus en détail ci-après – leur fidélité absolue à la pure et simple vérité ? Il est probable que cette correspondance manifeste entre ce qui se passait et ce qui était écrit a joué un rôle déterminant dans l'abandon des études sur ce genre littéraire, juste au début de la dernière décennie du siècle.

Alors que s'éteignaient progressivement les luttes intestines et avec l'arrivée sur le trône d'Henri IV, en effet, l'atmosphère politique et sociale change de manière sensible et ce changement ne peut que se répercuter dans le domaine littéraire. La paix, contraignant la noblesse à l'inactivité, favorise l'essor d'une nouvelle vie sociale ; les préoccupations guerrières remplacent les tourments de l'amour ; les sièges militaires cèdent la place aux escarmouches galantes ; la femme retrouve un rôle important dans un monde aristocratique à la recherche d'une nouvelle identité, d'une nouvelle excellence dans le raffinement et la distinction. Pour la prose, c'est le grand moment du roman sentimental, un genre qui est fort apprécié par le public qui compte, un genre abordé par des auteurs de tout type et qui est envahissant, étant donné qu'il inonde de son prestige tous les domaines avoisinants.

Fort apprécié par les habitués des « salons » qui naissent un peu partout à Paris et en province, le roman sentimental mérite bien son nom parce qu'il offre, à une société qui aspire aux perfections mondaines, non seulement un miroir dans lequel elle peut s'admirer, mais également un modèle dont elle peut s'inspirer. Il représente un instrument d'évasion et de divertissement mais forme en même temps une sorte de manuel de savoir-vivre, au sein duquel le lecteur aristocratique peut trouver des exemples de politesse galante pouvant être mis en pratique à la première occasion, des débats très subtils sur l'amour qui sont en mesure de le guider dans les discussions des salons, des lettres et des billets galants pouvant être imités pour obtenir le succès :

> À mesure que s'organise une vie de société (à la faveur de la paix civile, mais aussi de la promotion intellectuelle des femmes), une sorte d'échange s'établit entre cette société et le roman. Celui-ci devient à la fois reflet et modèle des formes courtoises de l'existence, manuel de civilité et du bien-dire. Il se substitue peu à peu aux ouvrages spécialisés, dans lesquels plusieurs générations de la noblesse avaient appris l'art de *bien aimer* et de bien se conduire dans toutes les situations qui peuvent se présenter à un cœur épris. En un mot, l'esprit de galanterie passe, dans un double mouvement, des milieux mondains aux romans et du roman aux milieux mondains[1].

1 M. Lever, *Le Roman français…*, *op. cit.*, p. 48.

Comment ce type d'osmose pourrait-elle ne pas se manifester aussi chez les auteurs ? Le roman sentimental – mais cet argument vaut également pour tous les autres genres similaires – ne représente pas, en effet, une réserve de chasse exclusive pour aucune catégorie particulière d'écrivains.

Le roman n'avait pas été codifié par les doctes, il n'y avait donc pas de règles particulières à suivre ; pour écrire en prose, il ne fallait pas posséder le bagage technique qui était au contraire indispensable au poète ; et pour parler d'aventure et d'amour, aucune compétence spécifique ni aucune culture particulièrement étendue n'était nécessaire : il suffisait d'un peu d'imagination et d'un minimum de bonne volonté. Voilà alors qu'à côté des romanciers professionnels, le genre s'est enrichi des œuvres de narrateurs occasionnels : « Beaucoup composent un roman, ou deux, et s'en tiennent là, satisfaits d'avoir donné cette preuve de leur savoir-faire[1] ». Voilà alors qu'on trouve parmi eux un grand nombre d'anonymes, aussi bien ceux qui ne signèrent par leurs œuvres, que ceux qui se bornèrent à les signer de leurs seules initiales ; à quoi bon en effet lier un nom, parfois grand et prestigieux, éventuellement paré de certaines vertus guerrières, à des écrits que les doctes jugeaient « inférieurs », à des « divertissements », juste bons à distraire les dames dans les salons ? Un signe de reconnaissance destiné aux amis, une confidence susurrée dans l'oreille pouvait suffire à garantir toute la célébrité littéraire et mondaine que l'on pouvait souhaiter.

Dans un tel contexte, imprégné de galanterie et de politesse, marqué par « l'amour des formes courtoises et des belles façons de dire[2] » et, par conséquent bien moins dramatique que celui des années précédentes, comment survit l'histoire tragique ? Et survit-elle vraiment ? À première vue, il pourrait sembler que non : le triomphe du roman sentimental correspondrait en effet, selon certains chercheurs, à une mutation radicale de la conception même de l'amour, à un progrès de la moralité dans la littérature. Voyons ce que dit Reynier à ce propos :

> Une première conséquence du progrès de la moralité dans le roman, c'est que toute passion coupable en est sévèrement proscrite. On n'oserait plus représenter ces amours adultères qu'avaient jadis exaltées les histoires de Tristan et de Lancelot, et dont les suites plaisantes ou tragiques avaient été si longtemps

1 G. Reynier, *op. cit.*, p. 263.
2 *Ibid.*, p. 152.

> pour les conteurs une inépuisable matière. La femme mariée cesse donc d'être l'héroïne et c'est la jeune fille qui passe au premier plan. La naissance de l'amour dans une âme virginale, la lutte des inclinations contre les tyrannies sociales ou contre le sort et, comme terme de la chaste aventure, le plus souvent le mariage, quelquefois la mort : voilà le thème ordinaire de ces fictions. [...]

et encore :

> D'autre part, par le fait même qu'il s'affranchit de la tyrannie des sens, qu'il cesse d'être une force aveugle et instinctive, l'amour romanesque se subordonne à l'autorité de la raison : il se crée des devoirs, et le premier de tous, c'est la constance[1].

Constance, fidélité, chasteté, innocence virginale : voilà donc les caractéristiques de la femme et de la passion dans la littérature narrative de cette époque, destinée à une noblesse oisive, se trouvant loin des guerres et avide de mondanités. Comment un public de ce genre pourrait-il être intéressé par la vieille histoire tragique qui semble se trouver exactement aux antipodes d'une conception de ce genre, avec ses femmes perfides et menteuses, ses vengeances sanglantes, ses suicides désespérés ? Là où l'on en trouve encore quelques traces, semble penser l'auteur du *Roman sentimental*, il ne s'agit plus que d'un genre infra-littéraire. Les auteurs, en effet, se montrent grossiers et expéditifs :

> Les auteurs qui cultivent [...] ce genre violent, s'arrêtent bien quelquefois aux préliminaires des liaisons amoureuses et l'on ne peut dire qu'ils aient écarté toute analyse ; mais il est visible que ce qui les intéresse, ce sont non les passions, mais les crimes auxquels elles peuvent conduire[2].

Quant aux œuvres :

> Ces histoires de meurtre, de bigamie ne relèvent guère de la littérature. Elles excluent toute préoccupation artistique et ne visent qu'à ébranler fortement les nerfs par des moyens grossiers. Ces plats récits, où l'on ne retrouve rien de l'imagination et de la vivacité d'un Bandello, ne sont le plus souvent que des faits-divers délayés, très comparables en somme aux « discours pitoyables » ou « lamentables » ou « déplorables » d'aventures funestes et d'atrocités que les librairies populaires offraient depuis longtemps à la curiosité de la foule[3].

1 *Ibid.*, p. 232-233.
2 *Ibid.*, p. 186.
3 *Ibid.*, p. 188-189.

Voilà donc le destin de l'histoire tragique à cette époque : elle est bannie de la littérature, elle demeure destinée à un public grossier, bien différent de celui qui peuple les salons, à savoir un public qui ne lit que peu et avec impatience, que n'intéressent ni les sentiments ni la psychologie, et que l'on ne peut satisfaire que par les horreurs de faits divers atroces.

Est-ce que cela constitue un tableau fidèle de la situation ? Il s'agit plutôt d'un tableau simplifié qui, comme c'est toujours le cas dans de telles circonstances, sans être complètement faux, ignore, d'une part, la complexité de la situation et, d'autre part, la déforme. Et il la déforme en raison du point de vue adopté par Reynier (dont l'avis a cependant beaucoup influencé ceux qui l'ont suivi), qui, pensant surtout au roman sentimental, a tendance à sous-estimer ce qui n'est pas du tout sentimental, voire à l'assimiler au genre qui l'intéresse. C'est ainsi qu'il arrive parfois que l'on affuble à certaines histoires tragiques, comme on le ferait avec un soldat enrôlé trop rapidement, un uniforme qui n'est pas à sa taille, plus approprié par conséquent à attirer l'attention sur lui qu'à l'assimiler à ses compagnons d'armes. Le chercheur admet alors, un peu plus loin, que : « parmi les romans que nous classons dans le genre sentimental, il en est sans doute qui ont des dénouements d'"histoires tragiques"[1] » et il se met ensuite à répertorier parmi les œuvres qu'il apprécie d'étranges exceptions. La plus étonnante est sans aucun doute *L'Enfer d'Amour* de Du Pont[2], qui, bien qu'étant parfaitement conforme (comme nous le verrons plus loin) aux conventions de l'histoire tragique et formant même *un recueil de trois histoires*, est considérée (bien évidemment) comme une anomalie un peu bizarre dans le panorama du roman sentimental de l'époque : elle décrit, en effet, des passions coupables et troubles (comme l'histoire tragique…) au lieu des sentiments purs, chastes et loyaux qu'imposeraient les règles du nouveau genre romanesque.

En réalité, s'il est vrai que le triomphe du sentimentalisme est pratiquement total dans le style de ces années-là, dans le recours à certaines métaphores de la part de différents auteurs, dans l'abondance des discours, dans l'insertion de lettres, de poèmes, de petits billets galants au sein du texte, il est tout aussi vrai que son triomphe est bien loin d'être total en ce qui concerne le choix des sujets : à côté d'innocentes

1 *Ibid.*, p. 301.
2 *Cf. inf.*, p. 188 *sqq.*

donzelles apparaissent encore de temps en temps des femmes cruelles ; on y trouve encore, à côté de ceux qui meurent de manière languide, ceux qui sont trucidés de manière barbare ; et, parmi les fleurs de la rhétorique, on voit de temps en temps gicler soudainement du sang. Comme tous les autres genres en prose et en poésie, l'histoire tragique se conforme à la mode et au langage dominants, mais elle parvient malgré tout à ne pas disparaître.

Elle fait même preuve, au contraire, d'une grande capacité d'adaptation et, soumise à la concurrence des autres genres narratifs, stimulée par un changement des goûts du public, elle se lance au même moment dans une évolution impétueuse, aussi bien du point de vue de la forme qu'en ce qui concerne ses contenus. Certes, elle semble parfois rechercher justement la faveur de ces lecteurs grossiers et brutaux dont parle Reynier mais, le plus souvent, elle semble emprunter de nouvelles voies, en tentant de faire siennes toutes les nouveautés, de flatter les lecteurs les plus sensibles et les plus raffinés, les seuls, entre autres, qui soient en mesure de garantir un certain statut à l'écrivain.

Les changements vont dans toutes les directions : le schéma du recueil, par exemple, insistant et sombre en raison de son caractère répétitif, a tendance à se transformer ou à se dissoudre ; le récit devient par conséquent plus indépendant, plus ample, atteignant ainsi des dimensions un peu plus importantes, sans toutefois perdre du caractère linéaire qui le distingue ; l'actualité la plus réaliste se combine volontiers avec la fiction ; et cette dernière se réfugie plus d'une fois dans l'Histoire ; les violences les plus effrénées s'emmêlent avec le plus grand naturel dans les spires de la galanterie et des métaphores les plus hyperboliques. Au contraire, certaines contaminations entre le tragique et le comique dans la succession des nouvelles ou à l'intérieur de la même histoire, certains contrastes entre des tons « élevés » et « bas » ont de plus en plus tendance à disparaître : c'est le résultat de l'attraction du genre dominant, dont l'histoire tragique se rapproche de plus en plus.

Les résultats sont inégaux du point de vue littéraire, de même que les auteurs proviennent de différentes extractions ; ceux-ci se confondent ou, dans certains cas, coïncident avec ceux du roman d'amour contemporain (anonymes, occasionnels ou « professionnels » dans les deux cas), de même que les œuvres sont différentes en raison de leur nature et de leur inspiration. C'est justement cette diversité qui les rend fascinantes à nos yeux : une nouvelle lecture permet de pénétrer dans un laboratoire où la matière s'habille de mille couleurs, cherchant des assortiments toujours différents, engendrant des nouveautés inédites et recourant à de vieux succès. Cependant cette matière, malgré les mimétismes et les contaminations, demeure toujours la même, marquant à chaque fois de son empreinte sombre et fatale les différents écrits qui nous occupent.

C'est justement la première œuvre importante que nous examinons, après les *Histoires tragiques* de Poissenot, le *Proumenoir de Monsieur de Montaigne* de Mademoiselle de Gournay qui *semble* modifier d'un seul coup l'image – désormais traditionnelle – de l'histoire tragique. L'ouvrage, si l'on en croit les dates, appartient encore au XVIe siècle mais anticipe, par de nombreux aspects, le siècle suivant, époque où il sera republié plusieurs fois, souvent corrigé et épuré par son auteure elle-même. La date de la première édition, du reste, est par elle-même significative. Il s'agit en effet de l'année 1594, où les guerres de religion ont désormais pris fin et qui correspond justement au début d'une nouvelle ère : le règne d'Henri IV, dont on a parlé plus haut et au cours duquel la France se transforme, par les vertus d'un bon gouvernement et de la paix intérieure. Même si le *Promounoir* et les *Histoires tragiques* de Poissenot sont chronologiquement proches, leur contenu semble être séparé par un véritable abîme. Et cet abîme (à la fois apparent et réel, comme nous le verrons) justifie à lui seul les chercheurs qui s'arrêtèrent à Poissenot dans l'analyse de ce type de récit ; alors qu'il nous incite à commencer justement de ce point de départ : non pas des auteurs précédents, dont d'autres ont déjà parlé, ni des écrivains successifs, qui continuent, même si ce n'est qu'en partie, un discours qui commence ici.

L'HISTOIRE TRAGIQUE SELON MADEMOISELLE DE GOURNAY : UN RÉCIT... TRANSFORMABLE

> On pourrait encore classer parmi les romans grecs, à cause de son cadre, le petit roman à dénouement tragique de Mlle de Gournay [...] Ce court récit est d'ailleurs assez pédant et sans grand intérêt[1].

La définition que Reynier donne du *Proumenoir de M. de Montaigne* trahit son embarras : le conditionnel « pourrait » n'exclut pas complètement d'autres possibilités ; le « petit roman », immédiatement suivi par un « court récit », est révélateur d'une incertitude encore plus profonde : ce soi-disant « roman » est plutôt un récit, plus court que long. Ce jugement *négatif* ne serait-t-il pas plutôt un jugement *expéditif*, une échappatoire bien pratique pour éliminer les problèmes ?

Quant à Godenne, il n'a aucune hésitation : le récit en question est une histoire tragique, moins plate et moins banale que d'autres écrites plus tard par d'autres auteurs, qui imite en tout et pour tout « la manière de Bandello et de ses traducteurs[2] ». Il est bien dommage qu'il n'ajoute rien d'autre et qu'il confonde non seulement la « manière » de Boaistuau et de Belleforest avec celle de leur propre source – par eux-mêmes très critiquée – mais également l'œuvre de Mademoiselle de Gournay avec les écrits de Rosset et de Livet, très différents par leur esprit et par leur structure de ceux de la « fille d'alliance » de Montaigne et de surcroît très éloignés l'un de l'autre.

Pour A. de Vaucher Gravili, enfin, le récit de la « demoiselle », ainsi que d'autres « histoires isolées » du même genre, ne seraient pas des histoires tragiques mais des histoires sentimentales un peu particulières : « Il s'agit en fait d'histoires sentimentales du genre héroïque dont la fin est funeste, et qui se rattachent à cette filière du conte "sublime" à destination aristocratique, qui s'était développée au XVIe siècle sous l'influence de la "Fiammetta" de Boccace[3]... ».

Toute distinction est légitime, si on la proclame, comme c'est le cas ici, avec clarté. Il est cependant bien difficile de trouver de véritables

1 G. Reynier, *op. cit.*, p. 190, n. 3.
2 R. Godenne, *op. cit.*, p. 40.
3 A. de Vaucher Gravili, *op. cit.*, p. 16, n. 18.

différences entre l'histoire de Gournay et de nombreux récits de Rosset, ayant des protagonistes tout aussi nobles et mettant en scène des événements tout aussi aventureux; il est très malaisé d'affirmer ou de nier la destination aristocratique d'un grand nombre d'histoires tragiques qui sont habituellement considérées comme telles : il est par contre très aisé de trouver dans un grand nombre de ces narrations isolées des détails horribles et violents, des adultères, des incestes, des jalousies et d'autres choses du même genre, en somme des actions et des sentiments que Reynier juge inconvenants pour le roman sentimental; et, dans le cas du *Proumenoir*, il est très facile de trouver des correspondances, parfois très précises, avec certains détails typiques d'autres histoires tragiques[1].

La demoiselle elle-même en était bien consciente, puisqu'elle n'hésita pas à rebaptiser son écrit, à l'occasion d'une de ses nombreuses rééditions, justement sous le titre classique d'*Alinda, histoire tragique*[2].

Il est cependant vrai que les incertitudes des critiques ne naissent que partiellement des caractéristiques intrinsèques de l'œuvre; celles-ci sont également alimentées par l'attitude de l'auteure, qui fait tout ce qu'elle peut, semble-t-il, pour entretenir la confusion : non seulement elle change le titre (et se repent, revenant ensuite à la dénomination première) mais elle utilise, dans ses préfaces, toutes sortes de termes pour définir son écrit. Voici par conséquent que dans l'*Epistre sur le Proumenoir de M. de Montaigne*[3], elle l'appelle « histoire[4] », ensuite « récit » et « escrit[5] », par la suite, plusieurs fois « conte[6] », pour finir par un

1 *Cf.* par exemple, le détail du sang d'Alinda qui mouille le corps de Leontin, indirectement coupable de la mort de la femme : cela rappelle le sang qui jaillit soudain du corps inanimé des personnes assassinées pour marquer les assassins dans les nouvelles de Rosset (*Cf. inf.*, p. 189).

2 Sous le titre de *Proumenoir de M. de Montaigne*, l'histoire paraît en 1594 (Paris, A. L'Angelier), en 1595 et, revue et précédée d'une préface rédigée pour l'édition posthume des *Essais* (1595), en 1599. En 1623, le titre devient *Alinda, histoire tragique*. Le texte est ensuite inséré, sous le titre de *Proumenoir*, dans tous les recueils successifs des ouvrages de Gournay. *Cf.* A. L. Franchetti, « Preistoria del *Proumenoir de M. de Montaigne* », *Paragone*, 356 (oct. 1979), p. 59-98 (pour les éditions et la biographie en particulier, voir la n. 3 à la page 96).

3 J'ai consulté celui de l'édition qui est insérée dans l'*Ombre de la Demoiselle de Gournay*, Paris, Libert, 1626. Celle-ci est cependant précédente par rapport à cette édition : le texte de 1594 est déjà précédé par l'*Epistre*.

4 *Ibid.*, p. 655.

5 *Ibid.*, p. 656.

6 *Ibid.*, p. 657.

anodin « livret[1] » ; elle ne l'appelle jamais roman. Dans les *Advis sur la nouvelle édition du Proumenoir de Monsieur de Montaigne*, par contre, qui servent de préambule à l'édition de 1626[2] et qui se présentent sous la forme d'un manifeste polémique à l'égard de ses détracteurs, le terme qui revient est justement « roman » ; le roman, à la fin devient « roman discourant[3] » pour suggérer l'anomalie de la structure, dans laquelle les digressions et les raisonnements revêtent une importance particulière. Confronté à une telle cascade d'appellations différentes, le chercheur est très compréhensiblement perplexe et étourdi.

Laissons par conséquent de côté ce que les critiques et ce que l'auteure disent pour examiner de près l'œuvre elle-même. La trame du récit n'est pas immédiatement tirée de la réalité et n'est même pas le fruit de la fantaisie de Gournay : « Je rapporte à peu près l'argument de ce conte d'un Livre dont le nom m'est eschappé de la mémoire[4] », affirme l'écrivaine avec une certaine désinvolture ; mais le silence qu'elle garde quant à sa propre source revêt une signification symbolique et polémique précise :

> L'argument dis-je, car je ferois conscience de picorer l'Autheur plus avant, ou de barbouiller ses inventions agreables en verité, du meslange des miennes. Ny ne suis pas de ceux qui croyent, que celuy qui prend l'argument d'un conte quelque part ne puisse avoir autant de merite s'il le recite de bonne grace, que si l'argument mesme estoit sien : au moins dans un suject qui tombe dans les communs accidens de la vie, et que le premier Autheur peut avoir appris par les évenemens de ses voisins, ou connu luy mesme sans grande peine. Ce que je ne dis nullement pour relever le mérite de mon ouvrage en cecy : mais seulement contre la simplesse de ceux qui presument qu'un conte ne consiste principalement qu'au fil des accidens : et qu'il ne peut appartenir ny faire l'honneur qu'à celui qui l'aurait escrit le premier[5].

Ce n'est donc pas la matière du récit qui est importante mais la façon de le raconter ; et ce qui a été repris n'est que l'intrigue. Cependant, le choix même de l'intrigue est intéressant à notre avis, étant donné que celle-ci ne révèle pas tant l'originalité de la femme écrivain que ses liens avec une tradition, l'attention qu'elle apporte à un certain type de récit.

1 *Ibid.*, p. 658.
2 *Ibid.*, p. 644-655.
3 *Ibid.*, p. 650-651.
4 *Ibid.*, p. 657.
5 *Ibid.*, p. 657-658.

De ce point de vue, les différences entre ce que narre de Gournay et ce que l'on retrouve dans une des deux nouvelles des *Discours des Champs faez* de Claude de Taillemont[1] sont négligeables : quelques divergences dans la conclusion, quelques simplifications au niveau des personnages et des événements ; tout le reste est identique.

L'histoire a pour protagoniste une jeune princesse persienne, Alinda, ayant été promise, contre sa volonté – et pour des motifs politiques – à un prince ennemi ; au cours de son voyage vers le pays de son futur mari, elle rencontre Leontin, qui est, comme elle, noble, jeune et beau. Cette rencontre est le début de toute une série d'événements qui mèneront les deux personnages à leur ruine : un amour fatal naît en effet entre eux, qui les pousse, non sans quelque hésitation de la part de la jeune fille, à fuir ensemble ; une tempête surprend ensuite les amants en pleine mer et les jette sur les côtes de la Thrace ; Othalcus, un grossier – bien que noble – seigneur du lieu, les accueille et tombe amoureux d'Alinda, tandis que sa sœur est séduite par Leontin, qui répond lui aussi à ses avances. Convoitée par celui qui l'aime sans être aimé, tout en aimant encore celui qui l'a trahie et qui l'avait poussée à manquer à ses devoirs et à quitter sa patrie, Alinda fait en sorte, par un stratagème, de se faire tuer par les hommes d'armes d'Othalcus : elle accuse en effet de calomnie une vieille femme innocente et ignare dont la chambre, dans le palais, est proche de la sienne et en demande la tête au prince thrace. Celui-ci, sans hésiter un instant, donne alors l'ordre que la présumée calomnieuse soit assassinée dans la nuit. Alinda, cependant, se met à la place de la victime désignée en occupant son lit : elle meurt par conséquent, bien qu'indirectement, par la main de son soupirant impétueux et cruel. Sur son corps, inanimé et ensanglanté, Leontin, saisi par les remords et le repentir, se suicidera à son tour.

Bien que sommaire, ce résumé suffit à mettre en évidence certaines caractéristiques du récit, pour ce qui est du déroulement de la trame et des rapports entre les personnages : on y trouve en effet l'exotisme des lieux (Perse et Thrace), les complications sentimentales (une suite d'amours sans réponse : lui il l'aime, mais elle aime l'autre qui tombe amoureux d'une autre encore), la qualité aventureuse des péripéties (fuite des amoureux, voyage en mer, naufrage, etc.). Ce sont les éléments

1 Publ. en 1553 à Lyon.

qui caractérisent non seulement le roman en lui-même mais aussi une grande partie de la littérature narrative de l'époque et qui s'intègrent bien en outre dans la tradition de la nouvelle, et, surtout, de l'histoire tragique. Le texte a du reste hérité de cette dernière sa simplicité (absence d'histoires secondaires, nombre limité de personnages), sa relative brièveté, son épilogue funeste et sanglant et, surtout, sa structure, construite sur les trois temps réglementaires de l'interdiction, de l'infraction et de la punition conséquente.

De Gournay elle-même le reconnaît, lorsqu'elle fait dire par ses détracteurs quels sont, à leur avis, les seuls éléments de valeur de son histoire : « … bien que son histoire soit assaisonnée d'advertissemens exemplaires, et qu'elle represente la peine en suitte de la coulpe[1] », et cela se manifeste, à tout moment, par un équilibre très mesuré de la violence, en vertu duquel s'abat sur chaque coupable la punition méritée – et appropriée : Alinda ne doit-elle pas être considérée comme celle qui a commis l'infraction la plus grave, ayant trahi la confiance de sa famille et les espoirs de sa patrie ? De fait, dans le récit, c'est elle qui mourra en premier. N'a-t-elle pas fui en s'abandonnant au feu de la passion ? C'est justement ce feu qui la brûlera : non pas les ennemis, non pas la tempête, mais la trahison ; de telle manière que la sanction, double, avant de lui ôter la vie, la frappera au cœur. N'a-t-elle pas, à la fin, été induite à la fuite presque contre sa volonté ? Ayant été induite, elle induira : dans un *contrapasso* délibéré, elle ne se suicide pas mais « se fait » suicider par celui qui n'aurait jamais voulu le faire. Au contraire Leontin, qui séduit par sa beauté, qui convainc par sa faconde, qui, par sa trahison, foudroie le cœur de son aimée, est à son tour foudroyé par la révélation du corps sans vie d'Alinda : d'une part la vue du sang de la Princesse et les mots écrits par elle avant de mourir le convainquent de son indignité ; de l'autre l'éclat d'un tel sacrifice fait à nouveau brèche dans son cœur en l'embrasant encore une fois d'amour. À nouveau amoureux devant un tel sacrifice, lui, qui, d'une certaine manière, a tiré les ficelles, est poussé à se suicider. Pour ce qui est d'Othalcus et d'Ortalde, sa sœur, ceux-ci n'ont commis d'autre faute que celle d'être

1 *Advis sur la nouvelle édition…*, *op. cit.*, p. 644. On trouvera très révélateur également le fait que justement lorsque l'on cite la fonction didactique du récit et de la structure faute-peine, le terme choisi pour le définir n'est plus « roman » ou, « conte » et encore moins « escrit » ou « livret », mais devient, de manière très appropriée, « histoire ».

tombés amoureux et d'avoir tout fait pour satisfaire leurs sentiments ; ils peuvent en outre revendiquer quelque mérite, ayant accueilli deux naufragés malheureux : la perte de la personne aimée[1] représente une peine suffisante pour eux.

Une correspondance à ce point minutieuse entre la peine et la « coulpe » est par conséquent pleinement conforme à la tradition de l'histoire tragique à partir de Belleforest et les détails cruels de la mort des deux amants[2] correspondent bien aux conventions du genre, lorsque Leontin se souille du sang d'Alinda, avant de se tuer (marque de la faute ; préfiguration de son propre sang, de son propre suicide) ou, lorsque le sang des deux personnages se mêle, en jaillissant des cadavres renversés l'un sur l'autre. Du point de vue de la pure narration, de la matière, le titre *Alinda histoire tragique* est donc tout à fait justifié, même si d'autres caractéristiques émergeant dans le texte montrent l'influence (qui continuera par la suite, chez d'autres auteurs d'histoires tragiques) du roman sentimental de l'époque : par rapport à sa source, par exemple, Mademoiselle de Gournay insiste sur l'analyse et sur la représentation des sentiments ; tout en ne les évitant pas complètement, elle limite les tons sombres et cruels du récit au bénéfice d'un symbolisme précieux et pathétique.

Le résultat est représenté par une atmosphère moins crue, plus éthérée et plus douloureuse ; et si l'observation faite par G. Pérouse à propos de cette œuvre, selon laquelle au cours des premières années du XVIIe siècle « la nouvelle tragique est en voie de se donner des structures proprement romanesques[3] », demeure entièrement vraie, il est tout aussi vrai que, dans *Alinda*, les topoï romanesques représentent un point de départ sur lequel l'auteure ne s'arrête pas, qu'elle donne pratiquement pour acquis, en tant que références obligées d'un drame qui est tout intérieur[4]. La scansion de l'histoire elle-même, structurée de manière

---

1 Une perte qui revêt cependant une valeur différente pour le frère et la sœur, vu qu'est rigoureusement proportionnée à la portée diverse de leur faute : Othalcus, qui poursuivait Alinda de ses assiduités, en est l'assassin involontaire, en se punissant par conséquent de ses propres mains ; Ortalde, par contre, qui avait rendu Leontin amoureux d'elle, perd d'abord le cœur (puisque le jeune se repentit et « abandonne » par conséquent Ortalde pour revenir idéalement à Alinda avant de se suicider) et, ensuite, la personne même de son aimé.

2 *Cf.* p. 53, note 1.

3 G.-A. Pérouse, *Nouvelles françaises du XVIe siècle*, *op. cit.*, p. 469.

4 *Cf.* A. L. Franchetti, *op. cit.*, p. 77.

rigide comme une tragédie classique et linéaire[1], contribue à rendre abstraites les péripéties du récit, à transformer en de purs signes les lieux communs du roman. L'histoire atteint ainsi une uniformité de ton qui était auparavant inconnue ou très rare, et devient un peu moins « histoire » et un peu plus « tragique ». Un peu plus « tragique » parce que tout tend vers un idéal narratif noble et sérieux : les personnages, nous l'avons vu, sont toujours des aristocrates, même lorsque, comme dans le cas d'Othalcus et d'Ortalde, ils sont plus grossiers que les très civilisés et raffinés Persans ; leur langage répond à leur statut social et ne laisse que peu de place aux expressions vulgaires et aux expressions familières qui sont si fréquentes dans les recueils précédents ; tout type de situation grivoise est évité avec le plus grand soin[2]. Toute chose tend par conséquent à se conformer au niveau élevé qui est exigé par la tragédie, genre noble par excellence, qui exigeait sur la scène des personnages exceptionnels, des milieux aristocratiques, des événements héroïques et un langage soutenu.

En même temps, *Alinda* est un peu moins « histoire » parce que le vrai est maintenu en arrière-plan, demeurant comme une sorte de donnée archéologique, même s'il n'est pas entièrement absent. À première vue, en effet, l'auteure ne semble absolument pas se préoccuper de la véracité des faits qui sont relatés : ce n'est pas pour rien qu'elle imagine raconter son histoire à l'ami et maître Montaigne pour lequel « les tesmoignages fabuleux » « servent comme les vrays » et peuvent nous être tout aussi utiles : « Advenu ou non advenu, à Paris ou à Rome, à Jean ou à Pierre, c'est toujours un tour de l'humaine capacité duquel je suis utilement advisé par ce récit. Je le voy et en fay mon profit egalement en l'ombre qu'en corps[3] » et elle est elle-même convaincue, comme on l'a dit, que ce n'est pas le fait narré qui est important mais la façon de le raconter[4]. Cependant, elle se montre également sûre du fait que ce qu'elle a écrit représente un « suject qui tombe dans les communs accidens de la vie, et que le premier Autheur peut avoir appris par les evenemens de ses voisins, ou connu luy mesme sans grande peine[5] ». Et, dans son cas,

1 *Ibid.*, p. 70 *sqq.*

2 Les assauts amoureux du Thrace, nu et excité, que Taillemont décrit, sont par exemple supprimés et modifiés par de Gournay (A. L. Franchetti, *op. cit.*, p. 78-79).

3 Cit. par A. L. Franchetti, *op. cit.*, p. 69).

4 *Ibid.*, p. 50.

5 *Ibid.*

le « premier Autheur » est probablement Plutarque, comme l'affirme Reynier, imitant lequel « Mlle de Gournay semble y avoir voulu mettre en pratique le conseil que donne Montaigne (II XXXV), de prendre pour sujets les très belles histoires véritables qui se rencontrent dans les livres anciens plutôt que d'en inventer des nouvelles pour "donner plaisir au commun"[1] » ou bien, si l'on ne veut pas remonter aussi loin, on peut s'arrêter à Claude de Taillemont, qui fait de la véracité la caractéristique essentielle de son récit[2]. Tout en demeurant par conséquent à l'arrière-plan de l'histoire, le vrai se fait jour à travers la vraisemblance et le *Proumenoir* demeure en équilibre entre les deux.

Ce n'est cependant pas dans l'intrigue que réside la plus grande originalité de cet écrit, de même que son ambiguïté ne s'arrête pas au rapport instable entre la réalité et la fiction, entre la chronique et l'histoire. Ce qui en fait quelque chose de nouveau et d'important, c'est le rapport entre récit et discours, un rapport qui se présente comme étant inversé par rapport à la tradition : les aventures des personnages fournissent en effet à Mademoiselle de Gournay le prétexte de nombreuses considérations sur la nature humaine, en général, et sur la nature féminine en particulier et ses observations sur la chasteté et sur les conditionnements sociaux que subissent les femmes se prolongent sur plusieurs pages en formant, au sein du récit, un véritable et – très intéressant – petit traité. Les interventions de l'auteure, qui sont typiques de l'histoire tragique, se dilatent ici et s'organisent pour former une sorte de contrepoint : la portée et le sérieux des raisonnements concourent à souligner le sérieux et le ton engagé de l'œuvre.

Il faut de plus tenir compte également du fait que les modalités de ces interventions constituent d'une certaine manière une anomalie : vu que le texte est conçu comme un récit fait à Montaigne pour le distraire tandis qu'il est hébergé dans le château de Gournay-sur-Aronde, le lecteur en est pratiquement exclu. Les rappels incessants faits aux *Essais*, la présence en filigrane du livre préféré de la demoiselle[3], donnent à l'œuvre une portée littéraire insolite, la saveur, à certains moments, d'un commentaire ; et la répétition fréquente des expressions « mon père », le fait de s'adresser de manière fréquente à son interlocuteur et maître de

1 G. Reynier, *op. cit.*, p. 190, n. 3.
2 *Cf.* A. L. Franchetti, *op. cit.*, p. 67 *sqq.*
3 *Ibid.*

la part de la « fille d'alliance », lui confèrent la saveur d'un dialogue, la distinguant des écrits contemporains du même type. Si, par conséquent, le titre *Alinda histoire tragique*, au fond, désignait la matière du récit et indiquait la continuité par rapport à la tradition, le *Proumenoir de Monsieur de Montaigne*, qui privilégie plutôt les circonstances de la narration et les interventions-dialogues du narrateur, attire l'attention sur ce qu'il y a d'original, de nouveau dans la création de Gournay.

À y regarder de près, cependant, la nouveauté ne réside pas tellement dans ce qui est dit et la manière dont c'est dit, mais plutôt dans le moment où cela a été dit ; non pas parce que la nature du texte est modifiée mais parce que la structure traditionnelle de celui-ci est bouleversée. Non pas la nature : en effet, même l'actualité, qui formait une part importante de nombreuses histoires tragiques de la fin du XVIe siècle et que de Gournay exclut du récit, est récupérée, de manière inattendue, par le discours ; et le dialogue à sens unique entre Gournay et Montaigne est bien loin de représenter une nouveauté substantielle. Ne rappelle-t-il pas les dialogues des personnages de Boccace, qui, dans le récit cadre des nouvelles, discutaient, commentaient et les mettaient en rapport avec leur situation présente ? Ou, si l'on veut lire le dialogue entre la fille d'alliance et le maître comme un dialogue épistolaire, ne nous rappelle-t-il pas alors les lettres qui précédaient les nouvelles de Bandello ? Avec les deux « devisants », nous sommes transportés dans un château comme nous l'étions dans une villa, avec les jeunes florentins du *Décaméron* ou dans un couvent, avec les voyageurs de *l'Heptaméron*.

Ici, cependant, ce qui demeurait extérieur par rapport à la nouvelle proprement dite pénètre dans le cœur du récit, le dilate, le brise, le commente, le met en rapport avec un autre texte, les *Essais* : ce qui était la narration devient cadre, ce qui était le cadre tend à devenir aussi topographiquement, le centre. Mademoiselle de Gournay procède donc à une révolution, même si elle n'est pas la seule à la tenter : une grande partie de l'évolution de l'histoire tragique peut être interprétée comme une somme d'efforts pour se soustraire à l'influence du modèle de Boccace. Au XVIe siècle, Bandello représente un exemple d'innovation et l'histoire tragique en profite, mais le cadre revient, de manière abstraite et médiévale, – avec les devisants transformés en allégories du type *Roman de la Rose* – dans le *Printemps* d'Yver et le charme des grands recueils précédents demeure souvent irrésistible. Claude de Taillemont lui-même tente de s'y soustraire mais dans une direction opposée à celle de nombreux autres narrateurs, insistant sur le « discours » et narrant finalement très peu de nouvelles (deux en tout) presque à contrecœur[1].

Personne cependant, avant la « demoiselle », n'avait œuvré de manière aussi radicale, non pas en éliminant le cadre, non pas en dévalorisant l'histoire, mais en intégrant le premier dans la seconde. Cette dernière, par conséquent, revêt un rôle secondaire, se transforme en une espèce de support pour le raisonnement : le « roman », à savoir la fiction, le récit, devient, comme l'affirme de Gournay, un « roman discourant[2] » et se développe avec beaucoup de souplesse sous le signe de la plus grande liberté.

Il nous semble donc que le *Proumenoir* est non pas « pédant et sans grand intérêt » mais, bien au contraire, original et, d'une certaine façon, exceptionnel : les conventions romanesques n'y figurent que pour être subtilement contestées ; l'histoire tragique y perd de ses aspects crus et de ses violences habituelles, ou mieux encore, les épure et les transforme en symboles ; les péripéties et les aventures font place à l'analyse psychologique, le cadre pénètre dans le récit, de telle manière qu'il semble presque que le récit lui-même se transforme en cadre de la réflexion ; à la place du mélange des tons, apparaît une uniformité marquée. Dans l'espace qui s'ouvre entre *Alinda, histoire tragique* et le *Proumenoir*, deux avatars divers d'un même texte, les transformations que connaîtra l'histoire tragique sont déjà presque toutes présentes ou à peine esquissées, mais mélangées et dosées de manière très personnelle ; on y trouve également une aspiration à l'urbanité, à la décence, à la conversation que chérissait une société trop longtemps tourmentée ; et on y trouve également une volonté de discuter la forme narrative, une inquiétude créative, un malaise qui dépassent les limites étroites du genre que nous examinons, en préfigurant beaucoup des discussions et des innovations qui fleuriront au cours des décennies à venir.

1 *Cf. ibid.*, p. 94.

2 M. De Gournay, *Advis sur la nouvelle édition…*, *op. cit.*, p. 650-651 ; *cf.* A. L. Franchetti, *op. cit.*, p. 94.

RÉALITÉ ET INTERPRÉTATION, OU LA VÉRITÉ AU PLURIEL

L'HISTOIRE

Mlle de Gournay ne constitue aucunement un « modèle » pour les auteurs contemporains et successifs, qui – dans la plupart des cas – lui demeurent très inférieurs au niveau de la clarté des intentions, de la profondeur et du style; elle nous montre plutôt, par un seul ouvrage, l'effervescence qui agitait le monde littéraire de son époque. C'est à partir de ce moment-là, que l'on voit paraître beaucoup d'histoires, souvent isolées, qui annoncent des tentatives de renouvèlement du genre : elles essaient de prendre en compte la tradition de l'histoire tragique, mais également les goûts nouveaux qui sont en train de se diffuser, dans le but de conquérir un public de plus en plus exigeant, ou du moins différent. Les intrigues restent toujours les mêmes – celles que la tradition avait désormais consacrées – mais le point de vue et la manière de les aborder changent à chaque fois. Le tragique se fond de plus en plus avec le sentimental, le vrai réel avec le vrai idéal. Nous en avons la preuve, par exemple, lorsque plusieurs auteurs racontent – à des moments différents – un même évènement : c'est le cas des gentilshommes gascons Joseph de la Mothe, sieur de Lerm, et Jacques Prévost, sieur de Gontier.

Leur histoire est identique, avec ses trois protagonistes principaux, qui forment le triangle amoureux typique : la belle, Mademoiselle du Luc; l'amant n° 1, le sieur de L'Espinasse (ou Lespinasse), qui – dans un premier moment – est aimé en retour; l'amant n° 2, le capitaine (veuf) La Peyre, qui fait son apparition plus tard. L'histoire se déroule dans la ville de Marmande, ville protestante d'abord, ensuite occupée par les catholiques de la Ligue. L'intrigue est banale : d'abord l'amour entre L'Espinasse et la demoiselle; leur idylle initiale se gâche suite à un fait d'armes (vengeance familiale), qui rend la famille de la jeune fille hostile à son amant; toutefois, la relation amoureuse continue en secret, et plus audacieuse. Entre-temps, les parents de la demoiselle encouragent le capitaine La Peyre, ce qui provoque la jalousie de L'Espinasse. Lorsque ce dernier découvre que La Peyre porte à son doigt une bague que Lespinasse avait offerte à Mlle du Luc, il pense immédiatement à la trahison et, aveuglé par la colère et par la déception, se plaint auprès de ses amis de l'infidélité de sa bien-aimée. De plus, il ne cache pas les détails intimes (et vrais) concernant leur relation passée. L'honneur offensé exige une réparation sanglante : La Peyre défie L'Espinasse à un duel, mais avant que le duel n'ait lieu, Mlle du Luc (incitée d'ailleurs par son nouveau soupirant) court poignarder son ancien amant et (authentique) calomniateur sur la place publique et le tue. Conclusion : la demoiselle, condamnée en première instance, est acquittée en appel ; entre-temps, La Peyre se volatilise, afin d'éviter d'ultérieures complications.

Le déroulement des évènements ne change donc pas, ni dans le récit de La Mothe, ni dans celui de Prévost : tous les éléments traditionnels de l'histoire tragique y sont bien reconnaissables : l'amour, le sang, la vengeance, la faute et la punition. Ce sont les détails – à l'apparence mineurs, mais en réalité porteurs de signification – qui changent, ainsi que l'attitude des auteurs envers leurs personnages. Ces derniers, tout en portant les mêmes noms et en se conduisant grosso modo de la même façon, ne sont pas considérés pareillement coupables, ce qui modifie de manière considérable le sens et la portée de l'histoire.

L'HISTOIRE DE LA MOTHE

Dans la version de J. de la Mothe, le *Discours de la Perfidie d'Amour*, publié en 1594[1], le point de vue de l'auteur se dégage de manière subtile du titre de l'ouvrage : la perfidie, surtout en amour, n'est-elle pas la caractéristique d'une certaine image de femme coquette, menteuse et inconstante ? Coquette, menteuse, inconstante, c'est la manière dont la protagoniste nous apparaît, tout en étant en même temps décidée (lorsqu'elle ne recule pas face aux pressions familiales et continue, du moins dans un premier temps, à aimer L'Espinasse) et courageuse (lorsqu'elle court sans hésitation – véritable « femme forte » – tuer son détracteur). Ses qualités négatives et positives ne se manifestent pas du premier coup, au contraire elles se dévoilent petit à petit, l'une après l'autre et de manière alternée : quand on parle de la femme amoureuse, on ne remarque pas la femme perfide ; quand on la voit mentir, on ne remarque pas son courage et lorsqu'il est question de son courage, on a tendance à oublier tout le reste. Bref, son image représente une sorte de carrefour où se croisent les différents

1 J. de la Mothe, *Discours de la Perfidie d'Amour*, Lyon, Pierre le Phénix, 1594, in 12°, 170 p.

clichés littéraires de l'époque, sans jamais fusionner. C'est en hommage à ces clichés que l'auteur parvient, de temps en temps, à oublier, et à faire oublier, l'hostilité qu'il ressent envers sa protagoniste.

La première image que l'auteur nous renvoie est celle de la Demoiselle du Luc amoureuse. Il est vrai (un fait symptomatique) que la demoiselle n'est pas très belle, très sage, très parfaite, comme les autres héroïnes des romans contemporains, mais elle est seulement : « ... une Damoiselle Marmandoise, je la nommeray la Damoiselle DU LUC, que bien qu'elle ne fut des plus belles[1]... ». Il est vrai aussi que l'amour entre la jeune fille (pas trop belle) et le (très vaillant) L'Espinasse n'est pas un mauvais tir du destin, tel un coup de foudre classique ; au contraire, il surgit alors que le jeune protagoniste est à la guerre (un autre élément important) et qu'il n'a vraisemblablement rien de mieux sous la main – l'auteur nous le fait bien comprendre. Cependant, malgré certaines prémisses non conventionnelles, cet amour se transforme bientôt en une passion irrésistible, il se pare de belles phrases et s'enroule dans les méandres des conventions galantes : aucune différence ne le distingue plus des passions similaires que l'on retrouve dans la littérature de l'époque.

Voici donc que naît entre les amants la correspondance habituelle, soigneusement reproduite par l'auteur, désireux de montrer son talent ; et voici la description des doutes, des inquiétudes, des extases progressives des amants ; tout commence, évidemment, par le premier baiser :

> Reçoy – c'est elle qui parle – (mon coeur) ce pudique et chaste baiser pour guerdon de mes peines, et que ceste permission te serve de limites pour n'attenter à une plus dommageable faveur. Ce fut alors que tous ravis d'aise ils s'embrasserent en telle extase, qu'ils en demeurerent insensibles[2].

Après le baiser et les rencontres, l'obstacle qui surgit prend la forme de l'opposition – ordinaire et prévisible – du père de la belle, qui intime à sa fille de ne plus jamais revoir son bien-aimé. La demoiselle, respectueuse, acquiesce sans toutefois avoir l'intention de respecter ce consentement formel. Sa désobéissance est encore une fois commentée de manière favorable :

> O quel courage plier plustost soubs les rigoureuses loix d'amour, que soubs les precieuses ordonnances d'un Pere. O filles que ce patron vous serve d'aiguillon,

1 *Ibid.*, p. 20. C'est moi qui souligne.
2 *Ibid.*, p. 38.

> pour vous apprendre à son exemple, à bien et parfaictement aymer, et que la rigueur du monde ne vous esbranle de ceste magnanimité[1].

L'atmosphère galante prévaut donc longuement sur l'ambiance tragique et culmine – en passant par les craintes, les soupirs et les cadeaux d'usage – avec la prise du dernier bastion de la pudeur :

> Et puis se jettant tous deux les bras estendus sur leur col elle donna assez d'indices de son consentement. Ce qui jugeant nostre amant, il se mit en devoir de forcer la place si long temps desirée, si qu'en fin il demeura maistre vaincueur de sa peine[2]...

Il est vrai qu'au cours de cette phase galante de l'histoire, des indices de plus en plus nombreux jettent une lumière inquiétante sur l'héroïne et sur la situation. Tout d'abord, comme on l'a dit, la demoiselle n'est pas belle et l'amour ne surgit pas de manière exaltante ; ensuite, elle n'est pas sincère, et même si les rigoureuses règles de l'amour l'obligent à désobéir, les ordres précieux de son père exigeraient davantage de respect, ou, du moins, une certaine franchise ; en dernier, elle profite un peu trop des cadeaux de L'Espinasse, qui « n'espargnoit aucun moyen pour la gratifier de quelque rareté. Par fois il luy donnoit des robbes, bagues, et argent, et autres choses nécessaires à son ornement, qu'il y depensoit beaucoup de ses moyens[3] ».

Plusieurs exclamations au sujet de la fragilité de la fortune[4], de ce qui adviendra[5], des reproches sur la facilité avec laquelle la jeune fille accorde ses faveurs (son corps) à son amant[6] minent déjà le ton sentimental du récit et laissent présager la métamorphose qui s'ensuivra.

---

1 *Ibid.*, p. 49-50.

2 La scission entre l'amour (considéré de manière pas tout à fait négative) et celle qui l'inspire transparaît même avant les mots de l'auteur, et précisément au moment où Mlle du Luc et L'Espinasse concrétisent leur relation. C'est à ce moment-là déjà que la jeune fille devient « condamnable ». La Mothe adresse à son héroïne les propos suivants : « Non pas que je veuille condamner ton amour, mais au contraire je l'exalteray sur toutes perfections [...] mais aussi n'approuveray-je point de rouller si legerement à une fureur demesuree, quand faisant tel faux bond à son honneur, on force à sa reputation une bresche de honte irréparable, pour après trainer les jours d'une vie languissante exposee à la mercy de tout blasme et reproche » (p. 94).

3 J. de la Mothe, *op. cit.*, p. 68.

4 *Ibid.*, p. 38-39.

5 *Ibid.*, p. 96.

6 *Ibid.*, p. 94.

Puis La Peyre arrive et, après avoir été plusieurs fois repoussé, il réussit à se frayer, grâce à un discours vibrant et passionné, un chemin jusqu'au cœur de la très convoitée demoiselle. C'est alors que tout bascule soudainement : Mademoiselle du Luc se révèle infidèle et inconstante, mais aussi insensible et cruelle, puisqu'elle n'hésite pas à offrir en gage d'amour à son nouvel amant la bague que L'Espinasse lui avait offerte en cadeau. Avec ce changement dans l'attitude de la protagoniste, le ton du récit change également. Les beaux discours laissent la place aux invectives, les dialogues se raréfient ou du moins raccourcissent et laissent la place progressivement aux actions et aux évènements, jusqu'au *crescendo* de l'épilogue final, lorsque Mlle du Luc (incitée par La Peyre) court à la vengeance, déguisée en servante :

> Et despouillant sa robbe, et abbatant ses cheveux, elle s'arma du poignard que La Peyre luy avoit envoyé disant : ô trois et quatre fois heureux poignard, si tu peux ce soir prendre un fourreau dans les entrailles de mon calomniateur, tu es le seul remede du recouvrement de mon honneur : Dieu veuille que je puisse montrer à La Peyre sanglant jusqu'aux gardes pour le satisfaire et acertainer ma pudicité : et l'ayant mis soubs sa devantiere prend son chemin environ sur les six heures du soir ayant eu advis certain que l'Espinasse estoit sur la rue près son logis, va droit là, faisant la marmiteuse en la façon qu'elle avoit desseigné, et cheminant pas à pas arrive au lieu où l'Espinasse estoit assis sur une boutique entre le sieur de la Salle mon cousin et moy, qui estois appuyé sur son espaule, aveuglée, effrontée, enragée et forcenée sans considération du lieu, d'où elle ne pouvoit se sauver, de l'heure qui estoit proche de la nuict, des gens de guerre qui estoient bien près de là à la suitte de Monsieur de Castelnau mon frère, se rue furieusement sur la personne de celuy qui ne pensoit rien moins que cest assassinat et d'un bras plus que féminin, poussé d'un courage indompté luy transperça le coeur par le milieu laissant le poignard dans la playe, d'où je puis dire avoir esté si près et le cousin de la Salle, que son sang valeureux ait peu teindre de sa vive rougeur noz habits [...] L'Espinasse n'eust si tost le coup, qu'il se leva du siège, et arracha le poignard de la playe, et s'en alla droit à son gouverneur demandant justice luy criant vengeance. Mais aussi tost il fut pressé des assauts de la mort qui terminèrent à ce moment ses iours, et sa vie[1].

La citation est longue, mais elle restitue le ton et la manière de cette deuxième partie du texte, au rythme soutenu et rapide et pauvre en discours. Bien sûr, comme bien d'autres héroïnes tragiques avant et

1 *Ibid.*, p. 159-160.

après elle, Mademoiselle du Luc ne renoncera pas à prononcer quelques phrases à effet, tout en maniant le poignard sous les yeux des lecteurs. Il s'agit toutefois de phrases courtes et sèches, bien loin de ce verbiage prolixe et plaintif ou de la préciosité symbolique du roman sentimental, si abondants dans toute la première phase du récit. Plus qu'un but rhétorique, l'apostrophe à l'arme a pour objectif de représenter la volonté ferme de la demoiselle offensée, ainsi que de décrire l'état d'âme qui la mènera « aveuglée, effrontée, enragée et forcenée » à tuer. Elle s'introduit habilement dans l'atmosphère sanglante de l'épisode et anticipe par les « entrailles » et le « sang jusqu'aux gardes » la violence crue du geste assassin, le jaillissement rouge de la blessure, le dernier cri de la victime. La violence semble être la note de fond de ce passage, une violence qui donne le vertige et qui s'exprime par les adjectifs utilisés dans la description, par les gestes accomplis par la protagoniste, par ses mots. Une violence exprimée par le milieu même où se déroule l'action, la place du marché, qui – au lieu d'être bondée de vendeurs pacifiques – fourmille de gens armés ; une violence qui est suggérée par la nuit qui tombe, qui est dans les objets, dans le sang, dans les efforts de L'Espinasse, dans son corps qui cède « pressé des assauts de la mort », dans les hoquets et les convulsions que l'expression imagée sous-entend avec une extrême efficace. L'histoire tragique se manifeste ici avec son visage le plus typique et le plus pur, en multipliant les lieux communs les plus crus dans une scène mouvementée, d'un grand réalisme et d'un effet remarquable.

Au-delà de ce trait fondamental et immédiatement perceptible, d'autres aspects sont toutefois évidents dans la citation : le premier est une sorte de maniérisme inconscient de l'auteur, qui ne peut s'empêcher – tout en étant hostile, comme nous l'avons vu, à la perfide, inconstante et mensongère jeune fille – de laisser percer une sorte d'admiration pour son « courage indompté » et pour son bras « plus que féminin », retombant ainsi dans une situation littéraire traditionnelle. Ayant assassiné son détracteur, Mlle du Luc est immédiatement associée aux nombreuses héroïnes anciennes et modernes, qui, depuis Judith, avaient défendu jusqu'aux extrêmes conséquences leur honneur contre l'assaut d'hommes prévaricateurs et pour lesquels elles n'éprouvaient aucun désir. Le topos de la « femme forte », ayant une connotation positive, prend le dessus sur tout autre topos, et le lecteur étonné entend la jeune fille qui proclame toute seule vouloir « acertainer sa pudicité », et non pas par exemple défendre son honneur, comme il aurait été plus logique : elle-même, l'auteur et le lecteur savent bien que toute pudeur a été rapidement abandonnée dans sa liaison avec L'Espinasse. Mais c'en est fait : souvent en littérature les conventions sont plus solides que les convictions et cette époque, entre le XVIe et le XVIIe siècle, n'y fait pas exception. Toutefois, ce qui saute surtout aux yeux lorsque l'histoire trouve son épilogue est une caractéristique qui, apparemment, s'oppose justement à tout ce que l'on vient d'observer : il s'agit en effet du parfum de vérité qui remplit la scène, qui donne profondeur et épaisseur aux faits et qui permet d'oublier la fixité des schémas hérités de la tradition. L'heure, le lieu, les spectateurs, tout est décrit avec la précision et l'assurance de quelqu'un qui a vu de ses propres yeux : L'Espinasse, en effet, n'est-il pas assis entre La Mothe même et son cousin ? Et son sang ne gicle-t-il pas jusque sur les vêtements de ses voisins ? Voici donc l'auteur en tant que témoin oculaire, d'autant plus que son cousin peut confirmer le fait : il est témoin du témoin. Tout autour, les compagnons d'armes au service de M. de Castelnau peuvent faire de même. Qui pourrait donc avancer des doutes sur ce qui s'est effectivement passé ? Nous sommes là en présence non seulement de la vérité, mais encore de la vérité au carré, de la vérité puissance n. D'une vérité si forte qu'elle arrive à détruire toute barrière conventionnelle entre le narrateur et la narration, entre réalité et littérature : l'auteur-témoin n'est pas seulement témoin, mais il devient acteur dans son histoire et le sang qui le souille symbolise d'une certaine manière son implication, qui durera désormais jusqu'à la fin de l'histoire[1]. Au climax de la tension, là où le récit précipite vers son centre, c'est à ce moment-là que l'écriture semble enfin pouvoir s'emparer définitivement de la vie. Ce n'est pas que le vrai reste étranger à la narration dans les phases précédentes du récit : de milliers de petits indices, de rappels continus, de suggestions insistantes nous indiquent, page après page, que le vrai constitue la préoccupation principale de notre auteur. La différence, par exemple, entre les personnages stylisés

1 Les dernières répliques de l'histoire portent sur l'issue du procès ; la réprobation de l'auteur résonne dans ces lignes envers le tribunal d'Agen, qui acquitte en appel la protagoniste, condamnée à mort auparavant par le tribunal de Bordeaux. La Mothe affirme, en utilisant la première personne du pluriel, que ni Castelnau ni lui-même ne s'adresseront jamais plus au tribunal d'Agen.

de Mlle de Gournay et ceux de la Perfidie d'Amour est éclatante : au lieu de noms fictifs ou grécisants, nous avons là des personnes réelles avec des noms réels, qui n'habitent pas un monde exotique et lointain dans le temps, mais bien présent autour de l'écrivain, qui sont attachées à lui parfois par des liens de parenté ou d'affection. Nous avons l'ami L'Espinasse, le cousin La Salle, et surtout le frère Castelnau, un frère important – et donc toujours accompagné de l'expression « mon frère » – chef des troupes catholiques de la région, dont le jeune La Mothe[1] n'arrête pas de faire l'éloge :

> Monsieur de Castelnau qui comme l'aigle lequel estant haut en l'air, voit les poissons au profond de la mer, prevoioit aussi non seulement tous les evenements des grandes entreprises : Mais jusques à veiller sur les actions privees de ses gendarmes, ou comme le Lyon, qui non seulement quand il veille, mais quand il dort, a les yeux ouvert, il prenoit garde jour et nuict, à la discipline militaire[2]...

En ce qui concerne le lieu, il est également spécifié avec soin, ainsi que les circonstances historiques. Le fait a eu lieu :

> ... en la ville de Marmande (si avec la licence des lecteurs, sans aspirer à trop de gloire, il m'est permis [de le raconter], pour avoir esté de la partie) je diray qu'on m'advoüera librement qu'elle est tant illustree de gens de rare vertu depuis sa prinse par la Saincte Lingue, que leur réputation en â [*sic*] volé parmy la France [...] tesmoing en est la conservation de la diete ville, asseuré rempart du pais et vrai bouclier de nostre party, servant de butte aux Huguenots et Politiques, pour y exercer leur rage et fureur, et y employer obstinément leurs forces, tant elle leur est haissable, s'ils y eussent nul espoir heureux de leurs vaines entreprises[3].

La date précise est signalée clairement depuis l'introduction :

> ... te rendant certain de l'evenement prodigieux et tres-veritable survenu à la ville de Marmande, le vingtiesme du moys de may mil cinq cens quatre vingts treize : chose fort espouventable puis qu'elle est veritable estant advenu en ma presence, comme vous verrez par la lecture de mon histoire[4].

---

1 L'auteur affirme avoir écrit l'ouvrage à l'âge de vingt-deux ans à peine, se reposant des fatigues de la guerre.
2 J. de la Mothe, *op. cit.*, p. 98.
3 *Ibid.*, p. 19.
4 *Ibid.*, p. 7.

À tout moment donc, à partir des dédicaces introductives et jusqu'à l'épilogue sanglant, des affirmations répétées plusieurs fois, des précisions minutieuses, des éloges à des lieux et à des personnes, visent à créer un réseau d'évidences qui puisse compenser les invraisemblances (apparentes ?) et qui rende crédibles même les indéniables éléments romanesques du texte.

Au fond, la *Perfidie d'Amour* ne veut pas être un ouvrage de fiction, mais une chronique, bien que toute parée des ornements de la littérature contemporaine. À ce titre, il est impossible de la confondre avec ces romans dont les déclarations de véridicité restaient souvent de pures intentions académiques[1]. Malgré ses dimensions, qui dépassent celles de nombreuses nouvelles de l'époque[2], malgré le fait d'avoir été publié de manière isolée, le texte de La Mothe constitue une histoire, comme l'auteur le répète toujours, et il s'agit bien d'une histoire tragique, comme il le précise dans l'*Epistre aux Lecteurs* :

> J'ay voulu, sinon avec tant d'elegance et langage polly, au moins sans fard ne fiction la vous représenter en telle façon au vif, que sans desguiser rien, la verité mesme toute simple et vive qu'elle est, pourra donner assez d'admiration, pour retentir quelquefois parmy le bruit sonnant de tant de belles histoires tragicques [...][3]

Et comme il le confirme au début du récit : « J'en ay donc voulu représenter les fruicts, et utilitez qui se peuvent recueillir, et moissonner sur le modèle et patron d'une histoire tragicque [...][4] ».

Tant d'insistance cache une intention précise et – sans doute aussi – la conscience de sa « différence » et de son originalité. Différence par rapport aux romanciers qui, tout en assurant être véridiques, ne l'étaient pas – ou pas jusqu'au bout – et qui masquaient les noms et camouflaient les circonstances ; originalité par rapport à l'histoire tragique elle-même, qui avait maintes fois confié la responsabilité de rendre vrai un récit au cadre, aux introductions, aux épîtres préliminaires ou aux déclarations contenues dans les préfaces. Avec La Mothe, le vrai engage l'auteur et

1 *Cf.* J. Serroy, *Roman et réalité. Les histoires comiques au* XVII*e siècle*, Paris, Minard, 1981, p. 271 *sqq.*

2 170 pages de petites dimensions (32 lignes, 45 espaces environ).

3 *Ibid.*, p. 11.

4 *Ibid.*, p. 18.

rentre décidément dans le récit, sans pour autant devenir une transcription plate de la réalité. C'est comme cela que l'histoire tragique s'approprie les schémas et les ornements du roman sentimental, afin de se rénover, sans renoncer toutefois à aucune de ses caractéristiques.

Il est vrai que cette fusion n'est pas parfaite : la femme amoureuse s'oppose bizarrement à la femme perfide ; l'amour profond à l'amour capricieux ; le style précieux de la première partie au style rapide et violent de la deuxième. Plutôt que d'une fusion, il s'agit là d'une juxtaposition : d'une part l'auteur n'a que vingt-deux ans, il a probablement lu avec avidité les romans d'amour contemporains, il rêve de galanteries et de passions, d'autre part il connaît les horreurs et les violences de la guerre, l'entrelacement des affections et des intérêts, ainsi que leurs conséquences, parfois sanglantes. Et on retrouve tout cela dans son ouvrage.

L'HISTOIRE DE PRÉVOST : *LES AMOURS DE LA BELLE DU LUC*

L'histoire de Prévost nous apparaît très semblable dans les faits, très différente dans les tons, et ceci depuis les toutes premières lignes de l'introduction. Les deux auteurs commencent en s'excusant par exemple auprès des lecteurs, en raison de leur modeste familiarité avec l'écriture. La Mothe affirme être très jeune, comme on l'a déjà écrit, plutôt soldat que romancier ; Prévost quant à lui, définit son ouvrage « fruit abortif de mes labeurs, né avant le temps, d'une personne à qui l'estude des langues estrangeres n'a donné le loisir de faire provision des choses requises, pour habiller un discours à la françoise[1]... ».

Les deux auteurs font ensuite allusion aux luttes intestines qui ensanglantaient la France : le premier écrit lors d'une pause pendant son service militaire, le deuxième assure avoir interrompu ses études et être rentré chez lui afin de consoler ses parents des deuils et des ravages provoqués par la guerre. Et si La Mothe se soucie de définir son texte « histoire tragique », même si le titre contient le mot « discours », Prévost se hâte de nommer son histoire « discours tragic ».

Alors que le frère de M. Castelnau présente ainsi, d'un ton bonimenteur, la matière de son récit :

---

1 Dédicace à *M. de la Serre, gouverneur de la ville & chasteau de Blaye, & pays de Blaye*, n. p.

> Car outre-ce qu'on y verra un bel et tres grand exemple de constance en amour, accompaigné d'une perseverance telle qu'une violente mort s'en soit ensuyvie sur une des parties par la rage et felonnie de l'autre : vous y verrez encore un merveilleux et désastreux spectacle advenu à ce constant et plein de fidélité amant, par la perfidie et desloyauté de son amante trop cherie et aimée. Attendu que son amour ferme et loyal a esté convertie en rage et cruauté [...] elle au contraire s'est renduë de tous ceux qui verront son naturel changeant depeint en mon histoire odieuse et haye de tous ses semblables[1].

Dans son introduction, Prévost cite immédiatement les anciens, qui nous ont transmis les noms

> [...] de plusieurs valeureuses et heroïques Femmes du premier siecle : comme d'une Semiramis, d'une Penthasilée, et autres; lesquelles par le trenchant de leurs armes, ont engravé leur beau nom aux quatre coings de l'Univers. Mais ces femmes là, ny toutes les autres qui ont jamais marqué leur gloire du crayon de l'eternité, par leur altier courage, ne meritent destre parangonnées à une Damoiselle, laquelle je veux représenter sur l'eschafaut de ce discours tragique[2].

Il remplace donc la femme perfide par la « femme forte », par l'amante fidèle et par la belle créature, comme en témoigne le titre : *Les Amours de la belle du Luc, où est demonstrée la vengeance d'amour, envers ceux qui mesdisent l'honneur des dames*[3]. Et sa dédicace *Aux dames*, où l'on regrette la civilité des chevaliers errants d'antan, en opposition à la félonie des « ... Chevaliers de nom seulement. Lesquels au lieu de deffendre les Dames, par le fer de la lance, les blessent par le fard de la langue[4] », nous confirme définitivement le point de vue de l'auteur, bien avant d'aborder la lecture du récit à proprement parler. Un féminisme de surface et la défense à outrance de la demoiselle offensée finissent par modifier le profil des personnages, leurs relations, l'équilibre entre les différentes parties de l'histoire.

---

1 J. de La Mothe, *op. cit.*, p. 7.

2 J. Prevost, *Les amours de la belle du Luc*, f. 6 r° (voir n. suivante).

3 Paris, N. Bonfons, 1598. Toutes les citations proviennent de cette édition. Il ne s'agit pas de la première édition, puisqu'on peut lire dans son titre « Derniere édition reveue et corrigée par l'autheur », et puisqu'on connaît au moins une édition précédente, de 1597 (Rouen, Th. Daré). L'ouvrage eut beaucoup de succès, étant donné qu'il fut réimprimé à Rouen, Paris et Lyon, au moins 8 fois entre 1597 et 1625.

4 J. Prevost, *op. cit.*, *Aux dames*, *ibid.*, n. p.

En ce qui concerne l'intrigue, il suffit d'un petit ajustement à un épisode pour tout révolutionner. Il s'agit d'un épisode important malgré tout : c'est l'épisode de la bague, que Lespinasse (Prévost utilise cette orthographe) avait offerte à notre héroïne, dont elle fait cadeau à La Peyre. Selon l'auteur, la bague n'aurait pas été « refilée » à La Peyre par une demoiselle inconstante et peu délicate, elle aurait plutôt été volée de son doigt par le capitaine félon. Mlle du Luc s'en sort donc avec honneur, La Peyre est le vilain. Et Lespinasse l'est davantage – ou du moins il est cruel – lorsqu'il ne veut pas croire en l'innocence de la jeune fille et qu'il la diffame auprès de ses amis et de toute la ville. C'est donc la protagoniste, qui est la véritable victime, elle qui n'a jamais été infidèle, ni capricieuse, ni, encore moins, perfide.

Sur le plan du style et de la structure, cela revêt une importance remarquable : tout contraste entre deux images opposées de la femme, c'est-à-dire entre une première partie galante et une deuxième partie tragique, disparaît. Le triomphe d'une Mlle du Luc, figure positive du début à la fin, signifie le triomphe du ton sentimental, du pathétique, du touchant. Voici donc que l'épisode de la blessure de Lespinasse (blessé lors d'une bataille, condamné par les médecins, mais finalement miraculeusement guéri) est mis en grande évidence chez Prévost, alors que le même épisode avait été traité de manière assez expéditive par La Mothe, selon les schémas conventionnels. Chez Prévost, la demoiselle est désespérée, refuse de se nourrir, elle devient toute pâle et maigre, elle n'en finit pas de proférer des phrases pathétiques. Et toute occasion est bonne pour mettre en valeur son âme noble : sur ce principe se fonde même la scène de la vengeance, dans laquelle l'auteur n'insiste pas sur la violence, sur le sang et les entrailles, mais il passe rapidement sur les détails, impatient de faire prononcer à son héroïne de beaux discours sentencieux et pathétiques[1].

Une fois l'histoire construite de cette manière, le talent de l'écrivain peut s'exercer surtout dans les scènes d'amour et de séduction. Il s'agit de scènes imprégnées d'une atmosphère précieuse et larmoyante, parsemées de détails symboliques. Les deux amants, par exemple, s'échangent-ils des lettres ? Alors, en plus des typiques battements de cœur, des inquiétudes et des soupirs, leurs missives sont accompagnées par des cachets et des rubans, dont les couleurs renvoient aux états d'âme des auteurs et sont donc, en quelque sorte, des messages à part entière :

---

1 *Ibid.*, f. 76 r°/v°.

> Il eust prolongé d'avantage la trame de ses escripts mais les larmes, qui couloyent de ses yeux, noyoient sa plume en son encre : et le vent de ses souspirs brusloit son papier. Il plia la lettre, et après l'avoir liée de soye grise, couleur fort convenable au travail qu'il souffroit en l'amoureux martyre[1]...
>
> Il baise cette lettre plus de cent fois, bénissant les doigts qui l'avoient si proprement liée. Il contemploit tantost le cachet, tantost la soye incarnate dont elle estoit liée[2]...

Lorsque les soupirants échangent leurs bagues, plus loin, on n'aborde sûrement pas le thème des frais qu'elles ont entraînés, comme le faisait La Mothe ; au contraire, on s'attarde avec complaisance sur leur description minutieuse :

> ... Lespinasse tira una bague de son doigt, où estoit un coeur bruslant couronné de lierre, et pour devise estoit, *memoire de mon bien*, qu'il donna à sa maistresse. Laquelle pour eschange luy fit present d'une bague, où estoit entaillé un Cupidon tenant un coeur, et une langue transpersée de sa flesche, et estoit escrit par dedans, *foy et secret*[3].

Tant de galanteries précieuses ne sont pas exemptes de mauvais goût. Prévost est gascon lui aussi, et les Gascons, du moins à l'époque, n'étaient pas célèbres pour leur sens de la mesure[4]. Le « vent de ses soupirs » qui « brusloit son papier » n'est pas la seule turbulence qui traverse les pages, ni le seul moment accompagné par des fleuves de larmes : « Nostre amant estant adverty de la mort de son cousin, baigna la terre de l'eau de ses larmes et fit retentir l'air par le vent de ses soupirs, dressant telles complaintes [...][5] ». Et les belles missives ornées de rubans colorés et pleines de mots doux, quant à elles, suscitent parfois des réactions... digestives :

> [...] Et bouillant d'un ardent désir d'entendre les secrettes et sinceres affections de sa maistresse, il rompit le cachet, et puis il l'ouvrit, et iettant sa veuë goulüement dessus, il devoroit les paroles : lesquelles après il digeroit à loisir passant et repassant cent fois ses yeux sur ses beaux caractères[6].

1 *Ibid.*, f. 17 v°.
2 *Ibid.*, f. 21 v°.
3 *Ibid.*, f. 32 r°.
4 À propos des gascons et de leur prose, *Cf.* G. Reynier, *op. cit.*, p. 320 et 214.
5 *Op. cit.*, f. 25 v°.
6 *Ibid.*, f. 43 v°.

Bizarrement, le style ampoulé et rhétorique tombe parfois dans le langage populaire ou familier. La Peyre obtient-il quelque chose par sa cour insistante et assidue à Mlle du Luc ? Certainement pas : « il gagnait autant que s'il eust lavé un corbeau pour le blanchir[1] » ; et le pauvre Lespinasse, lorsqu'il se plaint de l'infidélité soupçonnée de sa fiancée, est obligé de s'exprimer de la manière suivante (par des mots que chez La Mothe il n'aurait osé prononcer) : « Il couroit ça et là publiant par tout que Mlle du Luc estoit une putain[2]... ».

Heureusement, à la différence de bien d'autres romans contemporains, l'auteur des *Amours* manifeste parfois une attention concrète à la psychologie de ses créatures, une attention qui s'accompagne souvent d'ironie et de sourire. C'est là que prennent vie les fragments les plus beaux de ce texte – qui nous apparaît tellement lointain pour certains aspects – les fragments décrivant presque toujours la naissance de l'amour, les attentes des amoureux, ou même leurs mensonges. Dans ces fragments, le style devient généralement plus léger, comme par exemple lorsqu'on décrit les préparatifs de Lespinasse, qui décide finalement, après une nuit sans sommeil, de prendre son courage à deux mains et de se rendre auprès de la belle qu'il a l'intention de conquérir :

> Lespinasse ayant basty ceste resolution sauta en place, et se para de ses plus beaux et riches habits. Il commença à se peigner les cheveux, à se frisotter la barbe, et à se mirer cent et cent fois, pour estre plus agreable a sa nouvelle maistresse. Et en ce bel equipage, il s'en alla au logis de Mlle da Luc [...][3]

Ou encore, lorsqu'on analyse soigneusement les différentes réflexions qui s'enchaînent dans l'esprit de la demoiselle qui hésite entre l'opportunité d'ouvrir la première lettre d'amour qu'elle reçoit et celle de la renvoyer à son expéditeur :

> Mlle du Luc, voyant ceste lettre, fut sur le point de la jetter au feu, et de r'envoyer le laquais avec forces ringoureuses menaces. Elle balança dans divers pensemens. Car d'un costé elle pensoit, si j'ouvre la lettre, je verrai des choses dedans qui ne me pourront apporter que du mescontentement : Et puis si Lespinasse est adverty par son Laquais, que je l'aye luë, il s'en enorgueillira. Mais après avoir soustenu quelque combat en son ame, elle dict en soy-mesme,

1 *Ibid.*, f. 59 v°.
2 *Ibid.*, f. 65 r°.
3 *Ibid.*, f. 10 r°.

> je suis trop affermie en ma resolution. Toutes les paroles qui sont encloses en sa lettre, quand bien elles seroyent destrempées dans le miel le plus doux d'eloquence, ne sçauroyent faire naistre autre volonté en mon ame, que celle, qui y est gravée, qui est de ne fonder jamais mon affection en homme du monde. Et lors elle l'ouvrit, et jettant sa vue dessus, elle commença à changer de couleur ; car deux roses espanouirent en ses jouës[1]...

Ses hésitations, son refus préliminaire de tomber amoureuse, l'invincibilité inattendue de l'amour, sont tous des clichés de la littérature sentimentale. Mais Prévost sait en profiter, il sait se moquer débonnairement de son personnage, en montrant la futilité de ses propos ; on dirait presque qu'il éprouve un malicieux plaisir à le démasquer. C'est justement ce plaisir de la désillusion, que l'on peut assimiler au plaisir de la tromperie, qui le pousse à décrire l'épisode du vol de la bague de la part de La Peyre comme si c'était un guet-apens, un piège dans lequel Mlle du Luc – évidemment toujours trop sûre d'elle – est attirée par les manœuvres adroites du capitaine. Ce dernier se sert du langage galant que Mlle du Luc est accoutumée à entendre, que l'auteur emploie à chaque page et que le lecteur prise tellement, afin d'obtenir le bijou que la demoiselle ne lui offrirait jamais de sa propre volonté. La Peyre adresse à la jeune femme les propos suivants :

> ... Qui est celuy au monde, qui vous voyant si belle et parfaicte ne fust esprins de vostre amour ? Il faudroit que ce fust un coeur de roche, où les flesches d'amour ne peussent faire bresche. Vos cheveux blonds et crespez, qui servent de forest à l'amour, pour se cacher en embuscade sont suffisantes chaînes pour lier tous les coeurs des humains. Vos beaux yeux, ou plustost deux flambeaux empruntez des cieux, enflamment de leurs vifs regards tout ce qui se presente devant eux. Et les graces, qui se descouvrent en vous, sont dignes de captiver les hommes les plus farouches et barbares en vostre obeissance. Et puis descendit plus bas pour executer son pernicieux dessein, il jetta sa veue sur ses belles mains et les loüa en ceste sorte. Que diray-je de vos blanches et delicates mains, lesquelles sont si potelées, qu'à peine y peut-on recognoistre les noeuds. Hé ! ce sont les mains geolieres de ma liberté. En disant ces mots, il luy saisit la main et luy arracha par force du doigt la bague que luy avoit donné Lespinasse[2]....

Où trouver ailleurs une telle concentration de métaphores et de comparaisons, typiques du discours galant ? Où repérer une liste de

1 *Ibid.*, f. 19 r°.
2 *Ibid.*, f. 61 r°/v°.

métaphores si bien ordonnée, selon les règles de la rhétorique la plus orthodoxe et de la « géographie d'amour », commençant par le haut et descendant vers le bas, à partir des cheveux jusqu'aux mains, avec une cohérence extrême, renforçant la beauté de la demoiselle d'une part et d'autre part son pouvoir sur le cœur prisonnier de son amoureux ? Tant de perfection ne peut être qu'en partie fausse (car La Peyre aime pour de vrai), ne peut que cacher la tromperie, aboutir à la déception. Prévost se réjouit de dénicher le serpent parmi les fleurs, il met en évidence une attitude calculatrice, tout en faisant un usage assez inhabituel du langage galant : il s'agit d'un usage qui puise dans l'ironie implicite que l'on retrouve dans le roman sentimental[1] et qui va notamment caractériser l'histoire tragique[2].

Le texte de Prévost possède de nombreuses et évidentes caractéristiques du récit sentimental. Qu'est-ce qu'il reste alors de l'« histoire tragique » – si l'on veut employer ici des catégories ambiguës et abusives qui sont pour le moment pratiques – sauf évidemment la conclusion sanglante ? Tout d'abord, cet air de vérité qui circulait dans les pages de La Mothe et qui ne s'est pas complétement dissipé. On déclare, dès le début, qu'il s'agit d'une histoire vraie, que les personnages sont connus par l'auteur et que les évènements ont été racontés par la voix des témoins[3] qui y ont assisté. Les convulsions des guerres civiles restent, ainsi que nous l'avons déjà dit, en toile de fond. Les personnages portent des noms français crédibles, non pas d'improbables pseudonymes à la grecque. Les apostrophes à la « terre Marmontoise » ne nous laissent aucun doute sur le lieu où se déroule l'intrigue[4]. Le fait que l'histoire de Prévost a été conçue comme la réponse à un récit véridique lui confère un ancrage solide non seulement dans la réalité[5], mais aussi dans l'actualité.

Deuxièmement, la structure typique de l'histoire tragique, avec son alternance de loi, infraction et punition, est loin de disparaître. Dans un sens, elle devient encore plus cohérente et efficace que dans *Perfidie d'amour*. En effet, dans le récit de La Mothe, infraction et punition n'assurent pas

1 Il suffit de penser au personnage de Hylas dans *L'Astrée*, ainsi qu'aux innombrables amants, vrais, faux, par intérêt ou par dépit, dans les nouvelles et dans les romans contemporains.
2 *Cf. infra*, p. 190 *sqq*.
3 Dédicace à *M. De La Serre*, in *op. cit.*
4 *Cf.* par ex. f. 79 r°/v°.
5 Même si cela est la preuve de l'impossibilité d'une vérité absolue.

la quadrature du cercle. Qui serait plus coupable que Mlle du Luc, qui trahit ? Qui plus condamnable, car elle tue après la trahison ? Malgré cela, la responsable est punie de manière légère : l'acquittement final lui épargne la rigueur de la loi – au plus grand regret de l'auteur – et la disparition de son dernier amant représente la seule sanction qu'elle subit. Au contraire, blessé dans ses sentiments et privé de sa vie, L'Espinasse représente le véritable perdant de l'histoire : le voici déçu et abandonné, pour être tombé amoureux d'une demoiselle pas très belle et au fond indigne de lui ; poignardé et tué, pour s'être laissé aller aux médisances, sans pour autant trop s'éloigner de la vérité. De bien graves punitions pour des pêchés pardonnables ou véniels ! Le fait de se ranger du côté de l'homme oblige La Mothe à déséquilibrer la balance du crime et du châtiment.

En revanche, en adoptant le point de vue de la femme, Prévost ne se limite pas à complaire son public féminin, et éventuellement la famille de la protagoniste : il restaure en même temps l'architecture compromise de l'histoire tragique. L'auteur associe la médisance à l'incrédulité en la bonne foi de sa bien-aimée, en redoublant ainsi la faute de L'Espinasse, qui ne bénéficie plus d'aucune excuse possible. En nous montrant une Mlle du Luc inexpugnable face à la cour insinuante de la Peyre, Prévost confère à l'héroïne une personnalité fidèle et constante, ainsi que le charme irréprochable de la femme amoureuse ; en lui attribuant le rôle de la victime face aux évènements et aux hommes, l'auteur justifie pleinement sa terrible vengeance. Entre l'amour et la fureur il ne subsiste donc plus aucune fracture, la femme qui aime se transforme de manière naturelle en « femme forte », que l'auteur peut de plein droit célébrer à la fin de son récit – en se rattachant à l'introduction :

> [...] En quoy elle a surmonté la gloire de celle qui avec du poison beu par moitié entre elle et son amoureux Synorix, s'acquitta envers les cendres de son mary et de sa pudicité, ou de celle qui faisant finement tresboucher en un puys le soldat malheureux, vengea son honneur violé. Et avec ce elle a tesmoigné la grandeur de son courage, lequel n'a redouté un gend'arme, ni la terreur d'aucun supplice. Qui me faict croire que si la Parque eust filé sa naissance au premier siecle, et qu'elle eust donné jour à une si belle entreprinse, que les anciens en recognoissance de son heroique valeur luy eussent donné après sa mort place au rang des Deesses : et luy eussent basty en la terre des temples et des autels consacrez en son nom [...][1].

1 J. Prevost, *op. cit.*, f. 78 r°.

La fusion (et non plus la juxtaposition) d'histoire sentimentale et d'histoire tragique est donc parfaite et elle s'accomplit aussi au niveau de l'infraction. Il existe en effet dans le récit deux types d'infractions : celle contre l'honneur et celle contre l'amour. Dans le texte de La Mothe elles restaient rigoureusement séparées : L'Espinasse agissait contre l'honneur, lorsqu'il médisait de son ancienne maîtresse ; Mlle du Luc péchait contre l'amour, lorsqu'elle changeait brusquement d'inclination, en accordant des cadeaux inopportuns. Les fractures que l'on apercevait déjà à la surface et même dans le ton du récit avaient des causes profondes et n'émerveillaient personne. Seule l'infraction contre l'honneur était punie de manière très sévère et sa primauté l'emportait dans l'échelle de la punition, témoignant de la dominance de l'histoire tragique sur le récit galant.

Dans le « discours tragique » de Prévost les deux infractions convergent dans la même personne : Lespinasse médit de sa bien-aimée et ne croit pas – comme tout homme véritablement amoureux se devrait de le faire – en l'innocence de celle-ci : il la trahit donc deux fois. Honneur et amour sont en jeu en même temps et les deux sont impliqués dans le terrible châtiment qui s'ensuit. Tout instant de l'histoire sentimentale est donc tragique, tout instant de l'histoire tragique est sentimental. Ce qui devrait d'ailleurs nous faire réfléchir ultérieurement sur le caractère provisoire de certaines classifications.

Il est certain, de toute manière, que le mariage entre les deux genres – ou, du moins, l'évolution que Prévost apporta à l'histoire tragique – fut un mariage réussi, étant donné le nombre d'éditions qui s'ensuivirent[1]. Un tel mariage avait le mérite de répondre au bon moment aux exigences croissantes du public et de montrer aux auteurs de l'époque un chemin qu'ils allaient être nombreux à entreprendre.

---

1 *Cf.* p. 76, note 3.

LES TEMPS ET LES LIEUX DU SENTIMENT

À partir de ces années-là, les œuvres qui fondent le féroce, le galant et le pathétique se font de plus en plus nombreuses. Distinguer une longue histoire tragique d'un court roman sentimental devient donc toujours plus difficile, et, dans un certain sens, inutile : même les auteurs sont maintes fois les mêmes pour les différents genres. Ils ne se préoccupent pas du tout d'élever des barrières entre leurs différents écrits, dosant avec une extrême liberté et avec désinvolture les éléments de tragédie ou d'amour ou d'aventure dans leurs trames. C'est avec la même liberté qu'ils situent leurs histoires dans les lieux et dans les temps les plus disparates, en une sorte d'élan soit vers l'originalité soit vers l'horreur.

C'est l'originalité, le désir de fasciner le public avec un exotisme toujours nouveau, qui pousse quelques auteurs à introduire aussi, parmi les toiles de fond des histoires racontées, l'Amérique espagnole barbare et fascinante ; c'est l'habituelle volonté d'inspirer des frémissements d'horreur qui conseille au contraire de recourir à des histoires vraies et proches, capables, avec leur saveur de vie vécue, d'impressionner fortement le lecteur. Quant au désir de varier, ce dernier oblige souvent les personnages à se déplacer d'un endroit à l'autre, en France et dans les pays étrangers, pour ce qui est du décor.

L'histoire tragique devient donc écho de la vie et de l'esprit contemporains : elle offre des tranches de vie du temps, montre comment procède la Justice, décrit, entre un petit billet galant et l'autre, des rapports familiers et des rapports sociaux ; et nous révèle aussi des différences de coutumes, nous parle d'un monde désormais plus vaste et varié qui stimule la curiosité de l'homme du dix-septième. Des bruits de guerre se font entendre parfois et provoquent la séparation des amoureux ; l'écho des découvertes géographiques et des voyages colorie les pages de merveille. Tout comme le roman, mais peut-être plus, l'histoire tragique est le miroir, et le miroir tout compte fait moins déformant, de l'histoire, de la société, et aussi de la culture de l'époque.

LA *PERLE DES HISTOIRES TRAGIQUES* OU L'HISTOIRE COMME REFUGE

De tous les sentiers que l'histoire tragique tente de parcourir pour se renouveler, il en existe peut-être un moins battu que les autres, mais destiné à un grand succès par la suite : c'est celui de l'Histoire, pris d'un étrange texte anonyme, qui nous est parvenu de façon encore plus étrange et qui arbore un titre très prometteur pour nous.

La troisième édition du *Proumenoir de M. de Montaigne* (pas encore devenu *Alinda, histoire tragique*), publiée à Paris par Abel l'Angelier en 1599 que nous avons consulté, à la bibliothèque de l'Arsenal, se trouve en compagnie d'autres œuvres de genre différent, toutes ou presque attribuables à la plume de Marie de Gournay, et toutes réunies en un même petit volume : il y a, après le récit, la version du second livre de l'*Eneïde*, imprimée en caractères minuscules ; il y a un *Bouquet poetique a Leonor, Dame de Montaigne, sa sœur d'Alliance*, qui contient des poèmes de genre différent ; il y a la *Préface sur les Essais de Michel Seigneur de Montaigne, par sa fille d'Alliance*. Enfin, séparée par quatre pages blanches, voici *La Perle des Histoires tragiques, divisee en deux parties*, publiée cette fois-ci par Frédéric Morel, « Imprimeur ordinaire du Roy », en 1597, toujours à Paris. Les espaces blancs qui séparent ce texte des autres, le nom d'un autre éditeur, la numérotation en pages et non pas en feuillets, le « privilège » annoncé et puis introuvable, tout souligne l'extranéité d'un tel texte par rapport aux précédents. Et alors que dans ces derniers le titre de « fille d'alliance » de Montaigne (ou « sœur d'alliance » de Léonor) était répété chaque fois, la *Perle* résulte rigoureusement anonyme. Un coup d'œil, même rapide, ne peut que confirmer que l'anonymat ne cache pas une Marie de Gournay, qui du reste signe toujours de son propre nom, mais une autre personne, à 90 % un homme : le style est remarquablement plus tarabiscoté et précieux que celui de la Demoiselle, et le féminisme qui circulait dans les pages d'*Alinda* a complétement disparu, comme nous pourrons le constater en analysant la trame et comme cela apparaît clairement de par diverses critiques, répandues ci et là, contre le beau sexe.

Les femmes, par exemple, peuvent être selon l'auteur extrêmement méchantes, surtout quand elles sont jalouses : « Quand les femmes sont une fois empoisonnées de ce venin de la jalousie, il n'y a ruse qu'elles n'excogitent. Il n'y a mauvastié qu'elles ne couvent : pour décharger à souhait les traitz de leur ardante colère[1] » ; et même quand elles se font belles pour plaire aux hommes elles doivent être blâmées :

> Voyla comment encores de ce temps les femmes qui se laissent amadouer par noz flateries, aydent flateusement à leur surprise. Il n'y a rouge d'Espagne, il n'y a eaus, ny pommes de senteurs : qui ne soyent mises en usage par ces Belles-enlaydies. Il n'est pas jusques aus fausses perruques empruntées qu'elles ne frisottent ou ne grillent. Afin de les agencer mignonnement à leur teste : en lieu de leurs cheveux grisons et argentez, ou plus noirs qu'Ebene[2].

Même s'il n'y avait pas ce « noz flateries », où l'adjectif possessif indique les hommes, et parmi eux l'auteur lui-même, il serait ardu d'attribuer ces mots à une femme, et encore moins à Mlle de Gournay. On peut dire la même chose, avec quelques réserves, des événements relatés.

Ces derniers occupent un espace relativement étendu pour une nouvelle, mais plutôt réduit pour un roman, et encore plus réduit quand on pense à la petite taille des pages[3] ; ils se déroulent en Perse, et ils racontent les mésaventures d'un prince de sang et de sa femme, poursuivis par les envies sensuelles de l'empereur. L'intrigue, tout comme les noms des personnages, est tirée d'Hérodote[4], et paraît assez fidèle à l'original. Mais les quelques lignes d'Hérodote sont ici développées pour en tirer un texte narratif étoffé et complexe. Xerxès (c'est bien de l'empereur Xerxès Ier dont il s'agit) tout en étant régulièrement marié, tombe amoureux de sa très belle belle-sœur, bien que cette dernière ait déjà trois enfants et qu'elle soit inébranlablement fidèle à son mari Masiste, frère du roi lui-même. La première partie[5] de l'histoire est toute pleine des soupirs de l'amoureux, des refus et des « remontrances pathetiques » (régulièrement indiquées de la sorte dans les marges du texte) de la femme ferme dans son honnêteté, des tristes plaintes de son mari qui sait mais qui n'ose pas ou ne peut agir. La trame est donc quasi inexistante et le ton est celui d'un récit sentimental.

---

1 *La Perle des Histoires tragiques, divisee en deux parties*, A Paris, par Frédéric Morel, Imprimeur ordinaire du Roy, M.D.XCVII, p. 117-118.

2 *Ibid.*, p. 97.

3 Le petit volume est en 12°, et les pages sont composées en moyenne de 22 lignes pour 33-36 caractères (espaces compris). Au total, les pages sont 142.

4 L'histoire est racontée dans le Livre IX des Histoires d'Hérodote.

5 La première comprend les pages 1-68 ; la seconde les pages 69-142.

Dans la deuxième partie, voici soudain le revirement, la précipitation des événements et l'assombrissement du ton : sur conseil d'un perfide eunuque, Xerxès laisse tomber sa belle-sœur pour diriger ses attentions vers la fille de cette dernière, Artaynte, qui du reste n'est pas seulement sa nièce, mais aussi sa belle-fille, vu qu'elle a épousé le jeune prince Dariée. Séduisante comme sa mère, mais à l'opposé vaniteuse et menteuse, la jeune femme est ravie de céder à la majesté virile du roi. L'adultère-inceste est donc bientôt consommé, entre discours et hommages galants : il marque le triomphe même mondain d'Artaynte, qui, non satisfaite de posséder désormais le cœur du souverain, lui demande aussi en don une petite cape que la reine avait personnellement tissée pour son mari. Jalousie et colère d'Amistris, la reine, qui ourdit la vengeance ; ne pouvant pas éliminer la favorite du souverain, elle lui demande, le jour même de l'anniversaire de son époux, un don insolite : qu'à la place de la fille, le roi lui livre la mère. Xerxès s'étonne, ne sait pas quoi faire, mais finalement n'ose pas refuser. Il tente d'anticiper Amistris en priant son frère de répudier sa femme, et en lui offrant en échange la main de sa propre fille. Mais Masiste refuse, comprend, et, effrayé, court chez lui. Naturellement, il arrive trop tard : sa femme a déjà été trucidée par les gardes de l'impératrice. Le pauvre mari s'enfuit alors en Bactriane pour organiser une révolte, mais les rebelles sont battus. Masiste meurt. Xerxès, coupable du malheur des autres protagonistes, devient à la fin le seul vainqueur.

Que penser d'une semblable intrigue ? Et comment se déroule-t-elle page après page ? Tout d'abord, ce qui saute de suite aux yeux, du moment que l'auteur lui-même l'a souligné dans sa division du texte en deux sections, c'est la répartition du récit en deux parties distinctes : une partie seulement galante, où sont exaltées la fidélité et la constance, et dans laquelle une large part est accordée à la cour d'amour ; une partie au contraire où les beaux discours et les galanteries cèdent progressivement le pas à la tragédie. En bref, il se passe ce que l'on avait déjà observé pour le récit de La Mothe ; mais notre écrivain anonyme conduit la progression vers le tragique avec plus de clarté et plus d'attention aux symétries, faisant bien attention à opposer des blocs narratifs parfaitement équivalents d'un point de vue des dimensions.

En second lieu, le lecteur est frappé par le recours fréquent à la violence, qui ôte tout doute au genre du récit. Il est question de violence des situations, du langage, des descriptions. Des situations, vu que l'on parle d'adultère, d'inceste, d'assassinat et de fratricide, et parce que même dans la première partie, qui semblerait galante, se cachent la contrainte et la peur, et l'ombre de la mort plane comme une menace; voici par exemple comment, face aux mots doux d'amour de Xerxès, sont rapportées les réactions de la pauvre belle-sœur, fidèle mais terrorisée :

> La Princesse resta merveilleusement pensive, oyant ce langage inusité. A chaque mot que le Roy prononçait, à chascun de ses gestes descontenancez : elle mesme changeoit de couleur, et de contenance. Ces harangues luy sembloyent fort estranges. Comme si sous la douceur d'un miel savoureus, elles eussent couvé ie ne sçay quel venin interieur : qui pouvoit estaindre sa vie, et son honneur ensemblement[1].

La crainte, l'embarras, le pressentiment de la douleur se glissent entre un discours et l'autre pour conférer au refus de la femme une épaisseur psychologique fort diverse des habituelles tirades contre les hommes traîtres ou contre l'amour qui circulaient d'habitude dans les romans sentimentaux contemporains; le style même se fige dans ces passages et se charge d'épaisseurs mystérieuses.

Ailleurs, la violence se situe dans le seul langage, quand il traduit le jugement des personnages ou de l'auteur lui-même; ce sont alors les adjectifs, les adverbes, certains substantifs qui la transmettent. Lorsque Xerxès concède à sa femme la vie de sa belle–sœur, de nombreux éléments de la phrase se chargent d'exprimer la désapprobation de l'écrivain, la réticence de Xerxès contraint à céder aux lois persanes, l'insistance avide de la méchante reine :

> Ces maudits Privilèges, qui assuyetissoyent le Prince à blesser sa conscience, le rendirent tout ennuyé et mélancolique, sur les odieuses importunitez de sa Femme. Mais une si privee Megere ne voulant oncques démordre, s'obstina ainsi animeusement en ses prieres. Si que l'Empereur espoint d'un regret infiny, condescendit neantmoins : et luy accorda l'Espouse de son frere[2].

Néanmoins c'est surtout la description de certains faits qui, cumulant la violence du langage au caractère effroyable des situations, atteint dans ce domaine une efficacité rarement égalée par les histoires tragiques

1 *La Perle...*, *op. cit.*, p. 10.
2 *Ibid.*, p. 118.

précédentes. L'exemple le plus probant est constitué, naturellement, par l'assassinat de l'innocente héroïne[1] ; elle est trouvée déjà morte par Masiste :

> [...] le visage tout meurtry. Il estoit rougissant, et ensanglanté de playes. Car les coupz des honnestes avoyent coupé le nez, et les levres, à ceste grande Princesse. Ainsi en usa Terée de Thrace envers sa belle soeur Philomele, vierge par luy forcee. Afin qu'en se dueillant elle ne revelast le nom de son depuçeleur. Ces laches soldats mercenaires couperent encores la langue à ceste Persienne : et finallement les mammelles. De maniere que tout cela servit de curée aus Chiens là survenus. Seulz furent ses beaux yeux n'aguere si attrayantz, ore deux coulantes rivieres : ausquels pardonna la barbarie, ou plustost l'oubliance, de ces meurtriers à gages[2].

Les détails du nez, des lèvres, de la langue, du visage et des seins coupés et couverts de plaies, et en plus sur le corps d'une « grande Princesse » ; le sang, les mercenaires « deshonnestes » et « laches » ; la chair humaine, nourriture pour les chiens : chaque détail et chaque expression suintent l'horreur. La comparaison mythologique et savante n'interrompt pas, mais ralentit de façon spasmodique, la liste des atrocités ; et le dernier détail des yeux naguère attirants, maintenant source de larmes, seuls à être restés intacts (et probablement grand-ouverts, vu que leur beauté au milieu de la dévastation est célébrée) sur un « visage tout meurtry » n'est certainement pas mentionné pour diminuer le dégoût.

Il y a toutefois dans cette terrible tragédie, apparemment si fidèle aux canons stylistiques du genre, quelque chose de travers ; et c'est quelque chose que l'on sent de suite, que l'on entrevoit au-delà d'une surface conventionnelle, et que la conclusion finit par éclaircir : comment se fait-il, en effet, que ce soit justement l'honnête, l'innocente, que l'on punit ? Comment se fait-il que rien n'arrive aux vrais coupables, à Xerxès qui, avec sa sensualité effrénée enfreint les lois de la morale et les tabous sociaux (l'inceste), ou à Amistris qui, par jalousie, ordonne de tuer ? La réponse est évidente : Xerxès est le roi, Amistris la reine. Ils sont, le premier surtout, l'autorité suprême, et s'il y a une loi à laquelle ils doivent

---

1 Qui n'est presque jamais appelée par son prénom : à un moment donné c'est son mari qui, en s'adressant à elle, l'appelle avec le prénom improbable de... Mary ! (À la fin de la première partie).

2 *La Perle*, *op. cit.*, p. 126. L'histoire d'Hérodote parle de terribles mutilations plutôt que de mort.

se plier, c'est celle qui concerne justement leurs rapports réciproques : c'est le cas de la loi persane qui oblige l'empereur à ne pas opposer de refus à certaines prétentions de l'impératrice.

La présence de personnages au-dessus des règles falsifie, ou du moins change, le jeu habituel d'interdiction-infraction-punition : les monarques ne peuvent pas être punis, et celui qui, entre la morale et l'obéissance, choisit la morale, ne peut que finir mal. Si, à la place de toute autre interdiction, sociale ou morale, nous plaçons au cœur du récit le devoir de ne pas désobéir au vouloir du roi, alors tout retrouve sa place : la belle-sœur est punie parce qu'elle n'a pas cédé, le frère de Xerxès meurt parce qu'il a osé se rebeller. La vaniteuse Artaynte, elle, peut profiter impunément du souverain et de la petite cape, et la furibonde Amistris, si elle a dû supporter une humiliation, a néanmoins trouvé une façon, bien qu'oblique, de se récompenser. Ensuite, pour Xerxès, tout se passe bien ; il garde sa maîtresse, sa femme et son royaume ; et la mort de sa belle-sœur ne le frappe pas tellement, étant donné que la passion qu'il nourrissait pour elle dans un premier temps était désormais éteinte.

Une question se pose alors : l'écrivain est-il satisfait de cet état des choses ? Est-il content que la Princesse meure après avoir résisté à son beau-frère ? Est-il normal pour lui que Xerxès poursuive la femme de son frère et sa nièce, épouse de son fils ? Bien sûr que non. Certes, il y a dans les passages les plus scabreux la très nette préoccupation de sauver le roi : il ne cède pas si ce n'est qu'avec un « regret infini » aux insistances meurtrières de sa femme, et il n'est jamais attaqué de front ; mais sa passion est « folle » : « De sorte que le brasier de ceste folle concupiscence qui avoit si brusquement eschauffé son ame : se consommoit peu à peu en cendre plus morte que vive[1]... » ; et ceux qui le contentent sont ouvertement critiqués. Il en est de même pour le perfide eunuque qui conseille au roi de changer l'objet de son amour, et de passer de la mère à la fille ; il en est de même pour Artaynte, critiquée, comme on l'a vu, pour sa frivolité et pour sa vanité ; de même pour la reine et pour les lois qui lui permettaient de porter à terme des actions infâmes. Il est clair que ce que l'empereur a fait tantôt sur le conseil de mauvaises gens tantôt sous la contrainte de « mauditz privileges », de « folle concupiscence » ou d'« odieuses importunitez », ne peut être ni juste ni bon.

1 *Ibid.*, p. 68.

Comment donc se fait-il qu'il ne soit jamais attaqué par l'auteur directement ? D'un point de vue strictement narratif, la réponse pourrait être la suivante : parce que c'est l'incarnation d'un destin, inévitable pour ceux qui le subissent ; un destin que la belle-sœur, Artaynte, Masiste, la reine elle-même, doivent ou devraient accepter sans protester, sous peine de mort ; le destin est le ressort qui fait déclencher l'histoire, le hasard aveugle qui cherche imprévisiblement ses victimes. Et le destin et le hasard ne peuvent pas être coupables. Eux aussi toutefois peuvent être accusés ou insultés par les écrivains : souvent le destin est coupable, malin, la fortune est capricieuse, le hasard peut être maudit. Mais ici c'est le roi qui incarne le destin, et le roi, comme le prouve l'histoire, triomphe toujours : si capricieux, si mauvais, et si concupiscent qu'il soit il ne peut être affronté par personne, encore moins par l'écrivain. On peut critiquer le résultat de ses actions, on peut stigmatiser le comportement de ceux qui l'entourent, mais le souverain en personne est intouchable : le censurer serait trop dangereux. Sa victoire finale est le signe d'un pouvoir absolu qui échappe à toute règle morale pour devenir à son tour un point de référence pour une nouvelle moralité différente, que cela ne plaise ou pas. Cela ne plaît pas à notre auteur, mais il ne peut rien y faire : et chaque coup qu'il fait porter par les gardes de l'impératrice sur la pauvre héroïne innocente devient à la fois une accusation et un cri d'impuissance ; chaque critique faite à Artaynte, à l'eunuque ou à la passion même de Xerxès constitue une attaque voilée, mais aussi un acte de soumission à contrecœur.

C'est alors que l'utilisation de l'Histoire avec un grand H, faite par le mystérieux anonyme se révèle plus claire et conséquente. En situant son petit ouvrage dans le passé, et en Perse, et en confiant à une source historique prestigieuse, même si altérée dans quelques détails, la portée exemplaire de sa narration, il obtient différents bénéfices : par exemple, celui d'un brin d'exotisme, qui plaît toujours ; celui d'ennoblir son récit avec l'aide de bruits d'armes et de déclarations de guerre ronflantes, en hommage à la conception épique du genre narratif : la bataille entre Xerxès et Masiste, qui chez Hérodote ne se vérifie pas[1], n'est pas ici seulement évoquée, mais elle est amplement décrite et elle est précédée,

1 Son Masiste s'enfuyait vers la Bactriane, dont il était gouverneur, mais il est pris et tué avant de pouvoir l'atteindre.

en plus, par des déclarations grandiloquentes de fidélité des divers généraux de l'armée à l'un et à l'autre des deux adversaires. Et, fait lui aussi remarquable, telles déclarations sont toutes en vers. Il y a toutefois un avantage bien plus grand pour l'auteur : celui de pouvoir écrire ce qu'il écrit avec le moindre risque. Un Xerxès qui aime une favorite et qui néglige sa femme peut faire songer à Henri IV, mais malgré tout il reste toujours Xerxès ; la guerre civile persane (une guerre où le « bon » Masiste est battu, après y avoir été contraint par de graves torts subis) pourrait également évoquer à l'esprit les guerres civiles qui viennent de se terminer, mais elle reste néanmoins un conflit oriental[1] ; et ce peu de mécontentement, de critique qui ressort de la page peut dans tous les cas ne pas être attribué à une hostilité de l'anonyme (même l'anonymat, à ce point, revêt un sens particulier) envers la monarchie qui vient de se consolider en France – provoquant certainement une vague de mécontentement – mais plutôt à la réprobation de l'écrivain vis-à-vis du despotisme oriental.

Pour que règne l'ambigüité, et que la seconde hypothèse soit crédible, l'histoire doit alors être quelque chose de plus qu'une couche superficielle d'exotisme. Et en effet, entre l'utilisation faite par Mlle de Gournay dans *Alinda* et celle qui ressort dans ces pages, il y a une certaine différence. Qu'est-ce qu'avait de Thrace, la Thrace qui avait accueilli Alinda et Leontin, amants exilés ? Rien, si ce n'est une supposée "brutalité" de ses nobles habitants – à peine évoquée par l'auteure – et leurs noms au goût barbare et un peu âpre (Othalcus, Ortalde) ; pour le reste, château, gens de maison, phrases d'amour, etc., tout était normal, sauf la violence finale, qui toutefois, comme l'avaient déjà prouvé de nombreuses histoires tragiques précédentes, et comme beaucoup d'autres le prouveront par la suite, n'est pas une prérogative exclusive de ces pays lointains. Or, la Perse dont nous nous occupons, est sans aucun doute beaucoup plus crédible, tout en n'étant pas, naturellement, d'un réalisme irréalisable : Xerxès est vraiment un nom persan ; les eunuques manigancent de façon vraisemblable pour favoriser les amours de l'Empereur ; les noms des provinces, comme celui de la lointaine Bactriane, où se réfugie le rebelle Masiste, sont justes et choisis en connaissance de cause ; la lutte même

1 Le fait que ce conflit fratricide n'eut lieu dans le texte originaire est de ce point de vue significatif.

entre les deux frères, bien que masquée par un conflit sentimental, ne peut qu'évoquer les conflits dynastiques du lointain empire, certains de ces conflits très célèbres dans l'antiquité classique[1]. Aucun lien donc avec les nombreux Orients imaginés qui servaient de cadre à de nombreux récits et histoires de l'époque, ou bien avec le voile fin de pseudonymes exotiques qui couvriront, mais seulement pour mieux les révéler au public curieux, les personnages vrais et très reconnaissables des histoires d'un Rosset ou d'un Boitel.

C'est donc au moment où le roi de France retrouve tout son pouvoir, au moment où l'arrogance de la noblesse a été écrasée, que la critique n'est plus possible si ce n'est qu'en la déplaçant vraiment dans le passé. Trouvant refuge dans la Perse antique, la *Perle des Histoires tragiques* réussit à conserver sous des apparences sentimentales une valeur politique rare dans les histoires tragiques (sans parler des romans) de l'époque, toutes occupées à décrire les dangers de l'amour et à évoluer dans le social (coutumes concernant le mariage ; péril du mensonge ; respect de la puissance paternelle, etc.) plus que dans le politique. Ici, au contraire, le politique domine et pèse allusivement même au-delà de la simple succession des faits racontés. Les contemporains d'Hérodote, en effet, savaient bien que le vrai Xerxès avait été cruellement assassiné par Artaban, chef de la garde du Roi, et qu'Hérodote, défenseur de la supériorité de la démocratie grecque, considérait Xerxès comme un barbare et un tyran, et sa mort violente comme le juste salaire de son pouvoir absolu. Les contemporains de l'auteur de *La Perle*, imbus de classicité, le savaient bien aussi. Le rééquilibre de la faute et de la peine se fait, pour les tyrans, au-delà des évènements singuliers où leur pouvoir s'exerce et se justifie. C'est là une leçon pour l'ancienne Perse, mais aussi pour la nouvelle monarchie de France sortie des luttes intestines.

Cette Perse exemplaire et politique, toutefois, reste pour l'instant isolée, insolite, dans le panorama de la production de l'époque ; mais elle annonce de façon confuse un triomphe final de l'Histoire qui finira par effacer, des années plus tard, le genre, et en marquer le déclin définitif.

---

1 Il suffit de penser aux rivalités entre les fils de Darius II, Artaxerxès et Cyrus ; leurs luttes concernèrent aussi les mercenaires grecs au service de Cyrus et furent à l'origine de l'épique "retraite des dix mille" racontée par Xénophon dans son *Anabase* (après la bataille de Cunassa, 401 a. J.-C.).

LES DESTINEES DES AMANS DE TOURNIOL, OU L'HISTOIRE COMME ORNEMENT

La scène se déroule dans des lieux non définis, entre un empire de Constantinople indéfinissable et un royaume d'Éthiopie tout autant improbable. Les protagonistes sont Flavio, un général italien au service de l'empereur ; Alphonse, son ami très beau et très valeureux ; Asphale, malchanceux roi d'Éthiopie ; et, sa très belle et très perfide femme, Philotimore, source de son malheur. Dans le sillon de la meilleure tradition épique et romanesque nous trouvons des sujets comme l'amour et la guerre, ou plutôt une guerre à cause de l'amour. En effet un amour fort naît entre la reine d'Éthiopie (déjà plutôt mécontente de son mari) et le général italien ; la guerre s'ensuit car elle est provoquée par ce dernier (il convainc son propre Empereur à la déclarer usant d'habiles mensonges) seulement pour posséder l'aimée de façon légitime. Comme dans toutes les guerres qui se respectent, on trouve ici aussi un traître, mieux, une traîtresse : c'est la reine elle-même, qui dans un premier temps favorise en cachette la prise de la ville où elle se trouve, et qui se réfugie ensuite dans la capitale de son propre royaume (qui n'est autre que… Jérusalem !) où elle œuvre de toutes les manières pour retarder la sortie de son mari sur le champ de bataille (avec prières, larmes, embrassades, et en exposant, telle une nouvelle et pleureuse Andromaque, son jeune fils Hercule). De cette façon, lorsque le roi décide de se libérer de l'étreinte rusée de femme, son armée, sans un commandant, est déjà défaite et la bataille est perdue. Il ne reste plus qu'à Asphale de mourir dignement par l'intermédiaire du valeureux Alphonse. Après les combats, le lecteur s'attendrait à une fin heureuse pour les deux amants pas trop honnêtes : mais cela ne se passe pas et ne peut pas se passer ainsi. La passion, véritable *deus ex machina*, se manifeste à nouveau, plus violente que jamais : cette fois la volubile Philotimore tombe éperdument amoureuse du très bel Alphonse, qui ne se doute nullement du lien existant entre l'aimée et l'ami. Pour une femme adroite comme la reine le fait de se présenter en cachette à la nouvelle flamme et de se libérer de la précédente ne présente pas beaucoup de difficultés : Alphonse est renseigné et envoûté juste avant d'entreprendre son voyage pour Constantinople ; Flavio, lui, est attiré dans un piège monstrueux et mortel. Philotimore, transformée d'Andromaque en Médée, pousse son amant, qui tente de résister, à tuer son fils Hercule, pour éviter de futures vengeances ; après quoi il le dénonce au peuple et le fait condamner à mort. Le responsable des guerres et des mensonges meurt ainsi, noblement, sur l'échafaud. Mais qui punira la terrible reine ? Ce sera justement Alphonse, rentré de Constantinople, et pas convaincu de la faute de son ami, qui se rend compte de la méchanceté de la femme et, qui, en faisant semblant de l'enlacer, la poignarde traîtreusement et puis disparaît.

Voici l'histoire, écrite avec un style ampoulé et quasi illisible pour nous, que Tourniol publia en 1603 avec le titre suivant : *Les destinees des amans : tirees des amours de Philotimore, où sont contenuës plusieurs notables histoires de ce temps*[1]. Une histoire avec bien peu de mérites littéraires, farcie de comparaisons et d'allusions mythologiques, de vers et de lettres, et qu'il suffirait seulement de nommer sans trop s'y attarder, ne serait-ce que pour certaines caractéristiques qui l'apparentent à la précédente, pour d'autres qui s'y opposent et qui illustrent de façon plutôt exemplaire une autre manière de fondre histoire tragique et roman, non plus à l'enseigne de la passion, mais dans un cadre principalement épique et aventureux.

En effet la guerre et les batailles n'apparaissent plus, comme dans le récit précédent, en guise de conclusion, mais elles se situent au centre du récit tant d'un point de vue topographique que d'un point de vue logique. À deux reprises, et au beau milieu des événements, nous assistons en effet aux affrontements furibonds entre armées et héros ; et non seulement l'on nomme les combats ou les épisodes de guerre mais on les décrit aussi comme dans le cas de la mort d'Asphale :

> [...] Asphale honteusement désarçonné tombe mort aussi tost à terre, ses gens ne viennent pas si tost pour le seconder, que ceux de Flavio sont là pour les empescher, la trompette sonne d'un costé et d'autre. Alphonse commence le cimeterre flambant à la main, de bailler d'estoc et de taille, les esclairs de son espee lancez aux yeux de cestuy-cy, menacent cestuy-là d'un impiteux et effroyable foudre de son bras. Ceux d'Asphale se mettent à l'escart, les autres se tiennent tousjours bien-serrez. On tire d'un costé et d'autre, le champ est tout couvert de corps et de sang, pendant qu'on tire de ce costé là, les autres tombent de cestuy cy, ceux icy qui ne peuvent fuir, sont contraincts de resister et combattre contre ceux là. Les chevaux escument, sautent et dansent au bruit des uns et des autres[2].

1 Paris, Cl. de la Tour, 1603.
2 *Ibid.*, f. 67 r°.

Il est difficile de ne pas songer à la tradition chevaleresque, qui résonnera dans les romans jusqu'à l'époque de Louis XIII[1] ; et il est difficile aussi de ne pas apercevoir une influence des poèmes italiens du XVIe siècle : la femme qui retient le guerrier du combat, usant de son pouvoir de séduction, ne rappellerait-elle pas Armide qui subjugue Renaud[2] ? Les sièges et les trahisons, le nom même de Jérusalem sont là pour nous rappeler Le Tasse, tout comme l'obsession amoureuse, qui devient ici le moteur de la guerre, se soudant parfaitement à elle. Le jeu des renvois et des influences pourrait continuer : Philotimore qui tente d'empêcher au dernier moment Asphale de se rendre sur le champ de bataille en utilisant son jeune fils Hercule, ne rappellerait-elle pas le geste d'Andromaque ? Et le couple Flavio-Alphonse, dont l'amitié triomphe sur l'amour, n'évoque-t-il pas les différents couples virils dont sont peuplés les poèmes épiques d'Homère et même après ?

Il semble donc que la chevalerie et la galanterie, étroitement liées l'une à l'autre, dominent dans ces pages, en reléguant le tragique au second plan et ne lui accordant de la place que vers la fin. Il est certain que le récit tient de l'histoire tragique une taille réduite[3], une simplicité relative et, naturellement, l'épilogue sanglant. L'épilogue tout seul suffit-il toutefois à caractériser un récit ? En réalité, au-delà des apparences, il y a très peu de sentimental dans ces pages, et presque rien de chevaleresque, mis à part les scènes de bataille. Aucun fait n'est transparent, aucune passion n'est innocente, aucune relation n'est sincère : tout se déroule à l'enseigne du mensonge et de la tromperie. Prenons l'exemple de la guerre : elle n'est certes pas inspirée par une raison glorieuse, mais elle éclate exclusivement pour favoriser un adultère ; et ses desseins ne sont pas clairs à tous les participants, comme ils l'étaient pour les chefs grecs qui accompagnaient Agamemnon et Ménélas à Troie ; Flavio qui convainc l'empereur de Constantinople de dangers imaginaires est le seul à les connaître. Toute la guerre est par conséquent un immense et terrible mensonge. Et les sentiments ? Aucun n'y échappe, même pas l'amitié, celle entre Flavio et Alphonse, qui devrait être parfaite : en effet Alphonse n'est pas lui non plus informé par son compagnon sur les raisons de ses actions, et c'est à cause de cela qu'il tuera le pauvre

1 *Cf.* M. Lever, *Le roman français…*, *op. cit.*, chap. I, p. 35-42.
2 T. Tasso, *La Gerusalemme Liberata*, chant 16.
3 Le volume compte 96 feuillets composés de pages très petites, d'à peu près 27 courtes lignes de 36 espaces.

Asphale sur le champ de bataille. Flavio se sert de lui, de quelque façon. Et les autres personnages ? Asphale, le seul ingénu qui toutefois n'est pas dénué de reproche et qui est faible face aux arts enchanteurs de sa femme. Et puis les autres, dans une certaine mesure, menteurs et faux comme Flavio sur lequel il ne vaut pas la peine de s'attarder, comme la reine aussi qui l'est du début à la fin du récit. Et puis encore Alphonse, manipulé par son ami, trompé par Philotimore toutefois amoureuse de lui, qui apparaît lui aussi de la même espèce en poignardant traîtreusement sa bien-aimée au moment où il fait semblant de l'enlacer.

Quant à cette dernière, elle domine sombrement tout le récit, elle domine de par son infamie les autres personnages. Elle est le véritable noyau du récit, le point de convergence de tous les événements et de tous les personnages. C'est elle qui stimule chaque événement : la guerre, la mort d'Asphale, l'exécution de Flavio, les dernières actions d'Alphonse. Tous les hommes sont amoureux ou tombent amoureux d'elle ; c'est donc en elle que se cache le sens de l'histoire. Eh bien, la protagoniste ne connaît pas l'amour mais uniquement la fureur qu'elle dissimule sous des caresses, comme quand elle assoupit l'ardeur belliqueuse de son mari :

> Il ne doubte plus de l'amitié de celle, qui le tire ainsi à ses filets, pour le prendre, il se sent dis-je affectionné par celle qui le hait plus que la mort. Tant elle sçait si bien couvrir en doux regards, la cruauté et felonie de son coeur, en ses favorables baisers, la rigueur et disgrâce de son esprit, en les rusez gestes, sa tromperie et cautelle, au miel de ses parolles, l'amertume du fiel de ses dessoins[1].

Non seulement elle est inconstante ; elle est plusieurs fois infidèle, et même l'affection maternelle se dissipe face au feu de sa volupté. Chacune de ses actions – invariablement hypocrite – est marquée, accompagnée ou suivie d'une aura de violence. Voici comment elle se plaint face à son peuple de la mort de son mari (dont elle est secrètement heureuse) :

> Ce qu'ayant entendu, elle court par toute la ville comme desesperee, en se plombant à chaque pas l'estomac de forts et rudes coups quelle impruntoit à sa meschanceté, avec un grand battement de mains, se tirant les cheveux desquels elle essuyoit son visage. Outre mille et mille pitoyables cris qu'elle sortoit de sa bouche, implorant à tout'heure l'ayde et misericorde des Dieux[2].

1 Ph. Tourniol, *op. cit.*, f. 61 r°.
2 *Ibid.*, f. 67 v°.

Les « forts et rudes coups », le fait de battre violemment les mains, les cheveux arrachés sont des gestes habituels dans les pleurs rituels : mais ici tout est exagéré, de façon justement plus violente pour attirer l'attention, et cacher la vérité. Voici encore la description de l'auteur alors qu'elle convainc Flavio de tuer son fils :

> Entre ces paroles elle trouve ce pauvre enfant dedans sa chambre et le prend entre ses bras, avec une rigueur la plus inhumaine et feroce qu'on sçavoit imaginer en une personne, qui est tellement alteree du sang humain qu'elle ne se peut assez saouler de la mort des hommes, et prie humblement Flavio de le tuer y ayant autant d'interest, voire plus qu'elle[1].

Reine inhumaine, féroce, assoiffée de sang ! La violence, cette fois, filtre à travers le jugement de l'auteur, mais immédiatement après elle se déchaîne grâce à l'épée homicide de Flavio, aux détails horripilants du sang et à la scandaleuse indifférence de la reine que ce sang innocent n'arrive pas à toucher :

> Il tira son espee, et luy bailla tout droict dedans le coeur, dont ce pauvre innocent le sang tout chaud et boüillant aussi tost respandu sur la terre, tomba mort ayant desia changé de visage. Ce faict elle le prend et l'enveloppe soubs ses robbes, encores tout sanglant pour l'aller cacher en un certain secret qui n'estoit pas guieres loin de là, qu'elle fit entendre à Flavio[2].

Naturellement, face au peuple le ballot sanguinolent redevient un fils aimé, un fils à embrasser et pour lequel s'arracher à nouveau les cheveux, pour lequel se montrer encore une fois comme une mère suffoquée par une douleur furibonde, jusqu'à ce que « … ouvrant peu à peu les yeux encore remplis de larmes, elle jecte des regards furieux et esgarez aux uns et aux autres ; de ce pas on la porte dedans une chambre et la met-on dedans un lict, où estant, un peu apres, elle faict semblant de dormir[3]… ».

Où trouver une héroïne collant de façon si parfaite aux traditions de l'histoire tragique, ou du moins à l'idée que les critiques s'en sont fait ? Violence et mensonge, calcul et sang, trahison et vengeance sont la matière avec laquelle le personnage est pétri, matière qui se répand sur

1 *Ibid.*, f. 84 r°/v°.
2 *Ibid.*
3 *Ibid.*, f. 86 r°.

toute l'histoire. La chevalerie est un oripeau, les réminiscences épiques sont renversées (en prenant comme excuse le fils pour distraire le mari de la bataille, Philotimore n'est pas une Andromaque mais une de ses lugubres caricatures) ; le cadre historique est un simple décor, avec un Constantinople imprécis, une Éthiopie reproduite à partir des lieux communs du roman, mais totalement irréelle. Malgré l'insertion de tant d'éléments disparates, ce qui domine sur tout c'est l'histoire tragique, la plus sombre et la plus cruelle qui soit, avec tous les coupables punis d'une manière adéquate et la morale finale, brève, mais biblique : « Ainsi la parolle de Dieu est accomplie, permettant que les meschans soyent ruinez les uns par les autres, je me vengeray (parlant en la bouche de Hieremie) de mes ennemys, par mes ennemys[1] ».

LE CHARME DE L'EXOTISME ET LE RAPPEL DU VRAI

Ornement ou refuge, ce recours à l'Histoire trahit de toute façon l'amour pour les gestes héroïques, pour les lieux fabuleux et lointains et dans le temps et dans l'espace, si typiques du roman et de l'époque baroque : « Mobile dans le champ temporel, la fiction est également mobile dans l'espace. Elle raffole des voyages sur terre et sur mer, des continents lointains, des peuplades inconnues, des mœurs exotiques[2] ».

C'est ainsi que Lever s'exprime à propos du roman de l'époque. Comme on l'a vu, l'histoire tragique de ces années ne fait pas exception. Elle privilégie les incursions aussi bien dans le passé que dans la géographie. Et si l'Orient rutilant et cruel demeure, avec *Alinda*, avec *La Perle*, avec *Philotimore*, le lieu préféré par les narrateurs, il ne manque pas d'exemples d'autres lieux pas moins opulents, pas moins raffinés, pas moins féroces ; peut-être très lointains d'un point de vue géographique, mais tout aussi imprécis, tout aussi dénués de caractéristiques sociales et politiques particulières, tout aussi étrangement semblables à la France.

Ainsi le plus éloigné, le plus exotique et en même temps le plus nouveau pays n'échappe pas à la règle, comme le démontre Jean d'Intras dans l'un de ses récits, *Le Lict d'honneur de Chariclée*, un texte publié deux fois au moins entre 1603 et 1609, et donc jouissant d'une certaine

---

1 *Ibid.*, f. 95 r°/v°.

2 M. Lever, *Le roman français…*, *op. cit.*, p. 31.

fortune éditoriale immédiatement après la publication[1]. L'auteur y narre l'histoire d'une très belle jeune fille mariée au vieil Astrophile. La jeune fille allume les espoirs du jeune comte de Melisse, qui lui fait une cour assidue et obsédante. Malgré la beauté et la noblesse du soupirant, Chariclée reste fidèle à son mari. Même pas un philtre d'amour distillé par une très puissante magicienne a raison de son honnêteté. C'est ainsi qu'après avoir tenté de se tuer Melisse décide d'éliminer Astrophile, obstacle principal de sa passion : Astrophile est blessé mortellement dans un guet-apens nocturne, et agonise le temps nécessaire à recevoir les nombreuses et pathétiques étreintes de sa femme et à lui souhaiter dans un élan généreux un mari plus jeune. Une fois l'obstacle éliminé, Melisse commet une erreur fatale : sûr de lui, il écrit à Chariclée pour tout lui raconter. L'héroïne prépare donc sa vengeance : une lettre prometteuse, une invitation chez elle, et une confiture empoisonnée sont les trois éléments très simples qui suffisent pour éliminer l'amant perfide mais naïf. Voici donc le traître traîtreusement tué : il ne reste plus qu'à punir la traîtresse, toute justifiable et audacieuse qu'elle paraisse. Vu que la confiture empoisonnée est indigne de son courage, Chariclée opte pour une auto-punition pleine d'orgueil et se suicide en s'embrochant sur une épée.

Il n'y aucun doute sur le tragique de cette histoire qui évoque les divers lieux communs de la tradition : le mariage d'une jeune avec un vieux ; le guet-apens nocturne souvent utilisé précédemment et très exploité par la suite[2] ; le schéma du « trompeur trompé » qui caractérise non seulement les nouvelles de Boccace, mais aussi, avec d'autres résultats, toute l'histoire tragique des seizième et dix-septième siècles ; et la figure de la femme qui, par vengeance, attire l'homme dans un piège pour le tuer ensuite de façon plus ou moins ingénieuse, mais toujours oblique. Caractéristiques que l'on retrouve aussi bien au seizième qu'au dix-septième siècles[3].

---

1 La première fois en 1603 (Paris, R. Fouet) et la seconde en 1609, chez la même maison d'édition. Pour cette étude nous avons consulté l'édition de 1609.

2 *Cf.* par ex. F. de Rosset, *Histoires mémorables et tragiques de ce temps*, Paris, Chevalier, 1619, histoires XIV et XIX.

3 Au XVIe siècle, par exemple, la nouvelle *Didaco e Violante* de Bandello est très célèbre (*Le Novelle*, I, 42), traduite par Boaistuau (*Histoires Tragiques, Cinquiesme Histoire*) ; au XVIIe siècle, outre à d'Intras, on a l'exemple de La Mothe et de Prévost et celui de Rosset (*op. cit.*, hist. XIV).

Il n'y a pas grand-chose à dire sur la structure superficielle du récit, interrompue par les discours habituels, par les lettres[1] et par les vers, si ce n'est que les discours sont organisés en un habile *crescendo*, à partir de la trépide tendresse jusqu'au violent désir ; et pas grand-chose à noter sur le style, si ce n'est qu'il présente toutes les caractéristiques de l'époque, au plus haut niveau : plus élégant et moins décousu que celui de Tourniol, il est toujours soutenu et tissé de figures multipliées jusqu'à l'excès, comme lorsque l'on parle de rage et de passion avec des images empruntées au langage de la guerre :

> Ceste responce rendue à Melisse, voyla la guerre declaree de toutes parts, les tambours battent aux champs, force compagnies se dressent, des commissions s'expedient pour lever des troupes, on ne voit plus sur la plaine de leurs pensees, qu'un million de désirs armez, les terres de leurs conceptions s'ombrayent en enseignes deployees, les picques de leur fureur semblent une forest espesse : il ne s'y parle que de feu, de sang, et de pillage, l'amour et la douceur ne sont plus les chefs de leurs soldats, la rigueur et la hayne ont usurpé ceste charge, leurs drappeaux ne sont plus arborez en champ d'argent, marque de leur ancienne bénignité [...][2].

Ou comme lorsque, pour décrire le visage coloré de la belle de retour d'une promenade, l'on arrive à attribuer à la promenade elle-même, avec un incroyable mauvais goût, une jolie paire de mains :

> [...] car comme ceste Deesse eut permis aux feux de sa face d'estre attisez par les mains de ceste promenade, de qui l'action delicate avoit haussé en couleur vermeille, il n'estoit pas croyable (qu'à ceux à qui il estoit octroyé de jouyr de ceste vision) qu'un front peut nourrir tant de lumières comme le sien esclatoit d'esclairs, ressemblant à ceste région qui sous un regne animé darde ses tonnerres[3].

Même le gascon d'Intras ne dément pas, tout compte fait, la réputation qui entoure ses contemporains gascons : son texte ne fait exception ni pour ce qui est du style ni pour ce qui est du contenu.

Il nous faut toutefois souligner un élément concernant le lieu où se situe l'histoire : elle se déroule à Temistitàn, au Mexique, du

---

1 Tout comme chez Prévost, les lettres sont liées avec des rubans en soie colorée et, qui plus est, elles sont scellées par des pierres précieuses.

2 J. d'Intras, *Le lict d'honneur...*, *op. cit.*, f. 50 r°.

3 *Ibid.*, f. 19 v°.

temps de la conquête espagnole. Qu'y a-t-il donc de typique de ce pays lointain ? Pratiquement rien, même pas les noms pseudo-grecs des protagonistes. Une seule affirmation qui nous fait sourire survient au début de l'histoire pour nous rappeler l'exotisme des lieux et des gens : celle selon laquelle toutes les Aztèques seraient très belles, raison pour laquelle la merveilleuse Chariclée est la plus belle des plus belles. Trop peu pour un dépaysement… Tout comme l'Orient, le Mexique n'est pas plus qu'un nom, un mot magique ouvrant au lecteur les portes de la fiction.

Au fond, pourtant, ce pays encore étrange, reste, dans l'histoire du genre, une singulière exception. Ce ne sont en fait ni le Nouveau Monde ni l'Orient qui constituent la règle dans les récits sur lesquels nous nous attardons. À côté d'eux, c'est la tradition représentée par La Mothe et par Prévost qui continue. Une tradition que la grande vogue de l'exotisme sentimental arrive quelquefois à offusquer, mais qu'elle ne parvient pas à éliminer. La France reste en effet le théâtre de nombreuses narrations, et d'Intras lui-même y situe un bon nombre de ses œuvres, pas nécessairement des histoires tragiques. C'est à Bordeaux par exemple que se déroule l'action du *Portraict de la vraye amante*[1], roman sentimental d'aventures qui finit bien ; même Bazas, ville natale de l'auteur, sert de cadre aux événements racontés dans *Le duel de Tithamante*[2], « amoureuse et tragique narration » composée d'un roman d'amour aux dimensions assez réduites et à la structure traditionnelle, à laquelle a été pourtant juxtaposée une appendice sombre et violente : les deux amants, nobles et beaux, combattent courageusement contre les obstacles interposés par leurs familles à leur passion, et finissent par atteindre leur but puisqu'ils trouvent le bonheur dans le mariage. Mais là où les romanciers usent généralement de quelques phrases conclusives édifiantes, d'Intras, lui, ajoute une conclusion tragique où l'on voit le protagoniste, Tithamante, mourir en duel pour une question d'héritage[3]. Le fait que, selon les

1 J. d'Intras, *Le portraict de la vraye Amante, contenant les estranges avantures de Calaris et de la Parfaicte Constance de Lisbye*, Paris, Robert Fouet, 1609, p. 302.

2 J. d'Intras, *Le duel de Tithamante*, Orléans, P. Vernoy, 1603, p. 252. Pour cette étude c'est la deuxième édition qui a été consultée : Paris, R. Fouet, 1609.

3 *Cf.* l'analyse de ce roman de J. Serroy, *Roman et réalité…*, *op. cit.*, p. 219 ; ainsi que l'article de G. Turbet-Delof, « Sur une esquisse de théorie du crime passionnel dans les *Histoires*

déclarations de l'auteur, les personnages lui soient familiers[1] ; que ce soit la religion et non pas des haines personnelles à diviser les familles des deux nouveaux Juliette et Roméo (lui est catholique et elle est protestante) ; que soit exaltée l'habileté des médecins du lieu, dont on mentionne le nom et le prénom ; tout cela confère au récit un goût d'actualité que peu de romans contemporains possèdent.

Serait-il possible que ces traits soient dûs aussi à l'influence, certes présente, de l'histoire tragique ? « À l'exception des "histoires tragiques" [...] l'ensemble de la production sentimentale demeure encore très éloignée d'un véritable réalisme[2] ». La phrase est de Lever qui reconnaît au genre dont nous nous occupons une forte dose de réalisme par rapport au roman d'amour. Eh bien, ce dernier et l'histoire tragique se mêlent étroitement dans la production de d'Intras, qui ne se limite justement pas à la composition de romans réalistes ou à des histoires « exotiques » mais qui compose aussi un récit tragique parfaitement conforme à la tradition et en ligne avec ses futurs développements. *Le Martyre de la fidélité*[3], cité toujours par Lever comme exemple de roman des « parfaits amants[4] », où règnent la constance et la fidélité, ressemble plutôt à une véritable histoire tragique où ces beaux dons constituent le terrain idéal pour le crime le plus cruel. Tout, en effet, de la brièveté[5] des tons à la structure et au sujet rentre dans le domaine qui nous intéresse : au-delà de l'homicide, la trame nous offre des bûchers et des tortures, comme le promet aussi le frontispice, orné d'une gravure représentant le supplice des protagonistes. La structure est très simple, une seule histoire avec très peu de protagonistes ; et le sujet concerne naturellement des actions accomplies sous l'effet de fatales « passions de l'amour », pour permettre à l'auteur de mélanger l'horrible au pathétique sentimental selon un schéma désormais rodé.

Gasconnes de J. d'Intras », *Cahiers de littérature du XVIIe siècle*, 4, 1982, p. 425-429 (à propos des retombées sociales et idéologiques du matricide).

1 « [...] je comenceray donc par les maisons des autheurs de ce subject, et les produisant sous des noms supposez, comme à tous ceux que la necessité introduira sur ce theatre [...] », p. 16. Il pourrait s'agir seulement d'une convention (prévisible) : toutes les autres observations irréelles dont le roman est truffé lui confèrent néanmoins un air de vérité.

2 M. Lever, *Le roman français...*, *op. cit.*, p. 49.

3 J. d'Intras, *Le Martyre de la Fidélité*, Paris, R. Fouet, 1604 ; néanmoins, les citations sont tirées de l'édition de 1609 (Paris, R. Fouet).

4 M. Lever, *Le roman français...*, *op. cit.*, p. 70.

5 85 petites pages.

Ces passions fatales, en fait, n'appartiennent pas au commun des mortels ; elles ne sont naturelles que pour les « ames bien nées », et surgissent irrésistiblement entre un Silice « galand à merveilles » et une Sylvie, « la première beauté de son pays, et la mieux disante qu'il estoit possible » ; ses « beaux yeux », cela va sans dire, enflamment « soudain ses affections du désir de luy rendre du service[1] ». Comme toutes les âmes bien nées, nos deux personnages songent à se marier. Mais voilà que la mère de Sylvie s'y oppose, puisqu'elle veut garder sa fille pour un époux plus riche. Les deux amoureux cherchent en vain à « faire fondre les neiges de son opiniastreté avec le feu de leurs prieres[2] » : l'« *injuste* » mère (c'est d'Intras qui le souligne) ne change pas d'avis. La passion étant mauvaise conseillère, on arrive au délit parfait accompli d'un commun accord : un homicide/matricide commenté longuement (sur diverses pages) par l'auteur horrifié. Même la plus calculée des transgressions, dans une histoire tragique qui se respecte, doit néanmoins, comme nous l'avons vu, être suivie de l'inévitable punition ; et si les hommes ne peuvent pas découvrir tout seuls les très habiles criminels, voilà que survient la main inexorable de Dieu : une nuit, Sylvie parle dans son sommeil et avoue sa faute. Une servante écoute et rapporte à la justice, et la machine de la sanction se met en route : voici, après une longue résistance, la confession de Sylvie ; voici aussi Silice pris, et les voici tous les deux « attachez a d'autres chaisnes, helas, que celles de l'amour (mais pourtant dans des chambres separees)[3] ». Voici enfin durant le procès la noble course de générosité des deux amants qui tentent chacun – selon les schémas habituels, connus depuis l'Antiquité et renouvelés par le Tasse[4]– de disculper l'autre en prenant sur soi toute la faute. L'émotion des juges ne les empêche pas de faire torturer les amants pour qu'ils confessent leurs responsabilités réciproques, et ne les empêche pas non plus de finir par les condamner à être « tenaillez et puis brulez[5] ». Le recours en appel se révèle inutile, et, après une dose supplémentaire de

1 J. d'Intras, *Le Martyre…*, *op. cit.*, p. 7.
2 *Ibid.*, p. 11.
3 *Ibid.*, p. 23-24.
4 *Cf.* par ex. le chant II de la *Jérusalem délivrée*, où Olinde et Sophronie évoquent d'autres célèbres couples d'amis et d'amants, de Pylade et Oreste, à Antigone et Ismène, Euryale et Nisus, jusqu'à Floire et Blancheflor (Philocolus), et à Giovanni da Procida et Restituta d'Ischia (*Décameron*, V, 6) de Boccace.
5 J. d'Intras, *Le Martyre…*, *op. cit.*, p. 35.

pathétique (on ne dit pas aux jeunes que le recours est rejeté, et ils sont condamnés à mort alors qu'ils pensent être transférés dans un autre lieu : occasion propice pour montrer graduellement leur déception, et pour les faire monologuer longuement, etc.), au terme d'un tour obligatoire de la ville accompagné du son des trompettes, que l'on oblige à subir aux victimes mi-nues, les jeunes sont finalement exécutés. Naturellement, on leur donne au préalable le temps de se repentir et de s'adresser, depuis le bûcher flamboyant, au « Monarque du Ciel » (deux pages d'invocations).

Voici un exemple presque parfait d'un équilibre entre le sentimentalisme à la mode et la plus sombre histoire tragique : fasciné, comme la foule qu'il décrit, par la beauté nue des protagonistes, et visant de toutes ses forces à émouvoir le lecteur, d'Intras, sans se contredire, oscille entre la condamnation du crime et l'exaltation du criminel, dont une partie de la faute est enlevée pour être attribuée à la mère perfide et insensible[1]. La dureté de l'histoire tragique donc se brouille, les coupables se retrouvent également victimes, et le pathétique peut triompher sans limites : le sentiment pénètre jusqu'au fond de la cruauté, et cette dernière se nourrit du sentiment. Le ton élevé, les personnages nobles, les discours importants et galants maintiennent ensuite le récit dans une atmosphère raffinée.

Toutefois, comme et même plus que dans les romans, un air de vérité circule sous la fiction ; l'écrivain se présente comme un témoin oculaire et ne tarde pas à le déclarer dès le début : « [...] tous les actes de la tragedie que j'offre à vos yeux, pour en la vous representant avec les mesmes couleurs que je l'ay veue pour traicte sur le tableau de son spectacle [...][2] ». La ville, théâtre des événements, est nommée en toutes lettres (« la ville de Sainct Gandens en Gascogne[3] »), et, surtout, une veine d'érotisme un peu sadique et d'un réalisme évident traverse par endroits le récit, le situant dans des régions très distantes de celles du roman idéaliste. En effet, si les nudités des jeunes traînés dans la ville éblouissent l'auteur, les plaies du beau corps de Sylvie, sanguinolentes et ouvertes par la torture (plaies décrites à plusieurs reprises), le fascinent et l'hypnotisent ; et lorsqu'il traite de ce sujet le style habituellement ampoulé et rhétorique prend un aspect halluciné :

1 *Cf.* l'analyse de G. Turbet-Delof, *op. cit.*

2 J. d'Intras, *Le Martyre...*, *op. cit.*, *Dédicace à Mlle D.S.Q.R.*, n. p.

3 *Ibid.*, p. 36.

> Ses membres doüillets qui sembloient estre faicts à proportion de ceux de l'amour, sont furieusement serrez et estires par des cordages, il n'y a tendon qui ne soit meurtry, ses arteres sont alterez ; ses muscles reçoivent de la passion, ses nerfs sont violentez, ses os sont froissez, ses veines sont offensees, et bref, il n'y a partie en elle, qui ne soit marquee du sceau de ce martyre[1].

Où trouver des passages si brutaux et si violents, si distants de l'« ascétisme amoureux » des romans des « parfaits amants[2] » ? Et pourtant, si l'on regarde de près, les horreurs détaillées et « réalistes » de la torture sont justement exprimées par le biais du langage de l'amour et de la passion : le fait de serrer les cordes ne rappelle-t-il pas les étreintes ? La furie des corps ne rappelle-t-elle pas celle du désir ? Et « passion », dans ce cas, tout comme « froissez » et « offensees », proviennent du lexique de la conversation galante, même s'il n'a rien de spirituel et fait frémir et tressaillir les muscles et les membres. La langue elle aussi exprime, de façon immédiatement perceptible, la fusion entre la nouvelle sentimentale et l'histoire tragique, entre la transfiguration romanesque et la vie vécue (l'époque n'offrait-elle pas des spectacles à foison pleins de supplices et d'exécutions ?). Une subtile ambiguïté circule donc dans les contenus, plane dans le style, permettant à l'écrivain de varier, de se transformer. Une ambigüité qui sera reprise de façon plus consciente chez Rosset.

Dans une certaine mesure, toutefois, elle marque variablement de son empreinte toute la prose narrative de l'époque d'Henri IV, laquelle, qu'il s'agisse surtout d'œuvres tragiques ou pour la plupart sentimentales, se révèle après une analyse détaillée bien moins uniforme, bien moins schématique que l'on pourrait penser : le vrai et l'exotisme, la fidélité et les adultères, les tons élégiaques et sombres cohabitent, se mêlant l'un à l'autre.

Ce qui s'est dit des œuvres de d'Intras pourrait être dit aussi pour la *Chasteté violée* de La Place[3], une histoire de délits et de passion que Reynier analyse rapidement dans son *Roman sentimental*[4], et, avec quelques

---

1 *Ibid.*, p. 29-30.

2 M. Lever, *Le Roman français…*, *op. cit.*, p. 43.

3 Le sieur de la Place, *La Chasteté violée ou la cruauté d'une Damoiselle envers son mary et d'un gentilhomme envers sa femme, et la juste punition de tous deux*, Paris, Abraham Saugrain, 1604, in 12°, 84 f.

4 G. Reynier, *op. cit.*, p. 187.

variantes, pour le récit anonyme qui raconte les *Tragiques amours du fidèle Irion et de la belle Pasithée*[1].

Dans ce dernier, toutefois, la balance semble peser encore plus en faveur du sentiment et de la préciosité. Bien que Reynier mette effectivement en relief les caractéristiques sanglantes de la trame en la résumant ainsi : « Un jeune seigneur gascon tue un médisant qui a calomnié sa maitresse, tue un Président qu'on veut lui imposer pour mari, la blesse elle-même, sans le vouloir, du même coup et se suicide enfin pour se punir de sa maladresse[2] », ces dernières occupent relativement peu de place : au début il s'agit surtout de l'honneur de la belle, souillé par les calomnies (inventées) de son cousin Clarisel, courroucé pour avoir été repoussé par elle ; et ce qui est le plus important, c'est la cour qu'Irion fait à la jeune fille, sans résultat pendant longtemps. Après quoi l'attention de l'auteur se déplace principalement sur la constance dont doivent faire preuve les deux (finalement) futurs époux : Irion demande en effet à Pasithée six mois de temps avant les noces, pour pouvoir se rendre en Terre Sainte ; et comme les mois qui passent sont à la fin sept, voilà que la cruelle mère de Pasithée contraint sa fille récalcitrante à épouser le riche Président. À ce moment-là, juste le soir du mariage, le coup de théâtre (prévu) : Irion revient, tire sur l'époux, rate son coup et blesse (croyant l'avoir tuée) sa bien-aimée ; se met encore plus en colère, tue le pauvre Président et à la fin se suicide. Au réveil de Pasithée, le modèle tragique de Roméo et Juliette subit une variante : il est vrai que la jeune fille tente le suicide mais les assistants l'en dissuadent. Tant et si bien qu'elle opte pour une mort civile : dans un beau jardin elle se fait construire une chapelle contenant une tombe mausolée et elle s'y enferme (aidée par une pension dévolue par ses parents dolents et repentis) pour le restant de ses jours.

L'espace accordé à la cour amoureuse, les fioritures sentimentales, l'exaltation de la fidélité des amants qui dure au-delà de la mort, tout cela appartient à ce « roman sentimental » dont parle Reynier, ou au « roman des parfaits amants » auquel fait référence Lever. Non seulement les actions violentes occupent peu de place (bien qu'elles restent indispensables à l'architecture du roman) mais leur intensité tragique

1 *Les tragiques amours du fidel 'Irion et de la belle Pasithée*. A M. le Duc d'Espemon. Paris, Jean Canut et Hélie Mareschal, 1601, in 12°, 177 p.

2 G. Reynier, *op. cit.*, p. 187.

se détrempe et se fond dans la méticulosité et dans la préciosité des descriptions finales du tombeau que Pasithée se fait construire :

> ... au milieu de laquelle [la chapelle] elle fait dresser un sepulchre aussi superbe et magnifique, que l'industrie des meilleurs ouvriers de ce royaume en a esté capable. Ce sont quatre grosses colonnes de porphyre qui soutiennent une table de jaspes, sur laquelle est gravée l'histoire d'Amynthe et de Lucrine. La tombe est sur ceste table : elle est de marbre noir, représentant au-dessus les infortunées amours de cest enfant de Babylone : lequel ayant un voile à la main, semble se vouloir plonger un poignard au profond de son estomac : Au costé droit est représenté la fidelité d'Alceste : où l'on remarque son mari grisant dans le lict, et elle qui librement se dispose à recevoir la mort pour luy sauver la vie. De l'autre costé est celle d'Arthemise laquelle tenant un verre à la main, semble vouloir boire, faisant cependant bastir ce miracle du monde, qu'elle consacra à la memoire de son bien aimé Mauzole. La chapelle est au milieu d'un jardin, remply de cypres, de soucis, et de hiacyntes : elle est blanche comme estant bastie d'albatre; à lentour de laquelle elle a fait peindre tous ce que vous avez veu cy dessus de tristes aventures d'Irion. Sur tout la mort de Clarisel y est si naifvement representee que celuy qui sous l'apparence d'un rideau contrefait pipa son compagnon, se tromperoit luy mesme à ce pourtraict. Car aucun n'entre en ceste chapelle, qui ne se mette en devoir d'arrester le bras d'un chevalier qui semble vouloir redoubler ses coups sur un autre qu'il tient abatu sous ses pieds. Il y a aux quatre coins quatre lampes de crystal remplies d'huile de baume, lesquelles esclairent tousjours ce petit temple, qui ne reçoit point d'autre clarté ailleurs : si ce n'est quand la triste Pasithée y entre. Car elle fait allumer, durant son séjour, quatre flambeaux de cire blanche, qu'on met aux quatre piliers du sepulchre, qui est garni de rideaux de satin feuille morte, tous semez de larmes violettes : l'espée toute sanglante est à costé de la tombe[1].

La citation est longue, mais elle donne bien le ton exténué et pathétique du récit situé encore une fois en Gascogne[2], qui néanmoins, dans l'introduction, exhibe la terminologie crue et violente des véritables histoires tragiques[3]. Il atteste donc – si ce n'est l'influence de l'histoire

1 *Les tragiques amours...*, *op. cit.*, p. 173-175.

2 « Il y avoit en Guyenne une fort honorable et ancienne famille, de laquelle estoit chef un gentilhomme. » ainsi écrit l'auteur à la p. 5 ; « [...] Irion Gentilhomme Gascon participant à ceste influence » ainsi écrivent les éditeurs dans la dédicace au duc d'Epernon, n. p.

3 « Ceux qui jusques icy ont fait estât de discourir des causes qui produisent des effects extraordinaires, excedans toute apparence divine et humaine, ont mis au premier plan ceste furieuse passion d'Amour, laquelle a rendu telle preuve de ses violences, que la pluspart des histoires (dont le [*sic*] catastrophe se montre tragique) n'a communément pour subject de tous ses malheurs, que le venin de ceste mortelle poison, lequel [*sic*] espandu dans nos

sentimentale sur l'histoire tragique, vu qu'il ne met pas en scène des personnages véritablement négatifs et qu'il exalte la fidélité et la constance – certainement l'influence de l'histoire tragique sur l'histoire sentimentale : une telle distinction, qui dut se présenter à l'esprit de l'auteur et de l'éditeur, étant un peu trop byzantine, dut aussi les laisser perplexes. En effet ils imprimèrent sur le frontispice le titre que nous connaissons, où l'on parle du « fidèle Irion » et des « tragiques amours » entre lui et la « belle Pasithée », mais ensuite, dans le texte, ils le reportèrent en haut des pages comme *Histoire tragique d'Yrion, et de la belle Pasithée* : l'indice, petit mais significatif, d'une incertitude, le signe visible d'un mélange des tons et des schémas, le témoignage d'une liberté.

LA CRISE DE LA FORME : ENTRE RECUEIL ET ROMAN

L'oscillation entre réalité et fiction ainsi que l'oscillation entre horreur et sentimentalisme ont un impact bouleversant sur l'histoire tragique qui va au-delà du contenu et du style. Sur l'histoire tragique pesait en effet la tradition de la nouvelle, qui se voulait dès le début, une relation de faits véritables, du moins en théorie. Bien que le fait de se déplacer au Mexique ou en Orient, en s'ouvrant à des aventures exotiques pour mettre en scène eunuques et concubines, nobles thraces et jeunes filles aztèques ne représente pas une innovation absolue, cela exprime tout de même une certaine nouveauté qui porte le signe d'une expansion. De même, ouvrir les mailles des interdits, des transgressions et des punitions pour laisser filtrer le pathétique, en atténuant le sang et la violence par la galanterie et la préciosité, agit *de facto* sur les dimensions du texte, en modifiant sa forme et sa structure. Plus la fiction prévaut dans un récit, plus il est facile que ses dimensions augmentent ; là où, par contre, est surtout soulignée la véridicité, le nombre de pages est – en général – plus réduit. Ainsi, dans le rapport violence-sentiments, arrive-t-il inévitablement que ces derniers occupent des pages et des pages

---

entrailles, infecte aussi-tost les plus nobles et sainctes parties de nos Ames », *Les tragiques amours…*, *op. cit.*, p. 1.

pour exprimer toutes leurs nuances alors que la violence explose vite et s'éteint rapidement. L'attention qu'ils exigent du lecteur est différente, tout comme l'est le plaisir qu'ils procurent.

Il n'est donc pas étonnant que le triomphe du sentiment et le renforcement de la fiction produisent, à cette époque-là, des œuvres aux dimensions supérieures par rapport à celles des décennies précédentes ; et que non seulement la physionomie des récits change, mais aussi que les rapports entre histoire et histoire se transforment. Au début du XVIIe siècle, le récit tragique isolé triomphe, grâce à sa longueur importante et à l'influence du roman, alors que le schéma du recueil subit un relatif déclin : il ne disparaît pas complémentent, mais montre les signes de la crise en acte.

LES AMOURS DE NERVÈZE OU LE RECUEIL *A POSTERIORI*

La réputation liée au nom d'Antoine de Nervèze est surtout négative. « Quant au style de Nervèze, auteur d'une douzaine de romans aussi amphigouriques les uns que les autres, il est demeuré proverbial jusqu'à la fin du siècle par ses métaphores bizarres et son comique involontaire[1] », affirme Lever, en rappelant le pastiche qu'en fait Sorel dans son *Francion*, alors que Reynier rapporte de Sorel les jugements fortement négatifs exprimés dans la *Bibliothèque françoise*, qui accusent Nervèze de « barbarie » stylistique[2]. Il est difficile toutefois de ne pas reconnaître qu'entre les contemporains les choses se passaient différemment, et qu'avant d'avoir été blâmé, il fut l'un des écrivains les plus lus et les plus aimés de la période qui nous intéresse[3].

Secrétaire de la chambre d'Henri IV, auteur non seulement de romans, mais encore de poèmes, d'épîtres, d'essais, il incarne un type d'auteur plutôt rare jusqu'ici dans le domaine que nous explorons, fréquenté le plus souvent par des écrivains improvisés, des anonymes mystérieux, des figures de second plan. Avec lui nous sommes face à un homme de lettres influent, à la mode, bien introduit à la Cour, très aimé de la noblesse[4]. Et le fait que dans sa vaste production se trouvent deux

1 M. Lever, *Le roman français…*, *op. cit.*, p. 52.
2 G. Reynier, *op. cit.*, p. 339.
3 *Ibid.*, p. 335-336.
4 C'est aussi l'auteur du fameux *Guide des courtisans* (Paris, 1606, in 12°).

histoires tragiques, épousant parfaitement les caractéristiques du genre, a pour nous une certaine importance.

La première, les *Amours de Philandre et de Marizee*, est inclue par Reynier parmi les histoires tragiques de l'époque sur le même plan que celles de Prévost, de d'Intras, de Rosset. Il s'agit d'une histoire de bigamie, de trahison, d'homicides désespérés ; une histoire qui évoque le mythe de Médée, et qui, selon les coutumes de l'époque, mélange le style galant et exténué du roman sentimental à une substance cruelle, outre à certains schémas (évasions, reconnaissance) du roman d'aventure, le tout en moins de quatre-vingts petites pages environ[1]. Philandre et Marizée sont deux amoureux à qui la différence de classe sociale empêche de se marier. Le premier acte de leur histoire nous illustre leur fugue en Écosse (pour fuir la puissante famille de Marizée), puis leur mariage et la naissance de leurs quatre enfants. Il nous décrit aussi d'un côté la progressive misère des deux jeunes gens, sans argent ni soutien relationnel, de l'autre l'intolérance croissante de Philandre qui, ne résistant pas aux aux privations, décide finalement de repartir tout seul en France pour chercher fortune, avec la secrète intention d'abandonner sa pauvre épouse à son triste destin.

Et nous voilà au second acte : Philandre oublie totalement sa première famille et se remarie en France. L'histoire s'assombrit considérablement : Marizée élève ses enfants dans la pauvreté et, quand l'aîné est suffisamment grand, elle l'envoie à la recherche de son père. Celui-ci le reçoit brutalement et le chasse sans vouloir le reconnaître. Lorsque Marizée l'apprend, elle réagit comme la tragique épouse de Jason, et punit le père à travers ses enfants, en les tuant avant de se suicider. Seul l'aîné est épargné pour qu'il puisse donner à son père l'horrible nouvelle. Cependant, loin de se repentir, Philandre s'emporte violemment à l'écoute du récit de cette hécatombe et décide de compléter le désastre en supprimant le fils rescapé. Il l'emmène dans une forêt et s'apprête à lui couper la gorge quand deux chasseurs le cueillent sur le fait. Il part pour la prison de Grenoble, mais s'évade le long du chemin. Il sera condamné par contumace par le Parlement et exécuté en effigie. Sa deuxième épouse entrera au monastère.

---

1 Dans l'édition que nous avons consultée, contenue dans les *Amours diverses divisées en sept histoires*, (Lyon, Th. Ancelin, 1608, in 12°), le récit va de p. 526 à p. 701, mais à cause d'une erreur typographique la numérotation saute 100 numéros, allant de p. 569 à p. 670 (petites pages de 28 lignes environ pour 36-40 caractères, espaces compris).

Jusqu'ici les éléments communs avec l'histoire tragique sont tous présents : les fautes les plus horribles et, en même temps, les plus habituelles. On retrouve l'amour qui s'oppose aux règles sociales, l'infraction contre les liens de famille, l'homicide et le suicide ; les punitions les plus monstrueuses (le meurtre des enfants pour punir le père) et les plus soigneusement calculées (Marizée rompt avec sa famille d'origine et assistera à la destruction de la famille qu'elle avait construite, Philandre quitte sa première femme et sera obligé de quitter aussi la seconde, etc.). On est frappé enfin par un halo de réalisme et de vérité émanant des noms de lieu (la France, la ville de Grenoble, l'Écosse) et du verdict du Parlement, un halo qui rend étrangement conventionnels et postiches les noms choisis par Nervèze pour des personnages dont l'identité est cachée par pure opportunité[1], selon les déclarations de l'auteur lui-même.

À une trame et à des éléments si traditionnels, l'écrivain ajoute un appendice non moins conventionnel, mais imprégné surtout d'un esprit aventurier et sentimental : il est raconté comment Philandre fuit par monts et par vaux les foudres de la justice, et comment, repenti et hermite, il rencontre son fils, sans le reconnaître, qui allait comme lui en pèlerinage à Notre-Dame-de-Lorette. Et c'est justement au père que le fils, ne se doutant de rien, raconte toute son histoire. Philandre s'évanouit, puis les deux hommes se parlent, se reconnaissent et se pardonnent. Finalement, réconcilié avec les autres et lui-même, il retourne à son hermitage où Marizée lui apparaîtra en rêve. Elle est au paradis grâce aux prières de son mari repenti et attend de se réunir avec lui. Enfin Philandre monte au ciel.

Dans une période où pullulent les histoires sentimentales à fin tragique, nous voilà donc face à une histoire tragique… à fin sentimentale ! Et avec une fin ayant tout l'air d'un ajout, qui change d'un coup la direction du récit, sans pour autant être nécessaire, apparemment, à des événements qui auraient très bien pu se conclure auparavant. Doit-on une telle conclusion à l'irrésistible inspiration de Nervèze, grand narrateur de romans idéalistes et galants ? Ou bien aux scrupules d'un moraliste, embarrassé face

1 Le mélange singulier de vrai et de faux apparaît dès l'introduction : « J'ombragerois la verité de ceste histoire, et obscurcirois d'une doute la creance des Lecteurs, si en leur cachant les noms de ceux qui en ont produict le suject, je ne leur declarois au moins celuy de leur partie, afin qu'en adherant à ma discretion, je donne quelque advantage à leur curiosité, et que pour me monstrer discret envers les uns, je ne sois estimé menteur par les autres ». A. de Nervèze, *Les amours de Philandre…*, *op. cit.*, p. 530.

à des thèmes si troubles et si scabreux[1] ? Force est de constater que cet épilogue met d'une part en évidence des éléments pathétiques et lyriques présents dans tout le récit[2], et, d'autre part, se révèle, après une analyse approfondie, essentiel à l'architecture tragique de l'histoire : en effet, dans le jeu d'actions et de réactions des transgressions et des punitions, qui implique divers personnages, l'un d'entre eux serait étrangement bien peu puni si les vraies vicissitudes s'en étaient arrêtées là où finissaient les épisodes les plus meurtriers et les plus sanglants. Qu'en serait-il en effet de Philandre ? Une fois puni par la terrible perte de ses enfants et de ses deux familles, n'aurait-il pas pu en former une troisième, refaire sa vie ? Parmi tous les coupables, Philandre est le plus coupable, celui qui doit expier plus que tous les autres.

L'épilogue sentimental de la narration consiste justement dans l'expiation des fautes de Philandre : il ne refera pas sa vie, mais se condamnera tout seul à un hermitage à perpétuité, qui guérira son esprit et déformera son corps. Et lorsque son fils le rencontre, trente ans seront passés – Nervèze s'empresse de le souligner – de prières et de privations : « … car il y avoit trente ans qu'il estoit hors de France, et puis son habit d'Hermite, et son corps maigre et defiguré le faisoient mescognoistre[3]… ».

---

1 Comme lui-même le dit dans la préface des *Amours diverses* (*op. cit.*), les préoccupations moralistes et religieuses ont une relevance importante dans son œuvre et dans sa carrière d'écrivain. (*cf. Préface*, f. 2-3)

2 Voilà, par exemple, comment les conditions de pauvreté de Marizée en Écosse sont décrites, la noble jeune-femme étant obligée à faire de la couture pour survivre : « O pauvre Marizee cest exercice qui te servoit chez toy d'un doux charme contre l'oisiveté, et où tes delicates mains estoient si volontaires, te sert maintenant pour substanter ta vie ; et fait que ceste condition prophane ta naissance : c'est la nécessité qui a des preceptes incongneus à l'art, c'est elle qui t'abaisse à ceste profession et qui mesle ces espines parmy les fleurs de ton printemps ce mal te seroit encore supportable, si ton mary ne te devoit jamais fausser compagnie. Mais il t'abandonnera et te laissera chargee de quatre enfans desquels le ciel t'a rendue mere : je seray Prophete, et l'effect de ma Prophetie accomplira le mal-heur de la destinee » (p. 557). Et même l'horrible infanticide commis par une mère désespérée se noie littéralement dans des pages et des pages de discours, interrompues seulement par les larmes pathétiques des enfants qui réagissent ainsi à la volonté de leur mère de les tuer : « Les enfans, plus sensibles à la douleur de leur mere qu'à leur propre mal, adjoustoyent à ses regrets leurs tendres plaintes, et se jettant à corps perdu entre ses bras luy vouloient, ce semblait, arracher à force sa tristesse, et composer de leurs foiblettes paroles une consolation… » (p. 568). Entre un discours et l'autre, des pleurs et des embrassades, Marizée utilise une douzaine de pages pour éliminer ses créatures.

3 *Ibid.*, p. 686. C'est moi qui souligne.

Ainsi, grâce à l'autopunition de son protagoniste, Nervèze obtient-il le résultat souvent poursuivi en vain par les auteurs des histoires tragiques : c'est-à-dire celui de mettre à égalité transgression et sanction, de rétablir les équilibres compromis par la faute, si souvent rétablis de façon approximative et insuffisante par ses prédécesseurs. Ces derniers infligeaient en effet des punitions, qui devenaient à leur tour des sanctions comme dans une chaîne qu'on ne peut plus boucler. Ici, par contre, trente ans de purgatoire passés sur terre suffisent à un Nervèze dévot pour déclarer l'affaire définitivement close et acquitter le coupable. Mais aussi pour déranger la victime même, c'est-à-dire Marizée, afin qu'elle certifie depuis l'au-delà la recomposition effective du monde. Il est apparemment paradoxal que cela arrive grâce à un saut dans une atmosphère héroïco-sentimentale et grâce à l'abandon de toute prétention de véridicité pour ne favoriser que la fiction la plus prévisible.

La prétention de véridicité est par contre bien solide dans *Deux histoires, la premiere tragique, sur la mort d'une jeune demoyselle âgee de dixsept à dixhuict ans, executee dans la ville de Padoue au mois de Decembre dernier. La seconde, de la delivrance d'un jeune Gentil-homme françois, Escolier, condamné à la mort, en la ville de Salamanque, en Espagne*[1]. Il s'agit de deux récits de jeunesse, publiés ensemble en 1609[2] : le premier seulement nous intéresse, car c'est le seul qui unit le tragique au vrai. La matière est en effet sombre et terrible, et en ce qui concerne la « vérité », même si à la fin de la narration nous trouvons des indices quelque peu génériques et plutôt mystérieux sur la source qui aurait été utilisée[3] : « … le discours de ce spectacle fut mis par escrit par un italien qui l'a apporté dans Paris, où il a esté traduit en langue françoise[4] », ces indices ne font qu'accroître

1 Paris, Toussainct de Bray, 1609. Auparavant, comme nous le verrons, elles avaient été publiées aussi dans le recueil : *Amours diverses* (*cf.* p. 116, note 6).

2 « Ces petits discours qui sont les premiers essais de la plume de leur Autheur, ayant esté donnez au public, sans aucun desir de gloire, et comme à l'adventure, je te les rens ainsi unis, puisque l'ouvrier n'a pas trouvé bon qu'ils fussent joints à ses œuvres, comme chose trop petite, et disproportionnee à ses derniers escrits… », *Le libraire au lecteur*, in *Deux histoires…*, *op. cit.*

3 Il nous est impossible, durant ce travail, de nous occuper aussi des sources. Le problème est de grande importance pour tous les auteurs cités. En ce qui concerne le thème de Médée, il est commun à de nombreux nouvellistes italiens : il suffit de penser à Bandello (*Nouvelle*, III, 52) et à Lasca (*Le cene*, I, 5).

4 *Deux histoires…*, *op. cit.*, f. 11 v°.

la crédibilité du tout. Non seulement l'âge, le nom et le prénom (français...)[1] de la jeune protagoniste sont précisés, tout comme le sont le temps et le lieu des événements, mais aussi le témoin étranger est cité, non pas comme source livresque, mais comme témoin oculaire (ce qui n'est pas affirmé clairement mais plutôt suggéré) qui met par écrit ce qu'il a vu et qui, de surcroît, apporte lui-même sa relation à Paris. De cette manière l'actualité de la nouvelle et son itinéraire vraisemblable sont certifiés. Savoir que tous ces faits sont vrais est moins important, ici du moins, que la volonté de les déclarer ou de les révéler comme tels. Quant à l'histoire de la jeune fille en question, c'est une sorte de réplique de la précédente, se référant, comme l'autre, au thème de Médée, thème apparemment fascinant pour Nervèze. La jeune femme séduite par un chevalier, grâce aux flatteries d'une entremetteuse, deviendra mère, et sera, évidemment, immédiatement abandonnée : le père de l'enfant issu d'une famille noble, préférera la servante et fuira avec elle. Tout est donc arrangé pour pousser la malheureuse à éliminer sa créature ; ce qui arrive *ipso facto* dans un déluge d'exclamations rhétoriques :

> Faut-il, ô ma creature, que je sois mere si cruelle, et desnaturee, qu'au lieu de t'eslever du laict de mes mammelles, je te fasse allaicter les derniers souspirs de ta vie, et te coucher dans la terre plustost qu'en ton berceau ? Faut-il, hélas ! que je sois plus tost ton homicide que ta nourrisse, ame innocente ! Faut-il que tu laves de ton sang innocent les fautes de ta mere, et par ta mort injuste tu la garantisses de sa mort meritee ? Ah ? que j'ay de douleur d'estre ta meurtriere[2]...

Enfin, après s'être livrée à ces longues plaintes et lamentations, « elle estrangla son enfant » et l'enterra dans un jardin. Mais, par la volonté de la divine Providence le corps remonte à la surface et le crime est découvert. La protagoniste est dès lors condamnée. Comme il est coutume dans ces cas, elle sera exécutée *coram populo* et, comme il est normal chez Nervèze, cela ne se fera qu'après deux longs discours pleins de considérations pathétiques.

Malgré l'éloquence des personnages, prête à se défouler à chaque occasion, il est possible de constater comment, du point de vue de

1 Le patronyme de la femme est français : Orfelia de la Rivière et, semblerait-il, aussi le titre de l'homme : seigneur de Lorion.

2 *Deux histoires...*, *op. cit.*, f. 4r°/v°.

l'intrigue, le recours à l'aventure et aux sentiments est évité : ceci contribue non peu à donner au texte une concision, une simplicité et une brièveté insolites[1]. Les nombreuses manifestations d'habilité oratoire ne réussissent pas à dilater, au-delà d'une certaine mesure, le récit qui se veut davantage compte-rendu que fiction.

Les différences entre l'histoire de la jeune-fille de Padoue et celle de Philandre et Marizée, bien qu'importantes pour l'évolution du genre[2], sont toutefois pour nous, à ce moment de l'analyse, moins intéressantes qu'une caractéristique qu'elles partagent. Il s'agit d'une caractéristique apparemment extérieure au texte et qui concerne la conception de l'œuvre et sa publication. À en croire les mots de l'éditeur, autant la première que la seconde des *Deux histoires* ont été écrites séparément, bien avant leur édition de 1609. Il en est de même – cela est certain – autant pour *Les Amours de Philandre et de Marizee* publié tout seul dès 1598[3], que pour d'autres récits de Nervèze, tous réunis plus tard dans un vrai recueil, à savoir *Les Amours diverses*[4], dont les *Deux histoires* font aussi partie. Nous voici donc face à un recueil atypique, dont les différentes parties furent conçues comme des histoires (romans ? nouvelles ?) isolées, et qui seulement à un certain moment furent unies pour former quelque chose de différent.

S'agit-il vraiment de quelque chose de différent ? Ne faudrait-il pas plutôt considérer *Les Amours diverses* comme une sorte d'assemblage d'écrits juvéniles, une sorte d'œuvres complètes narratives de notre auteur ? Il est difficile de soutenir cette hypothèse, vu qu'elle se heurte autant à la réelle unité d'inspiration des « histoires » (comme Nervèze les nomme désormais), qu'aux déclarations de l'auteur même. L'unité d'inspiration est évidente malgré l'apparente variété : qu'il s'agisse de nouvelles sentimentales narrant des amours malheureuses, interrompues par des voyages et des emprisonnements, se concluant parfois par la mort

1 Onze petites pages suffisent à narrer tout le fait et à se propager en de nombreux discours (p. d'environ 24 lignes d'une quinzaine de caractères chacune).

2 En republiant les *Deux histoires* toutes seules à la fin du règne d'Henri IV, Nervèze anticipe l'explosion des histoires tragiques – « vraies », tendant à l'actualité – des années successives.

3 Marseille, P. Symonet, 1598.

4 *Les Amours diverses, divisees en sept histoires*, Paris, A. du Breuil, 1605 ; en 1611 elles seront rééditées *« divisees en dix histoires »*, Paris, Toussaint du Bray, 1611 ; avec le titre précédent, elles ont été publiées en 1606, 1608, 1615, 1621. Pour ce travail nous avons consulté l'éd. de 1608 (Lyon, Th. Ancelin).

du protagoniste et par le choix du couvent de la part de l'héroïne[1] ; ou bien qu'il s'agisse d'aventures où l'on voyage par monts et par vaux, entre un enlèvement et l'autre, un repos et un combat[2] ; ou enfin qu'il s'agisse d'histoires racontant de « religieuses amours », de vocations imposées et de passions entravées par la volonté paternelle[3], c'est toujours de la puissance universelle de l'amour qu'on nous parle, d'une passion capable de mener à un bonheur longtemps convoité, mais sublime, ou à d'irrémédiables douleurs. C'est grâce à elle que se crée un lien solide entre des récits inspirés à l'Arioste et au Tasse[4] et des relations plus ou moins vraies alliant dans un unique discours les sentiments mielleux et les assombrissements de la tragédie.

Quant aux déclarations de l'auteur, elles commencent par le titre même : *Les Amours diverses, divisées en sept histoires* (dans l'édition de 1605 ; puis en dix[5]), subordonnant ainsi la diversité à une architecture d'ensemble ; et elles continuent dans la préface du volume où Nervèze déplore le contenu mondain de ces « enfants » accouchés « aux premiers feux d'une folle jeunesse[6] », mais retrouve ensuite en eux le charme secret du passé, le parfum des douleurs, des passions et des plaisirs d'antan « lesquels ne consistoient qu'à pouvoir exprimer mes peines soubs des noms empruntez, et des voix supposées, ausquelles je faisois dire et souspirer les propres ressentimens de mon ame[7]... ». Et enfin l'auteur affirme les avoir liées ensemble :

> [...] afin que *l'unité de ces enfans* soit le symbole de leur *etroite fraternité*, et de *l'unique amour* qu'a eu leur pere, et que s'ils doivent perir contre les escueils et les orages des mesdisans, ils facent naufrage ensemble, ou s'ils ont à se

1 *Les chastes et infortunées amours du Baron de l'Espine et de Lucrece de la Prade*, V histoire des *Amours diverses* de 1608, avant publiée seule pour la première fois en 1598 (Langres, P. Pinay / Paris, A. du Breuil). En1610 elle est rééditée à Rouen par R. du Petit Val.

2 *Les hazards amoureux de Palmelie et Lirisis*, histoire IV des *Amours diverses* de 1608, *op. cit.*

3 *Les religieuses amours de Florigene et de Meleagre*, histoire VI des *Amours diverses* de 1608, *op. cit.*, avant publiée seule à Paris, A. du Breuil, 1601.

4 *Les Amours d'Olympe et de Byrene*, histoire II des *Amours*, *op. cit.*, et avant publiée seule à Lyon en 1605 ; et *Hierusalem assiegee, où est descrite la delivrance de Sophronie, et d'Olinde, ensemble les amours d'Hermine et de Tancrede*, histoire I des *Amours op. cit.*, et avant publiée avec le titre *Clorinde ou l'amante tuée par son amant* à Langres par J. Marchais, 1598 et, au même endroit, par G. Demon, 1600.

5 *Cf. supra* note 3, p. 116.

6 Introduction aux *Amours*, *op. cit.*, f. 2-3.

7 *Ibid.*

> conserver parmy le calme et la douceur des discrets, ils puissent en leur union surgir au port d'une heureuse vie[1].

Unité des sujets, unité d'inspiration, unité chronologique de la composition sont les traits que l'auteur-père met en relief et qui justifient un même destin pour les « enfants ». Le recueil *a posteriori* se révèle donc tout aussi légitime que le recueil traditionnel, tout aussi motivé et organique. Il s'articule en une diversité compacte qui mélange les tons et diversifie les détails autour d'un noyau central, dans le sillage d'une tradition jamais oubliée (il suffit de penser au *Printemps* d'Yver) et en hommage à la mode baroque du mélange des genres[2]. Ce recueil, qui est né si étrangement d'un assemblage tardif, révèle enfin la crise de sa forme même ; ou peut-être indique-t-il la fin de cette crise, annonçant à l'avance un retour qui caractérisera les « histoires tragiques » de la Régence et du règne de Louis XIII. En cela, tout comme dans le cas de la publication de *Deux histoires*, séparées en 1609 des *Amours* et anticipant la mode des relations véritables, Nervèze est un bon prophète.

LE RECUEIL MINIMAL DE DU PONT

Le fait qu'il s'agisse d'un recueil *a posteriori* n'est pas l'unique anomalie des *Amours* de Nervèze, ni le seul signe de crise d'un modèle traditionnel. Les différentes histoires, toutes d'amour, toutes sérieuses, presque toutes d'égale dimension[3], sont réunies, au-delà de leur diversité, par le ton et le thème ; toutefois il leur manque une histoire-cadre qui les relie de façon organique les unes aux autres. Cela s'explique facilement en pensant à leur genèse, mais ce fait est aussi l'indice du désir de sortir des schémas conventionnels, du modèle de Boccace, du cadre qui contenait tous les autres récits, leur conférant ainsi une vérité (puisque

---

1 *Ibid.* C'est moi qui souligne.

2 Dans *Le Printemps d'Yver* aussi il y a seulement deux histoires tragiques, qui s'alternent avec des nouvelles chevaleresques (deux) et facétieuses (une) ; puis Habanc écrit des « histoires tant tragiques que comiques » et le mélange des tons, à l'intérieur de la même nouvelle, reste une des caractéristiques importantes des recueils de la fin du XVIe siècle. Par rapport à ses prédécesseurs, le style de Nervèze et les tons de ses *Amours* sont relativement uniformes : autant les histoires tragiques que les histoires sentimentales sont sérieuses, aucune place n'est faite au style de Boccace ou au vulgaire. Nervèze reste, pour cela, sur la voie entreprise par Mlle de Gournay.

3 Mis à part les brèves *Deux histoires*, toutes les autres occupent de 45 à 70 f. pour l'édition 1608.

les événements racontés étaient déclarés réels par les différents narrateurs de l'histoire-cadre, eux-mêmes insérés dans un arrière-plan réaliste) et une unité (puisque le cadre les renfermait tous, les ordonnait tous, selon des thèmes préétablis par le groupe des personnages narrateurs).

De nombreux auteurs avaient déjà tenté de réagir contre ce modèle narratif à grand succès et contre sa grande et longue influence : l'histoire-cadre avait déjà été éliminée par Bandello, par exemple, qui l'avait remplacée par des lettres adressées à des personnages fameux, placées en exergue à chaque récit, et par ses traducteurs français ; mais elle était réapparue très vite dans *Printemps* d'Yver et dans *L'Esté* de Poissenot, et avait laissé des traces aussi dans la longue série d'exemples et de réflexions qui concluaient les *Histoires Tragiques* de ce dernier. Son absence, ou les transformations qu'elle subit, caractérisent les recueils de cette période en déterminant, en partie, la structure-même des histoires qu'ils contiennent.

Même dans *L'Enfer d'Amour, où par trois histoires est monstré à combien de malheurs les amants sont subjects*[1] de Jean-Baptiste Du Pont, publié pour la première fois en 1603, le cadre est absent. Ce qui ne nous étonne point, vu qu'il s'agit d'un recueil bien mince, comprenant en tout trois histoires, comme le suggère le titre, racontées en cent-dix-huit feuillets. Trop peu nombreux, peut-être, pour justifier une histoire-cadre[2], et trop variés (« de ton différent », dit Reynier[3]) pour être amalgamés *a priori* dans un contexte uniforme. En effet, les récits s'opposent l'un l'autre sous plusieurs aspects : les dimensions sont inégales (quarante ff. le premier ; soixante-et-un ff. le second ; et seulement dix-sept ff. le troisième). Le décor est différent : à l'exotisme (relatif) de la première histoire qui se déroule à Venise et qui décrit aussi d'aventureux actes de piraterie, ou de la troisième qui débute sur les montagnes de Suisse, où naît le Rhin[4] pour continuer à Padoue, s'opposent, dans la deuxième, des notations réalistes et françaises ayant comme référence les guerres civiles. Les relations entre les personnages sont aussi divergentes, bien

---

1 Lyon, Th. Ancelin, 1603. De ce volume nous connaissons aussi les rééditions de 1604, de 1608 et de 1619. Pour ce travail nous avons consulté celle de 1608.

2 Même s'il existe des recueils, comme celui de Claude de Taillamont (*cf. supra* p. 64-65) pour lequel il y a seulement deux histoires et le cadre n'y est absolument pas absent…

3 G. Reynier, *op. cit.*, p. 350.

4 Le début de l'histoire nous place tout de suite dans un cadre rustique : « Le Rhin, un des principaux fleuves de l'Europe, sort de certaines montagnes que la nature a données pour limites à l'Italie et à l'Allemagne… » (J.-B. Du Pont, *L'enfer… op. cit.*).

que positionnées dans une dialectique amoureuse : le rapport séducteur-infidèle / séduite-amoureuse de la première histoire s'inverse dans la troisième, où c'est l'homme qui est trahi et séduit (sans s'en rendre compte) par la garce maline et sans scrupules dont il est tombé amoureux ; et ce rapport est nettement en contraste avec la deuxième histoire, où un amoureux malheureux est lié à une femme amoureuse de lui, mais mariée et chaste, donc également insatisfaite.

Dans la première histoire flotte un certain je-ne-sais-quoi de physique et de violent : de physique dans la passion qui emporte l'ardente Vittoria pour Zenobio, car elle se laisse convaincre de se donner à lui avant le mariage et, après une longue intimité, le suit à Venise ; de physique aussi, dans le brûlant désir qui gagne Zenobio à Venise et qui le lie sans appel à la belle Poppea, séduisante courtisane aux multiples estimateurs. Quant à la violence, le récit se révèle violent non seulement dans les passions amoureuses mais aussi dans la jalousie de Vittoria, qui passe rapidement de la prière à la vengeance convainquant un jeune prétendant, qu'elle avait toujours négligé, à tuer Zenobio qui l'a trahie. Et violent il l'est dans l'épilogue : Vittoria, au moment où elle attend seule la nouvelle de la mort de Zenobio, est saisie de remords et remet en doute sa décision, mais ne réussit pas à arrêter le duel entre son vieux et son nouvel amant, qui se donneront réciproquement la mort. À ce point, Vittoria désespérée se suicide, non sans avoir prononcé un intense discours plein de passion pathétique, mais certainement plus bref que certains discours qui parsèment bien des œuvres de l'époque.

À la violence concrète et passionnelle de la première histoire, correspondent dans la seconde une violence psychologique et une tension toute sentimentale, car aux homicides et aux suicides se substituent l'éloignement et l'anéantissement : mariée, mais amoureuse du jeune Pyrmeste, la protagoniste Clirie décide de rester chaste et fidèle. À rien ne servent l'insistance, l'imploration, les pressions, parfois même physiques, de l'amant passionné. Après de nombreuses séparations, de nombreux incidents et crises de jalousie, Pyrmestre, désespéré, décide de fuir dans un désert pour y enterrer sa passion malheureuse. Clirie, désormais seule, se repentit d'avoir été si vertueuse et se laisse mourir lentement de douleur.

Dans la troisième histoire l'atmosphère change encore une fois : il ne s'agit plus d'amour brisé comme celui de Vittoria et Zenobio, ni d'amour insatisfait comme celui de Pyrmeste et Clirie. Ici la passion est étroitement liée à la tromperie, et elle n'est vécue que d'un seul côté : c'est en effet le Suisse Anassandre, beau et vertueux, mais ignare des ruses des pays moins rudes, qui tombe amoureux, à Padoue, d'une courtisane qui avait déjà « perdu tout son crédit à Venise[1] », mais qui réussit parfaitement à se faire passer, aux yeux du jeune homme, pour une ingénue jeune fille bien rangée. Une grande partie du récit est en effet articulée autour de l'habilité et des ruses de la femme, qui feint l'innocence et qui, entre-temps, soustrait de l'argent à son amant, en donnant à la narration la saveur d'une nouvelle de Boccace. Cependant, à la fin, les événements précipitent : un nouvel amant arrive à l'horizon, Français cette fois-ci, et plus avisé que le Suisse puisqu'il se rend compte immédiatement de la situation et juge correctement la femme qu'il approche. Lui offrant de l'argent et des cadeaux, il la séduit rapidement, mais Anassandre qui est encore très amoureux d'elle, le défie en duel et les deux rivaux meurent ensemble.

Ce recueil de seulement trois nouvelles réussit malgré tout à être différent comme « divers » étaient *Les Amours* de Nervèze, et comme ces dernières, mais de façon encore plus géométrique, il réussit à donner l'idée d'un essai, d'un petit traité sur les conséquences et les aspects multiformes de la passion, toujours néfastes les premières et toujours négatifs les seconds. En effet, que gagne l'infidélité, que prévale la chasteté, ou que s'y mêle la fiction, le résultat du rapport amoureux sera dans tous les cas catastrophique pour les amants. Le fil rouge du recueil est ainsi fait : il donne au volume de l'homogénéité, au-delà des variations superficielles ; il constitue le sens ultime de chacune des trois histoires et, surtout, des trois histoires ensemble. Leur dimension tragique est donc indéniable, elle est confirmée par le jeu habituel et ponctuel des infractions et des punitions, grâce auquel aucun coupable n'échappe au châtiment mérité et lorsque personne n'est là pour l'infliger, le transgresseur pense tout seul à le faire.

Toutefois, le châtiment est suspendu pour un seul personnage, un personnage qui n'est pourtant pas positif : il s'agit de la courtisane de la dernière histoire, femme avide, menteuse et un tant soit peu légère. N'aurait-elle pas dû subir en premier la plus terrible des sanctions ?

1 J.-B. Du Pont, *op. cit.*, f. 102 v°.

Pourquoi l'auteur, qui la critique durement à plusieurs reprises au cours de la narration, l'oublie-t-il à la fin du récit ? Peut-être parce qu'elle n'est pas noble et donc moins importante ? Peut-être parce qu'il la considère comme un personnage secondaire, un prétexte narratif ? Je crois que l'une des raisons les plus importantes qui pousse Du Pont à ne pas s'acharner sur elle peut être déterminée par le fait que Lucie (son nom) est le seul personnage qui n'aime pas mais qui fait tout pour se faire aimer. Pour elle l'amour n'a pas « d'enfer », car il n'a pas de pouvoir sur elle, alors qu'il en a pour Clirie, l'opposé de Lucie, cette Clirie qui domine la deuxième nouvelle de façon si différente. En effet, Clirie ne commet apparemment aucune faute, car elle combat victorieusement les assauts de la passion et sauvegarde ainsi son honneur de femme mariée. À la fin, pourtant, elle ne résiste plus à l'insatisfaction, à l'éloignement, à l'abandon. C'est que la grande faute, malheureusement, est encore et toujours celle d'aimer ; l'amour est « Enfer », c'est le châtiment éternel qui ne laisse aucune issue et qui est inévitablement à l'origine de toutes les autres infractions. Ainsi, la perspective du roman sentimental est-elle non seulement abandonnée, mais qui plus est renversée par l'histoire tragique contemporaine. Celle-ci, se donnant comme unique centre la passion amoureuse, ne fait que suivre la mode dominante, mais à sa manière, en suivant totalement les conventions du genre.

Voilà pourquoi le point de vue différent adopté par de nombreux spécialistes de la prose du XVIIe siècle nuit à la pleine compréhension du phénomène « histoire tragique », somme toute secondaire. Lorsque par exemple Reynier, concentré sur les vicissitudes du roman sentimental, affirme que durant la période qui nous intéresse est proscrite :

> [...] toute représentation d'un *amour coupable*, et, par exemple, les troubles, les remords, les complications sentimentales de l'adultère. La *tradition établie* de l'amour loyal et fidèle, excluant en général les revirements, les caprices, les manèges même de la coquetterie, rendait par là même *impossible toute peinture de la passion la plus variée et la plus émouvante, la jalousie*[1].

Et lorsqu'il inclut, à tort, Du Pont parmi les auteurs du genre qu'il traite, le panorama qu'il nous trace ne peut qu'en résulter faussé aussi bien pour le roman sentimental que pour l'histoire tragique. En effet,

1 G. Reynier, *op. cit.*, p. 304-305 – C'est moi qui souligne.

l'œuvre qui est pour lui une exception, construite sur les jalousies, les coquetteries et sur la faute, redevient très régulière grâce à un simple changement d'étiquette, et ce qui ne devrait pas arriver dans un domaine arrive presque toujours dans l'autre.

Histoires tragiques à plein titre, les nouvelles de *L'Enfer d'Amour* s'opposent au roman d'amour et d'aventure aussi dans le style : et en cela, tout en se reliant à l'usage du XVIe siècle, elles constituent vraiment un cas assez particulier. En effet, à l'exception de quelques proverbes et de quelques expressions familières chez Prévost, à partir de Mlle de Gournay le langage des histoires que nous avons analysées apparaissait généralement plutôt uniforme, plutôt monotone et soigné, parsemé seulement de métaphores et de figures typiques du langage galant, que l'on retrouve dans toute la littérature de cette époque. Ici, par contre, même à l'intérieur d'une seule histoire (prenons en exemple la plus brève, la troisième) nous rencontrons une grande variété de tons. Par exemple, les rappels érudits reviennent constamment : « Mais qui eust resiste a ceste Circé ? qui eust pu eviter la force de ses charmes, et se garder de boire un si doux breuvage ? Ulysse y eust perdu ses ruses, et Xenocrates sa continence[1] ». Mais on note aussi une prédilection évidente pour les comparaisons colorées, empruntées à la réalité de tous les jours : « Le chasseur qui trouve quelque bon gibier dans les filets qu'il a tendus, n'est point si ioyeux qu'est Lucie d'avoir fait ceste prinse[2] » ; « Qui a vu quelquefois un jouëur de dez faire une raffe sur un dixsept, lors qu'il y va d'un bon reste, void Anassandre qui pense d'avoir (comme on dict) prins la mere au nid[3] ». Et, comme nous le constatons, les expressions familières ne manquent pas.

Quant aux phrases galantes, que l'on trouve en abondance, elles sont souvent entrecoupées par des métaphores violentes :

> Mais tous ses efforts sont vains, et bien que ses perfections eussent pu allumer de l'amour dans un coeur de marbre, si ne peuvent elles inciter cette louve à l'aimer : aussi une qui se soumet à plusieurs n'en peut aimer aucun. Que si toutesfois ces sang-sues sont touchees de quelque amour, c'est seulement de celuy de la bourse[4],

1 J.-B. Du Pont, *op. cit.*, f. 102 v°.
2 *Ibid.*, f. 103 v°.
3 *Ibid.*, f. 105 r°/v°.
4 *Ibid.*, f. 103 r°.

ou interrompues par l'ironie ou l'invective :

> Il vest ses plus superbes habits pour paroistre plus leste devant sa maistresse, et prend un long conseil de son miroir, tantost sur son colet, et tantost sur ses cheveux qu'il frisotte en mille noeuds. O combien il y a d'Anassandres en ce siècle, qui se perdent à l'entour d'un glacelle ! ne m'estonne pas si on trouve si peu de vertueux aujour-d'huy, puis qu'au lieu d'estre hommes nous voulons estre femmes. Mais que ne prenons nous tout a faict l'habit ? Si cette corruption continuë, nous verrons sans doute bien tost de ces Heliogabales[1].

Ainsi que l'on passe, nouvelle après nouvelle, d'un amour physique à un amour chaste et à un amour trompé, de même le langage et le style touchent l'un après l'autre tous les tons, se mélangent l'un l'autre à différents niveaux : donc, non seulement le petit recueil de Du Pont constitue un petit traité des différentes formes de passion, mais il illustre aussi les multiples possibilités de l'écriture.

Il ne s'agit pas d'une écriture étrangère au ricanement satirique : dans la troisième histoire, dans l'incroyable et alléchant récit que Lucie fait à Anassandre, les malheurs de son passé, tous complètement inventés pour l'émouvoir, forment un récit dans le récit, donnant corps à une malicieuse parodie du roman sentimental de l'époque. Il s'agit d'un monologue de cinq pages, dit d'un seul trait, faisant appel à d'invraisemblables lieux communs de la littérature à la mode et que l'amant naïf absorbe totalement. Entre autres, on y trouve : le détail de la perte de ses parents à cinq ans ; l'amour parfait avec un mari parfait ; la cour obsédante d'un prétendant qui réussit à entrer dans son lit quand le mari est absent (situation familière dans les nouvelles de Boccace) ; les menaces de l'amant qui veut la dénigrer avec médisance malgré sa chasteté ; le piège, ourdi par la protagoniste et son époux, dans lequel le félon est attiré pour être, à juste titre, tué. Enfin, la condamnation du mari, qui la laissera seule et sans ressources (parfaite excuse pour soutirer de l'argent à son amant) : « Icy se teut Lucie interrompue par une infinité de sanglots qu'elle tire finement de sa poictrine[2] ». Le lecteur qui connaît bien la personnalité et le passé de la protagoniste, ne peut qu'admirer sa fantaisie et son habileté, et rendre hommage à celles de l'écrivain, qui en grand virtuose montre, comme sa créature, de savoir utiliser à son avantage les schémas

1 *Ibid.*, f. 105 r°.
2 *Ibid.*, f. 111 r°. C'est moi qui souligne.

narratifs les plus variés, de façon presque maniériste, tout en restant à l'intérieur du cadre rigide de l'histoire tragique. Cette virtuosité, non rare dans la littérature de l'époque, est importante ici, car elle indique, d'une certaine façon, la connaissance, voire la conscience de l'art dans un domaine trop souvent considéré comme extra-littéraire ; et il n'est pas inutile de souligner qu'encore une fois ce sera Rosset à la conduire aux extrêmes conséquences.

Et c'est à Rosset que nous fait penser une dernière caractéristique intéressante de ces nouvelles. Caractéristique qui nous fait revenir à la case départ, à ce récit-cadre qui dans *L'Enfer* est absent. Incapable d'encadrer de façon uniforme la variété des récits, d'unifier la diversité des tons, sans disparaître complètement, il tend à devenir interne à chaque récit. En effet, les récits sont introduits par des considérations rapides, nécessaires pour créer, avant la narration vraie et propre, l'atmosphère grave et douloureuse de la tragédie :

> Ce monde est un Theatre où se jouent des commedies pour rire, et des tragedies pour pleurer ; mais pour un Acte Comicque qui s'y represente on void ceste Scene cent fois tragicquement baignee de sang et de larmes. L'amour en est le plus souvent l'Auteur et le principal personnage, qui jouë aux despens de ceux qui luy sont donnez par la main du malheur[1].

Et ils se terminent par des conclusions moralisatrices qui soulignent la valeur didactique des faits narrés :

> Voicy les fruicts de l'avarice d'un pere, de la desobeissance d'un enfant et d'un amour illicite. Ces mauvaises plantes n'en peuvent produire d'autres, non plus que l'yvraye du froment, sans prodige. N'en semez point dans vos jardins, belles ames ! Il y va trop de peine à les cultiver, et puis vous ne moissonnerez que des repentirs[2] !

Somme toute, rien de vraiment nouveau par rapport au passé : des *Histoires* de Poissenot aux récits de Nervèze, il est facile de trouver des exemples du genre. Mais ici, même si dans un cas il manque la conclusion (histoire II) et même si l'introduction n'a pas toujours le même ton très général, le procédé est en train de devenir sans aucun doute systématique ; l'introduction et la conclusion se différencient de

1 Début de l'histoire II, *ibid.*, f. 40 r°.
2 Fin de l'histoire I, f. 39 r°.

plus en plus clairement du tissu narratif, donnant lieu à une sorte de schéma fixe qui aura de beaux jours devant lui[1].

Bien que très réduit, le recueil de Du Pont a toutes les caractéristiques des recueils plus grands et anticipe même les grands ensembles successifs d'histoires tragiques[2]. Est-il alors exact de parler, dans son cas, et dans celui de l'histoire tragique, de crise du recueil, de cette structure qui avait dominé pendant des siècles le domaine de la prose narrative ? Comme *Les Amours* de Nervèze, *L'Enfer* montre plutôt la fin de la crise ; une crise de laquelle le recueil renaît différemment, mais non moins organisé.

L'*HISTOIRE DES AMOURS TRAGIQUES DE CE TEMPS* : RECUEIL OU ROMAN ?

Roman atypique, recueil non conventionnel, trait d'union entre deux genres, et bien qu'analogue à toutes les autres, œuvre singulière dans le panorama de la narrative du XVIIe siècle : chacune de ces expressions s'adapte bien à l'*Histoire des amours tragiques de ce temps* d'Isaac de Laffemas[3], et chacune d'entre elles ne permet pas de la définir. Elle appartient au genre long et au genre bref, selon les points de vue, un exemple de parfaite anamorphose littéraire et de modèle structurel de mélange des genres. Ce qui est certain, c'est que ce mélange ne concerne pas le ton, tragique du début jusqu'à la fin ; et certaine est aussi l'intention innovatrice de l'auteur, selon que nous le considérons nouvelliste ou romancier.

Si Laffemas romancier laisse transparaître l'effort de discipliner de manière géométrique la structure à tiroirs de son roman, Laffemas nouvelliste – celui que nous considérons – démontre encore une fois, l'effort pour modifier le schéma traditionnel de l'histoire-cadre. Cependant, il propose une solution qui a une direction opposée par rapport à celle de Du Pont et en devient extrêmement originale par rapport à la grande majorité des histoires tragiques de cette période. L'*Histoire* en question constitue un exemple classique de la structure baroque : houleuse et variée en surface, mais immobile sur le fond, pleine de contrastes dans le style, mais circulaire dans sa conception, une et multiple en même

1 Surtout avec Rosset qui le codifiera définitivement.

2 De Rosset, Camus, Malingre, Grenailles.

3 I. de Laffemas, *Histoire des amours tragiques de ce temps*, Toussainct du Bray, 1607.

temps. La décrire signifie aussi en raconter la trame, puisque sa forme est, du moins en partie, forme de formes, et le contenu forme d'un autre contenu.

Le cadre boccacien des personnages réunis pour raconter l'histoire n'est pas morcelé en plusieurs introductions/conclusions, comme c'est le cas chez Du Pont, ni il est, comme dans le *Proumenoir* de Mlle de Gournay, implicite (puisque l'auteure fait référence à un au-delà du récit, sans s'y arrêter) ou bien subjectif (car la demoiselle qui écrit est en même temps sujet narrant lors de ses promenades avec Montaigne), ni enfin il n'est totalement aboli, comme cela arrive parfois. Au contraire il est rendu dynamique, dilaté, « histoire » à son tour, et histoire principale. Une transformation qui avait déjà commencé avec les *Hecatommiti* de Giraldi Cinzio, où l'introduction des différentes narrations était représentée non seulement par la peste et le sac de Rome, mais encore par un voyage des narrateurs vers Marseille, ponctué de repos, de jeux et de rafraîchissements, d'une visite à Gênes, mais surtout de nombreuses et variées discussions, occupant un grand espace à l'intérieur du volume. Nous assistons ici à l'inversion des fonctions traditionnelles : la partie la plus visible de l'espace narratif est représentée par le cadre, et les récits, auparavant plus importants que le cadre, sont maintenant des accessoires. Ils rétrécissent, en atteignant une concision insolite pour l'époque.

Le texte relate l'histoire de deux nobles frères autrichiens, très liés l'un à l'autre, qui vont en France pour se civiliser : « ... car sçachant combien l'Université de Paris est celebre, et quel estat on faict des hommes doctes, qui de toutes parts y affluent, ils ne choisissent point d'autre sejour[1]... ».

À un bal, les deux hommes rencontrent deux sœurs, jeunes et jolies, dont ils tombent naturellement amoureux et il en sera de même pour les jeunes filles. Ainsi commencera l'intrigue habituelle, favorisée cette fois-ci par la confiance accordée par les parents des deux sœurs, qui les laissent souvent seules. Toutefois l'histoire finit mal, comme il est de règle dans les histoires tragiques : les deux jeunes autrichiens sont provoqués en duel par deux rivaux, et le destin fait qu'ils les tuent. Les voilà donc victorieux, mais obligés à fuir de France. Avec des lettres passionnées, ils déclarent de façon précieuse et galante leur amour

1 *Ibid.*, p. 34.

aux jeunes filles lointaines, mais la situation évolue rapidement : les protagonistes sont jeunes, ardents et convoités, ils ne tardent pas à tomber amoureux de nouveau. Cette fois-ci, on assiste à une variation sur le thème, ils tombent amoureux de la même femme : une très belle femme qui s'appelle Cloriande. À un amour différent correspondent, on le sait, différents effets, même si inévitablement tragiques : d'unis qu'ils étaient, les deux frères deviennent jaloux et ennemis et finissent par s'égorger l'un l'autre. Leur mort – juste punition d'abord pour leur audace irrespectueuse et ensuite pour leur légèreté capricieuse – implique les autres protagonistes. D'abord, l'ex-amant de la belle Cloriande sort de scène en se suicidant, car il ne réussit pas à faire changer d'avis Cloriande qui a décidé de rentrer dans un couvent : il se suicidera de la manière la plus précieuse possible, en s'auto-étranglant devant sa bien-aimée avec un bracelet fait des cheveux de la femme. Ces lacets symboliques qui enchaînent le cœur de l'amant se transforment ainsi dans un concret et dangereux nœud coulant, capable de faire mourir d'une vraie mort et non plus seulement d'amour. Puis, c'est le tour de Cloriande de se donner une « mort civile » : elle se soustrait à la vie mondaine et s'enferme dans un monastère. Enfin, c'est aux deux sœurs restées en France de faire la même fin que leur rivale inconnue : quand un jour elles rencontreront un chevalier qui vient de traverser la frontière, elles le prieront, selon leur habitude, de leur raconter une histoire. Celui-ci leur racontera alors l'histoire vraie et tragique de leurs bien-aimés. Conclusion : les jeunes filles s'évanouissent et prennent la décision irrévocable de s'enfermer elles aussi, pour toujours, dans un couvent.

Voici donc l'histoire principale. Elle se compose de deux trames juxtaposées, l'une et l'autre avec une fin tragique, développant dans un *crescendo* le thème habituel de la destruction causée par la passion : destruction qui dans un premier temps est représentée par l'assassinat des rivaux, par le malheur des sœurs abandonnées par force majeure, par l'obligation de la fuite. Dans la deuxième partie, la destruction est représentée par les actes les plus graves et les plus autodestructeurs que l'homme puisse faire : une personne qui tue l'un des siens, acte qui annonce d'un côté le suicide réel de l'amant qui s'étrangle et de l'autre le suicide civil et affectif des amantes qui se cloîtrent (sans vocation) pour ne vivre que de souvenirs.

Toutefois, ce même thème – caractéristique du texte nous intéressant le plus – est constamment répété par sept histoires, que j'appellerai par commodité secondaires, qui interrompent et rythment, suivant des intervalles réguliers, l'action principale. Durant le premier bal, fleurit l'amour de nos quatre protagonistes. Dans leur insouciance, ils décident que chacun d'entre eux, à tour de rôle, racontera une histoire à partir de ce soir-là et pour toutes les soirées à venir. C'est ainsi qu'encore une fois se recrée le schéma boccacien confirmé aussi par l'analogie substantielle des différents récits. Tout comme à l'intérieur d'une même journée du *Décaméron* toutes les nouvelles avaient le même thème, ici chaque histoire secondaire, commentée par les personnages narrateurs et par l'auteur même, répète sans cesse un argument identique et accomplit une fonction identique : les dégâts provoqués par la passion sont toujours décrits avec un ton sombre, la fin est toujours tragique, la conclusion est toujours constituée par une réprimande moralisatrice, finissant en poésie et en « tombeau ».

Les histoires secondaires reflètent donc et anticipent les événements de l'histoire principale. Elles fonctionnent comme d'obscures prémonitions (obscures pour les personnages, mais non pour le lecteur prévenu par les commentaires de l'auteur) qui préfigurent la fin dramatique de l'histoire qui les encadre. Leur structure rappelle celle du récit qui les englobe, lui-même se concluant par une morale et des vers, comme, désormais, le lecteur s'y attend. Récits dans le récit, récits au carré, les histoires secondaires ne constituent donc pas un élément de dispersion de la trame, comme cela arrive souvent dans le roman de cette époque : paradoxalement ces histoires secondaires ne font qu'accentuer l'unité du texte, l'enfermant dans une sorte de circularité où ce qui arrivera a déjà été annoncé et ce que l'on annonce est déjà arrivé dans un autre récit, et finira par arriver dans la réalité du récit de premier degré. Cette circularité est parfaitement rendue par la conclusion de l'œuvre où l'histoire principale se transforme elle aussi en histoire secondaire à travers le récit que le chevalier fait aux jeunes filles abandonnées, et donc où narration et événements se confondent complètement.

Tout comme dans *L'Illusion comique* de Corneille, dans cette sorte d'illusion narrative l'art et la vie coïncident : l'art se révèle plus vrai et plus profond que la vie même, en mesure de l'annoncer et de la contenir. Une telle impression, accentuée par l'identité structurelle de l'histoire principale et des histoires secondaires, passe sans difficultés au dernier plan de la réalité, celui de l'existence du lecteur, destinateur final de ce jeu de miroirs. L'histoire principale est pour lui récit, comme les histoires secondaires sont récit pour les personnages narrateurs ; elle est donc en mesure de décrire sa réalité, tout comme les récits de ces derniers réussissent à décrire la leur. Laffemas lui-même souligne la puissance de vérité de son écrit dès l'introduction, non sans polémiquer avec la production romanesque de son époque :

> Non, non ce ne sont pas des boutades poëtiques,
> Des discours inventez, et des feintes tragiques,
> Que je vueille donner à la posterité.
> Ce sont de nostre temps les amours veritables,
> Et si l'on affectoit anciennement les fables,
> Je n'affecte aujourd'huy rien que la verité[1].

Quelle est la portée exacte de ces affirmations ? Il est vrai, comme le dit Serroy, que dans de nombreux cas « l'épithète de 'véritable' n'a pas de sens ni de valeurs propres » et que « les romanciers versés dans le roman d'aventures sentimentales n'utilisent ainsi le terme de 'véritable'que pour faire croire que l'invraisemblance et la complication, qui sont la loi de leurs œuvres, ont quelque rapport avec la réalité[2] » ; toujours est-il que l'épithète est proclamée ici avec force, mise en rapport avec les événements de « nostre temps », farouchement opposée à fantaisie et fiction et que le problème du rapport entre art et vie, entre « vrai » et imaginaire se trouve, comme nous l'avons vu, au centre de l'œuvre.

La narration de Laffemas est en mesure de représenter le monde et non seulement de le décrire et de le prévoir. Elle mime la vie vue sous une autre perspective, s'alignant ainsi à tout l'art baroque : c'est-à-dire qu'elle lie à l'uniformité du tragique et du pessimisme sur la nature humaine la grande variété de l'écriture. La structure de ce texte évoque celle d'autres produits artistiques de l'époque : de la sculpture qui élance les masses de la Renaissance en des mouvements souples et toujours

1 *Ibid.*, sonnet introductif. Voici les deux premières strophes : « Ce ne sont pas icy les fureurs et les rages / De ceux-là que la fable a rendu furieux / Ce sont d'autres effects, ce sont d'autres outrages / Qu'on appelle en amour des maux contagieux. / Vous y verrez jouer d'estranges personnages / Si vous voulez donner cet horreur à vos yeux / Et le sang respandu parmy tant de carnages / Faire rougir de honte, et la terre et les cieux ».

2 J. Serroy, *op. cit.*, p. 272.

nouveaux ; de l'architecture qui double ou allonge les coupoles et qui recouvre les vieux édifices de décorations toujours différentes ; mais aussi des histoires tragiques d'autres auteurs (Nervèze et Du Pont), qui cherchent à rapprocher des tons hétérogènes et des situations opposées. Ce texte si circulaire et obsédant efface la monotonie du thème sans cesse répété (dans un certain sens, notre existence, n'est-elle pas fondamentalement toujours la même, comme la nature humaine ?), et celle des schémas narratifs pour l'essentiel coïncidents, sous un jeu de variations et de contrastes, utilisant toutes les ressources de style et de fantaisie de l'écrivain pour évoquer la diversité apparente et superficielle de la réalité.

Voici donc les variantes à l'intérieur du même cadre, avec les deux frères qui aiment les deux sœurs / les deux frères qui aiment la même femme ; les frères qui tuent les deux rivaux / qui s'égorgent entre eux ; les morts physiques / les morts civiles, etc. Et voici les contrastes entre histoire principale et histoires secondaires : contraste de style (beaucoup plus alambiqué celui de la première histoire, entrecoupé de lettres et discours, plus rapide et narratif celui des autres), de structure (double et plus compliquée l'histoire-cadre, simples et concises les secondaires), de lieux (la France, surtout pour l'histoire des frères ; la Sicile, Venise, l'Angleterre, la Franconie, la Mongolie, le Mexique et la Grèce pour les histoires plus exotiques racontées par les différents personnages). Mais aussi le niveau social des protagonistes, la nature des désaccords amoureux, des délits qui s'en suivent et le type de punition, tout est exploré sous ses multiples possibilités, tout varie pour ne pas ennuyer le lecteur, pour montrer l'habileté de l'écrivain, l'inépuisable puissance des mots ; tout varie pour rester pareil, pour rappeler partout et malgré tout la fin tragique de la passion.

Ce jeu de variations à l'intérieur d'un schéma rigide représente l'un des éléments les plus importants qui relient cette œuvre au genre bref de l'histoire tragique : toutes prononcées de la même manière et dans les mêmes circonstances, différentes dans leur célérité comme dans le style de l'histoire qui les encadre, toutes égales entre elles dans le fond malgré une variété apparente, les histoires secondaires ont l'air de vraies et propres nouvelles, étant séparées entre autre typographiquement de la principale par un court espace blanc. Toutefois, elles n'ont ni titre ni numéro, c'est pourquoi leur lien avec l'histoire principale est plus fort que cela n'arrive, en général, avec les recueils traditionnels. *Vice versa*, l'histoire qui les contient a l'épaisseur d'une narration autonome avec un début, un développement et une fin où les personnages se retrouvent différents ; elle est elle-même hétérogène et riche en surprises. Néanmoins, elle ne manque pas de répéter de manière évidente, là où naissent les nouvelles, le schéma boccacien du groupe des narrateurs qui prévoient à l'avance de raconter les événements à rythme régulier.

Comment faudrait-il juger une telle œuvre ? Elle constitue une sorte de trait d'union, un pont entre deux genres apparentés, mais non identiques. Comme tous les traits d'union, elle porte en elle les preuves d'une évolution, les confirmations et les infirmations de nombreuses théories. La preuve la plus importante, d'un point de vue général, me semble être celle de l'étroite parenté entre roman baroque et nouvelle : un roman si plein d'histoires racontées, outre que d'aventures vécues, ne peut être uniquement apparenté au poème épique ou seulement fait dériver du roman antique. D'un point de vue plus spécifique, il me semble, au contraire, que l'*Histoire des amours tragiques de ce temps*, s'inspirant à sa manière du vieux modèle boccacien, en démontre paradoxalement le caractère inadéquat et en décrète la mort. Un recueil, qui répèterait encore une fois manières et structures désormais vieilles de plusieurs siècles, est pour cette période impensable ou dans le meilleur des cas inutile. Ces manières, ces structures doivent être modifiées. En général, les auteurs de cette époque éliminent l'histoire-cadre, Laffemas, au contraire, la renforce. Mais, ainsi faisant, il s'engage dans une voie qui porte à la sortie du genre bref, et il la suivra jusqu'à son extrême limite. Il reste donc un phénomène isolé qui n'indique aucune autre voie à ses successeurs. Ce qui pourrait être l'une des raisons de son faible succès éditorial.

CONCLUSIONS

Une première conclusion s'impose, à la fin de ce premier chapitre ; une conclusion simple mais importante, à savoir que l'histoire tragique, dans cette partie du siècle, non seulement existe déjà mais, qui plus est, est bien vivante. Notre analyse de nombreux ouvrages pourrait être hâtive précisément à cause de leur nombre, mais ne peut qu'avoir prouvé ce fait fondamental. Elle ne peut qu'avoir corrigé, ne serait-ce que partiellement, l'image que de ce genre (et dans cette période) ont les chercheurs, lorsque, bien sûr, ils le prennent en compte ; une image qui ne peut coïncider désormais à tous les égards avec ce qu'en pense Lever :

> Quant aux premiers imitateurs du conteur italien [Bandello], ils n'eurent d'autre ambition que de flatter le goût du public pour les histoires sanglantes, dans des œuvres dénuées de toute valeur sinon de toute prétention littéraire. Joseph de la Mothe (...), Jean Prévost (...), Jean d'Intras (...), Philippe Tourniol (...) et l'auteur anonyme des *Tragiques amours de Filandre et de Marizée* (1601) [*sic*], ne donnèrent que des œuvres médiocres qui se distinguent à peine des canards de colportage, tout pleins d'évenements « véridiques », « funestes », « épouvantables », « effroyables », « lamentables », « merveillables » ou « très piteux ». Comme le note justement Gustave Reynier, « ces histoires d'adultère, de meurtre, de bigamie, ne relèvent guère de la littérature ; [elles] ne visent qu'à ébranler fortement les nerfs par des moyens grossiers[1] ».

Comment est-il possible, en effet, de confondre les longs récits des *Amours de Philandre et Marizée* ou *Les tragiques amours du fidel Yrion et de la belle Pasithée* (unis ici dans un seul titre par une faute tout à fait excusable) avec leurs lamentations sans fin, leurs descriptions, leur sentimentalisme, avec des « canards » de quelques feuilles sans prétention ? En faisant abstraction de la valeur littéraire de ces textes éloignés dans le temps et les goûts, et qu'il nous est donc difficile d'évaluer, il faut cependant admettre que, au-delà de la réussite réelle, c'est précisément à cette ambition littéraire que l'on doit attribuer une certaine importance.

C'est ce même chercheur que l'on vient de citer qui le reconnaît, très opportunément, quand, peu avant de mentionner les successeurs de Bandello, il affirme ce qui suit à propos de l'histoire tragique en général : « Encore très proche de la chronique judiciaire ou scandaleuse et des "canards" à sensation, auxquels elle emprunte parfois ses sujets, elle s'en distingue néanmoins par l'évident souci des auteurs de faire œuvre *littéraire*[2] ».

Eh bien, ce souci est évident chez tous les auteurs considérés jusqu'à présent ; on ne le remarque que trop dans les écrits de Nervèze et de d'Intras ; on l'apprécie pour ses résultats dans le conte de Gournay ;

1 M. Lever, *Le roman français...*, *op. cit.*, p. 70.
2 *Ibid.*, p. 69.

on ne peut pas ne pas le remarquer chez d'autres, de La Mothe à Du Pont : il nous suffirait de la préciosité de leur langage, de l'originalité des structures narratives, du sens de l'ironie qui perce ça et là dans leurs histoires, réelles et fantastiques en même temps. Tous ces récits veulent être de la littérature, c'est pourquoi leur style suit pas à pas l'évolution des temps, visant à une plus grande élévation et se voulant donc différent de celui de bien des histoires tragiques de l'époque immédiatement précédente. Tant et si bien que, lorsque Laffemas craint de devoir changer de registre, il s'en excuse auprès du lecteur en plein milieu de son récit : « [...] et ne veux point ennuyer le Lecteur des visites qu'il leur faict par les messageres de ses conceptions (encore que *pour m'accomoder à la verité* de ceste Histoire, *je sois contrainct* de rapporter quelques particularitez qui demandent, *pour l'observation de la naifveté*, un style plus bas et familier) [...][1] ».

Quant à l'horreur, le sang, la brutalité avec lesquels on souhaiterait frapper grossièrement les nerfs du lecteur, au lieu de faire appel à son intelligence ou à sa sensibilité, il faut souligner une fois pour toutes qu'ils ne sont pas aussi importants qu'on ne le pense : il est vrai, la cruauté et la violence sont dans une certaine mesure essentielles, intrinsèques dès ses origines à l'histoire tragique ; il est également vrai, cependant, que jamais comme dans cette période, elles sont voilées, corrigées et diluées par le pathétique, la galanterie, l'analyse de la psychologie de l'amour, voire même par les élans mystiques des protagonistes. Plus que de choquer le lecteur ou avant de l'effrayer, c'est précisément à la sensibilité et au sentiment que ces œuvres font appel. Et souvent elles ne négligent même pas son intelligence et sa culture : il suffit de penser à la parodie des clichés narratifs les plus abusés dans lequels Du Pont se complaît.

L'examen des histoires tragiques mené dans ce chapitre semble également démontrer au moins un autre aspect intéressant : que les années du règne d'Henri IV représentent pour le genre un moment très important, un moment d'essais et de recherche. Le succès auprès du public pousse vers l'histoire tragique les auteurs les plus divers : des écrivains occasionnels comme La Mothe ; des auteurs anonymes comme celui de *Yrion et Pasithée* mais aussi de vrais professionnels de la plume comme Nervèze ou d'Intras ou encore des personnalités riches et complexes

1 I. de Laffemas, *op. cit.*, p. 36. C'est moi qui souligne.

comme celle de Mlle de Gournay. Il en résulte des œuvres de différents niveaux, de différent succès[1] et originales en mesure différente. Toutes présentent, cependant, des efforts évidents de recherche d'un renouveau, un souci qui se traduit précisément dans des expérimentations, des contaminations, des inventions. L'histoire tragique devient un lieu où le passé et l'avenir s'entremêlent, où résonnent des promesses qui parfois éclairent, parfois ne sont pas maintenues, où les rares éclats d'une langue familière côtoient encore des registres élevés ; le vrai et la fiction marchent côte à côte, sont mélangés l'un à l'autre ; la violence passe aux larmes sans solution. Et puis, entre la chronique et la fantaisie, l'Histoire même commence à percer, et l'on touche toutes les étapes du chemin qui va du récit au recueil.

Quel genre peut offrir une telle et si grande variété ? Pourtant, au milieu de ce kaléidoskope d'expérimentations, la structure de l'histoire tragique traditionnelle reste intacte et solide avec ses sombres conclusions, ses tendances moralisantes, sa suite d'interdictions en cadence, d'infractions et punitions, un certain air de famille qui apparente des textes apparemment différents. C'est justement cette différence de fond, plus au moins conservée par un nombreux groupe de récits qui nous a permis d'exclure de notre analyse, par ailleurs incomplète, certaines œuvres qui par contre auraient pu être citées dans ce chapitre si elles n'avaient pas été consultées directement : lorsque les récits sont apparus trop longs et compliqués par des épisodes importants et nombreux[2], quand il nous a semblé que les protagonistes mouraient sans être coupables, peut-être glorifiés (non pas innocentés ce qui serait différent…) par l'auteur lui-même, quand les malheurs nous ont paru seulement l'effet d'une malchance acharnée[3], alors les textes ont été exclus de cet ouvrage et considérés comme des romans plutôt que comme des histoires, ou comme des histoires sentimentales plutôt que comme des histoires tragiques. Cette distinction, arbitraire tant que l'on voudra, a déjà été

1 *Cf.* pour les rééditions de certains textes *inf.* p. 138-139.

2 Comme par ex. le *Martyre d'Amour* par J. Corbin (Lyon, S. Rigaud, 1603) ; alors que, comme on l'a vu, une œuvre au titre semblable, et que Lever considère comme un « roman des parfaits amants », (*Le roman français…*, *op. cit.*, p. 46), est ici insérée de plein titre parmi les histoires tragiques pour les raisons opposées : il s'agit du *Martyre de la fidélité* de d'Intras.

3 C'est le cas du roman (ou histoire) sentimentale de Blaise de Saint-Germain, portant le titre apparemment tragique *Histoire tragique du brave Florimond & de la belle Clytie*, Lyon, P. Rigaud, 1607.

faite dans l'introduction mais il n'est pas inutile de la reproposer ici pour expliquer la raison de certains oublis qui n'en sont pas.

Combien pourraient être alors les véritables oublis ? Combien d'autres histoires tragiques, combien d'auteurs pourraient être encore cités ? Le domaine de la narration est vaste et peut réserver bien des surprises. Je crois cependant que les auteurs nommés jusqu'ici représentent bien les tendances et les prédilections de leur époque ; tendances et prédilections qui tournent toutes autour du même sujet, l'amour, bien que de façons différentes, comme on l'a dit au début. L'amour est peut-être le seul sujet sur lequel l'histoire tragique de ces années ne s'est pas avérée assez prophétique : parmi toutes les nouveautés qu'elle annonce elle n'a pas été capable de préfigurer un thème autre que la passion, certes protagoniste éternelle et centrale, mais pas la seule. Ne nous en étonnons pas, cependant : du vivant du roi, le temps des luttes apparaît très lointain. Personne n'imagine encore que ce temps reviendra très vite en charriant avec lui dans les pages des narrateurs les fantômes de la politique, du pouvoir et de la rébellion.

LA RÉGENCE ET LES PREMIÈRES ANNÉES DU RÈGNE DE LOUIS XIII

UN RETOUR AU PASSÉ ?

« L'année 1610 marque un déclin du genre sentimental[1] » : dans cette affirmation de Reynier l'année de la mort d'Henri IV devient non seulement une date historiquement cruciale mais aussi une étape fondamentale pour la littérature. Et Reynier de continuer :

> Déjà dans les dernières années du règne de Henri IV, les jeunes gentilshommes commençaient à se lasser de la monotonie de la vie mondaine et souhaitaient la fin d'une trop longue paix [et il termine] Après la mort du roi, l'agitation qui se répand dans tout le pays, les révoltes des grands seigneurs qui se succèdent jusqu'à la réunion des États, qui reprennent dès le lendemain et où les dames mêmes jouent leur rôle, peu après, la guerre civile, tout cela entretient dans les esprits une fièvre de mouvement qui ne peut évidemment pas se satisfaire dans les histoires d'amour et de galanterie[2].

Selon Magendie, le grand succès de l'*Astrée*, qui d'ailleurs contribuerait par sa perfection « à ruiner le roman pastoral[3] », n'empêche pas un retour au roman chevaleresque, au roman d'aventure riche en coups de théâtre et en péripéties.

Et l'histoire tragique ? À cette époque les chercheurs lui attribuent un destin radieux mais dont on a peu de preuves. Encore selon Reynier, par exemple, l'histoire tragique aurait eu dans ces années-là « plus de vogue que jamais[4] », mais, pour étayer sa thèse, il ne cite que les *Agréables*

1 G. Reynier, *op. cit.*, p. 350.
2 *Ibid.*, p. 351.
3 M. Magendie, *Le roman français au* XVIIe *siècle*, Paris, Droz, 1932, p. 96.
4 G. Reynier, *op. cit.*, p. 352-353.

diversitez d'amour de Moulinet du Parc (qui à notre avis n'est pas une histoire tragique[1]) et les *Histoires tragiques* de Rosset ; et Pérouse parle de « succès croissant » du genre, en rappelant lui aussi l'œuvre de Rosset[2] ; autant Coulet, Godenne, Lever, A. de Vaucher Gravili que Hainsworth fournissent peu d'autres données ou d'autres noms à ce sujet.

À quoi faut-il donc attribuer une telle différence entre une opinion largement répandue et les preuves fournies pour la soutenir ? Cette différence correspond à une contradiction réelle de fond dans le panorama de l'histoire tragique, une contradiction entre les éditions et la création que l'on doit et l'on peut sinon expliquer du moins souligner. Les circonstances historiques semblent en effet extrêmement favorables à un développement ultérieur du genre dont nous nous occupons : la période de la régence ainsi que les années immédiatement successives avec leurs luttes intestines, l'affaiblissement relatif de l'autorité monarchique, la crise économique et sociale qui l'accompagne, présentent de nombreuses analogies avec l'époque des guerres civiles, c'est-à-dire avec l'époque à laquelle dans le domaine littéraire on assista en France à l'affirmation d'un grand intérêt pour l'histoire tragique. Comment ne pas s'attendre à un « succès croissant », dans des circonstances si favorables ?

Du point de vue de l'édition il y eut en effet un grand succès. Avant tout, les éditeurs reproposent au public les histoires de la période précédente : entre 1610 et 1625 les *Amours de la belle du Luc*, de Prévost, sont rééditées au moins trois fois après avoir eu l'honneur de cinq éditions de 1597 à 1609[3] ; le *Proumenoir* est publié en 1623, seul et avec le titre significatif d'*Alinda histoire tragique*[4] ; *L'enfer d'amour*, qui, pour bien des

1 De ce point de vue nous sommes d'accord avec A. de Vaucher Gravili, *op. cit.*, p. 16, note 18, bien que pour des raisons différentes : l'œuvre de Moulinet est, avant tout, un long roman de plus de 500 pages qui pour cela dépasse abondamment les limites du récit. De plus, comme les longs romans de l'époque, il a une structure extrêmement complexe avec de nombreuses histoires secondaires, beaucoup d'événements narrés, beaucoup de protagonistes. Il suit un peu certains schémas de l'*Astrée* (la belle qui bannit l'amant de ses yeux, etc.), et sa fin tragique (mort des amoureux) ne nous autorise pas à le considérer comme une histoire tragique au même titre que les textes que nous avons analysés jusqu'à présent.

2 G. Perouse, *op. cit.*, p. 458.

3 Voici les éditions de l'œuvre que nous connaissons : Rouen, Th. Daré, 1597 ; Paris, N. Bonfons, 1598 ; Lyon, A. Cloquemin, 1598 ; Lyon, P. Rigaud, 1606 ; Rouen, Th. Daré, 1609 ; Rouen, N. Hamillon, 1613 ; Rouen, A. Cousturier, s. d. ; Lyon, J. Huguetan, 1625.

4 Paris, Toussainct du Bray, 1623.

caractéristiques, annonce les recueils de cette époque, est réédité juste à ce moment-là, en 1619, après un oubli qui avait duré quinze ans[1] ; quant aux *Deux histoires* de Nervèze, elles paraissent à nouveau, seules, en 1617[2], alors que les *Amours diverses*, du même auteur, sont toujours appréciées des lecteurs auxquels elles sont reproposées en 1611, en 1615 et en 1621[3]. Que l'on sache, à l'exception des gascons Laffemas et d'Intras, tous les principaux auteurs cités jusqu'ici continuent, après la mort du roi, à intéresser le public, à publier, à vendre.

Le discours change lorsqu'on passe des rééditions à la publication d'ouvrages inédits, fruit de la créativité d'autres auteurs. Même en l'absence d'un recensement précis et détaillé, on peut affirmer que les protagonistes principaux du nouvel essor supposé de l'histoire tragique ne sont pas nombreux, et sans aucun doute bien moins nombreux que les auteurs actifs dans la période précédente. Ils se réduisent apparemment au seul Rosset, soutenu par un nombre exigu de personnages presque insignifiants. Il est vrai que le succès de Rosset est extraordinaire, mais il est tout aussi vrai que ce succès, pendant cette période, n'en est qu'à ses débuts, et qu'il va perdurer bien au-delà des limites chronologiques de ce chapitre, au-delà même des derniers avatars de l'époque baroque.

Comment expliquer alors cette fracture entre la demande des lecteurs et la disponibilité des écrivains ? Pourrait-on l'attribuer à une hostilité croissante des doctes envers un genre hybride et ambigu ? Ou bien à un changement dans le goût du public qui compte, à une évolution, non pas dans le nombre, mais dans la qualité des lecteurs ? Il est certain que sans le phénomène Rosset, cette fracture n'aurait été que plus évidente.

Et enfin, mis à part la quantité et le succès, comment l'histoire tragique de cette période se présente-t-elle ? Quelles formes assume-t-elle ? Quelles directions prend-elle ? De ce point de vue aussi, le panorama semblerait plutôt ambigu : la plénitude et l'assurance de style et de structure sont contrebalancées par un certain conformisme. Les innovations, les tentatives, les expérimentations de l'époque précédente, qui avait essayé toutes les voies afin d'adapter l'histoire tragique aux modes dominantes, ne semblent plus qu'un souvenir.

1 Paris, P. des Hayes, 1619 (préced. ed. : Lyon, Th. Ancelin, 1603 ; même lieu et éd., 1604).
2 Paris, A. du Breuil, 1617.
3 Paris, Toussainct du Bray, 1611 ; Lyon, B. Ancelin, 1615 ; Rouen, C. le Villain, J. Aubert, J. Berthelin, 1621.

Ces années, dans le domaine de la narration, sont riches en nouveautés : le retour du roman chevaleresque ou d'aventure est accompagné par l'essor du roman comique ou réaliste[1], et, pour rester dans le domaine du genre bref, on assiste à la naissance de la mode des contes d'origine et d'imitation espagnoles[2]. Or, face aux changements qui s'annoncent à l'horizon littéraire, le récit tragique semble presque se replier sur lui-même, être à la recherche non pas des moyens pour s'approprier la nouveauté, mais plutôt des raisons et des évidences de sa propre diversité, soulignant souvent ce qui le diversifie des autres genres littéraires, plus que ce qui l'y associe.

Ce résultat est obtenu surtout par un mouvement, souvent simultané, dans deux directions. La première direction va vers les origines, vers les racines mêmes de l'histoire tragique : en syntonie parfaite avec les coïncidences historiques qui rapprochent Régence et Régence, deuxième partie du XVIe et deuxième décennie du XVIIe siècle, l'histoire tragique redécouvre les structures des recueils de Boaistuau et de Belleforest, évitant les récits isolés, les recueils exigus, le cadre boccacien. Le champion de cette tendance, c'est François de Rosset, et dans cette optique, Camus aura parfaitement raison quand il établira un fil direct entre Belleforest, Rosset et lui-même[3]. Toutefois, le retour au passé est-il jamais possible ? Les ouvrages de Mlle de Gournay, ceux de Prévost, de Du Pont, de Nervèze, n'ont pas été en vain : ils laissent en héritage leur sentimentalisme, leurs tons uniformément élevés, le goût pour la parodie littéraire, un certain maniérisme dans l'écriture et, en dernier lieu mais non moins importants, des éléments fondamentaux dans l'architecture des récits. Le retour aux sources mêmes de l'histoire tragique ne correspond donc pas à un retour en arrière, mais à un enrichissement qui tient compte de toutes les expériences faites, au figement définitif d'une forme, au point d'arrivée d'une longue évolution. C'est cette forme qui est laissée comme héritage à l'avenir, comme une sorte de modèle inégalé auquel des générations et des générations de lecteurs vont assurer un succès extraordinaire.

D'ailleurs, le moyen le plus fréquemment exploité pour se distinguer des autres genres littéraires apparentés et, en même temps, pour plaire

---

1 *Cf.* J. Serroy, *Roman et réalité…*, *op. cit.*

2 La traduction des *Novelas exemplares* par Rosset, date de 1615. (*cf.* G. Hainsworth, *Les « Novelas exemplares »*, *op. cit.*).

3 *Cf. supra* note 1, p. 40.

à un public las de galanteries amoureuses, c'est le recours de plus en plus évident à l'horreur et à la vérité de l'actualité. Les deux éléments se retrouvent naturellement liés : la chronique, la vérité prouvée, a sur le lecteur un impact bien différent par rapport aux ouvrages de fiction ; l'horreur alimente une curiosité quelque peu morbide, et il peut servir d'outil didactique. Cependant, l'un est inefficace sans l'autre, car la vérité seule rend la cruauté vraiment sérieuse et redoutable ; et, *vice-versa*, c'est l'horreur qui confère à la chronique une importance, un poids, une fonction exemplaire d'avertissement et de prévention. Dans l'esthétique de l'histoire tragique de cette période, le vrai et l'horrible – en tant que variante de l'étrange – se retrouvent plus que jamais réunis. Dans cette perspective, c'est dans ce genre narratif – plus que dans d'autres domaines ou d'autres moments – que la vision baroque du monde et de la vie triomphe.

LE TRIOMPHE DE LA CHRONIQUE : ENCORE J. PRÉVOST

Notre discours sur le « vrai » commence à cette époque – ou peut-être devrait-on plutôt dire qu'il continue, car il est inséparable de l'évolution de l'histoire tragique – quelques mois avant la mort d'Henri IV. Cela démontre que l'histoire tragique ressent le changement d'atmosphère qui se produit pendant la dernière partie de son règne. Et l'on commence par un nom désormais connu, celui de J. Prévost, sieur de Gontier, auteur, en 1597 des *Amours de la belle du Luc*, examinés précédemment. Treize ans après il publie un ouvrage en partie semblable, et en partie très différent, dont le titre est : *Histoire pitoyable des parricides commis par Jacques Gentet & sa femme envers leurs peres, meres & soeurs, en la ville de Blaye. Avec le sommaire de leur procès et Arrest de la cour de Parlement de Bordeaux contre les dits parricides*[1].

Le titre manifeste déjà quelques différences avec l'histoire qu'on connaît : les personnages sont des gens du peuple, aucun adjectif n'intervient à définir la figure des protagonistes pour l'annoblir

1 Paris, Nicolas Roussert 1610 (le privilège date du 13 février 1610).

(souvenons-nous de la « belle » du Luc !), et le caractère essentiel du « sommaire de leur procès et arrest » confirme qu'on est probablement face à un de ces « plats récits » dont parle Reynier[1]. Bref, à quelque chose qui est sans doute plus proche de la chronique que de la littérature. Et en vérité, l'absence absolue de noblesse ou en tout cas d'un certain relief social des personnages a des conséquences remarquables sur les tons et sur les atmosphèrs des récits : les sentimentalismes, les galanteries qui caractérisaient la conception aristocratique de la vie disparaissent du texte, emportant toute fantaisie et toute gentillesse. L'amour est une passion bestiale ; les violences ne sont plus soutenues par aucune tension morale ; la femme n'est plus une « femme forte » mais seulement une créature méchante et corrompue.

De quoi parle en effet l'histoire ? Comme le titre l'indique les acteurs s'appellent Jacques Gentet et Catherine Rousseau ; le premier est né dans la « paroisse de Nieuil en Xaintonge », et la deuxième à Blaye (le même village de l'auteur).

Dès le début, ces personnages se caractérisent de par leur brutalité et grossièreté. Gentet, par exemple, naît et grandit méchant et rebelle, et qui plus est il est forgeron, un métier impliquant le feu, les coups et le fer, et qui a la saveur de la violence et de la férocité. Ensuite à Blaye il rencontre et se marie avec une femme digne de lui, avec qui il s'adonne à des amours « sauvages ». Quand la méchanceté aveugle rencontre l'honnête chasteté, la situation ne peut que précipiter : cela arrive au moment où Gentet tombe amoureux de sa chaste belle-sœur, une femme honnête qui le repousse et le dénonce au beau-père. Voilà donc que l'amour se transforme en haine, une haine que son épouse partage pleinement. Et c'est justement cette dernière, qui, comme une parfaite Ève tentatrice dans une horrible version sénéquienne, se débrouille pour convaincre son mari à tuer toute sa famille, ce qui lui permettra d'être aussi l'héritière unique du patrimoine des aïeux. Donc, pendant la nuit, commence le massacre : sous les coups d'un gros couteau acéré tombent d'abord le père de Catherine, ensuite le petit frère et puis la chaste sœur. La jeune Nyotte, quatrième enfant des Rousseau, est poignardée à son tour mais, laissée pour morte, elle survit miraculeusement. C'est grâce à ses indications et à la perspicacité

1 *Cf. supra* note 3, p. 52.

des juges que les assassins sont découverts et que la transgression sera sévèrement et publiquement punie.

Il est évident que toute fiction est complètement bannie, rien de romanesque ne reste, aucun espace n'est laissé à l'aventure, aucun soupirail ne s'ouvre sur le merveilleux : que sépare alors un texte semblable des « canards » contemporains, des relations des faits divers ? Tout d'abord les dimensions, qui sont celles des narrations isolées et littéraires qui circulaient à l'époque[1]. Et encore faut-il dire quelque chose sur la manière dont l'auteur présente au lecteur ces événements terribles. Sa façon de procéder est évidente dès l'introduction, où, d'un ton à mi chemin entre le bonimenteur et le moraliste, il affirme :

> Les bonnes et mauvaises actions des hommes sont dépeintes dans le temple de la Memoire : les bonnes avec un visage beau et agreable, pour attirer les hommes à les embrasser ; et les mauvaises avec une face hideuse, et espouvantable, pour les esmouvoir à les fuir. Les unes, et les autres, ont un escriteau sur le front : mais l'un est plein de louanges, et l'autre de vitupérés. La louange de l'un sert d'esperon, pour aller à la vertu, et le vitupéré de l'autre de frain, pour se retenir du vice. L'on voit dans ce saint Temple l'image d'Hector, et les vaillances louangees, et le portraict de Thersite, et les laschetez blasmees. La statue d'Aenee, avec sa pieté fort recommandee envers son pere y est posee sur la dextre du maistre autel : et à gauche celle du matricide Oreste, tant vitupéré, pour sa cruauté contre sa mere. Et sur ce costé là, je veux depeindre le parricide, et fratricides perpetrés par Iacques Gentet, et Catherine Rousseau sa femme, contre Iacques, Lois, Guillemette, et Niotte Rousseaux, peres et enfans, leurs pere, beau pere, frere, beau frere, soeurs, et belles soeurs : parricides, et fratricides, les plus grands, plus enormes, plus cruels, plus abominables, et plus detestables, qui se puissent voir dans ce temple de la Memoire : comme vous verrez dans la peinture, laquelle j'en veux faire[2].

La citation est longue mais il ne convient pas de la couper : étant formée de deux parties distinctes mais intimément liées, il est impossibile d'en juger l'une sans connaître l'autre. Les intentions de Prévost semblent évidentes : il veut stimuler la curiosité du lecteur en lui promettant la description des délits les plus horribles. À rien d'autre ne sert que l'auteur souligne à deux reprises le lien de parenté entre les assassins et les victimes (à deux reprises parce qu'à chaque fois il

---

1 On est face à un texte de 69 pages (28 lignes de 42 espaces environ). On est bien loin des quelques pages des « canards ».

2 J. Prévost, *Histoire pitoyable...*, *op. cit.*, p. 5-6.

éclaircit le lien entre les assassinés et l'un ou l'autre de leurs bourreaux), le rythme de la phrase est ainsi scandé par un martèlement obsédant. La série des adjectifs à effet, tout aussi obsédante, qui précède la promesse finale, ne vise rien d'autre. Cet appel au penchant morbide du lecteur contient déjà une information fondamentale : les noms, les liens de famille suggèrent d'ores et déjà que ce qui sera raconté n'est que l'(horrible) vérité.

Toutefois la réalité qu'on promet n'est pas offerte telle quelle : elle est précédée par une vision symbolique organisée sous forme d'emblème qui sert de pré-commentaire, de considération morale, de justification pour ce qu'on écrira. Elle transporte *a priori* les « énormes » et « détestables » parricides et fratricides dans une sphère qui n'est plus ou ne voudrait plus être celle de la pure chronique. La même chose arrive au cours du récit : l'auteur cherche constamment à s'élever au-dessus d'une transcription banale de la réalité. Mais une fois qu'il a dû éliminer tout repli sentimental de l'intrigue et du langage, vu l'humble origine des protagonistes, il ne peut que le faire d'une seule manière : en faisant appel à tout l'arsenal de la rhétorique traditionnelle, avec ses références mythologiques, avec ses ornements littéraires, ses figures et ses apostrophes. C'est à elle que recourt Prévost pour revêtir sa matière brute de vêtements pompeux.

Il intervient alors dans le récit avec de fréquentes exclamations : « O aveugle passion, qui aveuglant l'imagination, l'empesche de voir, et prévoir les maux qu'elle apporte, et qui charmant l'esprit le rend insensible au presentiment des douleurs qu'elle nous fait sentir[1] », avec des prières : « O Gentet remets ton cousteau, et te remets en toi mesme : tu n'as encore eu que de cruelles intentions, n'en fais point voir de cruels effects : sors de ta passion, et de ceste maison : Il te sera plus facille d'en sortir qu'il ne t'a esté d'y entrer[2]… ». Avec des apostrophes, non seulement aux personnes, mais aussi aux choses : « O Lune qui as esté creée pour donner de nuit lumiere aux humains, afin qu'ils ne choppent : tu leur rends des services tous contraires à la volonté de ton Createur : tu esclaires à les faire heurter : tu portes ceste nuict le flambeau à celui qui va esgorger son beau-pere et ses enfans[3]… ».

---

1 *Ibid.*, p. 11.
2 *Ibid.*, p. 31-32.
3 *Ibid.*, p. 30.

Le ton n'est jamais celui d'une description, ni celui d'une narration en quelque mesure objective, l'écrivain s'adresse toujours à quelqu'un. Il ne « raconte » pas, mais il prononce un discours interminable. Il fait donc usage de tous les stratagèmes de l'oratoire. Faut-il décrire la marche des assassins vers la maison des victimes, une marche sombre et horrible ? Rien de mieux qu'une très longue série de questions rhétoriques :

> Mais où allez vous parricides en volonté ? vous allez donner la mort à celuy qui vous a donné la vie ? vous allez oster de ce monde celuy qui vous y a mis, et allans avancer la mort d'autruy, vous allez accourcir vos vies, et toi Gentet revestu d'une chemise blanche, marque de simplicité, tu vas assassiner traistreusement ceux qui simplement se fient en toi[1]...

Est-il opportun de mettre en évidence les hésitations de l'assassin un instant avant de déclencher le massacre ? De montrer comment les derniers doutes, les freins de la raison sont définitivement vaincus par la colère ? Voilà que la psychologie laisse sa place à une sorte de psychomachie, où les esprits du bien et du mal se livrent bataille dans l'âme des protagonistes, et qui peut être déclinée encore une fois non pas dans les formes de la description mais dans celles de la harangue :

> ... demeurez [il s'adresse aux criminels] n'y allez pas, retournez vous en chez vous, et à la raison, mais vous ne pouvez : la passion vous a fait fourvoyer de son droit chemin : mais n'y a il point quelque bon Ange qui vous servant de guide vous rameine à la bonne voye de salut ? non, vous vous estes mis sous la conduite du mauvais esprit, qui vous meine par le mauvais chemin à la perdition, vostre raison s'est long-temps deffenduë de la passion : mais elle en a esté si rudement assaillie, qu'il luy a fallu quitter la place à la passion, laquelle y demeura victorieuse, et maistresse de toutes vos volontez, qui ne sont maintenant que ses servantes, vostre bon démon faict des efforts pour vous retenir, mais ils ne sont pas assez forts : vostre mauvais esprit les affoiblit, il vous emmeine : vous n'estes plus à vous, à la raison ny à vostre bon esprit, vous despandez de la passion et de vostre mauvais Ange qui vous transporte, vous vous en allez, vous fuyez vostre raison, et vostre bon esprit : lesquels pourtant vous suivent, et vous arrestent en chemin : car toy Gentet tu t'arrestes en chemin ; et te mets à genoux sous un arbre, et regardant les cieux, tu dis, nostre pere qui es és Cieux, mais ta passion et ton mauvais esprit te font lever, et te font tourner ta pensee, l'oeil de ton coeur vers l'enfer, en vous faisant reprende vostre cruelle resolution, et vostre mauvaise voye[2].

1 *Ibid.*, p. 24.
2 *Ibid.* p. 24-25.

Une telle prose n'est certes pas de la grande prose ; mais elle n'est pas non plus un exposé des faits concis et fidèle. Il en va de même pour les comptes rendus des rêves que, selon Prévost, les mères des deux assassins auraient faits avant de les concevoir : loin d'être de simples exposés, ce sont de véritables ornements littéraires : « … et sa femme estant grosse de ce Jacques Gentet songea une nuict qu'elle estoit enceincte d'un couteau, tout rouge de fer, lequel brusleroit un jour ceux lesquels s'approcheroient de luy[1] ». Quant à la mythologie, elle transfigure le quotidien débouchant sur des effets parfois peu réussis, car minutieux et pédants :

> … je dis par apparence, et vray-semblance, qu'il [Gentet père] doit estre descendu de ces Geants, lesquels engendra le premier siecle : la ressemblance du nom le monstre : car qu'est-ce que Gentet qu'un diminutif de Geant ? et le nom, et les actions du parricide Gentet le font croire. Les Geants oserent s'attaquer aux Dieux, et ce Gentet n'a pas craint de s'en prendre contre Dieux et les hommes. O Gentet, tu meritois le nom de Geant, et les Geants le nom de Gentet, en ce que ta cruauté a esté plus grande que celle des Geants, lesquels entreprindrent seulement contre les Dieux, et tu as offencé et Dieu et les hommes, et tes plus proches[2].

Parfois, au contraire, elle réussit à conférer un relief puissant aux personnages humains. Cela se produit surtout quand elle reste implicite, allant de soi, et qu'elle s'exprime tout entière en images, évitant tout pénible conceptisme. Voici alors que Gentet père, après avoir été comparé à un géant, le devient vraiment, créature infernale plongée dans les reflets rougeâtres de son laboratoire : « Ce Gentet pere, forgeron de son mestier, qui ne faisoit jamais que forger, humoit tant de feu de sa forge, qu'il ne respiroit rien que feu et flammes, il manioit si souvent du fer, que son coeur ne prenoit plaisir qu'en dureté et battoit si souvent le fer sur l'enclume qu'il n'estoit disposé qu'à battre et frapper[3]… ».

Plus ou moins réussies, ces images, ces raffinements stylistiques révèlent la constante, quasi obsédante, présence de l'auteur, qui ne se cache jamais derrière ses créatures, qui ne laisse jamais au déroulement des faits l'apparence d'une libre succession, mais se place constamment en première ligne, indiquant au lecteur non pas tant les événements

1 *Ibid.*, p. 10.
2 *Ibid.*, p. 9.
3 *Ibid.*

narrés, que la narration elle-même. À tel point que, à la différence de la plupart des histoires tragiques dont il a été question, ici les protagonistes ne s'expriment jamais ou presque à la première personne. Prévost laisse rarement ses créatures libres de prononcer quelques paroles, et ne leur permet que des mots complètement insignifiants du point de vue du dialogue ; il s'agit des six premiers mots du *Pater Noster*, dans un passage cité ci-dessus[1], et, à la fin du récit, peu avant l'exécution, d'une très brève prière que Gentet commence à réciter : «… et dit, mon Dieu je voy vos cieux et vos bras ouverts, entre lesquels je vous prie de recevoir mon ame[2]… », immédiatement interrompu par le bourreau.

Quelle pourrait être la cause d'une telle attitude de l'auteur envers les personnages de cette histoire, une attitude dont il n'y avait aucune trace dans la *Belle du Luc*, sinon une profonde méfiance dans les possibilités littéraires intrinsèques de l'événement ? Quels discours ou quels dialogues pourraient en effet prononcer des brutes tels que les protagonistes ? Quel attrait pourrait avoir un fait divers sanglant et bestial pour les lecteurs ? Quelle gloire pourrait-il apporter à l'écrivain qui décide de le raconter ? Précisément quand celui-ci s'impose d'adhérer au plus près à la réalité, voici que d'une certaine manière il en a peur, et cherche, sinon à la diluer dans la fiction, du moins à l'emprisonner dans les filets du langage, à la transformer en discours. L'effort de Prévost reste toutefois stérile et vain. Stérile car la rhétorique ne parvient pas à transfigurer le vrai, mais s'y superpose lourdement ; vain, car c'est justement le réel, les choses racontées, qui attirent l'attention du lecteur sur la page, là où elles réussissent d'une manière ou d'une autre à prévaloir.

Au-delà de la barrière des figures et des formes oratoires, en effet, on entrevoit le monde sombre et coutumier de l'histoire tragique, plus terrible que vrai, plus fatal et inexorable que jamais. Un monde où rien n'est hasardeux, où il n'existe aucune lueur, dont il est impossible de s'évader. Les plus petites allusions à des personnes ou des lieux, nombreuses, précises et surtout ordonnées selon une sorte de hiérarchique maniacale sont là pour le démontrer. Doit-on par exemple parler de deux protagonistes ? Voilà que Prévost se tourne d'abord vers les lieux qui les ont vu naître, pour nous parler ensuite de leurs parents, et enfin nous présenter les personnages qui l'intéressent. L'auteur ne peut que vanter

1 *Cf. supra* note 2, p. 145.
2 J. Prévost, *Histoire pitoyable…*, *op. cit.*, p. 68.

les vertus de ces lieux, habités par de si nombreuses personnalités de haut rang et par l'auteur lui-même, afin d'en montrer l'innocence, afin de les disculper de l'accusation d'avoir engendré des monstres. Le profil des parents est ensuite esquissé : « J'ay fait voir que ces deux meschans parricides sont sortis de deux bons pays : apres avoir depeint leur pere commun, qui est leur pays, il faut representer leurs peres particuliers, et premierement le pere de Jacques Gentet, lequel[1]... » ; mais à des fins opposées, puisque quelque chose de la violence ardente du forgeron passe, au moment de la conception, de Gentet père à Gentet fils : «... et croy qu'il engendra ce Jacques Gentet son fils, qu'il ne pensoit qu'en feu, qu'en fer, et en batterie[2] ». D'autre part, la méchanceté de Catherine Rousseau, entièrement adressée contre sa propre famille, peut être expliquée si l'on remonte au père Rousseau, aussi bien homme violent « yssu de la race de Can [et] irriverent et inhumain que n'estoit Can envers son pere[3] », que gendre irrespectueux, qui a une fois presque brûlé son beau-père.

Du lieu, à la famille, aux individus : cette progression du général au particulier se modèle donc sur le schéma de la déduction, une déduction qui prend immédiatement l'apparence d'un destin tragique, d'un héritage lourd à porter et impossible à fuir. Celui-ci coïncide avec la volonté divine et projette l'ombre obscure du passé sur l'avenir, enfermant le récit dans un tissu de renvois et d'anticipations qui contribuent à leur tour à renforcer l'impression d'un manque désolant de liberté. C'est ainsi qu'après avoir révélé les tendances homicides du père de Catherine, l'écrivain se lance dans une apostrophe prophétique : « O Rousseau ! ton inhumaine volonté sera punie d'un cruel effect : tu veux perdre ton beau pere par le feu, et ton gendre te perdra par le fer, les hommes t'ont empesché de faire un parricide, et Dieu permettra que tu sois assassiné par ton propre gendre[4] ».

Toute chose est prédéterminée chez les personnages, bien avant leur naissance : non seulement leur caractère, mais aussi leurs actions, liées les unes aux autres, par volonté de Dieu, au fil des générations. C'est justement le « réalisme » de Prévost, sa description minutieuse des choses

1 *Ibid.*, p. 8-9.
2 *Ibid.*, p. 10.
3 *Ibid.*
4 *Ibid.*, p. 11.

et des personnes, qui s'avère être, plutôt qu'imitation, mise en forme et interprétation de la réalité.

Cette dernière, bien sûr, est la réalité qui convient à ses personnages damnés et de basse condition, baignant dans la violence et dans le sang, que l'auteur se complaît à évoquer même avant le début des événements (mais y a-t-il vraiment un début ? ne se perd-il pas plutôt dans les abîmes du passé ?) :

> La troisiesme et derniere image, laquelle il faut faire plus grande, plus hydeuse, et plus espouvantable que les deux autres, non avec les mesmes couleurs que nous avons depeinct les autres deux, mais toute avec des couleurs *rouges*, mais plustost avec du *sang* : comme la mesme cruauté : ces parricides, n'ayants avant leur naissance, en leur naissance, et en leur vie, n'en fait voir que des choses *sanglantes* : leurs meres les ayants recogneus cruels par songe (…) et mesme Jacques Gentet, lequel nacquit avec les mains pleines de *sang*, et qui au lieu de porter ses levres aux mamelles pleines de laict, qui luy estoient presentees, portait ses mains remplies de *sang* à ses levres, tesmoignage qu'il aimoit le *sang*, et qu'il l'aimeroit à l'advenir ; et parce qu'il n'aimoit rien que le *sang*, il fallut tant qu'il fut à la mammelle, que sa mere, pour luy faire trouver le laict bon, *ensanglantast* le bout de la mammelle, luy faisant avaller plus de *sang* que de laict, et moins de douceur que de cruauté[1].

C'est une réalité brutale qui n'a rien de la tragédie dont les protagonistes sont de nobles personnages, animés, même dans les pires des cas, sinon par des sentiments du moins par des désirs (de pouvoir, d'amour), par des astuces perfides, par des lueurs de conscience et de perspicacité. Ici il ne reste que la cruauté innée, étouffante, réitérée, monotone au point de devenir hypnotique, puisqu'elle est rythmée par une prose lourde où se répètent (voir l'exemple ci-dessus) comme dans une litanie, les mêmes mots et expressions.

Et lorsqu'il s'agit enfin de décrire les faits, la violence devient vertigineuse : l'assassinat du père Rousseau, ceux des fils Louis, Guillemette, Nyotte, commis l'un après l'autre et précédés, comme s'ils ne suffisaient pas, par la mise à mort du fidèle chien de garde de la famille, créent toute une série de détails horribles et macabres placés au centre de la narration. Langues arrachées, cœurs transpercés, coups répétés, contraction des corps des victimes, étranglements, gorges coupées représentent un concentré de tout ce que la furie homicide d'un homme peut produire.

1 *Ibid.*, p. 11-12. C'est moi qui souligne.

Elles témoignent non seulement de la violence, mais du plaisir de la violence, ainsi qu'il ressort clairement de la description de la tentative d'assassinat de Nyotte :

> Gentet se jette sur ce lit, et sur ceste jeune fille, et luy donna plus de coups de cousteau dans le visage, dans l'estomac, sous les ayselles, sur les bras, et sur les jambes, qu'il n'avoit faict aux trois autres qu'il avoit tué. Tesmoignage que sa cruauté augmentoit au lieu de se diminuer. Il s'acharne sur elle : *Il prend plaisir à decouper sa chair :* Il la descoiffe : il la prent par le poil, et la traine dans la place : Il luy saute les deux pieds sur le ventre : il la presse, pour contraindre sa vie de sortir de son corps : Il met la main sur la bouche de la fille laquelle n'ayant perdu le sens avec son sang, jugea que si elle respiroit qu'il la suffoqueroit, et retint son haleine, et sauva la vie[1].

Et puisqu'à des infractions aussi répétées et terribles doivent correspondre des sanctions aussi terribles, répétées et cruelles, voilà qu'à l'inventaire des gestes transgressifs correspond un répertoire des punitions minutieux, redondant et exhaustif. Gentet et Catherine meurent, évidemment, une seule fois ; mais ils sont exécutés quatre fois dans l'esprit du lecteur, chaque fois avec des tortures et des supplices différents. Prévost prend soin en effet de relater, avec un « réalisme » documentaire ô combien significatif, toutes les peines qui sont infligées aux amants dans les différents procès de premier degré, d'appel, etc. : mutilations, étirement d'os et de muscles, brûlures avec des tenailles ardentes, jusqu'à des raffinements comme la technique qui consiste à enfermer les deux assassins dans des sacs contenant des animaux féroces et venimeux. Tout se déroule sous nos yeux, accompagné par les détails les plus précis et réalistes. Si par exemple on parle de tenailles, les deux condamnés devront circuler dans la ville de Blaye : « tenaillez de tenailles ardantes, par chacun canton, par deux coups de tenailles : sçavoir deux par les mamelles, et autres deux coups par le derriere des espaulles, et reiterer semblables coups, par tous les cantons[2] ». S'il faut briser des membres, on précise à combien d'endroits : «… et après avoir les bras brisez et rompus en deux endrois, tant haut que bas, jarets, jambes et cuisses[3] ». Si, au contraire, on décide pour les coups de mail, l'on n'omet pas d'en

1 *Ibid.*, p. 39. C'est moi qui souligne.
2 *Ibid.*, p. 52.
3 *Ibid.*, p. 53.

préciser le nombre et le type : « trois coups de mail sur l'estomac, et autres trois coups de mail sur les reins[1]. »

Ainsi, lorsqu'on arrive à la véritable exécution, tout semble déjà avoir été dit et l'auteur peut se concentrer sur les réactions des condamnés : Catherine Rousseau exprime sa peur par des cris, des ruades, des tentatives de fuite jusqu'à ce qu'elle soit réduite en cendres par les flammes[2] ; au contraire Gentet, courageux, patient et prodigue d'avertissements à l'auditoire jusqu'à son dernier souffle, a des réactions exemplaires, empreintes de repentir[3].

Répétitions de mots et de phrases, réitérations de gestes, multiplication de peines et de tortures : le réel que Prévost dessine avec force de détails cumulés de façon obsédante, n'acquiert pas, par là, plus de vérité mais prend une dimension hallucinée en atteignant le seuil de la métaphysique. Au fur et à mesure que la narration avance, même le discours qui emprisonne ce réel dans une armature de rhétorique, se fait moins pressant, semble juxtaposé de manière moins artificielle et assume sa propre fonction face au récit : en effet, à quoi servent les apostrophes à la lune si ce n'est qu'à créer de l'attente, du suspense chez le lecteur qui a suivi les assassins jusque sur le seuil de la demeure des victimes, qui a déjà assisté à l'exécution du chien fidèle, et qui désormais s'attend à une tragédie bien plus grave ? Et quoi d'autre visent les interruptions provoquées par les exclamations de l'auteur, qui exhorte les personnages à revenir sur leurs intentions, après chaque assassinat ? En effet, chaque fois quand il est question de crimes, avec la complicité de l'auteur s'instaure un véritable débat où s'opposent les raisons de la pitié et de la cruauté ou de l'autoconservation, un débat qui maintient dans le flou l'issue du récit. Après avoir décrit, par exemple, la suite des coups que Gentet inflige à son beau-père pour le tuer, voilà Prévost venant interrompre la narration avec l'exclamation suivante :

> Et bien Gentet as tu vomy la venimeuse cholere de laquelle ton coeur estoit infecté ? as tu deschargé ton esprit de la passion qui le travailloit tant, ayant pris vengeance de celuy qui ne t'avoit jamais fait que du bien, et ayant fait mourir celuy duquel la vie rendoit la tienne miserable ? non, non, tu n'es encore assouvy : tu ne fais qu'entrer en appétit du sang des Rousseaux, tu

1 *Ibid.*, p. 57.
2 *Ibid.*, p. 61-62.
3 *Ibid.*, p. 64-68.

> as commencé par le pere, tu veux continuer par le fils, en ensuivant le precepte du poete. Fol qui tue le pere et pardonne à son fils : tu dis il est petit, mais il croistra : il viendra grand, il voudra venger la mort de son père : Il sera héritier des biens et des mauvaises volontez de son pere. O Gentet si tu n'as eu pitié de la vieillesse de ton beau-père ; que la jeunesse de ton beau frere t'esmeuve à compassion : pardonne à cest aage auquel les plus cruels et barbares n'ont jamais voulu mesfaire : si le pere t'a offencé le fils n'en peut mais : si on t'accuse d'avoir tué le pere, tu te pourras excuser sur l'offence qu'il t'a faicte, ou pour le moins sur le désir qu'il en a peu avoir : mais quel excuse pourras-tu trouver d'avoir fait mourir le fils, que tu ne peux dire en avoir eu seulement la volonté : mais tu n'as plus d'ieux pour voir l'innocence ny la jeunesse ? ta passion t'aveugle : tu ne regardes qu'au contentement de ta cruauté[1].

Et c'est seulement à ce moment précis que reprend le massacre. Bien que la lourdeur scolaire d'une telle rhétorique soit évidente, elle n'en demeure pas moins utile à la narration, en y jouant un rôle dans un certain sens fonctionnel ; qui plus est, un pathétique hyperbolique et prolongé y vibre, qui pourrait anticiper les années à venir.

Pour cette raison principale, cette œuvre de Prévost, si grossière, rapide et atroce, mérite d'être évoquée dans une histoire de l'histoire tragique : parce qu'avec toutes ses limites, l'œuvre dépasse la chronique pour viser une sorte d'esthétique du mal, se délivrant tôt des superstructures sentimentales qui encombraient (ou élevaient, tout dépend du point de vue) les œuvres de ses contemporains. Ne s'en libère-t-elle peut-être pas justement parce qu'il ne s'agit pas de vraie littérature, comme le soutinrent et le soutiendraient de nombreux chercheurs ? Probablement. Il est certain que dans ces pages l'on respire déjà un air à la Sade, et que sans son histoire, structurée entre autres selon les règles et les schémas appliqués normalement par Du Pont et ses successeurs, sans son histoire, donc, la compréhension de celles de Rosset et de celles de Camus serait plus ardue.

1 *Ibid.*, p. 34-35.

FRANÇOIS DE ROSSET OU DE LA PLÉNITUDE DE L'HISTOIRE TRAGIQUE

> Pour sacrifier tout à fait au goût du public, il ne restait plus à l'histoire tragique qu'à tenir le langage de l'amour. Rosset n'hésite pas à accorder cette concession décisive au romanesque[1].

Cette phrase de Lever, à la fois vraie et fausse, illustre de façon exemplaire aussi bien l'importance relative de l'écrivain à l'intérieur du genre, qu'une certaine attitude de la critique contemporaine à son égard. Dans la substance, l'affirmation de Lever est très vraie : dans les histoires de Rosset il y a une forte présence du langage de l'amour, ainsi que d'autres concessions au romanesque, comme on le verra par la suite.

On ne peut pas s'empêcher de souligner qu'un tel langage avait depuis longtemps pénétré l'histoire tragique et qu'il en constituait aussi un élément fondamental justement pendant les années qui ont précédé la publication du recueil de Rosset.

Pourtant les *Histoires tragiques* de Rosset se détachent à tel point de la production contemporaine de textes semblables qu'elles polarisent toute l'attention disponible, surtout à partir du moment où on a commencé à voir dans l'histoire tragique un genre plus ou moins autonome et digne d'intérêt.

Avec Rosset l'histoire tragique se stabilise, profitant de toutes les expériences précédentes : du point de vue du schéma du recueil elle redécouvre ses origines du XVIe siècle et se détache définitivement du modèle boccacien. Du point de vue de la structure narrative elle codifie nettement et sans dérogations une certaine forme de récit. Pour ce qui est des tons elle mêle savamment le sentiment et l'ironie à la violence et à la cruauté ; en ce qui concerne le rapport avec la réalité elle se souvient de la leçon de Prévost, tout en gardant un lien étroit avec les sources littéraires.

Bref, décrire le récit tragique de Rosset signifie se référer à chaque fois à tel ou tel autre auteur qui l'a précédé, mais aussi s'approcher d'un écrivain original et d'une personnalité séduisante, puisque la fusion

---

1 M. Lever, « De l'information à la nouvelle : les canards et les *Histoires tragiques* de François de Rosset », *RHLF*, n° 4 (juillet-août) 1979, p. 586-587.

des éléments que la tradition lui transmet appartient à lui seulement et qu'elle est parcourue de tensions, d'ambiguïtés et de pressentiments qui déterminent tout son intérêt et qui ne se trouvent pas ailleurs.

Il sera très utile de s'arrêter plus que d'habitude sur cet auteur au risque même de répéter ce qui a déjà été écrit ou d'observer des phénomènes déjà connus : mettre en évidence que les *Histoires tragiques* sont redevables à la prose narrative précédente peut aussi contribuer à une meilleure compréhension de leur particularité. Et leur particularité peut nous aider à comprendre, au moins en partie, les raisons de leur succès retentissant. Avant d'analyser l'œuvre, il convient alors de parler un peu de ce succès.

LES HISTOIRES TRAGIQUES DE ROSSET : UN GRAND « SUCCÈS » ET UNE MINCE « FORTUNE »

La figure de Rosset[1] se présente comme un entrelacement inextricable d'ombres et de lumières, elle est mystérieuse et contradictoire à la fois. Sa vie est pleine de points obscurs : on ignore ses origines et on peut reconstruire seulement une partie de son existence[2]. Son positionnement et son importance dans le panorama socio-culturel de l'époque sont incertains : Lever le définit un « obscur polygraphe[3] » jusqu'à la publication des *Histoires tragiques.* Hainsworth se souvient du succès de son *Romant des chevaliers de la Gloire*, accueilli très favorablement à la Cour[4]. Et bien que Balzac ou Mainard considèrent Rosset comme un poète misérable et que depuis ses dédicaces il est évident qu'il est toujours en quête d'un protecteur[5], la réédition de plusieurs de ses œuvres, et

1 À propos de Rosset voir mes articles : « Su alcune edizioni dimenticate delle *Histoires tragiques* de F. de Rosset », *Studi Francesi*, n° 69 (sett.-dic. 1979), p. 488-495 ; « *Les Histoires tragiques de F. de Rosset ou de la contradiction* », XVIIe *siècle*, n° 140, (juill.-sept. 1983), p. 333-346 ; « Mensonge et Littérature : les Histoires tragiques de F. de Rosset », in *Le Miroir et l'image. Recherches sur le genre narratif au* XVIIe *siècle*, Pubblicazioni dell'Istituto di Lingue e Letterature Straniere Moderne. Sezione di Francesistica, Università di Genova, 1982, p. 11-45 ; « L'amour dans les Histoires tragiques de F. de Rosset », in *Les visages de l'amour au* XVIIe *siècle*, Toulouse, publ. de l'Université de Toulouse Le Mirail, 1984, p. 269-278. Ces textes ont contribué à l'élaboration de ce chapitre.

2 Sur la vie de Rosset *cf.* G. Hainsworth, *Les « Novelas exemplares »*..., *op. cit.*, p. 50 *sqq.*

3 M. Lever, *De l'information*... *op. cit.*, p. 579.

4 *Cf.* G. Hainsworth, *Les « Novelas »*..., *op. cit.*, p. 56, n. 1. Pour les informations concernant la production littéraire de Rosset on s'est basé surtout sur cet ouvrage.

5 *Ibid.*, p. 52. L'exemple des histoires tragiques est représentatif : les premières éditions sont dédiées au Chevalier de Guise (qui meurt en 1614) ; l'édition de Paris de 1619 est offerte

non seulement des *Histoires tragiques*, nous renvoie l'image d'un auteur plutôt connu et apprécié.

Et que peut-on dire de ses modèles littéraires ? Soucieux d'entretenir le beau style français et d'éliminer de sa prose toute inflexion méridionale, il fréquente les hommes de lettres à la mode et il compte parmi ses maîtres Desportes et Malherbe[1]. En ce qui concerne l'ensemble de sa production littéraire, elle est composée pour la plupart de traductions. Mais dès que le traducteur devient créateur, un vaste public se précipite sur ses textes.

On peut certainement affirmer que « l'obscur polygraphe » se montre aussitôt un intellectuel de profession qui se consacre aux opérations culturelles les plus diverses : à quinze ans déjà il écrit des vers en l'honneur du duc d'Uzès[2] ; peu après, en 1595[3] voilà qu'il publie une nouvelle édition des *Quinze Joies du mariage depuis un manuscrit désormais disparu*[4], avec un certain succès. En 1604 il publie un recueil de vers de jeunesse[5] et en 1609 le poète se transforme en éditeur d'une anthologie, le *Nouveau recueil des plus beaux vers de ce temps*[6], suivi en 1615 par les *Délices de la poésie françoise*[7]. Parmi ses travaux de ce genre on compte aussi un recueil de lettres galantes (auxquelles il contribue personnellement) : il s'agit des *Lettres amoureuses et morales des beaux esprits de ce temps*[8].

Sa fonction d'intermédiaire entre les littératures italienne et espagnole et le public français est sans aucun doute très importante. Il traduit de nombreux ouvrages de sujet religieux et moral à partir de ces deux langues romanes et du latin[9]. À cela s'ajoutent des versions de textes profanes

---

au marquis de Rouillac ; la seconde partie de l'œuvre, publiée en 1620 (année de la mort de Rosset), est dédiée au prince de Condé.

1 *Cf.* G. Hainsworth, *Les « Novelas »...*, *op. cit.*, p. 52 ; A. Cioranescu, *L'Arioste en France*, Paris, Les Éditions des Presses Modernes, p. 39, p. 94.

2 G. Hainsworth, *Les « Novelas... »*, *op. cit.*, p. 51.

3 On ne connaît pas la date de naissance de Rosset. Ses biographes pensent qu'il est né en 1570. *Cf. Ibid.*, p. 50.

4 *Ibid.*, p. 51.

5 *Ibid.*, p. 249.

6 *Ibid.*

7 *Ibid.*, p. 251.

8 *Ibid.*, p. 250.

9 *Cf. ibid.*, p. 249 *sqq.* Parmi ces ouvrages on compte *Les VII Psaumes de la penitence de David, traduicts de P. l'Aretin* (Paris, Saugrain, 1605) et *Le Sainct, l'œcuménique et le general Concile de Trente* (Paris, Cramoisy 1615) ; *La Vie du bienheureux pere Philippe Nerio, traduite du latin du R. P. A. Gallonius et conferé sur l'italien* (Paris, 1606) à partir de textes italiens ; *Les jours*

dont certains présentent un intérêt remarquable. Parmi les textes italiens, en effet, on compte *Le Divin Arioste ou Roland le Furieux*, accompagné aussi d'une *Suitte... conforme à l'intention de l'auteur*[1], et d'un *Roland l'amoureux*[2] tiré du Boiardo. Parmi les textes espagnols l'on remarque avant tout les traductions de Cervantès[3], auxquelles s'ajoutent celles des œuvres d'Ortuñez de Calahorra[4] et de Loubayssin de la Marque[5]. Sans oublier le Portugais Trancoso, dont Rosset traduit un choix de récits[6].

À côté de cette impressionnante série de travaux, les textes les plus personnels semblent très peu nombreux : mis à part les poèmes déjà cités, le *Romant des chevaliers de la Gloire*, consistant dans une description romancée des fêtes qui eurent lieu à Paris en 1612 à l'occasion des « mariages espagnols[7] » ; l'*Histoire des Amans volages de nostre temps*[8], recueil de douze

---

caniculaires (Paris, Fouet, 1610), de la première partie des *Dies Caniculares de Simon Maiolo; Les Heures desrobees* (Paris, J. Cottereau, 1610) de la troisième centurie des *Horae subcisivae* de Ph. Camerarius, de Nuremberg*; L'Instruction des Novices* (Paris, Fouet, 1612), *L'Aiguillon de la componction* (Paris, 1612); *La Discipline Claustrale* (Paris, Fouet, 1612) des textes de l'espagnol Juan de Jesús Maria. Il s'agit d'œuvres en latin à l'origine. Directement de l'espagnol Rosset traduisit des sermons (*Sermons pares et excellens sur toutes les festes principales de l'annee traduits d'Espagnol en Français par F.D.R. prieur de S. Agathae*, Paris, Cl. Chappelet, cité avec quelques réserves formulées par G. Hainsworth, *Les « Novelas... »*, *op. cit.*, p. 250) et *De la Perfection du Chrestien, composé en espagnol par le R. P. Louis Du Pont*, Paris, L. Sonnius, 1614, outre les œuvres citées par la suite.

1 *Le Divin Arioste ou Roland le furieux... ensemble la Suitte... continuee jusqu'à la mort du Paladin Roland conforme à l'intention de l'auteur*, Paris, R. Fouet, 1615.

2 *Roland l'amoureux composé en italien par Mre Matheo Maria Boyardo* [*sic*], Paris, R. Fouet, 1619.

3 En 1615 il traduit les six premières nouvelles de Cervantes et en 1618 la *Seconde partie de (...) Don Quichot*, (Paris, veuve du Clou et D. Moreau, 1618) suivie, la même année, par *Les travaux de Persiles et de Sigismonde*, Paris, J. Richer, 1618.

4 *L'admirable histoire du Chevalier du Soleil* (Paris, J. Fouet, 1617). Il s'agit de la première partie du *Caballero del Sol*, dont les parties successives, probablement à cause de la mort de Rosset, sont l'œuvre de Douet : *La Seconde partie de l'histoire admirable* a encore été *traduite par François du* [*sic*] *Rosset et Louys Douet, Parisien, professeur es langues Italienne et Espagnolle*, Paris, S. Thiboust, 1620. Douet publiera ensuite la troisième et la quatrième partie du roman en 1620, la cinquième, la sixième, la septième et la huitième en 1626.

5 *Les abbus du monde, histoire memorable, composee en espagnol par le sieur Loubayssin de la Marque*, Paris, T. du Bray, 1618. En fait, l'auteur est gascon mais il écrit en espagnol pour exploiter la grande vogue dont cette langue jouissait pendant cette période en France.

6 *Histoires graves et sententieuses traduites d'espagnol en françois*, Paris, J. Jacquin, 1620.

7 Il s'agit du mariage entre Louis XIII et Anne d'Autriche et de celui d'Élisabeth, sœur de Louis, avec Philippe IV d'Espagne. *Cf.* A. Stegmann, « La fête parisienne à la Place Royale en Avril 1612 », in *Les fêtes de la Renaissance*, Paris, CNRS, 1973, p. 374-392. *Cf.* aussi A. Mansau, « Maynard édité par Laugier de Porchères et Rosset », *Cahiers Maynard*, n° 13, 1983, p. 24-32.

8 Paris, veuve J. du Clou, 1617.

nouvelles tirées de l'histoire de l'époque et surtout les *Histoires tragiques* dont on est en train de s'occuper. Si d'un point de vue quantitatif elles ne sont pas prépondérantes dans la production de Rosset, leur retentissement est pourtant remarquable. Et le succès n'avait certes pas fait défaut aux autres œuvres : les *Quinze joies* ont été republiées au moins huit fois, les *Lettres amoureuses et morales* au moins six. *Le Divin Arioste* a été réédité trois fois et la *Suitte* a été traduite en néerlandais et en allemand. Et les textes – traductions et anthologies – qui ont eu l'honneur d'être réédités ou réimprimés une ou plusieurs fois sont nombreux[1]. Mais la renommée des textes narratifs de Rosset a éclipsé tous les autres.

On a déjà parlé du *Romant*[2]. On peut ajouter maintenant que l'*Histoire des amans volages de nostre temps* fut proposée au public par les éditeurs pas moins de cinq fois entre 1617 et 1632[3], et qu'elle a été transposée, comme d'habitude, dans le langage d'Outre Rhin. Par contre, le succès éditorial des *Histoires tragiques* est tellement exceptionnel qu'il mérite d'être analysé séparément et en détail.

Ce recueil parut pour la première fois *probablement* en 1614[4]. Au début, il était composé d'une quinzaine de nouvelles au titre très long qui ressemble plus ou moins[5] à cela : *Les Histoires tragiques de nostre temps, où sont contenues les morts funestes et lamentables de plusieurs personnes arrivees par leurs ambitions, amours desreiglees, sortileges, vols, rapines, et par autres accidens divers et memorables*[6]. Il rencontra tout de suite la faveur du public et, avant la mort de l'auteur en 1620, il avait déjà obtenu une grande diffusion avec au moins six éditions de la première partie[7]

1 *Cf.* G. Hainsworth, *Les « Novelas exemplares »*..., *op. cit.*, p. 248-252.

2 Même s'il s'agit d'une œuvre essentiellement de circonstance et fortement connotée politiquement (*Cf.* A. Stegmann, *op. cit.*), elle eut trois éditions entre 1612 et 1616.

3 *Cf.* G. Hainsworth, *Les « Novelas exemplares... »*, *op. cit.*, p. 251.

4 L'édition de Cambray, J. de la Riviere, 1614 est citée par de G. Reynier, *Le Roman sentimental*, *op. cit.*, p. 352. Toutefois, selon ce qu'affirme Hainsworth, (« François de Rosset and his *Histoires tragiques* », *The French Quarterly*, XII (1930), p. 130-131) certains détails font penser à une édition antérieure. Un exemplaire de cette édition de 1614 a été répérée à la bibliothèque de la ville d'Amiens (cote M 3654).

5 Il y a de petites variantes d'une édition à l'autre.

6 Ce travail se base sur l'édition de Paris de 1619 (Paris, Chevalier, 1619). Elle contient vingt-trois histoires et elle présente l'avantage d'être la dernière publiée du vivant de Rosset. Elle ne présente donc pas tous les ajouts successifs insérés par les éditeurs, ni les censures dont parfois le texte fut victime. Les histoires qu'elle offre sont plus nombreuses par rapport aux éditions précédentes. L'introduction semble aussi plus ample et élaborée.

7 *Cf.* G. Hainsworth, « F. de Rosset and his... », *op. cit.*, p. 130 *sqq.*

et avec la publication, dans cette même dernière année, de la *Seconde partie des histoires tragiques*[1] (sept nouvelles en tout) pour répondre aux attentes évidentes des lecteurs. Ces attentes ne disparurent pas aussitôt : elles persistèrent inaltérées pendant toute la première moitié du siècle et pendant l'époque classique, cessant seulement, à notre connaissance, dans la deuxième moitié du XVIIIe siècle.

On se demande quel texte d'auteur, même plus célèbre, peut se glorifier d'un tel succès. L'œuvre a été un véritable *bestseller* de l'Ancien Régime, traduite en allemand et néerlandais et publiée certainement plus de quarante fois entre 1614 et 1757[2]. En outre son influence sur la littérature française ultérieure est sans aucun doute importante : comme nous l'avons vu, Camus cite Rosset avec Belleforest comme maîtres de l'histoire tragique[3]. Le goût pour la cruauté et l'horrible qui traverse les *Histoires* nous amène, suivant le fil des rééditions, jusqu'au sein des perversions ambiguës du XVIIIe siècle noir sadien[4]. Nodier aura recours à un récit de Rosset pour une histoire de ses *Infernaliana*[5]. Et il est probable que Barbey d'Aurevilly se soit inspiré d'une belle et vraie nouvelle de notre auteur pour raconter les vicissitudes normandes de Julien et Marguerite de Ravalet[6]. Les histoires de Rosset, largement diffusées dans toutes les bibliothèques de France et d'Europe, en un nombre incroyable d'éditions (ou réimpressions) qui n'a pas encore été complètement recensé, ont été assurément lues par une quantité innombrable de personnes. Parmi ces personnes, on trouve certainement des historiens, attirés par la vérité

1 Paris, Huby, 1620. La dernière nouvelle de ce recueil est de Des Escuteaux (*cf.* G. Hainsworth, « Additional Notes on F. de Rosset », *Modern Language Review*, XXXIII, 1 (January 1938).

2 *Cf.* G. Hainsworth, *F. de Rosset…*, *op. cit.* ; *id.*, « Additional Notes… », *op. cit.* ; S. Poli, *Su alcune edizioni dimenticate… op. cit.*

3 *Cf. supra*, note 1, p. 40.

4 Non seulement les rééditions arrivent jusqu'au seuil de la production sadienne (la dernière édition des *Histoires* qu'on connaît date de 1757) ; non seulement les deux auteurs sont liés par une affinité spirituelle, ainsi que le reconnaît H. Coulet (*op. cit.*, p. 156) ; mais on peut encore ajouter qu'entre les *Histoires* et l'œuvre de Sade existent aussi des liens concrets. À partir de 1679, par exemple, les *Histoires* s'enrichissent, parmi d'autres, du récit de la *Mort deplorable de la marquise de Ganges*, les vicissitudes d'un personnage qui intéressera Sade aussi.

5 Il s'agit de l'histoire de Thibaut de la Jaquière, dont Nodier fut, peut-être, seulement l'éditeur, et qu'on doit attribuer à Potocki : *cf.* J. Decottignies, « Variations sur un succube », *R.S.H*, 111, 1963, p. 329-340 et P. G. Castex, *Le conte fantastique en France*, Paris, Corti, 1951, p. 134-137.

6 Barbey d'Aurevilly, *Une page d'histoire*, in *Œuvres romanesques complètes*, Paris, Gallimard, « Bibliothèque de la Pléiade », t. II, p. 365-378.

de ses comptes rendus, des hommes de lettres, comme Nodier, et, très probablement, des auteurs insoupçonnables qu'il serait intéressant de découvrir et qui n'ont jamais déclaré leur source.

Une étude de l'hypotexte rossettien comme élément important pour la création d'autres textes serait donc très intéressante et, aussi, très vaste. Ce serait, toutefois, une étude difficile : la source-Rosset, à cause d'une destinée étrange et à première vue inexplicable, malgré l'immense succès auprès du public, n'a jamais bénéficié de la faveur des doctes. De son vivant, Rosset dut se défendre à plusieurs reprises des accusations de gasconisme pour son style[1]. Après sa mort, voilà qu'il devient l'exemple parfait du poète misérable dans les lettres de Balzac, et Sorel de critiquer âprement la forme des *Histoires*[2]. Les voix dissonantes ne manquent certes pas et le nom de « Monsieur du Rosset » mérite un sonnet apologétique qui l'élève au même rang que Theophile de Viau, Hardy, Malherbe parmi les « plus excellens personnages de nostre temps en France[3] ». Toutefois, les jugements négatifs prévalent nettement sur les éloges et ils sont consacrés au XVIIe siècle par la *Bibliothèque françoise* de Goujet qui indique Rosset comme un écrivain « trop fécond » et en diminue les capacités de traducteur[4]. L'avènement d'un schéma historiographique centré sur le Classicisme n'a certainement pas favorisé la bienveillance

1 *Cf.* les préfaces du *Divin Arioste* et du *Persiles et Sigismonde*.

2 *L'Anti-Roman*, Paris, 1633-1634, vol. 4, p. 976 (*cf.* G. Hainsworth, « F. de Rosset… », *op. cit.*, p. 126).

3 Des Chartres, *Eloges et louanges des plus excellens personnages de nostre temps en France : tant de ceux qui se sont signalez en la perfection d'un chacun des Arts et des Sciences : Qu'ensemble les Paralleles, ou Conferences de la plus-part d'iceux : Avec les plus Anciens qui les ont precedez.* Par le sieur Des-Chartres, Breton. A Paris, De l'imprimerie de Claude Hulpeau, ruë de la Harpe, prés le petit Renard. M.DC.XXII. Comme l'affirme l'auteur dans la préface, polémisant de façon évidente avec la poésie de son temps, il s'agit d'une série de sonnets « sur le modele des plus florissans Poëtes du temps de la Pleïade Françoise ». « Ce que j'estimeray – continue-t-il après – tousjours estre le plus asseuré, contre l'opinion de quelques bigeares cerveaux… ». Le sonnet en l'honneur de Rosset est à la page 8 : « MONSIEUR DU ROSSET / A Passerat, du Rosset, je t'égalle / Si du Gascong la bouillonante humeur, / Fille en excez d'inégale chaleur, / Ne t'élevoit, qui soudain te ravalle. / Ce n'est pas tout de fraper à la salle / Du Mont-besson, effroyant le Sainct Chœur / D'un trop haut ton : une héroïque ardeur, / Un ton moyen nous rend la veine masle. / Je diray bien que l'hystoire en François / te doit autant qu'au docte Comingeois / Jadis promit de haut renom la France. / Vole à Pegase, et si des Sœurs l'accueil / ne t'est benin, Clion ton petit œil, / se levera pour prendre ta defense. » – Ici on voit bien que c'est le Rosset « historien » qui mérite les éloges.

4 C.-L. Goujet, *Bibliothèque françoise*, 1741-1756, t. XV, p. 267 et t. VII, p. 377.

des critiques : le brouillard des préjugés enveloppa la figure de l'auteur, et l'oubli s'étendit lentement sur une œuvre jadis célèbre.

Ce n'est pas un hasard que ce brouillard commence à s'éclaircir aujourd'hui, lorsque désormais les vieux schémas littéraires démontrent leur insuffisance et que l'on parle de baroque et de maniérisme. Pourtant, le poids du passé pèse encore de quelque manière, provoquant des hésitations et empêchant des prises de position nettes. Ainsi Reynier mentionne-t-il à peine Rosset (qui reste en vérité aux frontières chronologiques de son étude) lui accordant, comme à « quelques autres [...] un peu plus de talent » par rapport à ses « prédécesseurs immédiats[1] ». Hainsworth reconnaît ses mérites et en parle plus que les autres, mais il le fait surtout en traitant d'autre chose, c'est-à-dire de la traduction des nouvelles de Cervantès. Et en plus il reste longtemps isolé[2]. Coulet, en effet, tout en considérant Rosset comme un antécédent de Sade, lui nie le talent de l'artiste[3] ; Godenne, de sa part, se limite à mentionner à peine le nom de l'auteur des *Histoires*, avant de s'arrêter beaucoup plus longuement sur les histoires tragiques camusiennes[4]. Et il faut arriver à une époque très récente pour trouver une quelque considération pour cet auteur de la part de certains spécialistes[5]. Par rapport à d'autres auteurs d'histoires tragiques, très peu de critiques ont choisi de s'arrêter longtemps sur cette figure d'écrivain ; un peu plus d'attention a été réservée à son œuvre qui en mérite sans doute beaucoup, ne serait-ce que pour l'importance qu'elle a eue dans le panorama des Lettres du XVIIe siècle[6]. C'est une œuvre qui, malgré son retentissement et sa

1 G. Reynier, *op. cit.*, p. 189.

2 Il en parle dans *Les « Novelas exemplares »*..., *op. cit.*, p. 51-57, 66 *sqq.*, 106. Quand il parle seulement de Rosset en tant qu'auteur d'histoires tragiques, comme dans son article « F. de Rosset... », *op. cit.*, il traite plutôt de la fortune de l'œuvre que de ses caractéristiques intrinsèques. Le chercheur s'avère quand-même être bien informé et il demeure la source principale pour tous ceux qui se sont intéressés à Rosset.

3 H. Coulet, *op. cit.*, p. 156.

4 R. Godenne, *Histoire de la nouvelle française*..., *op. cit.*, p. 40.

5 M. Lever, *Le roman français*..., *op. cit.*, consacre à Rosset plusieurs pages (70-77) ; dans son article « De l'information... », *op. cit.*, il s'occupe aussi des sources des *Histoires*. A. De Vaucher Gravili, *op. cit.*, analyse surtout la structure de l'histoire tragique du XVIIe siècle, considérée comme un ensemble homogène, en partant des textes de Rosset, Camus, Malingre et Parival.

6 L'édition des *Histoires tragiques* sous la direction d'A. de Vaucher Gravili est sortie en 1994, (F. De Rosset, *Les histoires mémorables et tragiques de nostre temps*, Librairie générale française 1994 – Le Livre de Poche – Édition de Paris, Chevalier, 1619). À partir

vitalité exceptionnelle, malgré son influence évidente ou cachée, reste encore aujourd'hui en grande partie méconnue : comme une Atlantide mythique recouverte par un océan de désinformation, d'oubli, de jugements partiels ou hâtifs.

Néanmoins, le sort étrange des *Histoires* semble avoir été conçu exprès pour solliciter la curiosité, et leur « vie » pour stimuler la fantaisie – et la patience – des chercheurs. Pourquoi par exemple une telle divergence entre le succès du public et le peu de considération des doctes ? Peut-être parce que le recueil se situe à un moment crucial de l'évolution des théories esthétiques en France et parce que les goûts des classes dominantes et les orientations du pouvoir sont en train de se transformer ? et leur survivance éditoriale, au-delà et en dessous d'un classicisme triomphant, ne montre-t-elle pas par hasard l'existence d'un public différent qui n'est pas toujours et pas nécessairement populaire ? S'agit-il d'un public un peu « attardé », un peu inquiet, charmé en tout cas par les histoires à clé (ayant une certaine érudition et donc à même de les interpréter), ou bien attiré par les violences baroques et aussi, sans doute, par quelques traces de libertinage ambigu ?

Et cette « vie » des histoires, aurait-elle pu être plus vivante et vitale – pardonnez-nous le jeu de mots ? Les *Histoires tragiques* de Rosset n'ont rien d'un texte immobile. Elles ne furent jamais immobiles avant la disparition de l'auteur, vu que chaque édition était enrichie de nouvelles histoires[1]. Elles ne restèrent pas immobiles même après sa mort : d'autres récits s'ajoutèrent aux originaux, en enrichissant progressivement le recueil des vicissitudes de personnages humbles ou de haut rang, qui n'avaient désormais plus rien à voir avec Rosset, mais qui s'intégraient bien aux narrations précédentes, permettant au texte de ne pas perdre cette aura d'actualité qui plaisait tant aux lecteurs[2]. Comment interpréter donc une telle situation ? S'agit-il du signe de l'absence de structure dans le recueil original ? Cela n'est peut-être pas exact, parce que les vieilles

---

des années 2000 les travaux sur les *Histoires tragiques* de Rosset ont considérablement augmenté, en touchant l'un ou l'autre aspect de l'œuvre. Aucun travail, pourtant, n'a encore affronté globalement l'auteur, ni toute sa production d'histories tragiques (p. ex. la *Seconde partie*).

1 L'édition de 1614 contenait quinze histoires ; celle de 1615, dix-neuf ; en 1619 (l'édition prise en compte ici) les histoires deviennent vingt-trois.

2 Cela se produit déjà à partir de l'édition de 1632, dont les histoires sont « augmentées en cette derniere edition des morts tragiques arrivées à aucuns personnages de France, Espagne, et autres lieux d'Europe depuis l'an 1620 jusques à present. » (Rouen, Behourt, 1632).

Histoires restent toujours bien au centre du volume. S'agit-il du signe de leur décadence de fait littéraire à fait divers ? Il ne fait aucun doute que les vicissitudes de l'œuvre démontrent son extrême adaptabilité, la capacité de répondre aux attentes les plus diverses, à se modifier dans le temps. Les nouvelles de Rosset sont en somme une œuvre complexe, mystérieuse et contradictoire comme la personnalité de leur auteur, comme leur destinée même. Et cette dernière peut sans doute être comprise seulement en partant de la nature ambiguë du texte, qui mérite certainement plus de place et d'attention que les textes des auteurs que nous avons jusque-là examinés ou que nous examinerons par la suite.

LA STRUCTURE DU RECUEIL : UN DÉSORDRE ORDONNÉ

Les conventions et les nouveautés se mêlent à chaque niveau de l'œuvre et donc même au niveau le plus extérieur, celui de l'ensemble des nouvelles. Celles-ci, si elles ne semblent pas présenter, à un examen superficiel, des caractéristiques particulières dans leur relation réciproque, se détachent en tout cas à première vue de celles qui les précèdent immédiatement. En effet aucune histoire de Rosset n'apparaît jamais isolée comme dans les *Amours* de Nervèze, le *Proumenoir* de Mlle de Gournay ou le *Martyre de la fidélité* de d'Intras, qui sont situées l'une après l'autre, sans un lien apparent ou un quelque encadrement. Elles sont aussi bien différentes de l'œuvre de Laffemas, et leur nombre élevé (vingt-trois dans l'édition que nous considérons) différencie nettement le volume de Rosset de celui, bien plus exigu, de Du Pont. Avec les *Histoires tragiques* la crise du recueil est définitivement dépassée, et pour leur trouver un modèle il est nécessaire de remonter aux origines même du genre en France, c'est-à-dire aux traductions de Bandello par Boaistuau et Belleforest.

Voilà donc que même la forme la plus extérieure du recueil souligne les affinités de deux époques, pour le dire avec les mots de Wetzel : « l'orientation du changement du contenu et de la forme ne dépend pas exclusivement des décisions arbitraires d'un auteur, mais relève nécessairement du cadre restreint de la situation historique respective et des idéologies possibles à ce stade du développement de la société[1]. »

1 H. H. Wetzel, « Éléments socio-historiques d'un genre littéraire : l'histoire de la nouvelle jusqu'à Cervantès », in *La nouvelle française à la Renaissance*, Genève-Paris, Slatkine, 1981, p. 42.

La situation historique présente, comme on l'a vu, des indéniables points de contact entre la dernière partie du XVIe siècle et la deuxième décennie du XVIIe : la crise politique et sociale, l'affaiblissement du pouvoir monarchique caractérisent les deux moments historiques. Et, à chaque fois, on constate le renoncement de l'écrivain à adopter une quelconque forme d'encadrement extérieur pour les nouvelles, un encadrement capable de « mettre en ordre » et de donner une perspective à la réalité qu'elles décrivent car le sens du monde est fragmenté et insaisissable : l'écrivain peut le représenter dans toute sa variété, mais ne peut plus l'interpréter selon un modèle idéal.

Devra-t-on en déduire que les histoires de Rosset sont entassées au hasard à l'intérieur du volume ? Que rien ne les lie, qu'elles sont déplaçables et interchangeables, que leur succession reflète au maximum l'ordre de composition ? Rien n'est plus faux. Le caractère indissoluble du lien qui les unit est démontré par le fait que, mis à part quelques censures[1], et malgré les ajouts ultérieurs, elles restent toujours au centre de l'œuvre toutes ensemble et bien en ordre. Et le caractère non aléatoire de ces liens est démontré par la manière de procéder de Rosset lui-même lorsqu'il ajoute d'autres histoires au noyau primitif du recueil. Cela se produit surtout avec l'édition de 1619, qui contient quatre histoires en plus de la précédente sur vingt-trois au total.

En effet, les nouveaux récits ne sont pas juxtaposés aux autres à la fin ou au début du recueil, mais ils y sont insérés selon un schéma bien précis. Hormis un compte rendu plutôt romancé des rapports entre Marie de Médicis, Louis XIII et les Concini – situé au début du volume probablement à cause du rang des monarques, ou pour l'extrême actualité de l'évènement outre que pour des raisons personnelles et politiques – les autres histoires sont toujours situées de manière à séparer deux narrations qui se ressemblent en quelque mesure. La description de la condamnation et du supplice de l'italien Vanini, par exemple, apparaît, avec ses revers politico-religieux, entre deux nouvelles tragico-sentimentales, ayant comme protagonistes deux nobles français. Une autre

1 À chaque fois les éditeurs négligent quelques histoires ayant comme protagonistes des personnages de basse condition (par exemple, la XII de notre édition, que l'on ne retrouve pas dans la version néerlandaise) ou racontant des faits excessivement cruels (la XXII, par exemple, ne se trouve plus dans l'édition de 1653) ou politiques (les vicissitudes de Lystorac – XVII – ont été éliminées plus d'une fois).

histoire d'amour, celle de Mélidor et de Célimène (XI), eux-aussi nobles et amoureux galants, trouve sa place entre les aventures de personnages de condition non élevée et qui plus est colériques, vulgaires, avides et voleurs. Enfin, le très français baron Lystorac (XVII) est inséré entre des récits « italiens ».

Une telle démarche démontre une volonté évidente de diversifier et de varier qui régit toute la charpente de l'œuvre et qui organise une alternance de décors, d'infractions, voire de punitions. En effet, dans la conclusion des histoires, les exécutions publiques alternent régulièrement avec les duels et les suicides, impliquant des changements de ton et de sens. L'exécution, par exemple, presque toujours précédée par le repentir du coupable et toujours accomplie devant une foule silencieuse et émue, montre, certes, d'un côté une condamnation de la part de la société, mais constitue de l'autre une sorte de rite libérateur qui annule la faute et rééquilibre le monde, amenant l'écrivain vers le pathétique, pacifiant les spectateurs et permettant généralement, *in extremis*, le salut du condamné. Par contre, les duels et encore plus les suicides laissent des fractures incurablement ouvertes entre l'individu et la société et expriment la révolte muette, violente et incoercible.

Dans les *Histoires* de Rosset il n'y a donc pas d'ordre hiérarchique mais une variété planifiée et, si on observe avec attention, une analogie variée : un réseau de rappels, de ressemblances, d'affinités contraste efficacement toute dispersion et établit des liens subtils, en mettant en évidence des ensembles homogènes et en donnant l'impression d'une continuité organisée. Dans les histoires XII, XIII, XV, par exemple, malgré toutes les variations possibles, c'est toujours le rapport père/fils qui déclenche l'inévitable tragédie. Les rivalités entre les nobles constituent, bien qu'en partie seulement, l'objet des deux premières histoires et c'est un amour interdit qui fait souffrir les protagonistes des histoires VI, VII, VIII, les amenant inexorablement à la mort.

Somme toute, entre analogie et variété, dans un jeu de contrastes et d'attractions, le texte s'efforce d'explorer, sans un ordre apparent, sans rigidité structurelle, toutes les différentes possibilités offertes par la vie et choisit des thématiques parallèles qui se succèdent et s'estompent. Ce sont des noyaux de sens qui apparaissent et disparaissent et réémergent ensuite modifiés dans un tressage continuel de renvois. Comment sont-elles, par exemple, les femmes amoureuses des *Histoires tragiques* ? On en rencontre de plusieurs espèces, l'une à côté de l'autre (et opposée à l'autre), comme la protagoniste de l'histoire XIII qui meurt seule et désespérée, victime des intrigues d'autrui. Ou encore, comme l'héroïne de la nouvelle suivante : « femme forte » qui découvre l'assassin de son amant et se venge de manièrre terrible avant de se suicider. Et combien de types de suicide peut-on avoir ? On peut mourir comme la « femme forte » ci-dessus qui se tue violemment, mais il est aussi possible de se laisser mourir comme le fait le jeune parricide de l'histoire suivante. Ou bien on peut se comporter comme le jeune Polonais de la seizième nouvelle qui, après avoir été sodomisé avec la force, quitte sa fiancée et ses amis et disparaît pour toujours : sa fin, même si elle est seulement sociale et civile, n'est pas moins tragique qu'une mort physique. Pour ne pas parler de l'amour : passion éminemment littéraire et sujet principal de toute histoire tragique digne de ce nom. Rosset en analyse chaque repli, chaque nuance, en réservant bien sûr une grande place aux amours hors la loi (du moment qu'on est dans le domaine des sentiments dangereux qui enfreignent les lois humaines et divines et traînent l'homme vers sa ruine). Par exemple, dans plusieurs histoires on trouve le thème de l'adultère. Dans la sixième histoire il représente le but désiré et jamais atteint de Callirée et Alidor. Par contre, dans la septième, il devient concret, se colorant, de plus, des couleurs sombres de l'inceste. La huitième revient sur le sujet, en présentant la variante d'un concubinage, d'abord heureux et finalement débouchant sur un suicide réciproque.

D'une histoire à l'autre, un véritable traité de l'amour irrégulier semble presque prendre forme. Un amour qui, avec sa casuistique abondante et variée, se condense en certains moments du texte, s'affaiblit et disparaît ensuite et refait surface sous une forme différente. À côté, avant et après, le jeu des alternatives et des possibilités, de la variété et des analogies forme d'autres petits traités parallèles, celui sur le suicide, celui sur le rapport père/fils, celui sur la révolte, et celui sur les liens entre le roi et la noblesse. Le souci de rendre compte des multiples facettes de la réalité, d'une réalité toujours différente et insaisissable qui avait poussé Nervèze à réunir ses récits sous le titre emblématique de *Amours diverses*, ce même souci apparaissant, bien que timidement dans l'*Enfer d'Amour* de Du Pont, et qui assumait une cohérence hors du commun dans l'œuvre de Laffemas, se trouve ici multiplié, subdivisé en mille ramifications, renouvelé continuellement. Plus que pour tout autre auteur, pour Rosset la réalité est fuyante, plus que tous les autres il s'efforce de la poursuivre. Son œuvre n'est jamais finie, car infinis sont les cas de la vie, et irréductibles à un dénominateur commun, à des catégories reconnues, à un « cadre » qui les unifie. Voilà pourquoi la structure des *Histoires*, de façon différente par rapport aux *Amours tragiques de ce temps*, qui expriment un mouvement circulaire ininterrompu, représente le triomphe du mouvement baroque toujours renouvelé et qui, puisqu'elle est enfermée dans un réseau de rappels, d'anticipations et de retours, reste « ouverte » sans être inachevée, variée sans être incohérente, se prêtant en somme, tout en restant homogène et ferme, à avoir une suite, ce qui se produisit effectivement par la suite.

DE L'HISTOIRE : UNE FORME DÉSORMAIS FIXE

Même dans chaque histoire considérée dans sa singularité, Rosset se révèle être un continuateur en même temps qu'un innovateur. On a déjà vu de quelle manière la suppression du cadre extérieur boccacien, celui des épîtres dédicatoires de Bandello, avait amené à une structuration différente du récit. Boaistuau par exemple fait précéder ses traductions d'un sommaire qui ne correspond souvent pas à ce qu'on pourrait s'attendre d'un sommaire, mais qui condense en quelques lignes le sens moral des événements narrés par la suite. Par contre, dans d'autres recueils du XVIe siècle, des considérations morales, des références historiques, des parallèles mythologiques forment de longs prolongements au terme de chaque nouvelle. Dans *L'Enfer* de Du Pont, enfin, la tendance à renfermer les histoires entre une brève introduction et une aussi brève conclusion devient de plus en plus évidente. La première est nécessaire pour installer le lecteur dans l'atmosphère grave et dramatique de la tragédie, la seconde pour tirer les conclusions – la morale – de l'événement raconté.

Rosset transforme en règle la tendance avec très peu d'exceptions. Une introduction et une conclusion encadrent solidement toutes les vingt-trois histoires de 1619[1] ; ces textes se différencient nettement du récit à proprement parler par leur ton abstrait et sentencieux et par leur style oratoire. De son côté, le récit, qui possède une introduction

1 Sur vingt-trois histoires, on compte une seule et partielle exception : il s'agit de l'histoire XIV, qui ne présente aucune introduction.

et une conclusion de type narratif, n'est interrompu que brièvement par les nombreuses considérations, exclamations et exhortations de l'auteur. Il n'arrive donc jamais dans *Les Histoire tragiques* ce qui caractérisait le « roman discourant » de Mlle de Gournay, à l'intérieur duquel s'ouvraient de longs raisonnements de l'auteur qui se prolongeaient sur plusieurs pages. Au contraire, la narration de Rosset est serrée et dense. Elle est presque toujours plus brève que les histoires tragiques publiées séparément par les auteurs dans les années précédentes, elle est plus brève aussi que chacun des *Amours* de Nervèze, mais elle n'atteint pas la concision de l'histoire secondaire de Laffemas, et se stabilise sur des dimensions propres à un ample recueil d'histoires « importantes » sans trop s'éloigner des modèles seiziémistes des traducteurs de Bandello.

Cette narration, riche en détours et en surprises mais rapide et sans pauses, est justement précédée par des considérations introductives que nous venons d'évoquer. Par quels moyens et comment ? Comment le raisonnement du début se lie-t-il aux événements qui seront décrits ensuite ? Quelles sont ses fonctions ? Commencer à répondre à ces questions signifie commencer à plonger à l'intérieur du mécanisme narratif de Rosset, un mécanisme fixe et presque automatique, mais pour cela même très efficace. Il est bien évident que ce mécanisme a une cible précise à atteindre, une proie à capturer : cette proie est un lecteur qu'il faut préparer, convaincre, fasciner ou orienter avec tous les moyens possibles. Voilà donc que l'introduction relie souvent l'événement particulier raconté à la destinée malheureuse, éternelle et commune à tous les hommes (et donc au lecteur aussi) :

> O cruels destins ! qui ordonnez de nos jours comme il vous plaist, pourquoy permettez-vous que la Nature produise de si dignes fruicts, puis qu'ils sont de si peu de duree ? Est-ce point que vous avez ordonné du monde en ceste sorte, que les plus belles choses passent tousjours legerement, et qu'un matin void naistre et mourir les plus belles fleurs ? Ceste Histoire rend tesmoignage de la justice de ma plainte. (XXI, 642)[1]

L'histoire devient alors *exemplum* particulier d'une vérité générale exprimée par ailleurs – nous voilà à l'étape de la fascination ! – par une cascade d'invocations et d'interrogations rhétoriques d'une grande

1 Le chiffre romain et le chiffre arabe se réfèrent respectivement à l'histoire et à la page de l'édition prise en considération ici, à savoir celle de 1619, cit.

élégance, où les lieux communs littéraires sont synthétisés efficacement, créant l'atmosphère pathétique de la « plainte ».

Parfois, en revanche, la vérité spécifique des faits est en jeu plutôt qu'un sens universel, et c'est ce que l'introduction se doit de souligner. Ce qui compte, c'est de convaincre de l'existence d'une réalité qui pourrait être mise en doute : « L'arrest de ce juste parlement prononcé depuis peu de jours et tant de milliers de personnes qui ont assisté au supplice de cét abominable, tesmoigneront la verité de l'histoire, que j'escriray naifvement de la sorte » (V, 186).

Une autre fonction très importante est attribuée à l'introduction : celle-ci doit orienter le lecteur vers le vrai sens du récit, vers la clé d'interprétation choisie une fois pour toutes par l'auteur, qui est bien conscient du fait que ses histoires peuvent se prêter à plusieurs lectures (quelques-unes sans doute peu orthodoxes...). La quatorzième histoire nous offre un bel exemple qui, par souci de clarté, explique tout de suite que le sujet du récit est la vengeance et, ce qui est très important, *que celle-ci est jugée très négativement par l'écrivain.* Cela pourrait, en effet, ne pas être évident à première vue, car la femme qui se venge en tuant agit de la sorte pour de très bonnes raisons et surtout elle apparaît comme une héroïne horrible et séduisante, capable d'attirer la sympathie du lecteur ou de dévoiler la sympathie, critiquable d'un point de vue éthique, de son créateur :

> Cruelle vengeance, que tu as bien souvent du pouvoir sur les hommes ! Tu bannis la raison de l'âme, et sans te soucier de sa perte, tu réduis les personnes en de telles extremitez, qu'elles executent des entreprises si horribles, qu'à peine ceux mesmes qui les voyent en peuvent imaginer les effects. Mais particulièrement le sexe qui est le plus doux et le plus bénin, est sujet à ceste passion. (XIV, 442)[1]

Les adjectifs « cruelle », « horribles », ne doivent laisser aucun doute sur les intentions de l'écrivain ; mais ils sont étrangement en contraste avec la douceur et la gentillesse propres au sexe féminin lequel, au contraire de ce qu'on pourrait penser, est sujet à cette terrible passion. La dialectique des opposés, l'esthétique baroque de la merveille, transforment cette

1 Très probablement Rosset reprend de Boaistuau l'idée de la femme douce et en même temps cruelle (*Sommaire de la Cinquiesme histoire, Histoires tragiques*, sous la dir. d'A. Carr, Paris, Nizet, 1977, p. 15). *Cf. infra*, p. 183-184.

déclaration d'intentions en une opération promotionnelle très habile. Au-delà des maximes, au-dessus des condamnations, l'introduction vise surtout à chatouiller la curiosité. Voilà pourquoi, à y regarder de près, elle est toujours parcourue par des allusions alléchantes, par des anticipations appétissantes délibérément placées pour susciter l'intérêt. La vengeance, en soi, ne promet-elle pas des descriptions aux couleurs intenses ? Voilà que l'horreur, annoncée d'un ton de héraut, est hyperbolique, au seuil de l'incroyable, de l'invraisemblable, et pourtant vraie. Si on l'associe à la délicatesse féminine, l'horreur constitue aussi bien une invitation à la lecture qu'une raison de stupeur et de réflexion. Toute une conception de l'art dévoile ici ses motivations pratiques et immédiates. Ce que l'on a dit de l'introduction peut être répété pour la conclusion qui clôt invariablement chaque récit, parfois en reprenant les mêmes mots du début ou presque.

Toutefois, celle-ci est souvent plus concrète, car elle fait allusion à la narration qui la précède et que le lecteur connaît déjà. Pour la même raison, c'est surtout dans la conclusion que l'auteur souligne la valeur d'exemple d'une histoire, quand désormais la punition a déjà été racontée pour avertir et édifier le lecteur :

> C'est la fin tragique et lamentable de Lizaran et de Doralice, que le Ciel avoit pourveus de beauté et d'esprit, autant que toute autre personne. Leurs execrables amours avancèrent la fin de leurs jeunes ans. Exemple memorable, qui doit faire trembler de peur les incestueux, et les adulteres. Dieu ne laisse rien impuny. Sa vengeance trouve tousjours le coupable, s'il persevere en sa malice… (VII, 281).

De plus, comme il est évident, c'est seulement la conclusion qui enregistre la recomposition du monde qui s'est produite par effet de la punition qui rétablit un équilibre auparavant compromis :

> Voilà la fin tragique de Lystorac, à qui le Ciel n'avoit pas esté avare de ses plus rares dons. Il abusa de tant de graces, et ayant mesprisé celuy qui est si grand en force, en jugement, en justice, quand la fortune luy estoit favorable, fut contraint puis après de le recognoistre sur un infame theatre. (XVII, 552)

En outre, les derniers mots du récit, qui semblent contredire ce que nous venons d'affirmer, sont souvent enrobés de mélancolie afin de souligner le caractère pathétique de l'histoire :

> C'est la fin tragique du brave Lysis de qui la valeur estoit incomparable. Jamais le Ciel ne mit dans un corps tant de beauté, de grâce et d'adresse, ny un courage si franc, et si genereux. Si ce cruel mal-heur ne l'eust si tost ravy d'entre les Mortels, la France se pourroit maintenant vanter d'avoir un Mars, aussi bien que la Thrace. Les Lauriers et les Palmes puissent naistre sur sa tombe (XXI, 669).

Plus de « devisants » de la tradition, plus de références à une réalité extérieure aux nouvelles elles-mêmes, stratégie dont usait Bandello, ou Gournay dans son *Alinda* : le « cadre » est remplacé par les « cadres », l'occasionnel, l'impromptu, par l'incontournable, le fixe, le réglementé. Ces cadres qui sont susceptibles d'être répétés à leur tour à partir d'un schéma unique, et ce, comme les récits, à l'infini. Dans cette fragmentation, dans cette multiplication vertigineuse du modèle primitif, que reste-t-il des fonctions traditionnelles ? Ainsi que nous l'avons vu, elles n'ont pas disparu, bien au contraire : l'introduction et la conclusion font de chaque histoire un *exemplum*, car elles s'efforcent d'interpréter une réalité qui serait autrement insaisissable : et en l'interprétant, elles la situent dans un cadre conceptuel universel ; et enfin elles commentent cette réalité et en tirent des enseignements explicites pour guider l'agir quotidien. Les analogies de fonctionnement entre cadre général habituel et cadre particulier rossetien sont donc évidentes.

Si les fonctions narratives sont, du moins en partie, les mêmes, leur sens change toutefois avec la prolifération de l'un au multiple. L'encadrement unique n'indiquait-il pas la volonté d'ordonner le monde selon une vérité idéale[1] ? Et que pourra désormais signifier sa fragmentation sinon l'impuissance, le renoncement à harmoniser, à relier entre elles les différentes facettes de la réalité ? Rosset, qui vivait de traductions, qui dédiait chacun de ses livres à un puissant différent, dans l'espoir de trouver un mécène protecteur, l'homme qui vécut la fin des guerres civiles, l'avènement de la prospérité sous Henri IV, les crises de la Régence, puis la montée au pouvoir de Louis XIII, qui eut des responsabilités semi-officielles[2] et qui mourut probablement dans la misère[3], qui courtisa d'abord Marie de Médicis

1 H. H. Wetzel, *op. cit.*, p. 46.

2 D'après, A. Stegmann, *La fête parisienne…*, *op. cit.*, Rosset fut probablement chargé, avec Laugier de Porchères, d'organiser la fête parisienne de 1612 pour les fiançailles entre le futur Louis XIII et l'Infante d'Espagne.

3 Cfr. G. Hainsworth, *Les « Novelas exemplares »…*, *op. cit.*, p. 53.

et les Concini[1], puis les Guise et Louis XIII[2], cet homme dut donc se mesurer avec une société en évolution, sans appartenir à une classe hégémonique pourvue d'une vision du monde qu'elle pouvait imposer aux autres. Il avait donc fait l'expérience de la relativité et il avait pris conscience que les faits, voire les idées pouvaient être instrumentalisés et détournés. Comment aurait-il pu alors renfermer toutes ses nouvelles dans un même cadre fixe et univoque ? Comment aurait-il pu attribuer à de nombreuses histoires un seul et unique sens ? Il ne pouvait pas ignorer que chaque événement peut avoir plusieurs sens, selon celui qui le raconte, qui l'apprend et qui décide de s'en servir d'une quelque manière.

Alors qu'une série de narrations décousues et sans aucun cadre pourraient indiquer l'existence d'une idéologie commune, acceptée par tous et donc implicite, ou, au contraire, l'inexistence de valeurs communes et l'impossibilité pour l'auteur de proposer les siennes[3], l'introduction et la conclusion de Rosset, fragmentées mais toujours présentes, soulignent justement que l'interprétation des faits est toujours là, mais qu'elle est contingente, partielle, utilitaire. Souvent même contradictoire, ainsi que dans l'histoire XIV, citée ci-dessus, dont l'introduction condamne la vengeance et, par conséquent, les vengeurs, mais dont la conclusion dément en partie les affirmations précédentes, en exaltant en quelque sorte la femme qui s'est cruellement vengée[4]. Il est aussi fréquent que de nombreux éléments, à l'intérieur de l'histoire, fassent penser à la possibilité (ou à la présence cachée) d'interprétations divergentes[5].

Au lieu d'être tranquillisants, les incipit et les conclusions de Rosset se font donc inquiétants ; au lieu de recomposer le monde dans une image harmonieuse, ils en offrent plusieurs, différentes entre elles, et partant illusoires et ambiguës ; leur caractère partiel, leurs contradictions et leur désaccord – quoiqu'occasionnel – avec la narration qu'ils renferment

1 Les *Histoires* sont riches d'éloges à Marie ; d'autre part, la reine, selon les affirmations de l'auteur, aurait apprécié énormément l'œuvre (dédicace *A la Reyne* de son *Divin Arioste*). Les *Histoires* se terminent de plus sur un éloge, quoique voilé et remontant à la première édition, de la Régente et de ses favoris (c'est-à-dire de Concini).

2 C'est au Chevalier de Guise qu'est dédiée l'édition de 1619. Et la première histoire de la même édition célèbre le coup d'état de Louis XIII contre sa propre mère et Concini.

3 H. H. Wetzel, *op. cit.*, p. 45 *sqq.*

4 Dans la conclusion, la protagoniste est comparée aux héroïnes célèbres de l'Antiquité, et elle est en quelque sorte justifiée, ou excusée, pour son acte.

5 *Cf.* S. Poli, « Les *Histoires tragiques* de F. de Rosset : mensonge et littérature », *op. cit.*

semblent nous indiquer combien tout effort de ramener l'événement particulier à une vérité universelle est vain et mensonger. Incapable d'exprimer l'idéal, la « leçon » qui encadre chaque histoire esquisse de fait l'illusion de l'idéal. Avec ses dissonances, avec sa multiplicité, elle manifeste *structurellement* l'essence tragique des histoires, forcées par les habitudes et les désirs humains à toujours signifier quelque chose, mais condamnées chaque fois par l'impuissance humaine à signifier des choses différentes, et obligées par les intérêts individuels ou de classe à signifier seulement de manière ambiguë ou incomplète.

L'histoire tragique trouve ainsi avec Rosset une forme stable et particulièrement adaptée à exprimer ses contenus sombres et dramatiques, qui ressassent l'éternelle lutte entre passion et devoir, entre révolte individuelle et répression sociale ; une forme qui récupère et adapte à son époque de nombreux éléments hérités d'une longue tradition, et qui deviendra à son tour un modèle pour les écrivains à venir.

DE L'ACTUALITÉ ET DE LA POLITIQUE

> [...] il n'y a point d'histoire en ce volume qui ne soit advenuë depuis vingt ans. (XIX, 577)

Par cette phrase et d'autres du même genre, Rosset souligne ce qui saute aux yeux à la simple lecture de la table des matières de ses nouvelles, à savoir que la grande majorité des événements racontés n'est pas simplement vraie, mais aussi récente. Si quelques doutes peuvent légitimement surgir quant à plusieurs détails des récits, la vérité pointe toujours derrière l'écran des noms à la grecque des personnages, derrière les inévitables inventions de l'écrivain et les conventions, tout aussi inévitables, du genre romanesque. Comme chez Prévost et bien plus que chez Du Pont ou Nervèze, les histoires rossetiennes nous placent face à la réalité des événements : il s'agit d'histoires à clé, susceptibles, grâce à cette nature qui les caractérise, de titiller encore plus la curiosité des contemporains, d'inviter le lecteur à mener une sorte d'enquête personnelle ; et parmi ces clés, certaines, sinon toutes, ont été retrouvées[1].

Quoi qu'il en soit, la vérité, même si elle est plus vraie dans ce cas que dans d'autres, ne constitue certes pas une nouveauté, même relative,

1 *Cf.* G. Hainsworth, *F. de Rosset*, *op. cit.*, et *id.*, *Additional Notes...*, *op. cit.*

dans le panorama de l'histoire tragique de l'époque. Ce qui au contraire distingue le plus Rosset de nombre de ses prédécesseurs, c'est précisément le recours constant et délibéré à ce que son époque et son pays pouvaient offrir à l'imagination du narrateur. Il met en pratique, de ce point de vue, et de façon programmatique, ce que les derniers auteurs de nouvelles et d'histoires tragiques du XVIe siècle souhaitaient dans leurs préfaces en protestant contre l'imitation des Italiens[1]. Cette attitude est évidente dès la préface de 1615, qui commence par une affirmation empreinte de nationalisme : « Ce ne sont pas des contes de l'antiquité fabuleuse que je te donne (ô France, mere de tant de beaux esprits qui font rougir de honte et la Grèce et l'Italie). Ce sont des histoires autant véritables que tristes et funestes », que l'on retrouve dans la préface de 1619 : « Ces Histoires, Lecteur, sont advenües de nostre temps, et ne doivent rien à celles de l'Antiquité en matière d'admiration. La France en a esté le Theatre ; où l'Amour, et l'Ambition, principaux acteurs de la Scene ont representé divers personnages. »

Aucune mention n'est faite par notre auteur dans ses nouvelles de personnages tels que Alboïn et Rosemonde (tome IV des *Histoires tragiques* de Belleforest, hist. XIX), ni de personnages plus anciens comme Massinisse (Bell., t. III, hist. VII), Séleucos et Artaxerxès (Bell., t. IV, hist. I et IX), mais seulement des comptes rendus d'« arrests » parlementaires prononcés « depuis peu de jours » (V, 186), des histoires « déplorables » advenues « depuis peu » (II, 48), et qui rentrent donc dans la catégorie des événements directement ou facilement vérifiables[2].

Ce même désir d'adhérer de manière toujours plus précise à la réalité qui se traduisait sur le plan littéraire en une fidélité toujours plus grande aux faits divers d'actualité et qui avait caractérisé, dans les dernières années du règne d'Henri IV un si grand nombre d'auteurs différents jusqu'aux faits divers de Prévost, traverse, plus fort et démultiplié, les pages de Rosset et leur confère un caractère vivant et immédiat que les traductions de Bandello possédaient seulement en partie. Il en ressort, pour le lecteur, un effet un peu différent, un sens qui a partiellement changé : les prédécesseurs de Rosset, mettant en scène des faits contemporains aussi bien que des exemples anciens, de puissants

1 *Cf. infra*, p. 29-36.
2 Cette règle connaît toutefois une exception : l'histoire de Baiamonte Tiepoli (XVIII).

aristocrates comme de simples écoliers, des princes européens et de fabuleux souverains orientaux, ne faisaient qu'illustrer au fond la commune et universelle condition malheureuse de l'homme, faible et désorienté face à des valeurs toujours et en tout lieu incertaines, toujours et en tout lieu menacées. Or, comment cette portée universelle pourrait-elle se préserver, voire se préserver toute seule, dans une œuvre qui parle surtout de noblesse, d'événements contemporains et qui plus est en grande majorité français ? À côté de l'éternelle douleur de l'homme, ce sont donc les maux du présent qui sont en jeu, de manière très évidente, dans les *Histoires tragiques*, les maux d'une époque considérée par l'écrivain comme la plus corrompue et la plus malheureuse de toutes : «… je suis contraint de confesser que nostre siecle est l'esgout de toutes les vilenies des autres » (VII, 256).

Outre la corruption du monde, c'est celle de la France qui est mise en relief, avec une sorte de stupeur apparente : « Mais faut-il encores que tant d'exemples barbares et desnaturez, apparoissent parmy la nation la plus courtoise, et la plus humaine du monde ? » (IX, 301)

Voilà donc que Rosset enrichit son recueil avec un type de nouvelle qu'il est bien rarement possible de rencontrer dans les œuvres de ses prédécesseurs, inlassablement occupés à broder des variations sur le thème inépuisable de la passion amoureuse : sur les vingt-trois récits de l'édition de 1619, en effet, sept n'ont rien à voir avec l'amour. On y parle d'athéisme, de sorcellerie, comme dans les histoires de Vanini (I) et de Goffredy (III), de rivalités nobiliaires et politiques, comme dans la description (II) de l'assassinat du baron de Luz par Alexandre de Guise, ou du coup d'état de Louis XIII contre Marie de Médicis et les Concini (I), de rébellions contre l'autorité du roi (l'épisode de Lystorac, XVII). Ce sont là des événements qui concernent donc la sphère religieuse et surtout la politique, celle justement que dans une citation précédente Rosset appelle, pudiquement et prudemment, « Ambition[1] ».

La nouveauté, qui plus est introduite massivement dans le recueil, est importante et imprime au genre une évolution décisive : l'actualité et les faits divers ne restent pas de la sorte seulement des événements extérieurs, ou une façon de renforcer, par leur présence, la valeur d'*exemplum* de la narration : ils modifient la portée de l'œuvre et parlent au lecteur

1 *Cf.* la *Préface* de 1619.

d'une humanité dont la crise est due *aussi* à son appartenance à un pays turbulent, sans un guide fiable, dans lequel le faible est soumis à l'arrogance et aux vexations des Grands. Malgré les nombreuses affirmations contraires, malgré les expressions d'adulation respectueuse à l'égard des puissants, l'enfilade des nouvelles tragiques de Rosset suggère que non seulement la douleur et la cruauté du monde sont une donnée inéluctable de notre vie, mais qu'elles existent dans un certain lieu et à un certain moment et sont donc le fruit de nos actions, la conséquence d'une situation politique précise. Le recueil ne parle donc pas seulement d'effondrement des valeurs, mais de dégradation de l'État ; pas seulement de la crise d'un modèle de vie, mais aussi et surtout de luttes convulsives d'une aristocratie donnée, non pas de la foi ou des sentiments qui doivent être restaurés puisqu'ils ne méritent pas d'être perdus, mais du comportement – la plupart du temps hypocrite et mensonger – que l'individu doit adopter pour survivre dans la société « tragique », ténébreuse et féroce qui – à ce moment-là – l'entoure.

DE L'AMOUR ET DU SEXE

Si l'« Ambition » apparaît donc comme la grande nouveauté du recueil, à laquelle on attribue la tâche – ardue et dangereuse – de maintenir le lecteur concrètement rattaché au temps présent, c'est l'autre terme du binôme, l'« Amour » qui occupe, malgré tout, l'espace le plus important à l'intérieur de l'œuvre et qui porte la responsabilité de représenter sur le théâtre de la page les raisons et les modalités moins contingentes du malheur le plus général qui caractérise l'humanité. Et comment d'ailleurs pourrait-il en être autrement ? L'alliance entre Eros et Thanatos est le lieu commun par excellence de toute la littérature occidentale et a toujours formé – nous l'avons bien vu – le noyau essentiel de chaque histoire tragique digne de ce nom, à partir de Boaistuau (pour passer sous silence les nouvellistes italiens ou Marguerite de Navarre) jusqu'aux histoires du XVIIe siècle, voire au-delà. Il est donc évident que les *Histoires tragiques*, malgré une certaine réduction de l'importance de la dimension passionnelle, ne peuvent faire exception de ce point de vue.

Mais de quel amour parle Rosset ? Quel type de sentiment met-il en scène ? Et comment décrit-il ses amants ? Ainsi que nous l'avons mentionné, il traite de différents types d'amour, mais jamais de passions qui conduisent, par exemple, l'homme à Dieu, ou qui peuvent éventuellement être sublimées, ainsi que nous le lisons chez Nervèze, ou bien encore de sentiments peut-être tragiques, mais cachés, empreints de sacrifices et de renonciation. Dans les nouvelles que nous examinons, au contraire, la convoitise et le désir sont toujours aux aguets, les instincts qui aveuglent les personnages et les mènent inexorablement vers la ruine ne cessent de s'agiter ; en d'autres termes, l'amour est toujours, d'une quelque manière, coupable et la tradition la plus authentique de l'histoire tragique prime sur celle de l'histoire sentimentale, qui avait obtenu tant de succès dans les années précédentes et qui est présente mais de manière superficielle. Dans ce contexte, toute situation possible est explorée minutieusement.

L'amour illicite, défi aux conventions sociales, se taille évidemment la part du lion : nous avons déjà abordé la question de l'adultère, qui devient inceste dans l'histoire VII, qui raconte l'amour de Doralice et Lizaran, frère et sœur d'une beauté exceptionnelle, décapités sur la Place de Grève pour avoir cédé à leur irrésistible passion. Nul besoin de circonstances aussi exceptionnelles pour encourir dans les effets néfastes de l'amour : dans l'histoire VI, par exemple, c'est le triangle habituel – mari, femme, amant – qui provoque de manière différente la mort des protagonistes[1] ; dans l'onzième, une situation semblable mène à la mort des amants, assassinés par le mari qui les a surpris en flagrant délit ; dans la dix-neuvième, au contraire, voilà que les amants assassinent le mari, puis meurent eux aussi, loin de chez eux, l'un à cause d'une maladie, l'autre, par une sorte de *contrapasso* précis, à cause d'une nouvelle jalousie.

Toutefois, les relations adultères ne sont pas les seules dans ce type de récit : de temps en temps, voilà apparaître des amours magiques, suscités par un artifice diabolique – et alors, il suffit d'un médaillon enchanté pour enflammer le sang d'une chaste demoiselle[2] – ; l'on y trouve même une allusion à des passions contre nature[3] ; entre la mère de l'histoire XXII et l'ami de son fils il n'y a aucun mari ou femme qui puisse empêcher une relation charnelle, mais seulement, peut-être, une différence d'âge ; et dans l'histoire IX, la passion d'Iracond pour

1 Le mari, avant d'être blessé à mort à la guerre, empoisonne sa femme ; l'amant, après avoir deviné la vérité, va finir ses jours dans le désert de la Thébaïde, où il élève un autel à la gloire de sa belle et se laisse mourir de douleur.

2 Hist. III (*De l'horrible et espouvantable sorcellerie…*) p. 117-118.

3 Hist. XVI (*De l'abominable péché…*).

Elinde, amie de sa sœur, est parfaitement licite, même si le fait qu'elle n'est pas réciproque introduit dans l'intrigue une violence folle. Dans le cas de Floridan et Lydie (XIII), c'est même un mariage clandestin qui scelle l'union des deux amants et un enfant qui l'égaye ; ce qui n'empêche pas l'opposition rageuse du père de l'époux, qui mènera tout le monde à la ruine. Bref, de quelque côté qu'on la regarde, la passion amoureuse est impossible ou pernicieuse, non seulement quand elle est illicite, mais aussi quand elle pourrait être considérée comme plus ou moins régulière. Certes, la différence d'âge rend un peu grotesque (surtout parce que c'est la femme qui est plus âgée) la liaison entre les personnages de la douzième histoire que nous venons de mentionner ; et le mariage clandestin n'est pas un mariage approuvé par la famille, la cellule de base de la société. Il n'en reste pas moins que, si on lit ces histoires l'une après l'autre, le lecteur a l'impression que c'est l'amour à être dangereux en soi, car il est toujours subversif, anarchique, en opposition avec l'ordre de la vie en commun. En cela Rosset, ainsi que nous l'avons écrit, s'approprie la leçon de Du Pont.

Un destin identique échoit aux simples actes sexuels qui, dans la tradition de Boccace étaient vécus joyeusement et accompagnés de finesse d'esprit et de langage. Ici, ils deviennent au contraire un champ de bataille entre la contrainte et le désir, un champ de bataille où la seule victime est l'individu qui ne se conforme pas ni se réprime, qui ose libérer sans frein ses énergies. En ces temps de Contre-Réforme, qui voile même les sexes impubères des angelots et des anges sur les peintures, en ces temps de sorcières et d'inquisition, comment pourrait-on considérer une manifestation ouverte de sexualité sinon comme une manifestation du démon ? Il en est ainsi pour l'histoire de Goffredy (III), prêtre sorcier exécuté en Provence, qui naît d'un pacte, signé avec le sang, entre l'homme et le diable ; la sexualité y joue un rôle primordial : tout ce que Goffredy demande à la puissance diabolique, en effet, outre la célébrité, c'est la possibilité… d'obtenir toutes les femmes qu'il désire ! Il faut admettre qu'il s'agit là de bien peu de chose par rapport aux excès de la cupidité humaine et de la soif de pouvoir ! L'inévitable châtiment tombera sans se faire attendre. Même le tempérament ardent de La Jacquière, protagoniste d'une histoire très belle et ambiguë (X), est sévèrement puni par Rosset qui a recours à une allégorie très transparente : « lieutenant du Guet de la ville de Lyon », tandis qu'il fait sa ronde nocturne, il tombe par hasard sur une ravissante jeune fille. Il lui parle, la suit et la convainc de satisfaire son désir et celui de ses deux amis qui l'accompagnent, mais à la fin il découvre avec horreur qu'il s'est uni charnellement avec le diable en personne, qui tout à coup prend l'aspect d'un corps en putréfaction[1], et il meurt peu après, bouleversé par cette découverte. L'équation sexe/péché est évidente, ainsi que la condamnation qui s'ensuit de la part de l'écrivain. Enfin, citons un dernier exemple, celui de Mélisse, une sorte de Religieuse de Monza avant la lettre, obligée par sa famille (XX) à prendre le voile : après avoir déjà « gousté du monde », elle ne se résigne pas à son destin et cède aux flatteries de l'inévitable démon, qui se présente à elle – les symboles sont très clairs – d'abord sous l'apparence d'un séduisant « ange de lumières » (quand il doit « conquérir » la jeune fille), puis sous celle d'un cochon (!) en entretenant avec elle une intense relation intime. L'affaire se termine naturellement de façon terrible pour la protagoniste.

Qu'il s'agisse d'amour ou de sexe, on reste toujours dans le domaine de l'infraction, d'une infraction grave même, qui attire sur soi les punitions les plus féroces. Ces amours, licites ou non, sont finalement condamnables car, de par leur charge de spontanéité et d'instinct, ils représentent, pour une société répressive et en crise, le moyen et le symbole de l'autonomie individuelle, l'expression de la révolte de l'individu contre les règles qui lui sont imposées de l'extérieur. Voilà alors que la parenté très étroite entre « Amour » et « Ambition » se précise dans le recueil de Rosset : ne visent-ils pas l'un et l'autre la subversion de l'harmonie sociale, cette harmonie que l'histoire tragique s'efforce de rétablir en montrant la sanction finale de la faute, le triomphe obligatoire et conclusif de la Loi ? Tout comme chaque ambitieux, chaque amant ne pourra ne pas être châtié sans pitié, pour édifier et avertir le lecteur. Et au-delà de l'« Amour », au-delà de l'« Ambition », le vrai sujet des *Histoires* semble alors être l'éternelle opposition, ici plus visible, plus explicite qu'ailleurs, entre individu et collectivité, entre désir et devoir.

---

1 Sous les robes de la jeune fille apparemment angélique se cache un corps « puant » : « Ce disant, elle retrousse sa robbe, et sa cotte, et leur fait voir la plus horrible, la plus vilaine, la plus puante et la plus infecte charogne du monde ». Dans cette horrible représentation de la chair putréfiée (véhicule et objet de la jouissance sexuelle) il est possible d'apercevoir la peur de la syphilis, maladie maudite et mystérieuse à l'époque.

DE LA RÉPÉTITION ET DE L'ACCUMULATION

Les récits de Rosset sont donc un champ de bataille où ces forces irréductibles et opposées s'affrontent sans arrêt, sans ménager les coups, dans une lutte constamment renouvelée. Et cet affrontement est tellement acharné qu'il bouleverse la structure même de l'histoire tragique et qu'il conduit vers une limite extrême des tendances déjà présentes dans la tradition du genre. La structure typique de l'histoire tragique est en effet extrêmement simple, puisqu'elle est rythmée par les trois moments bien connus de l'interdiction, de la transgression qui l'enfreint et de la punition qui s'abat inévitablement sur le coupable afin de rétablir l'équilibre préexistant. Toutefois, sous la pression de la lutte violente qui se combat dans le texte, voilà que le schéma original se modifie profondément : les répétitions et les accumulations le dilatent et le brisent, ce qui a pour effet de complexifier le développement de l'intrigue et d'en multiplier les significations.

Cela est particulièrement évident au niveau de la transgression, centre de gravité du récit et moment de crise qui décide du destin des personnages, les définissant par rapport à la société, à la morale, au jugement des lecteurs. Et bien, très souvent, au lieu d'une infraction, dans les histoires de Rosset il y en a plusieurs et de différentes sortes. L'exemple de l'histoire IV est particulièrement représentatif. On y parle d'un combat prolongé entre un mari jaloux, décidé à défendre son honneur, et un amant, plutôt vil et fanfaron. La transgression fondamentale est celle de l'amant, Rochebelle, qui redoute le duel règlementaire et qui tente par tous les moyens de prévaloir malhonnêtement. Celle-ci est toutefois entourée d'une multitude d'autres infractions, celle de ce même Rochebelle (qui se vante en public d'une intimité que la belle Calliste, d'après Rosset, ne lui aurait jamais accordée) et celle de tous les autres personnages. Calliste, par exemple, n'enfreint-elle pas les lois de la retenue et de la pudeur, quand, en l'absence de son mari, elle laisse que son amant croie à un amour inexistant par une attitude et des sourires de coquette ? Et Lyndorac, son mari, n'est-il pas à blâmer alors que juste après son mariage et malgré les prières insistantes de sa jeune épouse, il l'abandonne pour aller chercher la gloire sur le champ de bataille ? Pour ne pas mentionner Doris, la sœur de Lyndorac, qui ment – tout en l'ignorant – quand elle révèle à son frère l'adultère imaginaire. Et ainsi de suite. Nul n'est finalement, chez Rosset, exempt de faute, aucun type de loi n'est à l'abri des offenses, dans aucun domaine l'individu ne peut agir sans risquer de faire un faux pas qui, plus tard, lui coûtera cher[1]. Les accumulations de la structure narrative tiraillent l'histoire dans toutes les directions, l'entraînent toujours plus loin du modèle idéal centré sur l'infraction unique et lui impriment une forme elliptique, où les centres se multiplient et s'équivalent. Dans cette reproduction infinie de la faute se cache toutefois un danger : celui de l'évidement total de l'histoire. Face à tant de coupables, *le* coupable risque de disparaitre et le sens de se perdre à cause de la surabondance des significations.

Comment l'auteur réagit-il à la menace d'un tel évidement ? Il a recours à divers procédés, dont le plus immédiat (ainsi que le plus utilisé par ses prédécesseurs, qu'il suffise de penser à Prévost ou à La Mothe) est l'intervention directe, qui parsème le récit de commentaires et distribue de façon inégale les éloges et les condamnations ; du point de vue narratif, toutefois, le procédé le plus important est la répétition. Grâce à celle-ci, une hiérarchie de centres du récit est établie et, par conséquent, une priorité des significations selon l'intention de l'auteur. Pour revenir encore une fois à la quatrième histoire, par exemple, nous comprenons que la transgression de Rochebelle est la transgression fondamentale seulement parce qu'elle est répétée plusieurs fois. Cinq duels ou tentatives de duels se succèdent en effet sans se distinguer l'un de l'autre sauf pour quelques détails : il s'agit toujours des mêmes rivaux, toujours de la même dispute, l'écrivain poursuit toujours le même objectif (montrer la lâcheté de Rochebelle)[2].

Aucun doute possible donc : il s'agit bien, d'un point de vue fonctionnel, d'une seule infraction, dont les différents aspects tracent, cette fois-ci à l'intérieur même du récit, une sorte de palette de possibilités,

---

1 D'autres exemples significatifs se trouvent dans les histoires VI, VII, VIII et, dans des proportions variables, dans chaque récit du recueil.

2 La première fois, Rochebelle se soustrait au défi ; la deuxième, au lieu de se présenter, selon les accords, avec une épée, il sort un pistolet et tire sur son adversaire ; la troisième fois il rencontre Lyndorac seul et le fait massacrer par ses nombreux acolytes, le laissant évanoui et blessé par terre ; Lyndorac réussit à capturer son ennemi, mais ensuite il croit aux mensonges de celui-ci et le laisse libre ; enfin, Rochebelle, escorté par de nombreux compagnons, rencontre encore une fois Lyndorac sans défense et le tue d'une balle dans la tête, puis s'acharne sur son cadavre.

selon le critère qui s'était déjà manifesté au moment de l'examen de la structure générale de l'œuvre.

De tels phénomènes ne se produisent pas seulement au moment de la transgression, mais caractérisent de manière plus ou moins marquée tous les stades du récit. Pour ce qui est de l'accumulation, cela ne nous étonne point : à ces infractions nombreuses et variées correspondent des interdictions et des punitions tout aussi nombreuses et variées. Mais de quelle manière la répétition, par exemple, pourrait-elle se manifester en termes de punition ? Comment un coupable pourrait-il être puni – et par punition il faut comprendre ici presque toujours la mort – plusieurs fois pour ses méfaits ? Pourtant, à bien y regarder, c'est précisément ce qui se passe dans de nombreux exemples, avec une petite dose de sadisme et sans trop s'éloigner des exemples immédiatement précédents. Prévost n'avait-il pas, quelques années plus tôt, prolongé jusqu'au spasme les tortures et l'exécution de Gentet, en les anticipant par la lecture des arrêts du tribunal, puis en les décrivant dans les plus menus détails ? Eh bien, Rosset ne manque pas, parfois, de faire la même chose. Par exemple, dans le long passage qui raconte la mort de Concini[1] : on le verra d'abord puni officiellement par pendaison ; mais ensuite on assistera aux scènes macabres des violences infligées à son cadavre – déterré pour l'occasion – par le peuple ; de plus, grâce à une technique de description presque cinématographique par laquelle le corps martyrisé semble être abandonné et repris plusieurs fois dans une série insistante de *flash back*, cette deuxième répétition semble se répéter elle aussi. On retrouve une insistance comparable dans la description violente et minutieuse du meurtre de Lysis (XXI), dans les tentatives de suicide répétées de Sylvestre (XV), dans l'attention précise et féroce qui accompagne chaque assassinat, chaque exécution, auxquels nous assistons geste après geste, atrocité après atrocité, chaque torture qui anticipe, mais aussi reporte en quelque sorte, le coup de grâce.

L'expansion de l'accumulation et le martèlement de la répétition représentent donc les deux pôles opposés entre lesquels se développe la narration : opposés dans leur fonction, mais non dans les effets sur le lecteur, car elles en stimulent sans cesse l'attention par des coups de théâtre répétés, ni dans les conséquences sur le tissu narratif, qu'elles

1 Protagoniste, sous le nom de Filotime, de la première histoire.

contribuent toutes deux à dilater. Toutes les deux expriment aussi, même au niveau structurel, l'acharnement de la lutte toujours renouvelée qui oppose, ainsi que nous l'avons vu, l'individu à la société, la règle à la liberté : la répétition spasmodique de la même transgression ne renvoie-t-elle pas à la révolte désespérée de l'individu contre les obligations et les conventions imposées de l'extérieur ? Et l'accumulation des infractions les plus diverses ne signifie-t-elle pas qu'aucun domaine, aucune norme ne peut se considérer à l'abri des offenses ? Au niveau de la punition, enfin, que dénoncent les insistances, les emphases, sinon l'effort et la difficulté de restaurer l'harmonie brisée, de rétablir l'équilibre désormais compromis ? Accumulation et répétition, en somme, sont les signes structurels d'une fracture irrémédiable, les révélateurs formels du tragique dans les nouvelles de Rosset.

DU TRAGIQUE, DES COUPABLES ET DES VICTIMES

Il devient alors inévitable de s'interroger sur les raisons de ce tragique. Existe-t-il parce que la règle est enfreinte par l'amour et l'ambition, c'est-à-dire par les aspirations individuelles, ou bien parce que ces dernières sont toujours inévitablement réprimées ? Quelle est, en somme, la position de Rosset ? Il est difficile de répondre à cette question exactement : en effet, les deux possibilités ne s'excluent jamais complètement dans ce type de récit[1] ; d'autant plus que – nous le verrons – l'auteur est plutôt réticent sur ce point. Certaines allusions et une comparaison avec d'autres auteurs pourront toutefois nous donner des indications et nous permettre de faire certaines déductions.

Le poids respectif de l'infraction et de la punition, par exemple, varie énormément d'un auteur à l'autre. Chez Mlle de Gournay, les punitions et les infractions se mélangent et se confondent avant de précipiter dans une amère leçon finale ; chez Prévost (*Gentet*) et d'Intras (*Martyre*), la punition prend un relief hallucinant, au point d'égaler et parfois même de dépasser (d'Intras) la cruauté de l'infraction. Chez Camus – nous allons le voir sous peu – le poids de la punition prendra une importance primordiale : dans de nombreuses nouvelles, en effet, ce sera justement la sanction qui occupera le centre de l'histoire, reléguant l'infraction à quelques lignes initiales.

1 *Cf.* à ce propos L. Sozzi, *op. cit.*

Rosset ne va pas si loin : la transgression a toujours, comme on l'a vu, une importance extrême ; la sévérité de l'auteur, même si elle semble parfois se faire jour dans des interventions directes, apparaît ensuite comme diluée ou contradictoire ; et, surtout, dans le domaine de l'amour, il est possible d'observer une indulgence évidente. La condamnation, dans ces cas, se mêle étrangement à une sorte d'exaltation du transgresseur ; les aspirations individuelles occupent un espace insolite ; le coupable a tendance à se transformer en victime. Voilà alors que les amants illégitimes sont immergés dans une atmosphère pathétique : l'auteur les pleure quand ils sont assassinés ; il les admire implicitement, entre deux reproches, quand ils tuent ; et s'il leur arrive de se suicider, ce suicide est présenté comme une révolte désespérée.

Prenons par exemple l'exécution des deux frères incestueux de la septième histoire : les deux protagonistes apparaîtront au lecteur surtout comme deux êtres nobles, courageux et malheureux. Dès le début, le peuple, se rassemblant sur la Place de Grève pour assister au spectacle, est ému face à la beauté, à la résolution et au courage de Doralice, la sœur : « Tous les assistans – affirme Rosset – ne pouvoient deffendre à leurs yeux de pleurer ceste beauté » (VII, 277).

Puis, quand son frère Lizaran, justicié tout de suite après, entre en scène, la description atteint les sommets du pathétique :

> Tout le peuple pleuroit encores à chaudes larmes, quand on fit monter le frere sur le theatre. Si la compassion avoit esmeu l'assemblee pour le sujet de la sœur, la pitié qu'elle eut pour celuy du frere ne la toucha pas moins. Il ne pouvoit avoir que vingt ans, et à peine un petit cotton, messager de jeunesse, paroissoit à ses joues. Il estoit le vivant pourtraict de sa sœur [...], et par conséquent doüé d'excellente beauté. Quand il vit ceste belle teste separee d'une si belle gorge, il pensa rendre soudain l'esprit, sans attendre l'execution du bourreau. (VII, 279)

Les deux jeunes apparaissent alors davantage dignes de pitié que de blâme ; et leur générosité finale, qui pousse l'une et l'autre à se déclarer seul coupable afin de sauver l'être aimé, et qui rappelle tant de couples d'amants et d'amis célèbres de la tradition littéraire, ne fait qu'accroître leur image positive, en montrant leur fondamentale bonté d'âme et en renforçant en même temps un amour qui, en théorie, devrait être répréhensible au plus haut degré.

Quand il ne laisse pas aux autres (dans le cas précédent au peuple) la tâche de montrer son admiration et sa pitié pour les infortunés protagonistes de ses nouvelles, Rosset n'hésite pas à intervenir personnellement. Prenons le cas de Fleurie, par exemple, héroïne doublement coupable puisque tout d'abord, elle tue horriblement l'assassin de son fiancé, pour se venger et après l'avoir attiré dans un piège, puis parce qu'elle se suicide pour se soustraire à la punition. Dans le cas de Fleurie, donc, après la condamnation attendue, le lecteur est surpris par une sorte d'absolution oblique (voire d'exaltation), où transparaît l'admiration de l'écrivain pour sa « femme forte » :

> [...] il y a néant moins qui blasment quelquefois la grande cruauté qu'elle exerça sur Clorizande : mais quand ils viennent à considérer puis apres sa juste douleur et sa perte, l'on la met au rang de ces genereuses Dames, tant celebres dans les Histoires des Anciens. Elle fut mise dans un mesme sepulchre avec Lucidamor. L'on fit leur Epitaphe de ceste sorte... (XIV, p. 478-479).

Ces lignes sont suivies par les vers conclusifs qui pleurent le destin cruel des deux pauvres amants, désormais unis pour l'éternité. Et que dire de la description des deux protagonistes de l'histoire suivante ? Maître dans l'élaboration de situations inquiétantes et ambiguës, ici Rosset se révèle habile et efficace dans le choix du symbole exemplaire : Valeran et Amarylle s'enferment ensemble dans un château, car l'homme est recherché par la police et sa compagne – qui vit avec lui depuis longtemps – refuse de l'abandonner. L'une après l'autre, ils reçoivent la visite du messager du roi, d'un prêtre, de la mère de la femme. Chaque fois, ils refusent de se rendre ainsi que de se séparer et ils finissent par se tuer l'un l'autre afin de se soustraire à l'inévitable arrestation, qui scellerait aussi la fin de leur amour. Quel exemple pourrait illustrer de façon plus transparente le siège coordonné de tous les devoirs (envers l'État, envers la Religion, envers la Famille) qui conspirent pour rendre impossible le bonheur des amants ? Mais si la société les condamne, voilà que l'auteur, comme dans l'exemple précédent, ne peut éviter de tempérer le blâme obligatoire avec l'éloge le plus surprenant, affirmant que ses héros forment un exemple rare de constance dans un siècle où l'infidélité est souveraine (VIII, 298).

Avec ce type d'affirmations, Rosset soutient subrepticement les déclarations de ses créatures infortunées. Non content de souligner leur malheur, ou de le faire souligner par d'autres personnages, il leur permet aussi de se justifier directement dans le cours du récit. Nous pouvons alors entendre Sylvie, mariée à un homme, mais amoureuse d'un autre, maudire âprement « la rigueur de la loy, qui assujettit les femmes aux lois des hommes » (XXI, 654) ; et nous sommes soudain confrontés au désespoir de Flaminie, qui s'exclame exaspérée : « il est temps [...] que je foule aux pieds tous les vains respects de ceste chimère d'honneur, qui prend naissance du cerveau creux des maris jaloux » (XIX, 586) ; tandis que nous restons profondément sceptiques et perplexes face aux exclamations de la tendre Doralice, la protagoniste de la septième histoire, citée plus haut, laquelle, en décidant de s'abandonner librement à son amour pour son frère, déclare : « les hommes ont fait des loix à leurs plaisirs : mais la Nature est plus forte que toutes ces considerations. Je la veux suivre, puisqu'elle est une bonne et seure guide de nostre vie » (VII, 263).

Ces dernières réflexions appartiennent-elles à la seule Doralice, ou correspondent-elles aussi en quelque mesure aux convictions de Rosset ? Les mots de la jeune femme constituent-ils pour l'auteur une sorte d'excuse pour diminuer sa culpabilité et montrer sa bonne foi, ou forment-ils un véritable acte d'accusation, fondé sur d'excellents arguments ? Difficile, comme nous l'avons dit, de le découvrir avec certitude. Il est certain qu'à travers les voix des personnages se dessine clairement la violente opposition individu/société, examinée cette fois d'un point de vue complètement renversé : ce sont ceux qui sont déclarés coupables qui accusent ; c'est la Loi, toujours considérée comme absolue, qui est dénoncée comme relative ; et c'est la victime qui juge le système qui la condamne. Le fait, ensuite, que cette inversion des rôles advienne au nom de la Nature, « bonne et seure guide de nostre vie », donne à cette révolte une étrange résonance, où semblent vibrer les échos de la pensée libertine ; et l'inévitable survenue de la répression, démontrant l'impossibilité d'une vie naturelle et sincère, ajoute, si possible, encore plus d'amertume, de désespoir et de regret au monde tragique des *Histoires*.

DU TRAGIQUE, DE LA VÉRITÉ ET DU MENSONGE

Si donc les histoires rossettiennes sont le lieu où s'affrontent la répression de la Règle et la révolte du Singulier ; et si la Règle est considérée par l'individu opprimé comme partiale, et en d'autres mots mensongère dans ses prétentions d'objectivité universelle, quelles seront les armes qui s'offriront au transgresseur pour tenter (inutilement) de contourner l'interdit, d'éloigner l'immanquable répression ? L'arme principale du rebelle ne pourra être autre que celle de l'oppresseur, lequel dicte, pour ainsi dire, les règles du jeu. Par conséquent, étant donné que la loi est menteuse et la société construite sur la partialité et l'hypocrisie, comment ne pas être, individuellement, menteur et hypocrite ? Seulement les passions, certains gestes spontanés, certains regards, comme nous l'avons vu, ne peuvent en aucune manière être altérés ; mais tout le reste, l'infinité des comportements sociaux, les phrases soupesées, les actions calculées, tout peut être déformé, et servir à masquer, à dissimuler. L'opposition individu/société aboutit donc à une confrontation entre mensonge et mensonge, et les *Histoires* peuvent être lues comme un subtil enchevêtrement de tromperies, un dosage calibré d'ambiguités.

> La parole vole legerement, mais elle blesse cruellement ; elle passe comme un esclair, mais elle brusle en passant : elle penetre facilement dans l'ame, mais elle n'en sort pas aysement [...] Il est bien dangereux de dire non seulement des choses fausses, mais encore d'en *proferer de veritables*, lors que celuy contre lequel on les adresse ne manque de pouvoir ny de ressentiment. La mort entre par la porte de nostre logis quand nous nous emancipons de discourir hors de saison, sans considerer le lieu, le temps, et la personne de qui nous parlons (II, 86)[1].

Cette invitation à la circonspection et à la prudence clôt la deuxième histoire[2], de ce point de vue exemplaire, dans laquelle le pauvre Clarimont et son fils Lucidor (pour les initiés : le Baron de Luz et son fils) sont tués en duel par Alexandre de Guise. Au-delà des rancœurs personnelles les adversaires sont divisés par des questions politiques résumables en une interrogation fondamentale : doit-on faire prévaloir la solidarité de classe et de famille ou la fidélité au Roi et le respect des devoirs envers l'État ? Les punis, cette fois, semblent choisir le parti inattendu : celui du Roi et de la Loi, tandis que leur violent répresseur (auquel Rosset dédie, par ailleurs, le recueil) se trouve représenter la plus factieuse et rebelle noblesse. L'auteur, toutefois, peut-être pris entre convenance et conscience, reste équilibré : Alexandre de Guise est constamment adulé, mais ses ennemis ne manquent pas de recevoir

1 C'est moi qui souligne.

2 Dans l'édition de 1615 l'histoire se trouve au début du recueil, ce qui la rendait encore plus emblématique.

des éloges. Étant donné cependant que celui qui succombe est coupable (les règles du genre n'admettent pas d'exception), et qu'une faute doit être en tout cas trouvée, l'auteur trouve précisément que Clarimont et son fils ont contrevenu à un précepte universel et indérogeable : *ils ont dit la vérité*, au lieu de la taire comme il aurait été possible de le faire. L'erreur des victimes n'a donc pas consisté dans le choix d'un parti plutôt qu'un autre, mais dans la révélation publique de leur choix. Toute l'histoire, du début à la fin, insiste sur ce concept ; voici par exemple ce que l'on affirme au tout début : « [...] la Nature nous a donné deux oreilles, et une seule langue, pour nous apprendre qu'il faut escouter deux fois plus que parler. La vie et la mort dependent de la bouche, et quiconque en sçaura bien user, recueillera le fruit qu'il desire » (II, 48).

La parole est donc un pouvoir qui doit être utilisé pour parvenir à ses propres fins. La franchise, la spontanéité, la sincérité non calculées constituent un danger susceptible de porter à la ruine. Toute l'histoire devient donc une longue et consciente invitation au silence ou à l'habileté mensongère. La vérité est immédiate, c'est une sorte de tabou qui, comme tous les tabous, peut seulement être désignée de manière indirecte, allusive, ou être tue, sous peine de mort.

Absolument convaincus de ce précepte, les personnages des *Histoires*, font tout ce qui est en leur pouvoir pour l'appliquer. Doivent-ils en définitive se décider à se déclarer leur amour ? Les voici, qui se le proclament en d'infinis détours de phrases galantes, à double sens du début à la fin, se faisant comprendre plus par les regards et les soupirs que par les paroles directes, retardant la confession finale par des compliments, des pauses, des plaintes et d'autres semblables exorcismes verbaux[1] ; ou, comme le font Mélidor et Célimène[2], ils n'osent pas même prononcer le mot « amour » et décident de se déclarer par lettre, bien que vivant sous le même toit. La peur de la vérité guide finalement tous leurs comportements. Et les occasions de mentir avec désinvolture sont innombrables. Nous trouvons ainsi dans l'œuvre toutes sortes de mensonges : des plus aléatoires et sans conséquence, comme ceux de Michel Vaumorin, qui déclare avoir rassemblé trente écus au lieu de cent pour payer moins cher la rançon du père, aux

1 Hist. VI p. 218 *sqq*.
2 Hist. XI.

plus funestes, qui décident du sort des personnages et déterminent le cours du récit[1].

Avec les véritables mensonges, et donc les assertions contraires à la vérité, comme il s'en trouve dans l'histoire de Baiamonte Tiepoli (XVIII) quand il prépare le coup d'État à Venise, ou dans celle de Flaminia (XIX), qui fait continuellement à son mari de fausses promesses, on se heurte dans les histoires rossetiennes à une insincérité plus profonde, qui ne consiste pas tant en mensonges singuliers, qu'en une attitude psychologique fondamentale. Dans chaque action transparaît alors la duplicité des personnages, lesquels ne se confrontent jamais de manière simple et directe avec la réalité qui les entoure : Sylvestre, par exemple, est constamment faux (XV), aussi bien quand il tue son père, que quand il décide, par intérêt, de courtiser la belle et riche Amaranthe ; la terrible Gabrine trompe son fils, pour l'assassiner ensuite, drogue sa fille pour la céder, inconsciente, à son propre amant et ment enfin devant les juges, en montrant une incroyable et monstrueuse duplicité ; Clorizande est funestement hypocrite (XIV) en feignant longtemps son amitié avec son cousin Lucidamor pour mieux l'épier et, à la fin, le tuer. Que dire enfin de ce Pape sournois et dissimulateur, qui attend des années, le sourire aux lèvres, pour se venger ? Quel meilleur exemple de l'universalité de la ruse ? Le Pape, en effet, ruse exactement comme le diable, qui, naturellement, représente dans les *Histoires*, le menteur « institutionnel », le plus habile, le plus dangereux. Le plus habile, puisqu'il connaît toutes les faiblesses du cœur humain, et sait profiter de la volonté de puissance de Goffredy (III), de la sensualité de La Jacquière (X), du désir de révolte de Mélisse (XX) ; le plus dangereux, du fait qu'il possède de redoutables pouvoirs, sait se transformer en jeune et belle femme (X), en un galant chevalier ou en porc (XX), est capable d'aveugler (III), de mettre le feu (XX), de fabriquer des amulettes enchantées (III). Symbole et cause d'une éternelle damnation, il établit, avec sa solide présence au sein des *Histoires*, une étroite relation entre le mensonge et le mal. Et les amants, les maris, les sœurs, les enfants, les pères, les nobles et moins nobles, les prêtres, le Pape lui-même, font l'épreuve de l'extension de ce mal, qui domine

1 Dans l'histoire IV, sus-citée, c'est la coquetterie hypocrite de Caliste, qui feint un amour inexistant pour Rochebelle, qui déchaîne la tragédie : Rochebelle, en effet, irrité et vaniteux, ment à son tour, se vantant d'un succès qu'au contraire il n'a pas eu. De là la jalousie de Lyndorac, les duels, etc.

le monde. Damnation irrépressible, qui pèse sur les actions humaines, elle devient pour les méchants un instrument de domination essentiel, et, pour les bons (du moins s'il en est ; que l'on pourrait définir : les moins méchants) un moyen de défense et de contre-attaque.

Voici donc que tout, dans les nouvelles de Rosset, s'enveloppe de brume, de duplicité, dans une lutte toujours injuste entre oppresseurs et oppressés, une lutte en laquelle il devient difficile de séparer les torts des raisons, et où se découvre clairement la faiblesse fondamentale de l'homme. À quoi bon, en effet, mentir ? Le mensonge se justifie seulement s'il s'accompagne de crédulité. Et si nos sens, précisément, sont imparfaits, notre raison se trompe facilement, devant la dissimulation nous sommes tous désarmés et aveugles. La vérité est découverte toujours trop tard ; c'est seulement, par exemple, après son élection que ce Pape hypocrite se révèle tel qu'il est : « C'estoit un homme qu'on estimoit avant qu'il fust assis en la chaire de Saint-Pierre plus doux qu'un agneau : mais l'effet fit paroistre puis apres du contraire » (XIX, 607).

Toute une série de faits souligne notre aveuglement. À l'hypocrisie des lois, des paroles et des attitudes calculées, s'oppose dans les *Histoires* un langage des gestes et surtout des choses, qui tendrait à révéler le mensonge et à démasquer les menteurs. Signes révélateurs, messages stupéfiants partent des objets et des corps, mais en vain, puisque le lecteur est seul à pouvoir les déchiffer : pour les personnages, ceux-ci restent confus et incompréhensibles. Quand Clorizande (XIV) se penche sur le cadavre de celui qu'il a fait tuer, et feint publiquement une grande douleur, voici que « les playes du cadavre s'ouvrirent, et ensanglanterent ce maudit auteur de l'assassinat » (XIV, 460) ; Sylvestre aussi, après l'assassinat de son père, simule parfaitement une angoisse inexistante, mais tout en trompant les hommes, il se trouve accusé par les choses : « Comme il s'approche du corps, ses narines et ses plaies s'ouvrent, et jettent contre luy un ruisseau de sang, dont il est tout souillé, au grand estonnement des assistants » (XV, 489).

Voici donc que la même nature, dont les règles immuables et éternelles faisaient apparaître dans les paroles de Doralice la partialité intéressée des lois humaines, se trouve utilisée comme élément concret de comparaison pour mettre en évidence la duplicité et l'imposture des personnages. Les paroles de la Nature ne peuvent ni dissimuler, ni tromper : elles ont la couleur du sang des cadavres ; elles possèdent la précision légère des mains des amants, qui se touchent furtives tandis que les bouches distillent des phrases galantes et convenables (VI, 220) ; elles ont la dureté des gestes d'une mère cruelle au point d'échouer, malgré ses efforts, à dissimuler la réalité de son tempérament et la cruauté de son crime (XXIII, 623).

De la même façon que notre capacité de juger, nos possibilités d'autocontrôle sont elles aussi limitées : les choses parlent mais nous ne les comprenons pas ; nous feignons, mais nous nous trahissons facilement. Dans un tel univers de méfiance, de signaux muets et problématiques, d'allusions dangereuses, toute la joie, la confiance et l'optimisme de la Renaissance sont définitivement perdus. Et l'espace de l'histoire tragique s'inscrit dans une zone d'incommunicabilités dramatiques, entre fausseté et impuissance.

DE L'AMBIGUÏTÉ DE L'ÉCRIVAIN

Comment ne pas se demander alors quel est, dans une telle réalité, le rôle de l'écrivain ? Il représente, comme il le déclare à plusieurs reprises, exactement ce qu'il voit, il fait mentir ses créatures, fait parler les choses, montre notre faiblesse et notre hypocrisie. Mais n'est-il pas lui aussi un homme, et un homme qui parle plus que les autres, et qui donc peut, doit se servir utilement du pouvoir qui lui est accordé ? Pour lui aussi il est impossible de transgresser sans grave risque la règle générale, impossible d'éviter le mensonge. C'est pourquoi les histoires de Rosset, non seulement décrivent la fausseté et l'hypocrisie, mais reposent sur elles. Le principe qui régit le monde devient celui qui permet à l'œuvre d'exister. Il confère au texte une profondeur insondable, l'immerge dans un halo de mystère, l'entoure d'une aura d'incertitude. Les récits décrivent, mais en même temps dissimulent ; et c'est précisément parce qu'ils dissimulent qu'ils peuvent décrire et raconter. Le texte devient ainsi le lieu où se déroule un étrange et contradictoire jeu de forces contraires, mais nécessaires l'une à l'autre, exactement comme l'ombre et la lumière dans les peintures de l'époque. « Ce ne sont pas des contes de l'antiquité fabuleuse [...] ce sont des histoires autant veritables que tristes et funestes[1] », s'exclame Rosset au début du recueil, soulignant son parti pris de vérité et polémiquant indirectement contre les fictions

1 Préface de 1615, *op. cit.*

romanesques à la mode. Il s'empresse toutefois d'ajouter : « Les noms de la pluspart des personnages sont seulement desguisez en ce theatre, afin de n'affliger pas tant les familles de ceux qui en ont donné le subject, puisqu'elles en sont assez affligees ».

Nous voici par conséquent face à un premier déguisement, peut-être le moins important, mais certainement le plus visible. Conformément aux habitudes de ce temps, la plupart des protagonistes des *Histoires* portent des noms à la grecque. Nous reconnaissons cependant aisément Marie de Médicis sous le pseudonyme de Parthénie, Concini sous celui de Filotime, sa femme, nommée en revanche Dragontine, parmi les protagonistes de la première histoire ; il y a ensuite le « grand Alcandre », sans équivoque Henri IV, et le « jeune Sophy », d'évidence Louis XIII. On rencontre ensuite, dans les différentes nouvelles, des personnages d'importance mineure, désormais impossibles à reconnaître : Mélisse (XX), Gabrine (XXII), Calamite (XXIII). Le « théâtre » (pour utiliser une des expressions favorites de l'auteur) de leurs actions est quelquefois le « royaume de Perse », d'autres fois quelque exotique région africaine, où cependant les coutumes, les habitudes et les lois rappellent étrangement celles de la France.

S'agit-il peut-être d'un travestissement nécessaire, pour ainsi dire, à la nature littéraire du texte ? D'un choix presque obligatoire, exigé par le goût de l'époque, auquel l'écrivain n'aurait pu se soustraire ? Certainement pas : Vanini, dans la cinquième histoire, porte son nom, comme tous les autres personnages du même récit, de Bassompierre à Cramail ; Baiamonte Tiepoli, noble vénitien du XIVe siècle, conserve lui aussi sa propre identité historique ; Louis Goffredy (nous adoptons la graphie de Rosset) reste tel quel dans le troisième récit. En général (et de ce point de vue la tradition est respectée), les histoires d'amour sont peuplées de personnages aux noms de fantaisie ; dans les autres, cela se produit très rarement.

Rosset lui-même, dans tous les cas, s'exprime très clairement à ce sujet : il désire surtout « n'affliger pas tant les familles » de ses créatures infortunées. Inutile de dire, c'est évident, qu'il pense aux familles nobles et, par conséquent, puissantes. Quand, en effet, il parle d'événements éloignés dans le temps, ou dont les protagonistes ne sont pas français, il ne ressent aucun besoin de déguiser le nom des personnages. Et quand il s'apprête à parler d'un simple tailleur, il affirme :

> Je nommeray en ceste histoire de leur propre nom les personnes dont je vous veux parler, contre les protestations que j'ay ci-devant faites. Leur condition vile et abjecte m'en dispensera : au lieu que sang illustre de ceux de qui je traicte quelquefois obligatoirement, m'oblige à la discretion. (XII, 382)

Les *Histoires* codifient donc une inégalité fondamentale : dans cette étrange galerie de portraits où Jeanne Perrot et Jean Vaumorin succèdent à Polidor, à Mélidor et à Callirée, les personnages ne sont pas tous traités de la même manière. Aux créatures terrestres faibles et vicieuses s'opposent des êtres transportés par leurs noms mythiques et mélodieux dans un monde supérieur et merveilleux. Ceux-ci échappent ainsi aux misères et aux compromis de l'existence humaine, pour s'isoler dans un halo romanesque : leurs actions en résultent ainsi stylisées, leur courage en prend un insolite relief, leur méchanceté (rare) s'en révèle plus terrible, incompréhensible, exceptionnelle. Comment pourrions-nous les condamner ? Si leurs erreurs sont parfois évidentes et répréhensibles, leur nature reste toujours au-delà de tout jugement humain.

Ces noms grecs apparemment sans importance ont donc une fonction symbolique essentielle : celle d'isoler les puissants, en les séparant des faibles. Et, en même temps, ils révèlent le respect, la prudence, la circonspection de l'écrivain. En quel sens pourrions-nous les considérer comme un mensonge ? Ne pourraient-ils être jugés différemment ? Si cependant ils ne sont pas mensonge, ils le préparent, le promettent, le garantissent. Entre Marie de Médicis et la « sage Parthénie » s'ouvre une brèche que la simple vérité ne peut combler sans déformations, mutilations, enrichissements. Une brèche qui laisse libre cours à l'imagination, à l'art, mais aussi à la flatterie et à la complicité.

Et ce mot, complicité, nous conduit alors tout droit au centre du problème, aux sources mêmes du mensonge. L'auteur, complice de nombreux de ses personnages, en voile complaisamment le vrai visage : comment ne pas soupçonner qu'il voile aussi les causes, les véritables raisons, les effets, la nature même des événements ? Comme tout écrivain de l'époque, Rosset doit flatter des mécènes, éviter les ennuis. Son parti pris de vérité historique, paradoxalement, l'oblige immédiatement à déroger à son engagement, en le plongeant dans une irrémédiable contradiction : il veut référer des faits réels, mais il sait bien, nous l'avons vu, que la vérité est dangereuse, que la vérité complète est impossible. Par conséquent, là où ses collègues inventent en cherchant souvent une vérité idéale, Rosset, lui, se trouve obligé de mentir. Combien de fois le fait-il ? Et quand ? Impossible de le savoir avec certitude. Impossible de le prouver sans connaître les clés de chaque histoire, la véritable identité de tous les personnages, le déroulement exact des faits historiques racontés. Nous possédons la clé de quelques récits, mais seulement de ceux-ci ; une recherche rigoureuse en ce domaine demanderait un travail long et patient, aux résultats sûrement incertains. Toutefois, si nous ne savons pas toujours quand et comment l'auteur ment, nous pouvons être certains qu'il le fait.

Quelquefois, par exemple, nous connaissons bien les événements auxquels se réfère le récit, et nous pouvons donc surprendre l'auteur en flagrant délit : c'est le cas de la première histoire, dans laquelle brille l'invention d'un rubis magique que la perfide Dragontine (la maréchale d'Ancre, femme de Concini) se serait placé sous la langue pour pouvoir enchanter avec ses paroles la sage Reine, et mieux l'asservir à sa volonté. Il s'agit seulement de la plus évidente des déformations qui, dans le cours de l'histoire, tendent à accumuler tout le mal d'un seul côté dans le rapport Concini/Régente/Roi : raison pour laquelle à la fin le roi se retrouve transformé en héros, la reine en victime, les Concini en créatures diaboliques (au sens plein du mot), et Rosset s'auto-délivre, après avoir adulé le favori dans l'édition de 1615, une sorte de lettre d'innocence et de fidélité à l'égard des nouveaux patrons[1].

Quelque chose de semblable se produit aussi dans l'histoire V, celle de Vanini, dans laquelle les nobles protecteurs de l'Italien sont défendus par l'obséquieux écrivain : l'amitié de Bassompierre pour son protégé est opportunément passée sous silence, et le grand seigneur apparaît dans le récit uniquement en tant que destinataire occasionnel d'une lettre du philosophe libertin ; celle du comte de Cramail[2], qui requérait manifestement une défense beaucoup plus détaillée et efficace, change complètement de nature. L'ami des athés et des libertins se transforme, grâce à Rosset, en un « homme non moins *religieux* que genereux » (V, 201), et les détails tendant à le disculper s'accumulent significativement : nous voyons en

1 Il s'agit d'un éloge indirect, mais très clair, que Rosset n'a pas éliminé de l'édition de 1619, et qui se trouve à la fin de l'histoire XXIII. De façon telle que cette édition, qui s'ouvre précisément sur une condamnation des Concini, finit sur une flatterie à leur égard et une condamnation de leurs ennemis.

2 Cramail est le nom (pour mieux dire la graphie) utilisé pour désigner Adrien de Monluc-Montesquiou, Comte de Caraman, ami de Bassompierre et protecteur de Vanini à Toulouse.

effet l'auteur montrer la stupeur de Cramail lorsqu'il s'aperçoit, tout à coup (!), de l'irréligiosité de son invité ; nous le voyons aller jusqu'à parler des tentatives supposées du gentilhomme pour le convertir ; et nous restons enfin un peu perplexes quand il définit comme « généreux » le grand seigneur juste au moment où celui-ci livre son ancien ami aux autorités du Parlement de Toulouse. Rosset utilise toute une série de stratagèmes pour ne pas porter la moindre atteinte à la dignité du comte : à le croire, Cramail se préparait à chasser Vanini le jour même où les envoyés du Parlement se présentèrent à lui pour recueillir des informations sur l'invité désormais indésirable. C'est seulement à ce moment-là que, poussé par les circonstances et par une conviction déjà bien enracinée, Cramail le dénonce. Peur du Parlement ? Trahison bien organisée ? La coïncidence, en tout cas, est bien étrange et suspecte : en suggérant d'une part la délation, elle délivre au délateur un brevet de bon et fidèle sujet de l'État et de l'Église, mais, d'autre part, elle sauve en un certain sens l'honneur du gentilhomme, en lui évitant toute transgression des lois de l'hospitalité. Difficile par conséquent de ne pas la considérer comme une invention de l'auteur...

Le texte est plein de semblables « étranges » coïncidences ; même là où l'on ne sait rien du véritable déroulement des faits et de l'identité des personnages, des précisions apparemment inutiles, des insistances suspectes, d'évidentes invraisemblances nous mettent en alerte, en soulignant la fausseté instrumentale de l'auteur. Des précisions, en effet, émane souvent l'embarras ; les justifications se transforment fréquemment en allusions ; la défense se change en accusation et les nombreuses explications finissent par créer une nuée de contradictions. Partout, à tous les niveaux, de diverses manières, le texte entre en contradiction avec lui-même. Entre les affirmations de l'écrivain et les actions des personnages, par exemple, il n'y a pas toujours d'accord ; Rosset lui-même soutient parfois des choses différentes.

De temps en temps, en effet, il arrive à l'auteur de se contredire nettement. Cela se produit par exemple à propos du peuple, au regard duquel l'écrivain semble nourrir des opinions opposées, et qui change d'image et de fonction au cours du recueil. Le peuple, en effet, absent en général des *Histoires* comme entité collective, y est toutefois évoqué dans certaines circonstances particulières : il forme le public ému, fasciné ou stupéfait des exécutions, il sert de cadre aux actions des Grands et du Roi, apparaît comme un paysage humain dans de rapides descriptions. Qu'en pense alors Rosset ? Pour le lecteur, il est très difficile de le déterminer. Souvent, en effet, le peuple est comblé d'éloges ; en premier lieu, il est clairvoyant, il sait immédiatement distinguer les bons des méchants : « Le peuple, spectateur de ces sanglantes actions, estoit alors bien en cervelle sans oser pourtant ouvrir la bouche » (I, 21-22). Il est donc absolument et instinctivement fidèle aux bons, c'est-à-dire aux grands du royaume : si ceux-ci, au lieu de s'armer contre Filotime-Concini, défiant ainsi l'autorité de la Reine : « [...] tous ensemble eussent fait leurs plaintes contre Filotime [...] sans doute ils eussent esté assistez de tous les habitants de la ville de Suze [= Paris], qui crioient desja ouvertement contre ceste sorcière [= Dragontine, c'est-à-dire la maréchale d'Ancre] (I, 10). »

Un véritable attachement, en somme, lie la plèbe aux princes[1], un attachement qui se transforme souvent en rage contre leurs ennemis[2] et qui a les traits d'un rapport protecteur, juste et naturel.

Le peuple, ainsi conçu, remplit donc une fonction importante au sein de la narration : étant clairvoyant, bon et fidèle, il décide, en l'approuvant ou en la désapprouvant, si une cause est juste ou non, induit le lecteur à absoudre ou à condamner l'un ou l'autre personnage, l'oriente dans la compréhension des événements. Selon Rosset, en définitive, le peuple jugerait correctement, aimerait loyalement, observerait lucidement.

Un tel portrait est cependant trop beau pour être vrai, et il est troublé de temps en temps par des détails inquiétants, d'étranges observations. À la mort de Dragontine, par exemple, assiste une foule silencieuse, émue par le noble discours que cette femme prononce sur l'échafaud. Tout de suite après l'exécution, toutefois, nous assistons à une surprenante manifestation de... patriotisme : « quelques uns des plus zelez à l'amour de leur patrie [...] se jetterent sur ceste teste separee du corps, et en jouerent *longuement* à la pelote[3]... » (1,42). Il faut convenir que le

---

1 Alexandre de Guise devient par exemple pour les Parisiens « un cher nourrisson » : « Mais particulierement les citoyens de Suze accourants à milliers devant l'Hostel d'Almidor, rendent graces aux Dieux, de ce qu'ils leur ont conservé un si cher nourrisson » (II, 84).

2 « Si ceste infortune fut arrivee, [Clarimont] n'eut pas jouy longuement du fruict de sa victoire, car l'amour que les citoyens de Suze portent à la brave race des Noralis, et particulierement à ce jeune Prince [...] est si grande, qu'ils eussent mis en pieces Clarimont » (II, 64).

3 C'est moi qui souligne.

contraste entre ces patriotes et la foule en larmes est remarquable, et que la définition de ces étranges joueurs est plutôt bizzarre. Le « zèle » cache peut-être de l'ironie ? Impossible, comme toujours quand il s'agit du très prudent Rosset, de l'affirmer avec précision ; il est certain que l'image d'un peuple bon et juste, qui par ses comportements renforce la légitimité du pouvoir, commence à se gâter.

Ailleurs, ensuite, elle se gâte complètement, et le peuple devient à l'improviste une espèce d'animal « farouche » (XVII, 535), qui comme toutes les bêtes, n'a « ny conseil ny raison » : « Le peuple, dis-je, est semblable à une mer agitee, il ne considère ny conseil ny raison : et les plus habiles se perdent ordinairement dans l'orage qu'une populace excite » (XVII, 535).

Le peuple « clairvoyant » devient alors une « populace » grossière et obtuse, considérée avec mépris et, au fond, avec crainte : « La haine du peuple est une dangereuse chose. Les exemples qui en arrivent tous les jours en rendent tesmoignage » (XVII, 535).

Laquelle des deux images répond donc aux convictions de l'auteur ? Toutes deux pourraient naturellement contenir une part de vérité ; il est de fait, toutefois, qu'elles ne coïncident pas absolument, et qu'elles s'opposent tout au long de l'œuvre : entre la clairvoyance et la fureur aveugle, entre la pitié et la cruauté, l'amour fidèle et les exemples de haine répétés, s'ouvre un fossé qui ne peut plus se combler sans difficulté, sans que naissent les soupçons. Dans certains passages, on devine des intentions cachées, on entrevoit la flatterie, on perçoit le calcul ; dans d'autres passages, l'écrivain triche, mais ne réussit pas à éviter de se contredire.

Très souvent, il est démenti (peut-être vaudrait-il mieux dire : se laisse démentir) par l'un de ses personnages. Ce que l'auteur affirme contraste alors de manière saisissante avec ce qu'il est en train de montrer, et les divergences naissent entre les interventions directes et le récit lui-même. Sylvie, par exemple (XXI), amoureuse de Lysis mais mariée à un autre, apparaît d'une fois à l'autre comme une femme honnête ou adultère selon que l'on se fie à ce que dit l'écrivain ou à ce que l'histoire laisse deviner. Si l'on s'en tient aux déclarations de Rosset qui intervient à tout bout de champ pour souligner la chasteté de l'héroïne, on pourrait en effet considérer la nouvelle comme une défense de cette femme, que tous, y compris son mari, croient coupable d'adultère, mais qui au contraire ne le serait que d'une trop vive amitié[1]. En effet, insiste l'écrivain, elle « a tousjours fait trop de profession de l'honneur, *quelque chose que la calomnie* ayt semé partout[2] » (XXI, 645). La tactique choisie pour défendre la calomniée semble cependant plutôt contestable : bien que clamant toujours à haute voix l'innocence de Sylvie, Rosset ne trouve rien de mieux que de montrer avec insistance les rencontres entre les deux amants, et la force de leur passion ; il s'attarde longuement sur la description de leurs promenades solitaires dans les jardins et les faubourgs de la ville, promenades durant lesquelles, naturellement, Lysis n'obtiendrait, malgré les médisances, rien d'autre que de « simples baisers », quelques caresses, et autres broutilles ; il laisse échapper ensuite des expressions lourdes de sens, comme la suivante : « ils ne tarderent guere d'accomplir leurs violens desirs » (XXI, 655), et va même jusqu'à suivre les amants dans leur chambre (celle de Sylvie), décrivant leurs bouches avides, à travers lesquelles se mêlent leurs âmes, leurs étreintes convulsives, s'exclamant enfin (conscient de l'absurdité de la situation, ou simplement ironique ?) : « *Merveille la plus grande qui se lira jamais*, qu'une dame parmy tant de bienveillance n'ait jamais succombé à tant de violents assauts. Toutesfois, *osté le dernier point*, il possede toutes les plus douces fleurs du jardin des Amours[3] » (XXI, 656).

Quel lecteur crédule pourra à ce stade prêter foi aux déclarations de l'écrivain, prétendant vraie cette peu crédible espèce de bienséance, sans soupçonner, comme le mari, comme le roi, comme tous, une réalité différente ? Ici, comme ailleurs[4], l'auteur épouse, apparemment, les intérêts d'un de ses personnages, le défendant de la calomnie et des insinuations, mais ne renonce pas tout à fait à rapporter les faits critiqués par les détracteurs, tournant et retournant autour de leurs accusations. Au lieu de taire, au lieu de changer, ou de nier, il s'industrie à déformer, à interpréter, modifiant seulement des détails. La vérité transparaît ainsi continuellement à la surface de l'histoire, vérité oblique, vérité voilée, mais à la fin irrépressible.

Il y a des cas où l'opposition entre le narrateur qui décrit les faits et les actions, et l'auteur, qui défend et interprète, se reproduit aussi en sens

1 *Cf.* Hist. XXI, p. 647.

2 C'est moi qui souligne.

3 C'est moi qui souligne.

4 *Cf.* par exemple l'histoire VI, dont la protagoniste, Calliste, est à la moindre occasion déclarée innoncente par l'auteur.

inverse : c'est alors l'écrivain lui-même qui trahit sa propre créature, en en révélant certaines intentions secrètes que rien ne laissait soupçonner. Une évidente et éclatante contradiction se crée ainsi entre l'action et ses motivations, dévoilées comme par hasard et renversant le sens du récit. Tout à coup, donc, une histoire en général très conventionnelle oscille et se transforme suite à quelque phrase inattendue, à une explication surprenante; des paroles qui auparavant paraissaient anodines prennent un sens nouveau et inattendu, et tout le récit devient suspect. C'est le cas de la sixième histoire, écrite, Rosset l'affirme au début, sur commande : « Je ne puis l'escrire sans larmes. Si le commandement d'une grande Princesse ne m'y obligeoit, j'en laisserois la charge à un autre. Mais puisque le devoir me force, je le descriray en ceste sorte » (VI, 214-215).

Il s'agit peut-être de la nouvelle galante la plus classique de tout le recueil, celle d'Alidor et de Callirée, avec son comptant d'amante empoisonnée par le mari jaloux et d'amant désespéré qui, après avoir été capturé par les pirates, est relâché et se rend dans le désert de Thébaïde pour mourir comme un ermite de la passion. La fuite de France du protagoniste y est justifiée de la manière la plus inattendue : Alidor, en effet, devrait, selon le récit, laisser son propre pays parce qu'il est devenu le théâtre d'un amour impossible après la mort violente de l'aimée, parce que c'est un lieu de souvenirs insupportables, plein de distractions et de devoirs mondains et sociaux qui l'empêcheraient de se concentrer sur sa douleur et sur l'image de la femme perdue. Avant toutefois de l'embarquer vers son étrange destin, Rosset prend le soin de suggérer de manière indirecte un motif de départ très différent :

> Au temps qu'il [Alidor] perdit sa maistresse, la France estoit desja divisee en deux partis. Le peuple de Paris oubliant la fidélité qu'il devoit à son Prince, venoit de rendre notable en infamie ce jour des barricades si funeste en nos Histoires. On ne parloit que de sang, et que de carnage, par toutes nos provinces. Alidor, que pour plusieurs raisons que je tais maintenant, estoit obligé à un prince de la maison de Lorraine, prend sujet de parler à sa mere, et de lui remonstrer l'orage qui se levoit en France. Que leur maison estant alliée de ce Prince il estoit obligé d'un costé à suivre sa fortune : et que d'autre part le devoir naturel qu'il devoit à son Roy, le poussoit à faire un voyage en Italie, et de passer là le temps aux exercices vertueux, attendant que la saison fust plus calme : que par ce moyen il se rendroit indifferent et n'acquerroit point d'inimitié ny des uns, ny des autres (VI, 243).

Bien entendu, Alidor est en train de parler avec sa mère, et les raisons qu'il expose doivent servir à la convaincre ; mais elles jettent une étrange lumière sur les aventures qui suivront, d'autant plus qu'un ami d'Alidor, quand il est dans le désert devant un autel sur lequel campent les portraits de sa belle, lui dit, cherchant à le ramener en France, « qu'il seroit la fable et la risee du monde, et que l'on diroit que la peur de combattre l'avoit reduit en ces extremitez » (VI, 248). La tentation reste forte de prendre ces paroles au sérieux, transformant le reproche injuste et éventuel en un reproche vrai et mérité. Et si un Alidor a existé, et si cet Alidor a vraiment quitté la France, alors il est beaucoup plus vraisemblable qu'il l'ait fait pour les motifs qu'il expose à sa mère, pour les raisons que lui jette à la figure un ami, plutôt que pour les causes improbables exposées par Rosset. Et ainsi, l'histoire peut-être la plus littéraire de tout le recueil se révèle précisément être, comme l'auteur l'avait ouvertement déclaré au début, un devoir écrit sur commande d'une « grande Princesse », qui avait probablement intérêt à présenter la fuite du fils comme due plutôt à l'amour qu'à l'infidélité politique ou à la couardise.

Voici donc la littérature saisie juste au moment où la fiction devient mensonge ; et le fait que ce soit cette métamorphose qui la rende plus fabuleuse, plus conventionnelle et invraisemblable que jamais, est significatif. Comment accorder une telle invraisemblance avec les déclarations répétées de l'auteur de sa fidélité à la vérité ? Comment croire à la réalité des aventures d'Alidor, telles qu'elles nous sont racontées, ou à la chasteté de Sylvie, ou à l'innoncence de Calliste, à la bonne foi de tant de personnages ? Comment y croire, donc ? Il faut néanmoins remarquer que l'auteur ne nous encourage pas à y croire, loin de là. Sa décision délibérée de complaire à tout prix ses nobles protecteurs, d'éviter de dire ce qui pourrait leur nuire, de dissimuler ce qui pourrait scandaliser, tout cela amène inévitablement à une sorte de bienséance hypocrite et grotesque. En effet, dans son jeu de circonspections, de déformations, de déguisements, d'un côté il abonde en précautions, essayant de justifier, même sans une nécessité évidente, ses protagonistes, alors que de l'autre il parle trop, révélant – comme dans le cas auparavant cité – des motivations qu'il serait mieux de ne pas avouer. Une question, qui était restée jusque-là en suspens, s'impose alors spontanément : et si Rosset l'avait fait exprès ?

Encore une fois, il s'agit d'une question à laquelle il est impossible de fournir une réponse précise : vu la prudence de l'écrivain, toute conclusion reste forcément confinée dans le domaine des sensations personnelles. Il est toutefois utile de se poser cette question, du moins car elle décrit au mieux l'impression du lecteur face à une œuvre aussi contradictoire et ambiguë. La duplicité qui la sous-tend s'adapte à merveille à un texte où le mensonge domine, où la simulation s'avère aussi bien une loi de l'existence qu'un système d'écriture. Le soupçon que Rosset mente deux fois reste donc bien présent. Il est vrai que le concept même de mensonge pouvait être, dans une époque extérieurement formaliste comme le XVIIe siècle, bien différent du concept actuel ; toutefois, le double jeu de Rosset se manifeste de manière trop évidente pour être le seul effet d'un changement de perspective.

Pourquoi, par exemple, au moment où il intègre dans son recueil de 1619 une attaque contre les Concini, il n'élimine pas ses éloges précédents ? Pourquoi, avant de raconter les aventures d'Alidor, il leur attribue des causes propres à démentir leur nature même ? Et encore : était-il nécessaire, dans l'histoire de Vanini, de s'arrêter avec un tel niveau de précision et de détails sur les théories de l'athée exécrable[1] et, au moment de l'exécution, de montrer le courage et l'opiniâtreté tenace de l'Italien face à ses juges[2] ? Ou bien, après sa mort, était-il nécessaire

1 Les théories du libertin sont exposées dans le détail pour ce qui est de Dieu (qui n'existerait pas), des textes sacrés (qui seraient un tas de mensonges), des prophètes (des fous exaltés), du Christ (un imposteur) et des miracles (le produit ridicule de la crédulité générale).

2 À la différence de nombreux personnages des *Histoires*, qui avouent leur culpabilité à la fin du récit, non seulement Vanini se déclare innocent, mais il affiche aussi de l'ironie et du mépris envers ses juges, riant pendant les réquisitoires, réfutant systématiquement leurs accusations par l'exposition de ses théories ; pour cette raison le tribunal qui aurait voulu – selon Rosset – le sauver, se voit au contraire obligé à le condamner. Même face à la torture, toutefois, Vanini n'abandonne pas son courage effronté, haranguant la foule de l'échafaud, essayant de « deschirer la divine Maiesté » et affronte l'amputation de la langue et le bûcher avec un courage de « martyr du diable ». Sa figure assume donc une importance inquiétante, que les insultes de Rosset n'arrivent pas à dévaloriser, d'autant plus inquiétante que l'auteur même revient à plusieurs reprises sur les idées du libertin, dans un premier moment les résumant lui-même, ensuite – comme on l'a vu – les faisant défendre par l'intéressé, enfin par l'exposition d'un digne personnage (voir la note suivante). Un traitement comparable se retrouve dans l'histoire de Goffredy : avant de les démentir comme il le fallait, Rosset s'arrête à la fin de l'histoire (III) sur les arguments de ceux qui ne croient pas à la sorcellerie et il les relate ensuite fort efficacement cherchant à la démolir, non pas par des moyens logiques mais par des arguments d'autorité (ce qui n'est pas sans rappeler certains articles « religieux » de l'Encyclopédie :

de s'arrêter longuement sur les raisons des athées et des libertins (qui sont exposées de façon claire et rationnelle), avant de les réfuter avec un acharnement apparent (et aveugle, irrationnel)[1] ?

Ainsi, alors qu'il donnait libre cours aux raisons des frères incestueux auparavant cités, Rosset se montre un peu trop disposé à relater, ou à faire relater, les idées des victimes de l'« Ambition » (politique et religieuse), en concédant ainsi une place considérable aux arguments de la défense. Certes, l'écrivain doit rendre compte aussi des motivations des coupables, de la complexité du monde ; toutefois, ses interventions

---

« Ie sçay qu'il en aura plusieurs qui riront de ceste Histoire, encores que la verité en apparoisse par le tesmoignage de tant de gens de bien, et par l'Arrest d'un si celebre Parlement, prononcé de la bouche de l'un des plus illustres hommes de nostre sicle. Entre telles personnes, je vois les Athees, et les Heretiques, qui rapportent aux causes naturelles, ce qu'on raconte des demoniaques, et des sorciers. Ils disent que la fantaisie blessee reçoit de vaines impressions, et des chimeres, qui font fourvoyer l'entendement du droit chemin de la raison : alleguent l'exemple des pretendus sorciers, qui croyent etre portez aux Sabbats, pendant qu'ils sont assoupis de sommeil. En fin ces personnes voudroient mettre ceste croyance qu'il n'y a ny esprit, ny sorcier, et que ce sont choses inventees » (III, 132). Pour répliquer longuement à ces « preuves » des « prétendus sorciers », Rosset n'a pas recours à des arguments rationnels, mais à des preuves livresques, à des exemples pseudo-historiques, ainsi qu'à des jugements acceptés sans aucun esprit critique par des personnages plus ou moins importants (voir la note suivante). Comme Vanini, Goffredy se déclare innocent jusqu'à la fin, et Rosset, pour en mettre en évidence les responsabilités, ne trouve rien de mieux que de reproduire intégralement l'« Arrest » du célèbre Parlement, sans intervenir (ce qui est inhabituel) directement sur la question, sans exprimer explicitement son opinion.

1 Rosset veille, encore une fois, à ne pas les résumer directement, mais (ce détail est inquiétant) il les fait résumer par un des nombreux partisans des idées du condamné, qui dans ce cas est même un prêtre ! Et pour être encore plus prudent, il ne fait pas parler directement ce prêtre, mais il imagine avoir connu un témoin de l'exécution de Vanini, qui au cours de son récit lui raconte aussi son étrange rencontre avec un ecclésiastique encore plus étrange : « Or en devisant du Docteur Vanini, qui tout fraischement avoit esté executé pour ses impietez, ce detestable Prestre se mit à proferer ces paroles : c'est à tort qu'on a fait mourir ce sçavant homme : il n'a jamais rien creu, que je n'en croye autant, et il n'y a homme de sain jugement qui ne soit toujours de mon opinion. Toutes les loix que l'on nous figure de Dieu, ne sont qu'inventions humaines, pour retenir les hommes en crainte, et que les plus puissants ont imposés aux plus foibles, afin de se conserver. Car à la verité il n'y a point de doubte que toutes les choses n'aillent à l'aventure, que le monde ne soit eternel, et que les ames ne meurent avec le corps » (V, 211-212). Combien d'expressions positives et de certitudes dans le discours de ce prêtre « detestable » ! « Sçavant homme », « sain iugement », « à la verité », « point de doubte » : on fait appel à la science et à la raison, à la vérité et à l'évidence, et tout cela sans faille, ou sans exagérations polémiques. Cela rappelle non seulement les phrases de Rosset qui relate les idées des « Athées » et des « Hérétiques » (*cf.* note précédente), mais aussi les mots désespérés de Doralice sur les lois des hommes, qui empêchaient son amour parfaitement naturel pour son frère Lizaran.

semblent parfois inspirées par une subtile et perfide malice. Pour quelle raison, par exemple, définir Louis XIII « genereux » au moment où il nous le décrit dans une attitude basse et mesquine[1] ? ou définir Marie de Médicis comme « sage » alors qu'elle agit de façon à nuire à son pays, voire à elle-même[2] ? ou s'exclamer, vu que Dieu permet au Diable de recruter des sorciers parmi les hommes : « O estrange et inouye permission de Dieu ! O seigneur que vos secrets sont profonds, et inexpliquables ! » (III, 93) ? Ces traces de contre-vérité, ces allusions subversives, ces démentis indirects, forment donc au-dessous de la narration une trame impalpable mais solide, qui confère au texte une densité mystérieuse, qui perturbe le lecteur éveillant sa curiosité, et qui nuance la personnalité de l'écrivain, qui reste indéfinissable, malgré les nombreuses déclarations grandiloquentes. Car, si la description du mensonge peut représenter une dénonciation ou un témoignage, si le mensonge peut tromper mais également révéler, le double mensonge, le mensonge au carré, nous jette inévitablement dans les sables mouvants, privant les lecteurs de tout espoir de certitude.

DU LETTRÉ ET DE LA LITTÉRATURE

Ce jeu de miroirs déformants, où tout ce qui apparaît change sans cesse d'apparence, toujours différent de ce qu'il est probablement, finit par imprégner l'œuvre de Rosset dans son intégralité. Ce jeu implique, comme on l'a vu, l'« Ambition », c'est-à-dire la politique, nous laissant dans l'incertitude sur les véritables opinions de l'auteur en matière de roi, reine, nobles, mais aussi en matière de morale, de lois sociales ; ce jeu implique également l'« Amour », nous laissant dans le doute sur le jugement réel porté par Rosset sur les amants de ses histoires, sur son évaluation de la passion, sur sa position à l'égard du rapport individu/société. Ce jeu implique enfin – ce qui nous intéresse peut-être de plus près – le rapport même entre l'écrivain et la littérature, entre le narrateur

1 « Lors notre genereux Monarque en frappant des mains d'allegresse se retire » ; Louis XIII, également défini comme « courageux » dans la même histoire, salue les assassins de façon très peu régale, lorsque ces derniers arrivent pour l'informer qu'ils ont réussi à tuer (en traître) Concini (I, 32).

2 Marie de Médicis, qui est souvent définie comme « chaste », comme par hasard lorsqu'elle a des relations avec les Concini, devient « sage » au moment où elle œuvre pour réconcilier Concini et sa femme, sans penser que leur désaccord s'avérerait utile – c'est Rosset qui l'affirme explicitement – à la France et au pouvoir même de la Régente (I, 26).

et les modalités de la narration : l'emploi que Rosset fait d'un certain langage littéraire et des schémas conventionnels de la narration ne peut que provoquer dans le lecteur une sensation de grande perplexité.

Toute l'histoire, précédemment citée, d'Alidor, amoureux et désespéré, qui se réfugie dans le désert de la Thébaïde, ne constitue-t-elle pas, sans doute, un gigantesque mensonge ? L'ermite amoureux, en adoration devant son autel profane où triomphent, au lieu du crucifix, les portraits de sa bien-aimée[1], l'ermite arrivé dans la désolation de son ermitage exotique après des aventures mirobolantes (voyage en mer, capture de la part des pirates, libération, etc.) ne cache-t-il pas peut-être le gentilhomme prudent et gêné essayant d'éviter les controverses et les complications des guerres de religion ? Et n'est-ce pas le même Rosset qui nous indique, de façon oblique, les raisons d'un tel déguisement littéraire ? Eh bien, on ne soulignera jamais assez combien ce déguisement dépend du recours à des schémas narratifs traditionnels. Voici alors que les lieux communs de la prose galante et d'aventure, utilisés comme un masque, deviennent à tous les effets un mensonge éclatant et éhonté. En nous le faisant comprendre, Rosset en dénonce implicitement l'inconsistance, les vidant de toute valeur.

Ce phénomène se manifeste à plusieurs reprises au cours des *Histoires*[2], mais il est particulièrement évident dans la nouvelle XII, dont les protagonistes sont Jean Vaumorin, un tailleur, et sa famille. Le tailleur est aussi un voleur, raison pour laquelle il sera condamné et perdra sa vie à la fin du récit ; au cours de la narration, son infraction sera répétée plusieurs fois, selon le schéma habituel des histoires de Rosset. Il faut toutefois souligner que dans ce cas la (ou les) transgression(s) n'est pas tellement grave, et n'a pas le même charme ténébreux des délits bien plus terribles et morbides qui caractérisent l'atmosphère de nombreuses autres histoires composant le recueil. Qui plus est, l'auteur n'insiste pas vraiment sur cette transgression, et il ne s'acharne pas contre le coupable, qu'il néglige d'accuser directement (selon le schéma habituel) ; c'est là un signe évident du fait que, pour Rosset, l'intérêt du récit ne se manifeste

1 Il y a deux portraits, d'empreinte précieuse/sentimentale évidente : un tableau représente la femme dans l'éclat de la jeunesse, l'autre en représente le cadavre.

2 *Cf.* par ex. l'histoire XV où l'amour de Sylvestre, célébré dans la deuxième moitié du récit, est démenti à l'avance dans la première partie, où l'on déclare que le protagoniste n'est mu que par ses intérêts personnels.

pas dans la chaîne habituelle interdiction/infraction/punition, mais dans d'autres éléments. Et que la répétition de l'infraction est fonctionnelle pour l'auteur surtout afin de prolonger l'histoire : deux infractions correspondent à deux procès, à deux condamnations, à deux récits en quelque sorte parallèles mais distincts ; surtout, elles correspondent à la juxtaposition intentionnelle de deux récits différents, explicitement contradictoires.

Le premier récit est une histoire d'aventures : le coupable est en effet condamné à vie et embarqué dans une galère comme rameur ; nous assistons alors aux pérégrinations de Vaumorin, dans sa galère, jusqu'à Naples, au second mariage de sa femme, qui le croit mort, aux bouleversements admirables du destin et aux coïncidences mirobolantes de la Fortune, qui permet au fils de retrouver son père galérien et de le ramener, après en avoir payé la rançon, en France. La rencontre des deux personnages, la révélation des identités respectives, les larmes, les baisers, les embrassades, les discours pathétiques, les évanouissements, rien n'est oublié par l'auteur, qui suit les lieux communs bien connus de la tradition romanesque. Jean Vaumorin est constamment décrit comme un pauvre vieillard affectueux et nostalgique ; son fils comme un fils modèle qui fait face à toute sorte de sacrifice pour se procurer l'argent nécessaire au rachat et libérer son père. Le seul personnage « méchant » du récit reste le capitaine espagnol de la galère, qui prétend une grande somme d'argent, soit cent écus, pour rendre la liberté à son prisonnier, sans se laisser émouvoir par les prières et les larmes du jeune homme indigent. Dans cette partie du récit, en somme, les rôles principaux sont joués par l'aventure et par les sentiments ; l'ensemble présente une remarquable uniformité de sens et de tons, mettant en scène des personnages globalement positifs (si l'on exclut la première transgression de Jean Vaumorin) et a une conclusion heureuse.

Une fois bâti un édifice aussi beau, toutefois, quel plaisir à le détruire ! Avec une sorte d'acharnement sadique, Rosset en montre toute la fragilité, en dévoile la fausseté chimérique. Avant tout, le capitaine méchant est trompé par le jeune homme naïf qui réussit, par le mensonge, à faire baisser sensiblement le prix de la rançon[1] ; ensuite, le bon vieillard, une

1 De cent écus (que le jeune Vaumorin a en effet réussi à rassembler) le prix de la rançon baisse à trente écus. Le fils du galérien est habile dans la recherche de l'argent, mais il fait également preuve de fantaisie dans le mensonge, et il parvient à persuader le capitaine

fois libéré, se transforme soudain en homme violent, immoral, litigieux (et s'il l'avait toujours été ? d'une façon ironique, Rosset affirme que la galère ne l'a pas rendu meilleur…)[1]. Qui plus est, malgré sa barbe blanche et son corps tremblant, que l'auteur a entretemps apparemment oubliés, il fait preuve d'une énergie et d'une force suffisantes à menacer son fils, à battre sa femme, à déclencher l'enfer dans une taverne. Il en ressort l'impression soudaine d'être précipités dans une comédie, dans une nouvelle boccacienne, d'autant plus que l'auteur lui-même intervient pour nous communiquer d'un ton moqueur ses idées sur les femmes et sur le mariage.

Et la tragédie, qui serait obligatoire dans ce recueil ? Elle survient après, lorsque l'ancien galérien, surpris à voler encore une fois, est condamné à la pendaison et à l'étranglement. La tragédie constitue une sorte de conclusion commune aux deux récits opposés, une conclusion qui bouleverse une fois de plus toute perspective préexistante, offrant une sorte de morale finale. La morale est que finalement tous les personnages ont perdu quelque chose : Jean Vaumorin a perdu sa vie ; son fils a perdu un père qu'il croyait avoir sauvé et qu'il a en revanche conduit à la mort sans le savoir ; sa femme a perdu la nouvelle situation familiale, riche et tranquille, qu'elle avait acquise lors de son deuxième mariage ; le capitaine espagnol, enfin, a perdu une bonne partie de la rançon qu'il avait demandée. Tous les personnages ont été vaincus, tout le récit s'est déroulé de façon imprévue, y compris pour le lecteur. La Providence s'est révélée comme un destin mystérieux et cruel, le texte s'est avéré surprenant et ambigu.

Les bouleversements soudains de la narration, les changements de ton, le désastre final sont certes présents pour nous transmettre une leçon philosophico-moral : ils suggèrent que l'homme ne peut absolument pas se corriger, que le destin est capricieux et incompréhensible, que nos possibilités de prévision sont – comme on l'a déjà remarqué – inexistantes. Ils révèlent toutefois en même temps une autre vérité, une vérité littéraire, nous montrant avec la plus grande évidence que les romans chevaleresques et sentimentaux, avec leurs aventures, leurs reconnaissances imprévues, leurs conclusions heureuses, sont faux et artificiels.

---

qu'il n'a trouvé que les trente écus qu'il lui montre. Et l'avidité du capitaine a le dessus sur sa méfiance.

1 *Cf.* Hist. XII, 395.

Les vicissitudes que Rosset semble privilégier pour un moment sont ensuite présentées comme absurdes, voire ridicules ; les personnages ne sont jamais ce qu'ils semblent être ; les événements ne se déroulent jamais selon l'ordre que l'on pourrait imaginer au début de la lecture. Les stéréotypes du roman, l'ironie de la nouvelle, le ton dramatique de la tragédie alternent et se mélangent, mais, par ce processus, ils se démentent réciproquement. Pouvant compter, comme on l'a vu, sur l'accumulation des interdits, impliquant diverses tonalités, sur des schémas différents qui s'opposent les uns aux autres, l'écrivain peut alors multiplier les manières avec désinvolture, sans toutefois adhérer complètement à une manière ou à une autre. Il fait ainsi preuve de son talent multiforme ; cependant, montrant son talent, par la juxtaposition des lieux communs les plus variés, il les prive tous de sens.

De ce jeu de massacre qui caractérise l'œuvre de Rosset, comment le langage le plus en vogue, le plus littéraire sans doute du temps, le langage de l'amour et du sentiment aurait pu sortir indemne ? L'affirmation – auparavant citée – de Lever[1], selon lequel Rosset introduirait dans l'histoire tragique le « langage de l'amour », s'avère alors, sinon fausse, du moins partielle.

Il faut ajouter quelques précisions et corrections : la première, qui nous semble évidente, est que le langage de l'amour était entré déjà depuis longtemps dans la tradition de l'histoire tragique, aussi bien comme langage des narrateurs que des personnages (Mlle de Gournay, Prévost, Nervèze et d'autres nous permettent de le prouver facilement). La deuxième : s'il est vrai que dans les *Histoires* les amants abondent, ils ne parlent pas toujours le langage de l'amour, et quand le langage de l'amour se manifeste (ce qui se produit très souvent), il se manifeste très souvent d'une façon tout à fait particulière. Ceux qui aiment et sont aimés, comme les deux amants suicides de l'histoire VIII, manifestent leurs sentiments par les actes, plutôt que par les mots ; et c'est par les mains, les regards, les soupirs, par le langage du corps, par les signes de la Nature que la véritable passion est exprimée, car elle appartient à la Nature, tout comme les cadavres parlant par des flots de sang ou comme les visages qui trahissent sans le vouloir ce que les mots voudraient cacher. C'est là le seul langage direct des *Histoires*, le seul sans réticences ou mensonges.

1 M. Lever, « De l'information à la nouvelle… », *op. cit.*, p. 586-587.

Toutefois, lorsqu'entrent en jeu les mots, prononcés par des dames élégantes ou des chevaliers courtois qui manipulent avec désinvolture – et ils ne pourraient faire autrement – les phrases d'amour en vogue, tout change complètement : « C'est vous... – déclare par exemple Alidor sur un ton ardent à Callirée, non moins enflammée mais, malheureusement mariée à un autre – que je veux desormais non seulement reverer pas dessus toutes les creatures ; mais encores adorer comme l'on fait des Dieux » (VI, 220). Ces phrases sont néanmoins prononcées à la fin d'un entretien parsemé de soupirs, où l'amant déclare sa passion sans en préciser l'objet, tâtant le terrain, pour ainsi dire, et obligeant la dame à sortir de sa retenue pour lui envoyer des signaux, dissimulés mais perceptibles, de sa bienveillance. Le langage galant, alors, sert à Alidor comme un filtre pour dire sans rien dire, pour avouer sa passion sans se compromettre. Que pourrions-nous penser à ce propos de l'extrait suivant, où une description enchantée – un portrait – du narrateur, se fond avec les mots d'amour ardents et charmeurs d'une dame ?

> Il y treuve Fleurie, de qui la beauté luysoit parmy les tenebres, comme un nouvel astre paré de mille rayons. Elle n'avoit qu'un simple couvrechef d'un ouvrage de point coupé, au travers duquel on voyoit ses cheveux blonds, et deliez. Elle portoit une cotte de satin incarnat, avec des bandes de clincant d'argent. Ses bras n'estoient couverts que d'une chemise fine et deliee. Lors que ce Gentil-homme l'apperceut, à peine que le contentement qu'il recevoit ne le fit mourir dés l'heure mesme. L'excez de joye le rendoit insensible et muet lors qu'elle luy prit la main, et luy tint ce langage : Mon cher amy, l'extréme amour que je vous porte, m'a forcee de vous octroyer tant de privauté, je vous prie, entrons dans la sale de ce pavillon, où nous aurons plus de moyen de discourir de nos amours. (XIV, 470-471)

Quelle beauté hypnotique, merveilleuse, que celle de Fleurie, nouvelle étoile scintillant dans les ténèbres nocturnes ! Et quelle douceur dans ses mots d'amour ! Si l'on analyse ce passage avec attention, toutefois, et vu la suite du récit, on se rend compte de combien cette scène est terrible, de combien les expressions du sentiment et de la fascination se plient à d'autres significations que celles qu'elles semblent apparemment véhiculer. Ce qui se prépare, c'est la vengeance féroce de la femme sur l'homme qui, conduit au pavillon, sera agressé, lié et poignardé par la jeune femme charmante et par sa servante. Les « tenebres », alors, assument aussi une fonction symbolique, la splendeur de la dame rappelle le magnétisme froid du serpent prêt à frapper, et l'expression métaphorique « mourir dès l'heure mesme » se transforme en allusion concrète à la mort, qui surviendra, immanquable et réelle.

Quant aux mots tendres prononcés par Fleurie, respectant fidèlement les modèles courants du langage sentimental, ils sont irrésistibles et mensongers, tel le chant d'une sirène perfide. Il est intéressant que ces mots soient prononcés par la femme, qui n'aime pas, alors que l'homme, amoureux, reste muet, accablé par son bonheur.

D'ailleurs, tout amant de l'époque aurait pu prononcer de tels mots : « Il y a long temps que [...] vostre beauté m'a ravi le cœur. Je suis venu à vous à ceste intention, pour contenter vostre desir, et pour vous servir desormais si vous voulez m'advoüer pour vostre serviteur » (XX, 623). L'énonciateur, toutefois, est rien de moins que... le diable, déguisé en « ange de lumiere » : ses mots font partie de son déguisement.

Où pourrait-on retrouver, enfin, une telle accumulation de métaphores pétrarquistes célébrant les perfections de la dame et exprimant l'adoration admirée de ses amants ? La dixième histoire nous offre un exemple parfait et exhaustif :

> Chacun d'eux prend une chaise où il s'assied, et la demoiselle s'assied en une autre auprès d'eux. Ils ne cessent de la contempler, et de l'admirer. L'un loüe son front, et dit que c'est une table d'yvoire bien polie. L'autre s'arreste sur ses yeux, et asseure que ce sont les deux flambeaux dont amour allume toutes les ames genereuses. L'autre se met sur la louange de ses blonds cheveux qu'elle delioit, parce qu'il estoit temps d'aller se coucher, et ne cesse de proferer tout haut, que ce sont les filets où le fils de Cypris arreste la liberté des hommes et des Dieux. En fin il n'y a partie en son corps qu'ils ne prisent. Sa gorge surpasse la blancheur de la neige, et les petites Amours voletent à l'entour de ses joues pour y succer les roses, les lys, et les oeillets que la Nature y a semez. (X, 340)

Cependant, tous ces éloges démesurés et raffinés sont offerts immédiatement après une sorte de violence collective, dont la jeune femme a été victime, et que ses futurs flatteurs ont perpetrée sans aucun scrupule. L'emploi des métaphores amoureuses révèle dans ce cas chez Rosset une ironie féroce[1].

---

1 La vengeance du viol sera ensuite terrible : la jeune femme violée se révèle être rien de moins que le diable déguisé.

Très souvent donc – on serait tenté de dire trop souvent – les expressions propres au langage galant servent dans les *Histoires* non pas à exprimer un sentiment, mais à l'imiter, à dissimuler, à tromper. Ces mots prouvent leur fausseté intrinsèque, tout comme les lieux communs romanesques prouvaient leur inconsistance absolue ; bien qu'indirectement, le narrateur s'applique à faire remarquer les limites et les artifices de sa narration. De toute la narration ? Pas du tout. Ce qui est implicitement critiqué n'est pas l'action même de raconter, mais le fait de raconter selon une manière donnée, la manière qui était tellement en vogue dans les romans d'aventure et galants de l'époque. Par sa « concession décisive au romanesque », comme l'appelle Lever[1], Rosset accomplit également un acte polémique : s'il se mesure avec une mode, en faisant preuve de ses capacités, il ne le fait jamais sans un but caché.

À la lumière de tout ce qui a été dit, on peut alors peut-être mieux comprendre l'hostilité – cette fois déclarée – de l'auteur pour les romans de son temps, qui se manifeste à plusieurs reprises par des attaques explicites et par des allusions faciles à interpréter. « Si mon dessein estoit de raconter des propos amoureux plustost que des Histoires tragiques, j'escrirois beaucoup de choses à ce sujet : mais craignant d'ennuyer ceux qui prendront la peine de lire ce récit, je diray seulement [...] » (IV, 149) : tout en parlant d'amour, et tout en se déclarant capable de traiter le sujet de façon encore plus approfondie, l'écrivain refuse de continuer, de peur d'ennuyer le lecteur ; l'histoire tragique s'identifie pour lui avec un genre caractérisé par la simplicité et par l'unité, qui doit donc éviter de se perdre dans les méandres des parenthèses et des épisodes secondaires. Ces derniers doivent par conséquent être supprimés : « Il fut tué à la chasse par une aventure estrange qu'*il n'est pas besoin de raconter* » (XX, 620)[2]. L'allusion à une aventure qui ne sera jamais racontée indique avec évidence la portée théorique de l'ouvrage et les intentions polémiques de l'auteur. Des intentions polémiques qui se manifestent ouvertement dans des tirades telles que la suivante :

> Si je voulois reciter toutes les paroles et toutes les plaintes que faisoit Cilandre, il me faudroit resoudre à faire un discours aussi long que ces livres d'amour qui parent la boutique des libraires du Palais, et dont le *galimatias perpetuel*

1 M. Lever, « De l'information à la nouvelle », *op. cit.*, p. 586-587.

2 C'est moi qui souligne.

> fait donner le plus souvent des *pensions à ses auteurs*, par la recommendation de personnes *qui prisent ce que l'on n'entend pas*, pendant que les beaux esprits qui peuvent arracher des mains des Parques et de l'eternel oubly le nom de ceux que la Nature a eslevez au dessus des autres, sont misérablement reculez. (XXIII, 710-711)[1]

On ne saurait être plus clairs : selon Lever cette phrase indiquerait que Rosset voulait « viriliser l'action romanesque[2] » ; or, ce passage nous semble plutôt l'épanchement d'un auteur à la recherche constante et vaine d'un protecteur, d'un auteur conscient de sa valeur et de celle de son art, qu'il oppose résolument aux obscurs « galimatias » des romans sentimentaux.

La théorie et la pratique de l'écriture, dans les *Histoires tragiques*, coïncident alors parfaitement : le récit ne doit pas s'étendre, en se perdant dans les méandres des discours et des digressions ; les histoires sont alors d'une longueur moyenne, ni trop longues ni trop brèves, comme plus tard chez Camus. Le récit ne doit pas non plus ennuyer par un « galimatias » constant, et en effet, par la répétition et par l'accumulation d'infractions et de punitions, les narrations privilégient de façon singulière l'action à l'égard du discours, se détachant par ce trait de nombreuses autres histoires de l'époque précédente. Ces histoires sont enfin très explicitement polémiques à l'égard de la littérature romanesque, mais elles le sont de façon très concrète, par la démonstration de la fausseté et de l'absurdité de certains schémas. Elles sont donc vraies, mais elles sont également très littéraires ; elles résument toute une tradition, d'une façon lucide, et par rapport à cette tradition elles prennent volontairement les distances.

CONCLUSIONS SUR LES *HISTOIRES TRAGIQUES* DE ROSSET

Toute l'œuvre de Rosset, donc, empreinte de mensonge et de contradiction, se révèle jusqu'au bout une œuvre substantiellement ambiguë : de la même façon dont, par la punition des coupables, elle met en discussion la Loi, ainsi souligne-t-elle la crise de toute une tradition littéraire à laquelle pourtant elle semblerait adhérer complètement. La structure des nouvelles, ensuite, annonce des évolutions futures, par son encadrement solide et surtout par sa relative brièveté qui permet à l'auteur

---

1 C'est moi qui souligne.

2 M. Lever, « De l'information à la nouvelle », *op. cit.*, p. 580.

de regrouper plusieurs narrations dans un espace relativement limité (en moyenne, une vingtaine de pages chacune) ; enfin, par la conséquente réduction du discours, dont le déroulement est entravé par la longueur réduite du récit, aussi bien que par la succession fébrile des infractions et des punitions répétées, qui limitent les effusions rhétoriques.

Que pourrait-on penser alors du mépris manifesté par les critiques à l'égard de l'auteur ? Comment expliquer l'attitude de Sorel, qui reprochait à son prédécesseur les « compliments amoureux remplis de galimathias[1] » dont regorgeraient les *Histoires* ? Le romancier n'attaquait-il pas le conteur dans les mêmes termes dont ce dernier critiquait les auteurs contemporains de romans ?

L'architecture sinueuse et contradictoire des *Histoires tragiques* ne pouvait toutefois pas plaire aux intellectuels de la génération suivante. Par rapport à ces derniers, Rosset s'attarde encore à la frontière entre deux mondes, il laisse coexister dans son œuvre des forces contraires : la sévérité de la sanction se transforme dans l'exaltation du transgresseur, le tragique universel y génère le pathétique individuel, le désir de l'ordre lutte avec la rage de la révolte, la rapidité de la narration contraste avec la tension et la pompe baroque. Il y en a assez pour garantir au recueil la grande faveur d'un public très vaste et constant, mais il y en a aussi pour dégoûter des intellectuels de plus en plus proches du rationalisme et de la clarté, qui n'auraient pu que mal tolérer un texte fondé sur le déguisement et sur l'hypocrisie. Un texte où ce qui apparaît n'est pas toujours ce qui est, un texte qui étonne par sa violence, qui surprend par ses étranges aspects politiques, qui éblouit parfois par ses fines remarques psychologiques, mais en substance évite, qui tourne autour des obstacles et fait des allusions mais qui ne déclare jamais rien. Tout comme les rites religieux de l'époque, les récits de Rosset enchantent ou terrorisent, mais ne sont pas convaincants ; tout comme les églises et les palais baroques, ils montrent l'accessoire et cachent l'essentiel.

Il est fort probable que cet aspect puisse avoir contribué à fasciner le lecteur averti, intrigué par certaines énigmes ou par des pseudonymes pas vraiment mystérieux, transformé parfois en une sorte de détective ; mais il est également probable que de cet aspect dérive – du

---

1 Cité par G. Hainsworth, « F. de Rosset... », *op. cit.*, p. 126. Voir Ch. Sorel, *Le Berger extravagant. Remarques sur le livre XIII*, Paris, T. du Bray, 1628, in-12°, p. 719.

moins en partie – le ton de malheur douloureux dont le recueil est empreint. L'allusion, l'accessoire, sont des signes de duplicité, mais aussi d'impuissance, une impuissance qui implique profondément le destin des hommes et les temps ingrats de l'auteur. N'était-il pas, son siècle, « l'esgout de toutes les vilenies des autres[1] », ne se multiplient-elles pas, dans les histoires, les allusions à la misère de notre sort, qui n'a aucune base solide ou durable :

> Que la race des mortels est subjecte à des accidens divers ! La vie de l'homme est un branle perpetuel, un flot inconstant, et un nuage porté au gré des vents. Rien ne se treuve de durable, et la felicité qu'on s'y propose pour la plus asseuree, est celle qui est la plus subjecte au changement. L'amour, l'honneur, la richesse, la beauté et le contentement s'y rendent comparables à un esclair, à qui naistre et mourir, luire et s'estreindre, est une mesme chose. (XXII, 406-407)

Il n'y a rien d'extraordinairement nouveau ou novateur dans ces plaintes, typiques de toute la littérature du siècle ; cependant, si on les juxtapose aux constats amers sur l'injustice, sur le malheur des individus oppressés, sur l'impossibilité de la vérité, ainsi qu'aux flatteries délibérées de l'écrivain à l'égard des puissants brutaux et féroces, ces plaintes assument une importance singulière. Elles nous rappellent que les histoires de Rosset sont tragiques, non seulement dans leur représentation de la tragédie des coupables, mais aussi dans la représentation de la tragédie d'un monde où la justice et la liberté sont impossibles.

Comment ne pas penser alors, même si toute généralisation est forcément imprécise et dangereuse, au monde aristocratique qui fournit tant de personnages aux nouvelles de Rosset ? Comment résister à la tentation de relier ce que nous avons dit avec la crise de toute une classe sociale et de son idéologie ? Les aristocrates des *Histoires* se trouvent souvent, comme nous l'avons vu, en contraste sur le thème de la loyauté envers le roi ; bien souvent, ils se rebellent ouvertement au pouvoir royal[2]. Ce sont les champions d'une société turbulente et rebelle, qui sera bientôt domptée par le pouvoir monarchique ; une société où les anciennes

1 Hist. VII, 256.

2 C'est ce qui se passait dans l'histoire VIII, citée, où les deux amants s'opposaient au messager du roi ; cela se produit de façon encore plus évidente dans l'histoire de Lystorac, *alias* le Baron de Guémadeuc, et de sa rébellion contre le pouvoir central (XVII).

formes résistent, voire elles acquièrent parfois plus de splendeur, mais où la substance primitive s'estompe progressivement. C'est à elle et pour elle que Rosset parle, mêlant la critique et la nostalgie, sans trop y croire, mais sans s'y opposer ouvertement.

Et son double jeu subtil, outre à exprimer le caractère conflictuel, irrésolu, du genre qui nous intéresse, parvient à garantir à l'écrivain, dans des temps difficiles, une difficile autonomie : en proclamant la vérité pour la dissimuler immédiatement après, en assurant le triomphe de la Loi mais en absolvant implicitement les victimes, en défendant, mais d'une façon aussi maladroite qu'elle revient à accuser, en mentant tout en le montrant ouvertement, il ne fait que protéger son indépendance. Évitant ainsi d'aplatir l'histoire tragique sur des positions préétablies, il la maintient dans le giron de la littérature et la soustrait à la chronique. Ceci ne se produira pas toujours, ou même, peut-être, ne se produira plus, comme en témoignent en premier lieu les histoires d'un autre grand auteur, J.-P. Camus, unilatérales, utiles, moralisantes, expressions de la Contre-réforme, qui brilleront comme un météore dans le ciel de l'histoire tragique, mais qui ne trouveront aucun digne successeur, et qui ne parviendront pas à donner au genre, malgré les innovations, une nouvelle vitalité. Car juste au moment où, avec Rosset, l'histoire tragique semble avoir atteint le maximum de succès, en obtenant, comme le dit Reynier, « plus de vogue que jamais[1] », juste à ce moment commence sa phase la plus rapide de décadence. Rosset, qui accueille toutes les modes, en marque également, comme nous l'avons vu, l'épuisement ; créateur du triomphe du genre, il en est en même temps le fossoyeur. Sa renommée et son succès ne font que cacher pendant un moment la décadence du récit tragique français.

1 G. Reynier, *Le roman sentimental*, *op. cit.*, p. 353.

PIERRE BOITEL : ENTRE LA MÉTAPHORE GLOBALE ET LES VÉRITÉS « PROUVÉES »

LA MÉTAPHORE GLOBALE

Pendant toute la période de la Régence, en effet, et longtemps après l'avènement de Richelieu, à part celles de Rosset on ne rencontre que très peu d'histoires tragiques, souvent médiocres. Il est difficile, par exemple, malgré l'opinion contraire de Godenne[1], de considérer Livet comme un auteur de véritables histoires tragiques[2]. Il est un peu plus facile de compter dans l'histoire du genre Pierre Boitel, qui reste en tout cas à peu près isolé, unique compagnie – avec beaucoup moins de mérite – de son collègue bien plus intéressant que lui, auquel il serait lié, selon quelques critiques, par une certaine affinité. En effet, Hainsworth, après l'avoir jugé un écrivain « aride[3] », affirme qu'il adopterait en deux récits « les méthodes de Rosset pour raconter l'histoire de Concini et de sa femme[4] ».

En réalité, si la *Defaicte du Faux Amour* et l'*Histoire tragique de Circé*[5] ont plusieurs points de contact avec les *Histoires* de Rosset, surtout en ce qui concerne le sujet, elles s'en différencient cependant sous plusieurs aspects, que nous considérons plus importants car ils sont plus proprement narratifs.

1 R. Godenne, *op. cit.*, p. 40.

2 Son *Democare sanglant enrichy d'un bois mystique, où sont les tombeaux des plus parfaicts amans de France*, Lyon, Vincent de Coursilly, 1623, tout en étant assez bref (131 pages) présente la structure complexe du roman (histoires emboitées, multiplicité d'aventures, etc.), un ton intermédiaire entre mystique (mysticisme de l'amour) et merveilleux (merveilleux sentimental) et il manque d'un lien précis faute/peine. Il s'agit donc à notre avis d'un bref roman sentimental, qui plus est bourré comme aucun autre de poèmes, dialogues, discours. – Il faut signaler, à propos de Livet, une erreur de Lever qui dans sa notice bibliographique l'appelle Charles, alors que dans l'ouvrage son nom est Christofle (M. Lever, *La fiction narrative en prose au XVIIe siècle*, Paris, CNRS, 1976, p. 133).

3 G. Hainsworth, *Les « Novelas... »*, *op. cit.*, p. 109.

4 *Ibid.*, p. 107.

5 P. Boitel, *La defaicte du Faux Amour par l'unique des braves de ce temps. Deputé à l'exécution d'un acte tant heroique durant l'absence de Mars, Hercules, Mercure, Apollon & Nestor, Dieux fugitifs du Ciel. Fiction intelligible aux jugemens solides.* Dedié au Cavalier Victorieux. A Paris, chez Pierre Chevalier, 1617 ; *Histoire tragique de Circé, ou suite de la defaicte du Faux Amour. Ensemble l'alliance du Cavalier Victorieux & de la belle Adrastee.* A Paris, chez P. Chevalier, 1617.

Certes, comme dans la première nouvelle de Rosset, on parle ici de la mort de Concini *(La defaicte)* et de l'exécution d'Eleonora Galigaï, la Maréchale d'Ancre *(Circé)*. Et comme dans les *Histoires tragiques*, ici aussi les personnages ont des noms fictifs. Toutefois le style et la structure du récit sont très éloignés de ce qu'on a examiné jusqu'à présent et constituent un véritable modèle de bizarrerie et de mauvais goût, si on peut s'autoriser un jugement de valeur. Le déguisement mis en place par Boitel, en effet, ne se limite pas à quelques changements de nom ni à quelques comparaisons et similitudes soutenues, capables d'attribuer un sceau de « littérarité » à des faits divers en les enveloppant dans une aura de rhétorique, comme dans le *Gentet* de Prévost. Boitel ne s'arrête pas là : toute l'histoire est transportée dans cette région mythique où vivent et évoluent des héros magiques et divins, comme Circée, Médée, Adrastée, Persée, Bellerofon, Andromède et bien d'autres personnages. Toute l'histoire en somme devient une métaphore gigantesque, continue et interminable. Elle ne représente plus la vérité des faits, mais elle la transpose dans un monde épique où les forces du bien et du mal s'affrontent, où les hommes ne sont plus des hommes mais des incarnations de dieux ou de démons. L'écrivain peut ainsi les décrire en utilisant les termes les plus vifs, les modes les plus fantasmagoriques et surprenants puisés dans toutes les ressources d'une oratoire exaltée.

Si les Grands de France sont, en effet, comme le titre l'indique, « Mars, Hercules, Mercure, Apollon et Nestor, dieux fugitifs du Ciel », voilà que la mère de Concini-Faux-Amour devient Vénus, et que l'origine du favori de Marie de Médicis est ainsi racontée :

> Les plus relevez Historiographes escrivent que Venus Deesse des Meretrices et d'impudicité, enfantee par les ondes, sous l'escumeuse superfluité de Neptune, fut mere de cet Amour, et tient-on qu'elle le conceut au pays des Latins : son pere fut un homme de basse qualité, mercenaire, roturier, appelé Vulcain, contrefaict de ses membres, menuisier de son art ; les autres disent forgeron habitué dans les antres profonds, situez sur les costes des rivages aquatiques du fleuve Arne[1]...

Et le mariage de Concini avec Eleonora Galigaï devient l'œuvre des démons, cruels ennemis des mortels :

1 P. Boitel, *La defaicte*, *op. cit.*, p. 32-33.

> Les demons de tous temps ennemis capitaux des mortels, desireux de leurs malheureuses miseres, par une infernale sympathie, sont les entremetteurs de ce fatal Hymenee. Pluton en dresse le contract et les enfers le ratifient. Les voilà mariez et nouez ensemble d'une chaisne enchantee, nostre Faux Amour poursuit son voyage, avec sa Medee, qu'aucuns Historiens probables et dignes de foy, appellent Circé, laquelle par le moyen de ses sortileges luy chausse des ailes aux talons, luy bande les yeux pour ne voir la verité, et luy donne un carquois plein de sagettes, fabriquees à dessein, et pour ceux desquels il desiroit du service, et les autres dont il se vouloit defaire[1].

Tout se poursuit donc sur ce ton : on assiste ainsi à l'arrivée des deux époux à la cour céleste du Danemark, où règne Latone, la mère du Soleil, et au triomphe momentané de la méchanceté, suivi ensuite de l'irréparable ruine.

Pour être digne d'une invention si brillante, le style aussi exhibe des tours de force scintillants, continus et insistants, en produisant des feux d'artifices d'assonances, en concoctant des jeux de mots imprévus et s'enveloppant dans toute sorte de calembours. Des hyperboles, des superlatifs, des comparaisons, des inventions stylistiques tissent la description de la prison où « Ganimede » est conduit[2] :

> Ganimedes cependant est conduit du Palais radieux, en la Tourelle d'Acrise, toute cimentee de matieres solides et fabriquees de metaux extrêmement perpetuels, et aussi durables que l'eternité mesme. Ceste imprenable prison des Dieux, ceste divine captivité, ravissante stupidité de la liberté heroique, est construite de diamans, fondee sur la solidité ferme, et fermeté solide des rocs de l'Euphrate, Babel n'est rien en comparaison, ce n'est qu'un climat au regard du ciel, qu'un Atome au prix du monde, qu'un Pygmee pres un Geant, qu'un fer non esgal à l'acier, et qu'un plastras au regard d'un caillou. Voilà le mignon du maistre des immortels, l'eschanson de Iupiter, aussi captif que la captivité mesme[3].

Des assonances sifflantes et furibondes soulignent la nature maléfique de « Circé » : « ... et borné nos malheureuses miseres, lesquelles aussi furieuses que les Furies d'Enfer, nous faisoient fatalement franchir les rivages tenebreux du funeste fleuve d'Acheron[4]... ».

1 *Ibid.*, p. 37-38.
2 Ganymède est très probablement le prince de Condé, que Marie de Médicis a fait arrêté et enfermer à la Bastille le Ier septembre 1616.
3 P. Boitel, *La defaicte...*, *op. cit.*, p. 191-192.
4 P. Boitel, *Histoire tragique de Circé*, *op. cit.*, p. 5.

Et encore, des assonances, des répétitions, des conceptismes et, surtout, des insultes sont adressés à la femme perfide, à laquelle les Furies sont priées d'infliger une juste torture : « Cruelles furies, grillez sur vos ardentes grilles d'un brasier animé ceste cruelle Harpie, et rostissez avec vos torches flamboyantes son ame perfide, ingrate et homicide de nos felicitez[1] ».

Que devient alors, à ce moment-là, l'histoire tragique ? Opprimée par une telle superstructure rhétorique et métaphorique, elle privilégie l'insulte des protagonistes plutôt que la description des faits. Ces derniers deviennent de purs prétextes, et la description du « palais radieux », les machinations supposées des diables, les enchantements fantasques des magiciennes et des sorciers sont beaucoup plus importants pour l'auteur que le récit des événements réels, ou de la représentation véritable de lieux connus. D'ailleurs, les événements étaient bien connus du public contemporain. L'habileté de l'écrivain ne consistait donc pas dans la révélation des faits au lecteur, mais dans le fait de les interpréter de la façon la plus originale les altérant jusqu'à les rendre presque méconnaissables. À tel point que Boitel même se préoccupe de l'intelligibilité de ses écrits et ne manque pas de les accompagner d'une *Facille intelligence au lecteur*[2] où il révèle l'identité des personnages les plus importants de ses histoires. En lisant sa prose, même si elle traite d'événements connus de tous et très récents, et de personnages très en vue, un tel avertissement n'apparaît point superflu.

Le désir d'étonner et d'orner, mettant au premier plan le talent de l'écrivain plutôt que la trame des faits, provoque ensuite de graves altérations dans la structure traditionnelle de l'histoire. Même si Boitel dénomme expressément « histoire tragique » l'un de ses deux récits, il est très difficile de parvenir à y identifier distinctement le schéma typique de la narration tragique[3]. La succession rigide d'interdictions/infractions/punitions tend à disparaître : Concini en effet est coupable même avant de naître, c'est une créature diabolique engendrée par des parents indignes, ainsi qu'une citation précédente le souligne[4]. En ce

1 *Ibid.*, p. 8.

2 Qui se trouve au début de l'*Histoire tragique de Circé.*

3 Les expressions *Histoire tragique*, *Histoire*, *Tragédie* reviennent plusieurs fois sous la plume de l'écrivain. Au-delà du titre, nous les retrouvons dans *Circé*, par ex., à la p. 182 (*Histoire tragique*), à la p. 200 (*Tragédie*), à la p. 209 (*Histoire*).

4 *Cf.* P. Boitel, *La defaicte*, *op. cit.*, p. 32-33.

qui concerne Circé/Galigaï, elle n'enfreint aucune loi dans l'histoire où elle apparaît, vu que le récit (très long) traite uniquement de son exécution et que, dans *L'Histoire tragique de Circé*, elle représente, comme son digne époux, le mal personnifié qui n'a pas besoin d'actions pour être identifié en tant que tel.

Pour cette raison la narration a souvent l'air d'un interminable « portrait », plutôt que les caractéristiques d'une véritable « histoire », avec la succession habituelle de faits et de réactions aux faits. Voilà pourquoi dans les deux récits l'intrigue s'ouvre à un certain moment pour céder la place à une autre démonstration d'habileté de la part de l'auteur, écrivain intarissable. Celui-ci, après avoir démontré sa maîtrise dans l'élaboration de métaphores surprenantes, de conceptismes ingénieux, de descriptions étincelantes, veut se mettre à l'épreuve dans le domaine des anagrammes. On se trouve de la sorte, pendant soixante-quinze pages dans la *Defaicte*[1] et quatre-vingt-treize dans *Circé*[2], face à des artifices concernant l'anagramme du nom des différents personnages[3], chacun étant suivi d'un commentaire mythologique qui est tout aussi ingénieux et qui en explique l'admirable signification. Après ces interminables parenthèses, insupportables pour le lecteur d'aujourd'hui, le récit reprend comme si de rien n'était, grâce à de petites phrases comme : « Or pour poursuivre l'ordre de ceste Histoire Tragique de Circé, il nous faut laisser ces Anagrammes, afin de donner un principe de commencement aux restes[4]… ».

Il est impossible de ne pas voir l'abîme qui sépare ces récits des ceux de Rosset, que Boitel connaissait en tout cas[5]. Il est impossible de ne

1 De la p. 250 à la p. 325.

2 De la p. 89 à la p. 182.

3 Quelques exemples : Louis de Bourbon devient « Un bon soleil d'or », Henri de Lorraine « Né royal d'une Reine », etc.

4 P. Boitel, *Histoire tragique…*, *op. cit.*, p. 182.

5 Beaucoup de points de contact présentent, au moins à une première lecture, les récits de la mort de Concini et de sa femme, ainsi qu'ils sont racontés par les deux auteurs. En ce qui concerne le *Theatre du Malheur*, les histoires du Chevalier de Guise et du baron de Luz coïncident sur différents points fondamentaux. Chez Rosset et chez Boitel, on affirme que le Duc de Guise se réjouissait de se voir défier en duel ; avec des nuances différentes, on évoque chez les deux écrivains la « nudité » des duellistes, etc. Le problème de savoir qui s'est inspiré en premier de l'autre (et si vraiment il a eu inspiration) doit encore être résolu. Il est certain que le Chevalier de Guise apparaît pour la première fois dans les *Tragiques accidens* de 1616, et pour la deuxième dans le *Theatre* de 1622, tandis que chez Rosset il est assurément présent dans les *Histoires* de 1615. Boitel lui-même affirme, dans

pas s'apercevoir que l'histoire tragique se réduit ici à un pur prétexte, que l'action disparaît en faveur d'un exercice de style, que le vrai est délibérément voilé, non pas pour des raisons de convenance politique mais pour le simple amour des difficultés et du conceptisme. Avec ces récits de Boitel, en somme, l'histoire tragique se dissout littéralement dans la rhétorique et touche (ou dépasse ?) encore une fois une limite extrême au-delà de laquelle le terme même d'« histoire tragique » ne peut plus avoir de sens.

Un seul lien, mais très significatif, unit *L'Histoire tragique de Circé* à la première nouvelle de Rosset de l'édition de 1619 : il s'agit de la présentation de la figure d'Eleonora Galigaï, montrée dans les deux cas comme une enchanteresse douée de pouvoirs magiques, ce qui constitue, avec d'autres éléments importants, une preuve supplémentaire du contact entre les deux auteurs.

LA VÉRITÉ PROUVÉE

Une grande différence sépare en revanche trois recueils de Boitel, publiés entre 1616 et 1622, des œuvres auparavant citées et de toutes les histoires tragiques examinées jusqu'ici. Il s'agit des *Tragiques accidens des hommes illustres*, en deux volumes, du *Theatre tragique* et du *Theatre du malheur*, en trois volumes[1]. Ce sont des textes extrêmement semblables (même si non parfaitement identiques)[2], où l'on retrouve plus ou moins les mêmes histoires, chaque recueil ajoutant quelque chose aux autres. La description de la structure du *Theatre du Malheur* de 1622, publié

le *Theatre*, à propos des événements qui opposèrent le Chevalier de Guise au baron de « Lux » (= Luz) : « Louys [*sic*] Rousset [*sic*] a fait une histoire de sa mort, soubs des noms supposez » (III, p. 11).

1 P. Boitel, *Les tragiques accidens des hommes illustres, et autres personnes signalees de l'Univers, depuis le premier siecle jusques à present. Recherchez dans les plus rares bibliothèques de France*, Paris, Toussainct du Bray, 1616. *Le theatre tragique sur lequel la fortune représente les divers malheurs advenus aux hommes illustres et personnes plus signalees de l'Univers, depuis la création du monde jusques à présent*, Paris, T. du Bray, 1621-1622. *Le theatre du Malheur, sur qui la fortune represente les divers accidens tragiques des hommes et dames illustres, plus signalees de l'Univers*, Paris, P. Billene, 1622, (3 livres).

2 Beaucoup d'histoires du premier sont, ainsi que nous le verrons, plus longues ; le premier a une table des matières par ordre alphabétique, à la différence du troisième ; on retrouve certaines histoires des *Tragiques accidens*, fusionnées ou placées différemment, dans le *Theatre du malheur*. Ce dernier, et le *Theatre Tragique*, sont pratiquement le même ouvrage, vu que l'un est la suite de l'autre.

en dernier et les résumant un peu tous, peut donner une idée de leur nature. Il s'agit en effet d'un volume divisé en trois livres qui scandent la chronologie des sujets traités[1]. Le premier, tout en portant le titre de *Depuis la Création jusques à présent*, contient des histoires qui, à partir de l'épisode biblique d'Abel, traitent de personnages anciens, notamment grecs mais aussi égyptiens, numides, etc., pour terminer avec les Romains de la république. Le deuxième livre, qui s'attarde encore en partie sur des vicissitudes et des personnalités de la Grèce classique, raconte surtout des faits qui se sont passés *Depuis la mort de Cesar jusques au trespas du Grand Henry* ; toutefois, malgré le titre, ce « trespas » est exclu de cette section de l'œuvre, représentant ainsi la digne ouverture de la suivante. Enfin, la troisième partie, la plus innovante par rapport au recueil précédent des *Tragiques accidens*, parle d'événements plus récents, tels que la mort de Concini et de son épouse et de personnages contemporains, Louis XIII en premier.

Les histoires sont normalement très brèves, plus brèves encore dans le *Theatre du Malheur* que dans les ouvrages précédents : beaucoup de récits en effet, des *Tragiques accidens* au *Theatre*, se sont condensés et restreints jusqu'à se cantonner souvent, mais pas toujours, à la longueur d'une demi-page. En tout cas, dans tous ces écrits, la concision est extrême. L'introduction et les commentaires sont absents ; en revanche, les sources historiques sont souvent mentionnées à la fin de chaque récit, notamment dans les histoires les plus anciennes, et davantage dans le *Theatre* que dans les *Accidens* : cette innovation est très significative.

Quel rapport peut subsister entre ces recueils à caractère de compilation et les histoires tragiques analysées jusqu'ici ? Peut-on les inclure dans une même définition ? Certes, ces textes ont en commun certains sujets, pour la plupart historiques et tragiques, et cela permettrait de les étiqueter de la même manière. Toutefois, on remarque aussitôt que ces écrits de Boitel ne révèlent aucune prétention littéraire, se différenciant donc de toute histoire tragique analysée jusqu'ici. Comme la plus grande partie des récits tragiques, ces histoires aussi ne veulent laisser aucun doute sur leur véridicité. Cette dernière passe ainsi en première ligne, devenant le seul trait – ainsi que le triste dénouement des faits narrés –, qui les apparente au genre en question, mais jusqu'à un certain point. En effet

1 Le premier livre est constitué, dans l'édition de 1621, du *Théâtre Tragique*, dont les deux sections successives (*Theatre du Malheur*) représentent la continuation.

l'indication de la source, garantissant avec son autorité l'authenticité du contenu, rend le recueil en quelque sorte plus vrai que tous ceux que l'on a examinés jusqu'ici. L'œuvre de Boitel diffère de la plupart de ces recueils parce qu'elle ne privilégie pas de manière absolue le présent par rapport au passé : l'actualité est réabsorbée par l'éternel retour des choses ; le malheur récent, les « tragiques accidens » auxquels les lecteurs ont assisté ou qu'ils ont vécus de quelque manière, ne deviennent que la répétition toujours différente/toujours pareille du malheur qui gouverne le monde.

Voilà pourquoi ni introduction ni conclusion moralisantes n'ouvrent ni ne concluent les narrations. Leur succession ininterrompue, leur entassement continu, leur inconsistance littéraire même rend ces narrations à peine plus que des symboles – et des symboles interchangeables – d'une condition universelle et négative des choses, des moments d'une leçon morale qui les transcende et les comprend toutes. « Monsieur », dit l'auteur, dans la préface du *Théâtre du Malheur*, en s'adressant au baron Du Plessis aux Tournelles, conseiller et trésorier du roi[1] : « ce sont icy les tragedies generales du monde, autant esmerveillables que dignes de compassion, où sont représentés les plus furieux coups de revers de ceste variable fatalité que les poetes ont appelé fortune », et il continue :

> [...] vous verrez les universelles decadences, les accidens prodigieux, et les tristes reliques des ouvrages du malheur d'un nombre infini de grands Princes qui excitent la postérité aux larmes et aux regrets par le souvenir de leurs afflictions. L'excez de la grandeur où le Ciel les avoit eslevez, a rendu leur cheute plus violente. Eux qui avoient vescu comme les Poulpes dans les eaux douces, sont morts comme les Dauphins parmy les tempetes. Leurs couronnes furent faictes de cyprez, et leurs sceptres de bois de Mirthe. Leur vie ne fut qu'un songe, leurs magnificences que des esclairs, et ceste gloire mondaine qui les separoit du commun des autres personnes, qu'une Ephemeride qui finit à son commencement. Mais leur deplorable trespas est trop bien marqué en lettres rouges sur la face des siecles. La memoire en est une douleur, et l'histoire veritable un exemple infaillible de la miserable condition des hommes[2].

Vanitas vanitatum : le refrain angoissé de la religiosité baroque, le frisson circulant sous l'exubérance des ornements, sous l'audace des réalisations, sous l'originalité et l'abondance des concepts constitue le

1 Voilà l'incipit de la dédicace : « A tres vertueux et très illustre Vincent Bourbier, sieur de Beaumarchais, Baron du Plessis aux Tournelles, Conseiller du Roy, en ses conseils d'Estat et privé, Thresorier de son Espargne, et intendant de l'Ordre du Sainct-Esprit, etc. »

2 P. Boitel, Préface au *Theatre du Malheur*, *op. cit.*

seul et véritable sujet de ce recueil et se reflète maintes fois dans les innombrables histoires qui le composent. Certes, ce sujet n'était pas absent des autres récits tragiques, mais il devient ici plus radical, total et négatif. Les oripeaux romanesques ne servent plus pour l'illustrer, la simple et inépuisable curiosité de l'auteur est suffisante, à la recherche de détails, d'anecdotes de ce qu'il considère comme la vérité la plus crue. Pour conférer au sujet une résonance universelle, l'actualité ne suffit plus, puisque l'homme a toujours été malheureux et le sera à jamais.

Voici alors que les brèves narrations de Boitel documentent un moment important dans l'évolution de l'histoire tragique : sa décadence en tant que fait littéraire. Des histoires on évolue vers l'Histoire indifférenciée, dont les récits ne sont que des moments particuliers. Le changement, on dirait presque la mutation, est pour une fois parfaitement et manifestement évident, parce qu'il se produit à l'intérieur d'une seule œuvre et grâce à un seul auteur. La distance entre *La defaicte du faux Amour* ou *L'Histoire tragique de Circé* et ces recueils à caractère de compilation est énorme aussi bien d'un point de vue de la structure que du style ou des dimensions. Pour s'en rendre compte il suffit de lire les vicissitudes des Concini, ainsi qu'elles sont relatées dans le *Theatre du Malheur*[1] en peu de lignes, qui ne sont plus littéraires, mais désormais, avec toutes leurs limites, historiques.

1 Dans ce cas je préfère le terme "histoire" à celui de "chronique" car ici le présent est réabsorbé par le passé le plus éloigné. Voilà en tout cas comment est racontée l'exécution d'Eleonora Galligaï qui, elle seule, constitue le long récit de *l'Histoire tragique de Circé.* Dans le *Theatre du Malheur* (livre III) elle se cantonne à une page (p. 13-15) : *D'Eleonore Galigay, Marquise d'Ancre, decapitee publiquement* « Apres la fameuse disgrace du favorit de la fortune le Mareschal d'Ancre, sa femme Eleonore Galigay fut emprisonnee à la Conciergerie du Palais. Elle fut convaincuê et atteinte de crime de leze-majesté. Elle fut menee par le bourreau en place de Greve, pour y estre decapitee. Comme elle alloit au supplice, tout le peuple la consideroit avec un merveilleux silence. Estant sur l'eschaffaut, elle apperceut un Gentil-homme du Commandeur de Sillery à qui elle parla. L'executeur l'ayant fait mettre à genoux, elle supplia deux Docteurs qui la consoloient de prier Dieu pour elle. Une des cordelettes de son bandeau s'estant treuvee courte, comme il la ratachoit, elle dit aux Docteurs, parlez haut, Messieurs, et faicte [*sic*] prier le peuple. Les Docteurs lors luy dirent l'*In manus*, et comme elle disoit *commendo*, la teste luy fut trenchee assez près des espaules. Son corps ayant esté despouillé jusques à la chemise, teste et corps furent jettez ensemblement au feu. Voilà la triste adventure d'une personne compagne de l'orgueil, qui fit la nique aux plus grandes Princesses de ce Royaume, lorsqu'elle fut en faveur. Voicy d'estranges changemens. – Le temps commun pere des choses / Fait d'estranges metamorphoses, / Avec ses mouvements divers, / Il n'est chose qui ne transforme, / Tout ce qui est en l'Univers, / Avec le temps change de forme. – Exemple admis, pour ceux qui sont favorisez par ceste volage fortune, qui porte le globe du monde en ses mains. »

Qu'on les dénomme « histoires tragiques » on non, ces récits sont désormais autre chose, quelque chose qui est différent mais pas complètement, quelque chose dont la différence est dissimulée, en partie, par l'ambiguïté du terme « histoire ». Vu qu'ils sont autre chose, il est facile d'inférer qu'ils s'adressent à un autre public. On ne peut nier qu'un livre s'offre généralement à tout type de lecteur, qu'il soit ouvert à tout type de réception, sans jamais exclure à priori les intérêts les plus variés des publics les plus divers. Il est vrai, en tout cas, que le *Theatre du Malheur* présuppose surtout un public insensible aux subtilités des dialogues d'amour, au charme toujours renouvelé mais invraisemblable des aventures à répétition, aux raffinements stylistiques des lettres et des billets doux que beaucoup d'auteurs se plaisaient à insérer dans leurs proses, en revanche curieux d'événements, ayant une quelque familiarité avec les auteurs classiques, parfois érudit mais toujours éloigné des complaisances psychologiques ou esthétisantes. Ces recueils de Boitel renvoient, plus que les histoires tragiques traditionnelles, qui toutefois ne l'excluaient pas, à un lecteur moraliste et concret, très éloigné du monde de la noblesse d'épée et sans aucun doute plus proche de celui des gens de robe et de la bourgeoisie[1].

Évolution de l'auteur ? Changement des temps et des goûts dominants ? Décadence d'un genre qui ne trouve plus de crédit chez le public traditionnel ? Il est difficile de donner une réponse précise. Certes, l'avènement de Louis XIII provoque un changement dans l'atmosphère politique du pays et sous plusieurs points de vue le moment ne semble pas très favorable à la nouvelle, notamment à l'histoire tragique. Ce sont les années du grand succès de *L'Astrée*, dont la publication ne se termine qu'en 1627 ; c'est la période de la grande vogue du roman d'aventures qui dure au moins jusqu'à la moitié de la décennie suivante ; tandis que les réactions qui se produisent à partir justement des années vingt, contre les extravagances, la « licence » et l'invraisemblance de la production romanesque engendrent à leur tour d'autres romans : les

1 *Cf.* ce que dit Magendie à propos du public des romans (dont les intrigues amoureuses étaient entrées dans les histoires tragiques) : « Les romans sont destinés surtout aux mondains ; leur piété toute extérieure ne prend aucun ombrage de ces histoires d'amour, leur esprit frivole ne désire pas de nourriture plus substantielle. Mais, en général, les bourgeois méprisent cette littérature. La foi pénètre davantage dans la pratique même de leur vie, et ils s'adonnent plus volontiers à la philosophie, à l'histoire, à l'érudition ardue et solide ; rien ne vaut pour eux les joies austères de la science », *op. cit.*, p. 120.

histoires dévotes de Camus et les romans satiriques de Sorel[1]. Tout cela démontre en somme clairement que le public qui compte, celui des mondains, commence à préférer sans hésitation plutôt le genre long que le genre bref.

Dans l'impossibilité, de par leur structure, d'offrir les suites d'aventures dont les lecteurs étaient avides ; sous la menace, dans leurs excès sensuels et cruels, de la lente mais constante progression des bienséances – qui inspirait déjà la critique de l'auteur du *Palais d'Angélie* (en 1621) contre les « récits où la bienséance n'est pas gardée[2] » – ; littéralement frappées à mort par une transformation politico-sociale qui leur soustrait leur public et affecte tout cadre de référence idéologique, les histoires tragiques ne pouvaient alors que se réfugier dans l'anecdote, dans l'accumulation, dans l'extrême brièveté toujours renouvelée, dans la curiosité érudite.

« HISTOIRE TRAGIQUE » ET « HISTOIRE MEMORABLE ET ADMIRABLE »

Boitel, par ce changement de direction qu'il impose au genre tragique, ne fait pas preuve d'une originalité particulière : il ne fait qu'emprunter un chemin connu, déplaçant l'« histoire tragique » dans un genre parallèle, celui de l'« histoire admirable et memorable » ; à savoir de nombreuses compilations qui tiraient des sources les plus diverses les nouvelles des faits les plus bizarres et curieux et qui, justement dans ces années-là, avaient connu un remarquable succès éditorial avec le recueil de Simon Goulart, le *Thresor d'histoires admirables et memorables de nostre temps*[3]. Divisé en plusieurs livres, il est publié à plusieurs reprises intégralement ou partiellement (les différents tomes voient le jour à des dates différentes), au moins quatorze fois entre 1600 et 1628, et il est traduit en anglais en 1607[4]. Il contient un peu de tout : il y a des événements relatés de manière sèche et anonyme[5], parfois non dépourvus d'un certain charme

1 Le premier roman de Camus date de 1620 (*La mémoire de Darie*, Paris, Chappelet) ; le *Berger extravagant* de Sorel date de 1627/28 (Paris, Th. Du Bray).

2 *Cf.* M. Magendie, *op. cit.*, p. 129.

3 Nous avons pu consulter deux éditions : la première date de 1618 (Paris, J. Houzé), et elle comprend le premier tome (livre 1 et 2) ; et la deuxième de 1628 (Genève, J. Crespin) comprend le troisième tome (livre 5 et 6).

4 London, George Eld, 1607.

5 Par exemple, dans le chap. *Adulteres chastiez* (livre I, éd. de Paris, Houzé, 1618) de la f. 16 v° à la f. 26 v° il y a au moins quatorze histoires différentes.

aventureux, mais aussi des histoires un peu plus longues[1] ; on y trouve la maxime ingénieuse, l'admirable, le merveilleux, de brefs témoignages de médecins, des aventures d'amants illicites, des histoires de princes. Il y a des « histoires de nostre temps » (comme l'expliquent les sous-titres en italique) et aussi des « histoires d'Italie » ; les comptes rendus de faits tragiques et sanglants sont nombreux. Un tel réservoir d'anecdotes et de nouvelles est offert aux lecteurs, condensé dans des narrations qui, comme chez Boitel, présentent très souvent en bas de page l'indication de la source. Et les sources sont de tout type : modernes et anciennes, européennes ou arabes (Avicenne y figure aussi), historiques dans le vrai sens du terme ou littéraires, mais toujours données pour vraies. C'est qu'ainsi que dans le chapitre « mariages clandestins » apparaît un résumé très bref de la nouvelle de Roméo et Juliette[2], et voici que Bandello devient un « historien italien » (ce qui n'est pas inhabituel à l'époque, comme on le verra par la suite) : « Cecy est descrit par quelques historiens Italiens, et transcrit de leurs livres par Louys Guyon au 4 livre de ses diverses leçons, chap. 4[3] ». Une telle inspiration, ouvertement et délibérément livresque, contraste nettement avec les histoires tragiques traditionnelles, et surtout avec celles des auteurs contemporains qui, comme Rosset, insistaient non seulement sur la *véridicité* des faits racontés mais aussi sur leur *actualité*.

Tout comme les époques qui constituent la toile de fond des faits racontés se déploient de l'Antiquité jusqu'à l'époque de l'auteur, les lieux aussi représentent les pays les plus divers : « Comme le Tout puissant assiste par tout à ceux qu'il veut soulager [...] c'eust esté mal fait à moi d'enclorre mes discours en quelques parcelles d'Europe[4] », affirme l'écrivain dans l'*Epistre* dédicatoire. Et même l'intention de trasmettre une morale y est déclarée ouvertement : « Mais je ne me repentirai jamais d'avoir essayé d'induire quelques uns de mes patriotes à reverer Dieu en la voye de tant de jugemens que nos histoires leur proposent[5] ». Cette finalité reste générale et générique, ainsi qu'il ressort

1 Parmi les histoires les plus proprement tragiques, par exemple la deuxième de la même section (dans la même édition) est assez longue : car elle compte cinq pages (f. 18 r° – 20v°).

2 Éd. citée, livre II, f. 229 v°-230 v°.

3 *Ibid.*, f. 230 v°.

4 *Epistre à Jean Goulart, esleu et Controlleur des Aides et Tailles pour le Roi en l'Election de Senlis* (éd. de Genève, Crespin, 1628, n. p.).

5 *Ibid.*

d'une consultation rapide de la table des matières, structurée de la façon la plus anonyme et neutre possible, à savoir par ordre alphabétique. De cette manière, l'on y retrouve côte à côte, l'un après l'autre, par exemple : « Hardiesses », « Hermaphrodites » et « Heur » ; le « Magicien puni » précède la « Magnanimité royale » ; et la « Sagesse courageuse » côtoie le sombre « Sanguinaire estouffé en son sang ». On laisse entendre que les barrières chronologiques n'existent plus, que les frontières spatiales n'ont pas d'importance, qu'un sujet en vaut bien un autre, que l'homme est identique, toujours, partout, dans toute circonstance, que sa vie a la même (moindre) valeur, que ses vicissitudes ont un même sens et une même saveur, indépendamment de la situation. De sorte que, toujours, à travers les très nombreuses histoires heureuses ou malheureuses, le même message émerge : « Aprenez à bien faire, et ne mesprisez Dieu. C'est le sommaire de nos recueils, pour vous, pour moi, pour nos amis et ennemis. A bon entendeur peu de paroles[1] ».

Les « paroles », c'est-à-dire les histoires, ne sont pas si peu nombreuses. Leur succession incessante révèle aussi une sorte de joie primitive du récit à l'état pur. En effet, si les récits de Goulart ne sont que des « Pieces rapportées et enfilees grossierement, ausquelles je n'adjoute presque rien de mien[2]… », et si, comme il l'affirme « nous avons d'autres enseignemens plus briefs et pathétiques », toutefois « ceste façon d'escrire par recits divers n'est pas du tout infructueuse », et elle offre les attractions d'une forêt narrative sauvage et enchevêtrée où l'auteur (et le lecteur) se complaît : « Je suis entré en une spacieuse forest d'histoires merveilleuses : et rien ne me retient (si ce n'est le désir d'agreer à plusieurs pour leur instruction) que je ne puisse aisément en sortir toutes et quantesfois qu'il me plaira[3] ».

Le fait est, néanmoins, que l'auteur en sort rarement et qu'il y revient à chaque fois, créant ainsi une sorte d'encyclopédie d'anecdotes, qui puise à chaque source et qui, à son tour, fournit du matériel à qui sait combien d'auteurs[4]. Bref, avec le *Thresor* de Goulart, le recueil parvient

1 *Ibid.*

2 Ces extraits sont tirés de l'*Epistre à Jean Goulart* qui se trouve au début du deuxième tome de l'édition de Paris (Houzé, 1610).

3 *Ibid.*

4 Par exemple, l'histoire de Thibaud de la Jacquière, racontée par Rosset, se trouve aussi dans le reuceil de Goulart. *Cf.* J. Decottignies, « Variations sur un succube », *Revue des Sciences Humaines*, nº 4, 1963, p. 329.

à coïncider avec le répertoire, prêt à être consulté selon les nécessités. Ni les finalités morales qu'on lui attribue, ni la joie du conteur qui s'enivre d'une matière sans limites, ne réussissent à l'élever jusqu'à la sphère de l'art.

Par un ouvrage de ce genre, Boitel cherche peut-être le chemin d'un certain succès de public que ses premières histoires tragiques, à en juger par le nombre d'éditions, ne devaient pas lui avoir conféré. Mais il renonce certainement à toute originalité et montre les limites insurmontables d'un genre qui, pour survivre, ne trouve pas mieux que de sortir de la littérature pour entrer dans un champ hybride où ce qui est historique, ce qui est religieux et moral, ce qui est curieux et ce qui est simplement actuel se mêlent et se confondent. Pour l'histoire tragique, héritée du siècle précédent, qui oscillait entre le recueil des nouvelles et le roman bref, qui narrait des passions violentes et actuelles, qui privilégiait des personnages de haut rang et se délectait dans des situations galantes, exhibant un langage tour à tour violent, sensuel et précieux, la dernière heure est désormais arrivée. Son dernier sursaut sera l'œuvre d'un auteur prolifique et génial. Elle cherchera ensuite une nouvelle dignité et un nouveau « vrai » ; à ce moment-là, elle sera désormais différente d'elle-même et ce texte sera son chant du cygne.

LE RÈGNE DE LOUIS XIII

LE TEMPS DE LA DIVERSITÉ,
L'HEURE DE LA FIN

> Le défaut essentiel de l'histoire tragique, telle que l'ont conçue les successeurs de Rosset, c'est que tout son intérêt procède, non pas de l'habileté ni de l'imagination du conteur, mais du caractère triste ou effrayant des événements qui y sont racontés. [...]
>
> L'histoire tragique a subi ainsi une dégénération très analogue à celle du conte facétieux, et quoique plus intéressante, en sa matière, que le conte, elle ne pouvait guère contribuer, dans l'état où nous la trouvons vers le milieu du siècle, à l'évolution de la nouvelle française[1].

Ces déclarations de G. Hainsworth résument, en quelques mots, les modalités et la portée de la décadence de l'histoire tragique à l'époque de Louis XIII, plus ou moins à partir des années 1620. L'œuvre de Boitel nous en offre déjà un premier exemple. La fin du récit tragique n'arrive cependant pas d'un coup et ni ne se produit sans résurrections imprévues. Plutôt que de mort, il vaudrait peut-être mieux parler de métamorphose du genre, qui se transforme continuellement jusqu'à devenir autre, convergeant en filons parallèles.

Ainsi, cette époque de Louis XIII, qui pour certains est la toile de fond de l'extinction de l'histoire tragique, et pour d'autres (qui pensent toutefois en particulier aux éditions de Rosset) un moment d'ultime triomphe[2] du genre, peut-elle aussi être interprétée comme le temps de la diversité de la nouvelle tragique, comme le temps par excellence des tentatives de renouvellement, dans plusieurs directions, tentatives qui aboutissent à la mutation finale. Quelles sont ces tentatives, comment

1 G. Hainsworth, *Les « Novelas... »*, *op. cit.*, p. 108-109.

2 *Cf.* G. Pérouse, *op. cit.*, p. 468-469.

et pourquoi arrive-t-on à ce dernier changement ? C'est la question à laquelle voudrait répondre ce chapitre.

UN ÉCRIVAIN IMPORTANT ET CONNU : JEAN-PIERRE CAMUS

Le premier grand changement apporté à la tradition de la nouvelle tragique, et en même temps, celui qui la maintient la plus fidèle à ses origines, est l'œuvre d'un écrivain de tout respect qui s'écarte fortement de l'ensemble de ses prédécesseurs et de ses futurs collègues. Dans la première partie, nous avons déjà mentionné le rôle hors du commun que Jean-Pierre Camus a joué, non seulement dans le domaine de la nouvelle tragique, mais aussi, de manière plus générale, dans le domaine de la prose du XVIIe siècle, et, pourrions-nous ajouter, dans celui de la pensée religieuse et des événements politiques de l'époque. Nommé évêque de Belley par le roi en 1608, Camus se lie d'amitié avec Saint François de Sales, à qui il consacrera une œuvre imposante, *L'Esprit du bienheureux François de Sales*[1], et s'engage dans une longue querelle contre les ordres mendiants[2]. En 1614, il participe activement aux États généraux et il défend énergiquement les droits et privilèges du clergé ; sa vie entière est une bataille pour le triomphe de la morale et de l'esprit chrétien, dans tous les domaines.

Son activité littéraire naît sous le signe d'un engagement religieux et elle est encouragée par les conseils de François de Sales et de son ami d'Urfé :

> Urfé avait quelques remords des peintures légères qui lui étaient reprochées dans ses romans. Saint François de Sales songeait à utiliser pour le bien des âmes la littérature profane, dont les lecteurs étaient si avides [...] Urfé conseille à Camus, pour satisfaire l'avidité des lecteurs, d'écrire des histoires dévotes et saint François approuve[3].

1 Paris, G. Alliot, 1639-1640.

2 Pour cette information et d'autres encore sur la vie de Camus, *cf.* A. Garreau, *Jean-Pierre Camus, parisien, évêque de Belley*, Paris, Éditions du Cèdre, 1968, p. 47.

3 *Ibid.*, p. 84.

Celui qui est sur le point de donner naissance à l'une des plus abondantes productions romanesques du siècle est un homme poussé par de fortes motivations qui n'ont rien à voir avec la littérature ; un religieux plutôt qu'un écrivain. Trente-six romans, vingt et un volumes de nouvelles, sans parler des homélies, des sermons et des œuvres dévotes, sortent de sa plume en un flot ininterrompu[1]. Une telle production, immense bien que parfois oubliée, ne pouvait manquer d'éveiller, tôt ou tard, l'attention des chercheurs.

Parmi tous les narrateurs que nous avons examinés, Camus est sans aucun doute celui qu'on a le plus étudié (sinon le seul, du moins pendant longtemps). Descrains lui a consacré une précieuse bibliographie ; Hainsworth ne l'a pas oublié dans son ouvrage sur les traductions de Cervantes[2] ; Magendie[3], Adam[4], Coulet[5] en parlent, plus ou moins longuement, dans leurs travaux sur les romanciers du XVIIe siècle. Camus occupe une place importante dans l'ouvrage de Godenne sur la nouvelle en France[6], et dans celui d'A. de Vaucher Gravili sur la structure de l'histoire tragique au XVIIe siècle[7]. Une anthologie de ses romans tragiques a été publiée en 1977, précédée d'une longue introduction de R. Favret[8]. En outre, au moins deux grandes monographies ont été consacrées à sa vie et à son œuvre[9].

L'évêque de Belley n'est donc pas un inconnu, contrairement à la grande majorité des auteurs étudiés jusqu'ici. Ceci nous permet de ne pas nous attarder trop longuement sur ce personnage, en répétant ce qui a déjà été souligné à maintes reprises, et de renvoyer à la vaste bibliographie disponible sur cet auteur ceux qui voudraient approfondir leur connaissance de la personne, de la portée et des caractéristiques de son œuvre ainsi que de son style. Bref, Camus n'occupera pas une place proportionnelle à son importance dans cet ouvrage.

---

1 *Cf.* J. Descrains, *Bibliographie des œuvres de J.-P. Camus, évêque de Belley (1584-1652)*, Publications de la Société d'Étude du XVIIe siècle, 1971.

2 G. Hainsworth, *Les « Novelas... »*, *op. cit.*, p. 138 *sqq.*

3 M. Magendie, *op. cit.*, p. 140 *sqq.*

4 A. Adam, *Histoire de la littérature française*, Paris, Domat, 1956, vol. I, p. 419-423.

5 H. Coulet, *op. cit.*, p. 157-160.

6 R. Godenne, *op. cit.*, p. 41 *sqq.*

7 A. de Vaucher Gravili, *op. cit.*

8 J.-P. Camus, *Trente nouvelles*, R. Favret (éd.), Paris, Vrin, 1977.

9 A. Garreau, *op. cit.* ; V. Gastaldi, *J.-P. Camus romanziere barocco e vescovo di Francia*, Catania, Università di Catania, 1964.

Cependant, certaines mises au point s'imposent : tout ce qui a été écrit sur lui ne concerne pas particulièrement les nouvelles, ou, plus particulièrement encore, les histoires tragiques. Les écrits religieux, les romans, les idées sur la manière de raconter et sur les choses à raconter que l'on trouve dans les préfaces ont retenu l'attention des chercheurs. Et même lorsque leur intérêt s'est concentré sur les récits « noirs », comme c'est le cas pour Coulet, Godenne, ou, plus encore, Favret ou de Vaucher-Gravili, ces récits ont souvent été étudiés pour eux-mêmes ou en rapport avec d'autres textes ou d'autres théories littéraires de l'écrivain, plutôt que par rapport aux œuvres de ses prédécesseurs[1]. Lorsque et si cela se produit[2], le sujet est traité rapidement, parce qu'il n'est jamais au centre de l'intérêt des critiques, mais aussi parce que font défaut les points de repère du passé ainsi que la perception de la continuité ininterrompue d'une tradition. On risque ainsi d'attribuer au prolifique évêque des nouveautés qui n'en sont pas, ou de sous-estimer d'importantes innovations.

Pourtant, comme cela a déjà été souligné dans l'introduction, Camus se réfère à la tradition lorsqu'il déclare suivre les traces de Belleforest et de Rosset et aspirer à leur succès[3]. De plus, souhaitant souligner son originalité, l'écrivain ne trouve rien de mieux que de continuer de cette façon : « Mais si j'imite leur [de Belleforest et de Rosset] forme, je ne touche nullement à leur matière ; car je ne mets point le ciseau sur des étoffes que d'autres ont déjà taillées, les événements que je décris étant presque tous nouveaux et qui n'ont point encore été divulgués[4] ».

Toute l'originalité revendiquée par l'auteur se réduit donc, de son propre aveu, à la presque nouveauté (et ce « presque » a de quoi éveiller une certaine suspicion) de la matière racontée. Quant à la forme, la tradition de l'histoire tragique française lui en offrait une toute prête, qui correspondait exactement aux buts que le prélat-écrivain se proposait d'atteindre.

---

1 A. de Vaucher Gravili adopte une optique comparative, mais celle-ci ne concerne que la structure tripartite de l'histoire tragique. Elle rapproche Camus seulement de Rosset parmi les auteurs qui le précédent, et de Malingre et Parival parmi ses successeurs. E. Boggio-Quallio a écrit une étude intéressante, qui porte toutefois sur le roman et son influence, « Una fonte barocca per la Gertrude manzoniana : i romanzi di J.-P. Camus », *Lettere Italiane*, ott.-dic. 1978, p. 439-456.

2 *Cf.* par exemple R. Favret, *Notice*, in J.-P. Camus, *Trente nouvelles*, *op. cit.*, p. 95-96.

3 Préf. de *L'Amphithéâtre sanglant*, in J.-P. Camus, *Trente nouvelles*, *op. cit.*, p. 95-96.

4 *Ibid.*

LES HISTOIRES DE CAMUS FACE À LA TRADITION

Un examen même superficiel des histoires montre clairement quels sont les rapports de l'écrivain avec la tradition littéraire précédente, et quelles raisons poussent Camus à utiliser, comme il le fait, les conventions du genre qui nous intéresse. Bien que ses nombreux récits aient une structure assez similaire et que les histoires sombres et sanglantes ne manquent pas dans ses recueils, c'est principalement dans les *Spectacles d'horreur* (1630)[1] et dans *l'Amphithéâtre sanglant*[2] (1630), ainsi que dans le recueil plus tardif *Les rencontres funestes* (1644)[3], qu'elles sont concentrées. Camus lui-même considère ces œuvres comme des ensembles d'histoires tragiques qu'il distingue des autres volumes d'histoires « agréables et récréatives » ou « singulières et exemplaires[4] ».

La première chose qui saute aux yeux en observant l'*Amphithéâtre* ou les *Spectacles*, c'est leur composition en apparence fragmentaire : les différentes histoires se succèdent sans se référer à un plan général, à un récit-cadre comme dans l'exemple de Boccace et dans quelques recueils de la fin du XVIe siècle. Exactement comme Rosset, Camus lie les histoires les unes aux autres en tissant un fin réseau d'analogies et de contrastes. Il est certes animé par le désir de varier, mais (bien plus que chez Rosset), il est poussé par une volonté évidente de convaincre, d'enseigner et de démontrer :

> Les nouvelles [affirme Favret] se suivent, attirées par des associations d'idées soit par analogie, soit par contraste. On rencontre, groupées par deux souvent, et, plus rarement, par trois, des nouvelles aux thèmes semblables […] ; il arrive même que plusieurs récits soient réunis sous un titre. Ces rapprochements permettent de renforcer ou de nuancer une leçon morale[5].

De Belleforest à Rosset et à Camus, en passant par les *Histoires tragiques* de Poissenot et par l'*Enfer* de Du Pont, les recueils d'histoires tragiques assument plus ou moins le même aspect, le nombre de nouvelles pouvant

1 *Les Spectacles d'horreur, où se descouvrent plusieurs effects de nostre siècle*, Paris, Soubron A., 1630.
2 *L'Amphithéâtre Sanglant, où sont representees plusieurs histoires tragiques de nostre temps*, Paris, J. Cottereau, 1630.
3 *Les Rencontres funestes*, Paris, J. Villery, 1644.
4 *Cf.* R. Favret, *op. cit.*, p. 8.
5 *Ibid.*, p. 33.

évidemment varier. Dans le cas de Camus, ce nombre[1] augmente par rapport à Rosset. Pris par son désir d'enseigner, l'évêque submerge le lecteur d'un déluge d'exemples à éviter et d'observations édifiantes conséquentes.

La tension didascalique affecte également la longueur de chaque histoire : par rapport à celles des auteurs les plus importants étudiés jusqu'ici, les nouvelles tragiques de Camus sont beaucoup plus courtes, plus denses, plus sèches. Ce qui compte, c'est l'*exemplum* sans fioritures excessives ou complications psychologiques ; il sert de support, nécessaire et évident, mais sans exagération, à la leçon morale. C'est pourquoi les histoires de quelques pages (parfois deux ou trois)[2] sont très fréquentes même si l'on en trouve d'autres plus longues. Sans lettres ou harangues, sans citations de vers ou détours menant à des épisodes secondaires, les nouvelles de Camus vont droit au but. Elles arrivent parfois à rappeler la sécheresse d'un Boitel, quoique sur un plan plus littéraire.

Plus nombreux et plus courts, ces récits conservent néanmoins les caractéristiques essentielles du genre, c'est-à-dire la véridicité et l'actualité. C'est probablement pour être plus vrai et plus actuel, outre que moralement plus efficace, que notre auteur, avec la publication des *Evenemens Singuliers*[3], abandonne vers 1628 la production de romans pour se consacrer à la composition d'écrits plus brefs. Favret note le changement de direction de l'écrivain, le considérant presque comme une conversion définitive : « La publication des *Evenemens Singuliers* marque un changement important dans l'œuvre de Camus, puisqu'il n'écrira pratiquement plus de romans, du moins de ceux qui avaient jusqu'alors fait son succès[4] ».

Les causes attribuées à une telle conversion, l'une des plus radicales et soudaines de l'histoire littéraire française, sont nombreuses. Toutes détiennent une part de vérité et aucune n'est pleinement satisfaisante. Favret en énumère diverses : la première est celle d'une évolution esthétique de Camus en harmonie avec les auteurs de son temps qui tendaient à supprimer les lettres, les discours et les plaidoiries, de

1 *L'Amphithéâtre* contient trente-cinq nouvelles ; les *Spectacles* cinquante ; *Les Rencontres* cinquante-quatre.

2 *Cf. Les Spectacles…*, *op. cit.*, I, 18 (2 p. éd. Favret) ; I, 11 (*Ibid.*, 3 p. et demie) ; *Les Rencontres…* XIII (*ibid.*, demi p.).

3 Lyon, J. Caffin et F. Pleignard, 1628.

4 R. Favret, *op. cit.*, p. 6.

leurs œuvres (celles-ci sont cependant très loin d'être aussi brèves que les nouvelles de l'évêque). La seconde concerne l'immense quantité de notes dans lesquelles Camus enregistrait les événements de son temps et qui trouvaient une transcription littéraire naturelle dans la nouvelle (mais rien n'aurait interdit à l'auteur de transférer une partie de ceux-ci dans un long roman à épisodes, selon la mode de l'époque, genre que Camus avait déjà pratiqué auparavant, avec une grande maîtrise). On a également cité le succès de la nouvelle italienne et espagnole, succès qui aurait poussé le prélat à se consacrer au genre bref (mais la nouvelle d'origine italienne connaissait un déclin irréversible à cette époque, tandis que la nouvelle cervantesque est en général très différente des histoires étudiées dans cet ouvrage). La seule explication avec laquelle il est impossible d'être en désaccord est citée en dernier lieu : « En vérité, ce genre convenait tout à fait aux intentions de Camus et surtout à son tempérament[1] ».

Cette constatation semble-t-elle banale ? Elle l'est moins si l'on considère les objectifs de Camus dès le début de son activité littéraire lorsqu'il écrivait ses premiers romans. À cette époque, les idées de l'évêque sur les buts à atteindre grâce à ses écrits étaient claires, et elles l'ont amené à développer une théorie du roman qui se révélerait ensuite extraordinairement adaptée à l'histoire tragique. Cette théorie, citée par Magendie comme originale dans la première moitié du siècle, à côté de celles du roman épique et de celles de Grenaille et de Sorel, est conçue en opposition au roman galant et d'aventures, considéré comme dangereux pour le lecteur parce que faux, invraisemblable et immoral, farci de descriptions exaltantes de la passion, d'aventures merveilleuses et incroyables, d'exemples n'ayant rien d'édifiant : « On n'y voit qu'impossibilitez, qu'evenemens sans vraysemblance, rencontres extravagantes, chasteaux enchantez, des terres, des lieux, des pays qui ne furent jamais[2] » affirme Camus dans une préface, et il ajoute :

> Adjoutez y les libertinages et les folastreries, les saletez et les ordures qui y sont desguisez sous des habillements de vertu. On y voit des combats abominables louez et relevez comme des trofees, des folles et brutales affections tiltrees des beaux noms de fermeté, de fidélité et de constance, des trahisons

1 *Ibid.*, p. 7.

2 J.-P. Camus, *L'Autheur au pelerin Alexis*, *Alexis*, t. II, n. p. ; *cit.* par M. Magendie, *op. cit.* p. 140.

> representees en termes honorables, des enlevemens approuvez, en un mot le vice assis par ces artifices au trosne qui n'est reservé qu'à la vertu. Tous ces romans ont rendu les filles si sçavantes, qu'elles n'ont rien appris de nouveau la premiere nuict de leurs noces[1].

Contre le mensonge, le prélat ne peut donc choisir que la vérité ; non pas une vérité quelconque, naturellement, mais une vérité qui soit efficace et morale. Pour être morale, il faudra que les méchants soient punis et les bons récompensés ; pour être efficace, elle devra être exposée de manière convaincante et avoir en elle la force de l'évidence. On ne peut pas ne pas voir comment tout cela s'adapte parfaitement à la substance et à la forme de l'histoire tragique, tellement précise lorsqu'elle distribue les punitions aux coupables, tellement habituée à montrer aux filles les dangers de la passion et, d'autre part, tellement vraie, tellement dense et enfermée dans un encadrement d'avertissements et de considérations moralisatrices. Pour transformer ces idées sur le roman en théories à propos de l'histoire tragique, il ne manque qu'un détail : la primauté de l'exemple négatif sur l'exemple positif, pour éduquer efficacement le lecteur. Il s'agit cependant d'un détail implicite, puisque le sage évêque connaît bien ses brebis et, sachant combien l'homme est faible et impressionnable, il est naturellement enclin à adopter en plein les méthodes correctives de son siècle sulfureux et violent, qui a tendance à réprimer le mal plutôt qu'à attirer vers le bien. C'est ce qu'il déclare explicitement dans les préfaces de ses histoires tragiques :

> La morale roulant sur ces deux pôles, la fuite de ce qui est mauvais et la suite de ce qui est bon, il n'y a point de doute que l'exemple soit lu, soit représenté, a un grand ascendant de persuasion sur les esprits. Et c'est la raison principale qui fait que l'on punit en public et à la vue de tout le monde les criminels que l'on condamne au supplice, afin que leur punition serve de frein aux méchants et donne une sainte horreur des crimes qu'ils ont commis et qui ont attiré de tels châtiments sur leurs têtes. Et comme le monde est composé plus de méchants que de bons, il est besoin de donner de la crainte et de la terreur à ceux-là par la vue des peines que les lois ordonnent et font souffrir à ceux qui s'écartent de leur devoir[2].

Les romans de Camus et les histoires tragiques publiées à la même époque sont, à bien y regarder, les produits d'une conception semblable

1 *Ibid.*, p. 143.
2 Préface de *L'Amphithéâtre sanglant*, in R. Favret, *op. cit.*, p. 96.

de la prose narrative qui met l'accent sur la reproduction fidèle de la réalité sans pour autant négliger la leçon édifiante et qui se propose d'être actuelle pour mieux atteindre ses objectifs. La rencontre de l'évêque avec l'histoire tragique porte donc le signe d'une sorte de prédestination et elle a la saveur de la rédécouverte de quelque chose qu'il cherchait depuis toujours. Il n'y a aucune fracture entre ce qu'affirme le prélat dans les préfaces de ses romans et ce qu'il écrit à propos de ses nouvelles, de même qu'il n'y a pas de rupture entre ce qu'il dit à ce propos et ce que les autres auteurs d'histoires tragiques avaient à leur tour proclamé ou mis simplement en pratique avant lui.

LA COHÉRENCE DE CAMUS

Dans les recueils tragiques de l'évêque, la structure du récit est plus ou moins la même dans ses éléments fondamentaux. Sur les traces de Rosset qui avait codifié de manière stricte un schéma hérité de la tradition, Camus garde la forme de l'histoire articulée en trois moments distincts : l'introduction, le récit proprement dit et la conclusion. La succession ordonnée de ces trois phases répond évidemment très bien aux buts de l'auteur, et, une fois adoptée, elle ne sera plus abandonnée :

> Au contraire de la succession des nouvelles, leur structure présente une uniformité certaine. Lorsqu'après 1632 Camus voudra moraliser davantage ou abréger encore plus ses histoires, ces désirs n'entraîneront pas des modifications importantes. Le schéma reste identique : un titre et une introduction qui présentent le problème traité, une histoire qui en est l'illustration et la démonstration, une conclusion morale et vigoureuse[1].

Le caractère pour ainsi dire fonctionnel du récit est donc souligné par la grille des raisonnements qui le circonscrit ; toute interprétation erronée ou arbitraire est exclue. Les considérations de l'auteur deviennent le seul guide pour le jugement du lecteur.

Rien de nouveau, donc, du point de vue de la forme. Les nouveautés sont plutôt perceptibles dans l'usage que Camus fait de cette forme ainsi que dans certaines caractéristiques du contenu. Et pour les mettre en évidence, une comparaison avec Rosset s'impose une fois de plus, lui qui est son prédécesseur le plus immédiat et le plus important ainsi que

1 R. Favret, *op. cit.*, p. 33-34.

son modèle déclaré. Si l'histoire tragique est définitivement codifiée au niveau de la structure avec Rosset, c'est peut-être avec Camus qu'elle atteint le maximum de cohérence entre la forme et le contenu, entre les objectifs proclamés et les objectifs poursuivis, entre les déclarations liminaires et/ou conclusives de l'auteur d'une part et les événements racontés de l'autre. Les ambiguïtés et les duplicités de Rosset émergeaient des contradictions entre le récit et son commentaire, entre l'introduction et la conclusion, et découlaient inévitablement du rapprochement des raisons des uns et des autres, de la comparaison entre les différentes déclarations de l'auteur lui-même et de l'exaltation pathétique et romanesque de personnages jugés ensuite de manière formellement négative. Toutes ces fissures évidentes sur la surface de la nouvelle sont donc en général absentes des écrits de Camus ; les rares fois où l'on pourrait les reconnaître, elles n'ont pas l'air d'insinuations sceptiques ou corrosives, mais de doutes sincères provoqués par des situations objectivement intriquées, par une complexité effective de la réalité. Même lorsque l'évêque est contraint d'enregistrer (pas très souvent à vrai dire[1]) non seulement le caractère inévitable de la punition, mais parfois aussi les insuffisances et les erreurs de la justice humaine, il le fait, en général, avec la conviction du sermon qui met en garde, et non pas avec la subtile hypocrisie de l'insinuation.

Par exemple, face à des exclamations de Rosset, comme celle-ci : « O decrets du destin ! Mais plustost secrets du conseil de la sagesse du grand Dieu, que vos abymes sont profonds et merveilleux ! Faut-il qu'une action si funeste ou plustost un sacrement honorable, en la presence du Ciel et

1 A. de Vaucher Gravili, in « Loi et transgression dans les *Spectacles d'horreur* de J.-P. Camus, évêque de Belley », (*Studi Francesi*, n° 76, (janv. – avr. 1982), p. 20-31) ne cite comme exemple que trois récits sur la cinquantaine que comprend le recueil. Dans ces histoires, l'attention se déplace de la punition du coupable aux erreurs et aux manquements de la justice humaine. L'ouvrage *Loi et transgression…*, *op. cit.*, propose quelques exemples supplémentaires et considère, en plus des *Spectacles*, d'autres recueils d'histoires tragiques de l'écrivain. Il est vrai que dans un compte-rendu de ce volume (*XVII*e *siècle*, n° 142, janv. – mars 1984, p. 67-68), Jean Descrains présente un exemple (toutefois tiré de *Succez differents*) d'une possible lecture ambiguë d'une nouvelle de Camus. À mon avis, des lectures de ce genre ne peuvent que partiellement s'appliquer à l'ensemble des histoires tragiques du prélat, qui, même lorsqu'il corrige les mœurs de la classe dirigeante, réussit à ne jamais être subversif : sa tâche étant de faire en sorte que ceux qui se trompent se repentent tout seuls, surtout s'ils sont nobles ou puissants, sans que la hiérarchie de la société ne soit jamais mise en question.

de la terre, soit le commencement de tant de malheurs[1] ? », le lecteur est pris d'un certain malaise. Plus qu'exalter la sagesse insondable de Dieu, la dernière question semble la mettre en doute ; si les adjectifs sont d'une certaine manière grandiloquents et élogieux, on y décèle quand même l'angoisse, quand il ne s'agit pas d'une critique voilée. Critique qui devient plus évidente, quoique toujours formellement inattaquable et prudente, dans d'autres cas : « Mais quand je pense à leur vice scandaleux [l'inceste entre un frère et une sœur], je suis *contraint de m'estonner* comme Dieu qui voit tout, pouvoit tant souffrir ceste meschanceté, sans la punir. Sa patience est bien grande, d'attendre si long temps à penitence des pecheurs si obstinez en leur malice[2] ». Ici, l'accent ne porte pas tant sur le châtiment qui suivra beaucoup plus tard, que sur l'incroyable patience de Dieu, et le ton pourrait même être légèrement ironique[3]. D'autant plus que le frère et la sœur en question ne sont autres que Doralice et Lizaran que nous connaissons désormais et que l'auteur trouve le moyen de défendre et d'exalter entre une critique et l'autre.

Des phrases de ce genre qui concernent non seulement l'image de Dieu, mais aussi la politique, la morale, en bref la Loi, sont très nombreuses chez Rosset tandis qu'elles sont rares (et même inexistantes quand il s'agit de Dieu) chez Camus, et elles ont une tout autre saveur. La conclusion de la *Généreuse vengeance* (*Amph*., II, 6) souligne, par exemple, la prévisibilité, l'équité et l'inéluctabilité de la justice divine :

> *Juste jugement du ciel* sur l'insolence de ces soldats disciplinés, et qui me fait souvenir de ce mot d'un prophète : « malheur à toi qui dérobes, car tu seras pillé, malheur à toi qui outrages, car tu seras violenté » ; et de cet autre de l'Evangile : « Vous serez mesuré de la même mesure dont vous mesurez les autres ». Et de ce trait du Psalmiste : « Dieu fera une abondante rétribution aux insolents et aux superbes[4] ».

Les Écritures constituent la promesse de l'engagement divin sur cette terre et les événements relatés par l'écrivain offrent la preuve de la promesse maintenue. L'évèque-prédicateur qui connaît les Écritures et les hommes en devient le témoin devant ses lecteurs, même quand il est

1 F. De Rosset, *op. cit.*, Hist. IV, 151.
2 *Ibid.*, p. 267-268. C'est moi qui souligne.
3 Quelques pas de plus, et on arriverait aux hyperboles anti-censure de l'Encyclopédie.
4 J.-P. Camus, *Trente nouvelles*, *op. cit.*, in R. Favret, *op. cit.*, p. 130 (*Amph.* II, 6).

inévitable de reconnaître le caractère incompréhensible de l'action divine, comme dans le cas d'un brigand qui fait tranquillement des dizaines de victimes sans aucune intervention tempestive de la Providence. La justice céleste, miraculeuse et inexplicable, entre cette fois en action juste au moment où les crimes ne sont plus commis. Lorsque cela se produit, l'auteur est quand même heureux de mettre en évidence le rétablissement de l'ordre dans le monde, malgré l'apparente indifférence initiale de Dieu. Il ne se demande donc pas, comme le fait souvent Rosset, pourquoi le Ciel permet tant d'infamies avant d'intervenir, mais il souligne, par contre, l'inévitabilité de l'intervention. Tout doute est confiné dans l'adjectif « incompréhensible », mais précédé et corrigé par un « admirable » dépourvu de jugement critique :

> Que les voies de Dieu sont *admirables*, et que sa conduite est *incompréhensible*, soit qu'il veuille exercer ses miséricordes envers les repentants, soit qu'il veuille faire sentir aux pécheurs endurcis les traits de sa justice. O Seigneur, *vous êtes juste, et vos jugements sont la même équité*! Qui a jamais connu votre sens et qui a jamais été votre conseiller? Par combien de manières et douces et fortes *savez-vous atteindre à votre but* et faire connaître aux hommes qu'il n'y a point de prudence qui puisse parer aux décrets de votre Providence[1].

Derrière le Camus écrivain, c'est le ministre de Dieu, l'évangélisateur qui veut convaincre, convertir et rassurer, qui est toujours aux aguets. Tout doute à propos des hiérarchies célestes et des plus hautes puissances terrestres est généralement banni de ses récits. C'est pourquoi cet auteur si souvent défini comme « réaliste » a tendance à ne pas donner une image personnelle de la réalité mais plutôt une interprétation de celle-ci vouée à des buts précis, et donc volontairement déformée[2]. Toutes

1 *Ibid.*, p. 142 (*Spect.*, I, 24).

2 Une dernière comparaison avec Rosset pourra mieux éclaircir cette affirmation. Les deux auteurs, par exemple, s'occupent de sorcellerie et en parlent parfois de manière très similaire. Après avoir évoqué Goffredy et les accusations de sorcellerie à son encontre, après avoir décrit tous les rituels de l'exorcisme, la formation d'ectoplasmes répugnants, la voix caverneuse provenant des démons par la bouche des jeunes accusatrices ; après avoir décrit la mort du prêtre condamné mais qui n'avoue jamais sa culpabilité, Rosset s'exclame enfin : « Je sçay qu'il y en aura plusieurs qui riront de ceste Histoire, encores que la vérité en apparoisse par le tesmoignage de tant de gens de bien, et par l'Arrest d'un si celebre Parlement, prononcé par la bouche de l'un des plus illustres hommes de nostre siecle. Entre telles personnes, je vois les Athees, et les Heretiques, qui rapportent aux causes naturelles, ce qu'on raconte des demoniaques, et des sorciers. Ils disent que la fantaisie blessee reçoit de vaines impressions, et des chimeres, qui font fourvoyer

les interventions de l'auteur sont en parfaite harmonie les unes avec les

l'entendement du droit chemin de la raison : alleguent l'exemple des pretendus sorciers, qui croyent estre portez aux sabbats, pendant qu'ils sont assoupis de sommeil. En fin ces personnes voudroient mettre cette croyance qu'il n'y a ni esprit, ny sorcier, et que ce sont choses inventees » (III, p. 132). S'ensuivent trois pages de preuves contraires qui devraient convaincre le lecteur de croire aux « esprits » et aux « sorciers » : ce sont des preuves chrétiennes (Jésus libérant les possédés, etc.), et des preuves païennes (religion de Mithra, Ménades possédées, etc.) toutes issues de témoignages livresques et jamais de faits prouvés. On ne se demandera pas quelle est la véritable opinion de Rosset ni si les preuves sont bien présentées ou non, ni si l'exemple, bref, des « pretendus sorciers », donné comme certain et réel, est plus ou moins efficace que les témoignages opposés. Il suffit de souligner la manière dont l'écrivain compare deux points de vue contraires. Il ne s'agit pas non plus de discuter pour savoir si Rosset a servi de source d'inspiration pour l'extrait du texte de Camus qui sera cité ci-dessous. Quoi qu'il en soit, Camus construit la préface de l'*Innocente sorcière* (*Succès differens*, II, 6) de la même manière que les conclusions de la nouvelle de Rosset. Plus dense, plus sec que son prédécesseur, l'évêque rapporte les différentes opinions à propos des rapides déplacements aériens des sorcières : « Car les uns tiennent que les diables donnent à quelques magiciens des poudres où des graisses composées de matières assoupissantes qui les font tomber en un si profond sommeil qu'ils demeurent quelques heures étendus comme morts sans mouvement, sans sentiment, et sans se pouvoir réveiller, troublant durant ce temps leur imagination de telle sorte qu'ils se persuadent avoir été en de certains lieux, y avoir bu, mangé, divisé, sauté, vu beaucoup de personnes, et fait beaucoup d'actions infâmes qui ne sont pourtant que des idées qui ont nagé dans le creux de leurs cerveaux, et ils appellent cela des extases magiques ou diaboliques. Ceux qui ont une opinion contraire, assurent que les transports des sorciers par les accès sont véritables, qu'ils vont en corps et en esprit aux sabaths qui se tiennent en des lieux éloignés, que leurs transformations sont réelles, et que leurs actions ne sont que trop apparentes » (J.-P. Camus, *Trente nouvelles*, *op. cit.*, in R. Favret, *op. cit.*, p. 101). La nouvelle qui suit directement vient soutenir cette seconde opinion. À quelles observations se prête la comparaison des deux extraits ? Tout d'abord, tous deux valident la deuxième hypothèse ; ensuite, ils présentent de la même manière l'autre opinion qui fait dépendre du sommeil et des rêves hallucinés l'impression d'avoir volé vers des lieux lointains et d'avoir participé à des sabbats de sorcières. Il s'agit de deux opinions communes que Rosset résume dans les conclusions, comme s'il voulait justifier l'invraisemblance du récit précédent, et que Camus, quant à lui, présente dans l'introduction, afin de prouver – avec le récit suivant – la vérité de l'une des deux. L'hypothèse que les deux auteurs disent ne pas partager n'est cependant exposée d'une manière qui n'est qu'apparemment semblable. Pour Rosset, en effet, croire que les sabbats existent seulement en rêve, signifie ne pas croire aux sorcières ni aux esprits malins. Pour Camus, par contre, les démons et les sorciers existent bel et bien puisque c'est eux qui livrent les poudres et les onguents aux sorciers. Derrière le « sommeil » de ses personnages diaboliques se cache certes l'incrédulité, mais elle semble effacée, détournée contre un faux objectif. Comment le prélat pouvait-il ignorer l'existence de personnes qui ne croyaient pas en l'existence des sorcières ? Et les sabbats imaginaires, provoqués par des onguents « diaboliques » n'auraient-ils pas dû lui rappeler la possibilité, admise par d'autres, de faux sabbats qui se seraient déroulés, comme l'avait affirmé Rosset quelques années plus tôt, seulement dans un rêve ? Excluant à priori la possibilité de leur nature imaginaire, taisant une opinion dérangeante, ou mieux, la déformant, attribuant au sommeil une origine démoniaque (et autres et les affirmations de l'introduction ne se démarquent presque jamais de la thèse soutenue dans la conclusion. Quant au contenu du récit, il apparaît en accord – ou presque – avec ce qu'on lit dans le titre et dans l'incipit. Une telle cohérence a trait, bien sûr, à la relation entre l'écrivain et ses créatures, au style de la narration, au genre d'événements choisis et à la structure profonde de l'histoire tragique. Elle contribue à faire de Camus quelqu'un de différent et d'unique dans le panorama de l'histoire tragique du XVIIe siècle.

CAMUS LE PRÉVARICATEUR : LE STYLE ET LES PERSONNAGES

Pour convaincre et pour mettre en garde, tout en restant bref et efficace, l'évêque doit recourir à un style particulier, un style qui lui est familier, mais qui apparaît comme nouveau dans le panorama de l'histoire tragique du XVIIe siècle. Si ce style laisse peu de place au dialogue, encore si présent dans l'œuvre de Rosset, il n'en laisse aucune à l'interpolation de lettres ou de poèmes ; les galanteries sont totalement absentes. Inversement, il est riche en descriptions rapides et synthétiques, en métaphores éclairantes, en définitions colorées et précises. C'est ce que Favret appelle le « style explicatif[1] », où tout est narré mais presque jamais représenté, où tout est expliqué dans ses motivations par l'auteur qui a hâte de conclure son *exemplum*. Il se soucie de la clarté de sa leçon et ne laisse pas la moindre autonomie au lecteur. Camus narrateur est encore Camus prêtre, et le style des histoires est imprégné des tons et des modalités du sermon.

Observons, par exemple, comment se comporte un amant qui a provoqué, par légèreté et sans le vouloir, la mort par noyade de la jeune

---

c'est ce qui l'intéresse vraiment !), Camus combat une bataille secrète pour le triomphe de ses idées, offrant de fausses alternatives pour camoufler en quelque sorte la réalité. « L'un et l'autre de ces partis – ajoute-t-il tout de suite après – a ses raisons et ses preuves que je n'entreprends pas d'étendre ici, beaucoup moins de décider cette controverse. Mais pour l'appui de la seconde opinion, j'avancerai un succès que chacun sait en notre contrée être avenu en une ville de la Comté de Bourgogne que je ne veux pas nommer ». Quelle modestie impartiale de la part d'un personnage important du monde ecclésiastique ! Il ne prétend pas « décider de cette controverse » et d'ailleurs, chacun des deux partis possède « ses preuves » ! En fait, il ne s'agit pas d'une véritable controverse, le parti le plus redoutable a déjà été vaincu par élimination et le récit d'un fait véritable connu de tous (« chacun sait »), qui s'est déroulé dans une ville connue, mais qui n'est pas nommée, ne pourra que renforcer l'unique conviction admise.

1 R. Favret, *op. cit.*, p. 116.

fille qu'il aime. Chez tous les grands auteurs de récits tragiques, à partir de Belleforest, le malheureux aurait laissé s'échapper au moins quelques phrases pathétiques de désespoir et de repentir avant de se punir par le suicide. Et pourquoi pas même un long discours : comment ne pas se rappeler, par exemple, les harangues des condamnés à mort chez Rosset, les discours grandiloquents des dames chez Boaistuau, les invocations des condamnés chez Boitel ? Tandis que le malheureux héros du *Desespoir précipité*[1], « voyant que toutes désespéraient de la vie d'Ermelline et la tenaient pour perdue, on le vit se relancer dans l'eau la tête la première, ne voulant point survivre à sa maîtresse ni à sa folie, et de cette façon il se noya, comme l'on croit, volontairement[2] ».

« Ne voulant pas survivre à sa maîtresse ni à sa folie » : cette phrase condense un long discours auquel Camus renonce bien volontiers.

D'autre part, quel auteur ne se serait pas arrêté à cette époque-là sur la description minutieuse d'un amour naissant, surtout quand cet amour vient en remplacer un autre, quand la jeune héroïne est courtisée par un nouvel amant, plus charmant que celui auquel elle a déjà été promise en mariage ? Quelle occasion pour Mademoiselle de Gournay, pour Prévost, pour Rosset ! Ils auraient pû montrer les différentes étapes de la conquête d'un cœur et faire prononcer aux personnages des phrases ambiguës et galantes, dans un *crescendo* allant de la circonspection à la sincérité, jusqu'au triomphe final de la passion. Voici ce que Camus, quant à lui, écrit :

> Ce fut lors qu'Artaban grand et de toute autre naissance et qualité que Flodoard *se déclara cavalier de Cédrine, et la voulut avoir par femme à quelque prix que ce fût.* Il est vrai qu'il l'avait quelquefois vue à Paris et avait fait le passionné pour elle, mais il y avait une telle distance entre leurs conditions qu'on ne croyait pas que jamais il eût voulu descendre jusque-là de l'épouser ; et quelques-uns estimèrent, et Flodoard le premier, que les rigueurs dont Cédrine avait exercé sa patience procédaient de ce que son esprit était prévenu ou rempli des espérances dont les promesses d'Artaban avaient flatté sa vanité, et cela était si plein d'apparence qu'on pouvait donner créance à cette opinion. *Artaban ne parut donc pas plutôt sur l'horizon de cette recherche, que le nom de Flodoard disparut comme une étoile au lever du soleil*[3].

1 *Les rencontres funestes*, XIII.
2 J.-P. Camus, *Trente nouvelles*, *op. cit.*, p. 251.
3 *Amphithéâtre Sanglant*, I, 12, *ibid.*, p. 121-122. C'est moi qui souligne.

L'auteur ne s'intéresse nullement à la cour galante. Celle-ci est résumée ou mieux encore, sous-entendue rapidement par les phrases que j'ai mises en évidence. Une brève explication de la situation sociale et psychologique est considérée comme suffisante à la compréhension de l'épisode.

Quand les amants n'ont pas la même religion, lui est un catholique fervent alors qu'elle est – aux dires de l'auteur – une protestante malfaisante et impudique qui réussit à détourner l'homme de ses devoirs, taire leur passion devient une question de bienséance : « En somme, pour *ne gâter point le papier de ces ordures*, elle l'amena à ce point, que pour l'épouser, il promet de quitter Dieu, sa religion et son ordre[1]... ».

Il n'y a aucune trace de crise psychologique, de doutes, de débat : seule reste l'action sans fard, indissolublement liée à une condamnation irrévocable. L'évêque de la Contre-Réforme guide, sans se distraire, la main de l'écrivain, ne lui permettant pas la moindre concession qui pourrait être interprétée comme une complicité, un consentement, une faiblesse envers la faute ou les coupables, ou qui pourrait détourner l'imagination des lecteurs vers des chemins interdits.

C'est la prédominance de ce qui est raconté sur ce qui est représenté ainsi que la présence continue du jugement auctorial qui sont à l'origine des passages les plus réussis du point de vue stylistique dans les recueils de Camus. Précis dans les définitions, approprié et fantaisiste dans les comparaisons, audacieux et imaginatif dans les métaphores, le narrateur-prêcheur sait se lancer dans des descriptions très colorées de différents milieux. Il sait recréer une atmosphère en quelques touches et esquisser efficacement un personnage en illustrant brièvement sa psychologie, ses désirs, ses attitudes. Un seul verbe ou, si l'on veut, une seule métaphore suffit pour dépeindre le désir sensuel et violent de deux soldats dont le capitaine vient de violer une paysanne vertueuse et désespérée : «... et voyant que son lieutenant et son enseigne *aboyaient* après cette proie, il la leur abandonna pour en faire à leur volonté[2] » ; et quelques mots suffisent pour représenter l'horreur concrète et la dégradation physique et morale de la mort, lorsque la fille se venge en poignardant le féroce capitaine : «... lui ayant percé le ventre elle en fit sur le champ sortir

1 *Amphithéâtre Sanglant*, I, 11, *ibid.*, p. 116.
2 *Amphithéâtre Sanglant*, II, 6, *ibid.*, p. 128.

l'âme maudite mêlée parmi le vin et le sang[1] ». Tandis qu'une accumulation baroque, rapide et animée, décrit la terrible vengeance de tous les paysans à l'égard des soldats qui les avaient jusque-là opprimés :

> C'était une merveille de voir comme l'appétit de vengeance aiguisait les esprits rudes et grossiers de ces villageois ; car il n'y en eut un seul qui ne mourût d'un différent genre de mort à celui de son compagnon. [...] Les uns furent noyés, les autres précipités, les autres enfoncés en terre tous vivants, un autre tiré à l'arquebuse, celui-ci pendu, l'autre brûlé, l'autre écorché, l'autre rompu, l'autre écartelé, l'autre ténaillé, l'autre égorgé[2].

Le réalisme de Camus provient de ce style, rapide, incisif et souvent puissant, qui suit maintes fois de près les schémas vifs et directs du sermon. Il explique, juge et décrit en même temps, en privilégiant les faits et en négligeant les discours, abolissant ainsi toute lourdeur.

Cette manière de raconter n'implique cependant pas que des qualités positives. Le côté le moins agréable de l'écriture de Camus ne concerne pas le style en lui-même, et n'est pas à rechercher dans la négligence dont l'évêque se complaisait[3]. Mais c'est cependant à ce style, à la manière de présenter les choses et les personnes qu'il est intimement lié, puisqu'il a trait au rapport entre l'écrivain et ses personnages. S'il faut considérer ces derniers comme coupables, n'importe quelle attitude, n'importe quelle action ou sentiment sont marqués à l'avance par le narrateur comme honteux, hypocrite et faux. Tout est bon pour ce travail de démolition des personnages ; pour eux, il n'y a pas d'échappatoire, encore moins s'il s'agit de femmes, peintes souvent comme des bêtes dangereuses ou farouches : « Ces animaux dont je parle ne sont jamais plus dangereux que quand ils sont privés, des farouches il ne faut point craindre de mal[4] ». Les explications fournies au lecteur sur leurs fins malhonnêtes supposées, les sentences

1 *Ibid.*, p. 129.

2 *Ibid.*, p. 130.

3 « Mais pour ce que l'on appelle style, je n'y songe pas ; je suis mon naturel, je ne marche point en dansant, je ne chemine point en cadence, je vais mon pas tout simple, sans contrefaire mon allure [...] je vais toujours en avant, sans regarder en arrière, et comme écrirais-je exactement ne redisant jamais ce que j'écris » (J.-P. Camus, *Le voyageur inconnu*, 1630, p. 92, cité par E. Henein, « Les nouvelles de Camus et les agencements », *RHLF*, LXXVII (mai – août, 1977), p. 455).

4 *Amphithéâtre Sanglant*, I, 11, in J.-P. Camus, *Trente nouvelles*, *op. cit.*, p. 114.

ou les proverbes pour les présenter sous un jour défavorable et même les insultes ne laissent pas la moindre place à des points de vue autres que ceux de l'auteur, même quand quelques interprétations différentes pourraient facilement être avancées.

Prenons par exemple la nouvelle du *Puant concubinaire* : après sept ans de concubinage (et non pas de mariage !) avec une femme, jeune et belle, dont il est éperdument amoureux, le personnage principal tombe malade, victime, bien sûr, de la malédiction divine. Son confesseur ne laisse pas passer l'occasion, et il parvient à convaincre le mourant de chasser la concubine, sa compagne depuis tant d'années. Que fera donc la femme ? Elle pleurera, naturellement, et elle se désespérera car elle n'a pas seulement perdu un compagnon mais aussi un toit, et sa vie changera radicalement. Ô combien de belles phrases pourrait-elle prononcer pour convaincre l'homme de changer d'avis ! Ô comme elle pourrait proclamer, haut et fort, son amour, lui rappelant les moments heureux qu'ils ont vécus ensemble ! Mais on le sait déjà, les discours n'intéressent pas le prélat-écrivain. Et puis, ils sont dangereux : ils donneraient la parole à une créature qui peut être tranquillement calomniée grâce à une narration à la troisième personne :

> Cette malheureuse, *qui avait des larmes toutes prêtes* pour les faire couler de ses yeux comme une *pluie volontaire*, versa des torrents à cette nouvelle, *fait la desespérée*, crie, tempête, se veut précipiter, s'arrache les cheveux et donne des témoignages d'une extrême affection à celui dont elle *connaissait l'humeur et qu'elle n'aimait que par intérêt.* Aussi était-ce un *artifice dont elle se servait pour entrer plus avant en ses bonnes grâces s'il revenait à convalescence, ou pour avoir meilleure part en son testament s'il venait à mourir*[1].

Les italiques montrent clairement la démarche de Camus : non seulement toute affection de la femme à l'égard du malade est niée (ce qui pourrait être vraisemblable), mais chacun de ses cris et chacune de ses larmes sont considérés, bien peu vraisemblablement, comme l'expression d'une hypocrisie extrêmement fourbe. Comme si le fait d'être brutalement chassé de chez soi pouvait normalement faire plaisir. La partialité de l'auteur apparaît clairement : malgré les insultes adressées à la méchante femme, qualifiée tour à tour d'« aspic[2] », de « rusée », et même de « sac

1 *Amphithéâtre Sanglant*, I, 10, *ibid.*, p. 108-109. C'est moi qui souligne.
2 *Ibid.*, p. 108.

déchiré[1] », nous ne voyons jamais la concubine faire quelque chose de désagréable à l'égard de l'homme. Au contraire, quand celui-ci, sur son lit de mort, lui demandera de « joindre la bouche à la sienne » pour un ultime baiser d'amour, elle le lui donnera sans hésitation, par amour ou par générosité. Camus, scandalisé, la traitera de « folle », ne trouvant aucune autre insulte pour stigmatiser un geste aussi tendre et affectueux : « Cette folle fait ce qu'il desire et l'embrasse, lui environnant son col de ses faibles bras[2] ». En l'absence d'actions visiblement condamnables des personnages et de discours directs qui prouvent leur duplicité ou leur méchanceté, les épithètes pleines de fureur de l'évêque indigné finissent souvent par avoir l'air de calomnies injustifiées. Et la hâte avec laquelle il termine ses nouvelles ne l'aide absolument pas dans son entreprise de persuasion du lecteur. Dans ses nouvelles aussi, l'équilibre entre récit et jugement du narrateur est donc souvent brisé. Mais les écarts entre les deux niveaux qui, chez Rosset, exprimaient l'ironie, insinuaient le doute et cachaient de manière ambiguë le vrai visage de l'écrivain, se traduisent ici en une prévarication absolue de l'auteur sur son sujet, un peu comme dans *Circé* ou dans le *Faux Amour* de Boitel. Si la prédominance du narrateur avait une valeur avant tout stylistique chez Boitel, elle assume, chez Camus, un sens résolument moral.

CAMUS L'INNOVATEUR : LES « PETITES GENS » ET LA STRUCTURE PROFONDE DU RÉCIT

L'innovation la plus évidente introduite par Camus en ce qui concerne la tradition de l'histoire tragique semble découler de cette tension morale et de son désir de prêcheur d'être efficace et de parler à tout le monde. Dans le sillage de Goulart qui ouvrait ses *Histoires admirables et mémorables de nostre temps* à un monde vaste et varié, il remplit ses histoires de personnages du peuple, d'artisans, de paysans. C'est toute la société de son temps qui défile dans ses nouvelles : il y a des gentilshommes comme Flodoard ou Artabane (*Amph.* I, 12), des enseignants cultivés comme Epaphrodite (*Amph.* I, 10) et des prédicateurs célèbres (*Amph.* I, 11). Les villageoises héroïques et les grandes dames ne manquent pas non plus (*Amph.* II, 6) ainsi que les paysans, les jeunes imprudents (*Spect.*

1 *Ibid.*, p. 109.
2 *Ibid.*, p. 110.

I, 18) et les brigands assassins (*Spect.* I, 24). Dans une nouvelle tragique insérée dans les *Décades historiques*[1], il arrive même à représenter le milieu inhabituel des « filous » de Paris.

La nouveauté est grande, importante et riche de sens. Depuis l'époque de Mademoiselle de Gournay, en effet, l'histoire tragique semblait vouloir atteindre une élévation de tons qui supposait une certaine noblesse d'arguments, ou vice versa : de nombreuses vulgarités et variations de langage typiques de l'histoire tragique du XVIe siècle avaient été abandonnées. Les personnages étaient principalement des nobles d'importance et de rang différent, ou, quand leur condition n'était pas spécifiée, ils semblaient presque toujours appartenir à un milieu aisé. Le peuple, quant à lui, demeurait généralement à l'arrière-plan, les serviteurs et les paysans n'acquéraient une certaine importance que dans des actions secondaires, comme exécuteurs, confidents, espions et assassins au service de leurs maîtres[2]. Outre le sujet cruel ou douloureux, c'était justement l'uniformité et l'élévation dans l'expression qui distinguaient l'histoire tragique de la nouvelle contemporaine d'origine italienne, désormais en plein déclin, mais encore très répandue.

Le grand changement apporté au genre peut donc paraître surprenant, d'autant plus qu'il a lieu au moment où un théâtre aristocratique, uniformément élevé dans les tons et le langage, est en train de s'affirmer en France. L'instauration d'une bienséance de plus en plus rigide imposait-elle peut-être à l'auteur d'histoires tragiques un choix entre la description d'actions cruelles et inconvenantes et la représentation d'un milieu noble qui ne pouvait plus servir de cadre à ces actions ? L'évêque qui cite à de nombreuses reprises ses prédécesseurs transalpins, reste-t-il peut-être plus lié que d'autres à la grande tradition de la nouvelle d'ascendance boccacesque ? On décèle facilement dans cette attention aux « petites gens » le comportement du prêtre, en contact plus étroit que d'autres avec un troupeau de fidèles vaste et varié ; et on y retrouve le confesseur

1 *Les Décades historiques*, Douai, Vve Mme Wyon, 1632. Les « filous » apparaissent dans la nouvelle II, 3.

2 Dans le recueil de Rosset, par exemple, seule une nouvelle inverse les rapports de classe traditionnels puisqu'elle met au cœur de l'histoire un tailleur (et voleur) avec sa famille tandis que les nobles français et les grands seigneurs italiens sont relégués en arrière-plan. Et ce n'est pas un hasard s'il s'agit d'une des nouvelles où la polémique et l'ironie de l'auteur à l'encontre des schémas du roman sentimental et d'aventure sont les plus présentes (*cf. supra*, p. 203 *sqq.*).

de toutes sortes de péchés, au courant de l'orgueil des uns, de l'avarice des autres, de la misère de tant d'hommes, des besoins de tous. Mais surtout, il ne faudrait pas sous-estimer un fait : les personnages inconnus, d'origine modeste, plutôt que des nobles hautains, appartenant peut-être à des familles puissantes, devaient bien arranger le narrateur/prévaricateur qui écrase sans pardon, ou presque, les coupables. On peut traiter une concubine non mieux précisée, de « sac déchiré », d'« aspic » et autres aménités ; mais en serait-il de même pour une princesse aristocratique ? Une quelconque protestante qui séduit un religieux catholique, et qui s'appelle Ruth, inspire à l'écrivain un jeu de mots assez fort : « Cette Ruth qui avait mis en rut notre moine[1] ». Ce jeu de mots serait fort déplacé si les personnages appartenaient à une autre classe sociale. Et la vérité ? N'est-elle pas plus déformable et adaptable à ses propres fins morales et didactiques quand les personnages sont inconnus, impuissants, sans voix ? Entre le style, les objectifs, l'attitude de l'évêque et le monde qu'il décrit, il existe donc une corrélation très étroite.

Une corrélation qui finit par toucher aussi ce qui caractérise l'histoire tragique, c'est-à-dire sa structure profonde. La succession d'interdictions, d'infractions et de punitions dans les nouvelles de l'évêque semble en général moins inexorablement minutieuse et en même temps plus satisfaisante si on la compare aux œuvres de ses prédécesseurs. En effet, dans la structure de l'histoire tragique du XVIe siècle, Sozzi relevait une succession fréquente de punitions, et chacune d'entre elles se transformait à son tour en infraction, allongeant ainsi la chaîne de la faute et éloignant indéfiniment la possibilité d'un rétablissement effectif de l'équilibre initial[2]. Une tendance similaire sera poussée à l'extrême chez Rosset dont les récits abondent en transgressions diverses et où aucun personnage n'est vraiment innocent et aucun tort n'est complètement réparé. De plus, la répétition spasmodique de la même infraction ne fait que souligner la volonté éternelle et farouche de révolte de l'individu contre une Loi implacable, ainsi que la vanité de tout effort pour obtenir une réparation suffisante et efficace.

À mon avis, tout cela semble moins évident chez Camus ou bien y acquiert des significations différentes. L'évêque ne tient pas tant à souligner la rébellion qu'à mettre l'accent, comme il le dit souvent, sur la punition.

---

1 *Amph. Sangl.* I, 11, in J.-P. Camus, *Trente nouvelles*, *op. cit.*, p. 116.
2 L. Sozzi, *op. cit.*, p. XLVIII.

C'est pourquoi il arrive de trouver dans ses recueils quelque chose que l'on ne trouve chez aucun des auteurs étudiés jusqu'à présent, c'est-à-dire des récits dans lesquels la partie proprement narrative n'est constituée que de la sanction. C'est ce qui se passe dans *l'Amant sacrilège* (*Spect.* I, 11), nouvelle qui trouve son inspiration chez Torquemada, et dans laquelle Camus laisse peu de place à l'infraction, qui s'exprime dans l'amour clandestin d'un chevalier et d'une religieuse cloîtrée. L'auteur accorde par contre toute son attention à la punition, terrible et fantastique, du héros qui avait trop osé en offensant Dieu et qui par ce même Dieu est inexorablement puni. Ceci apparaît de manière plus évidente encore dans *Les trois têtes* (*Spect.* I, 24) où, en quelques lignes, l'auteur évoque les crimes du bandit, protagoniste de la nouvelle, habitué à égorger des victimes impuissantes rencontrées sur son chemin sans laisser de traces compromettantes. Le véritable récit commence juste après et se concentre exclusivement sur le châtiment divin, annoncé solennellement : « Mais la mesure de son iniquité étant arrivée à son comble, Dieu employa un moyen fort extraordinaire pour le faire tomber entre les mains de la Justice et lui faire sentir la punition[1] ». Ces récits où la transgression n'est qu'un point de départ représentent bien évidemment des cas extrêmes, quoique significatifs, parce qu'ils renversent la structure traditionnelle de la narration tragique. Dans les nouvelles de Camus, il n'y a pas que cette nouveauté concernant la punition : il en est une autre qui, à première vue, peut étonner parce qu'elle semble être aux antipodes de celle qui vient d'être évoquée.

De même qu'il existe des coupables que la justice humaine ne parvient pas à dénicher mais que la justice divine punit immanquablement grâce aux plus étranges raccourcis de la Providence, voici que dans la foule innombrable de personnages peuplant les récits de l'évêque, on en trouve certains qui sembleraient tous mériter une punition, si l'on se réfère aux critères de Rosset ou d'autres auteurs, et qui pourtant continuent à vivre heureux et contents, malgré leurs agissements très peu orthodoxes. Dans ces cas-là, l'accumulation de fautes, lorsqu'il y en a ou qu'il semble y en avoir, ne trouve pas de correspondance adéquate dans l'accumulation de punitions ; la chaîne infraction/punition-à-son-tour devenant-transgression/punition-à-son-tour-transgression… etc., est ainsi interrompue, et, par conséquent, certaines fautes ne sont plus présentées comme telles.

1 *Spectacles d'horreur*, I, 24, in J.-P. Camus, *Trente nouvelles*, *op. cit.*, p. 142.

La vengeance de Gondène contre l'insupportable mari adultère (*Amph.* II, 11) ne se conclut pas par le suicide ou la condamnation de la femme, comme l'exigeraient les lieux communs dans la tradition du genre[1]. Cette femme est bien sûr une victime, mais aussi une meurtrière qui mériterait à son tour une sanction ; l'histoire pourtant se termine par un acquittement que l'auteur juge favorablement. L'assassinat, dans un certain sens, est considéré comme juste et rétablit dans une certaine mesure l'équilibre précédemment compromis. Camus souligne que la vengeance est comme inspirée par Dieu : « [la] vengeance qu'elle avait exécutée comme poussée de Dieu sur ces infâmes adultères, dont la mémoire fut autant en exécration que celle de Gondène glorieuse[2] ». La conclusion attribue définitivement au Ciel le mérite du double assassinat (les morts sont le mari et la maîtresse de ce dernier) : « La justice du ciel reluit avec tant d'éclat en la fin malheureuse de cet impudent adultère, que les yeux qui la contemplent n'en sont pas tant éclairés qu'éblouis[3] ». Flodoard lui aussi, qui d'un côté tue pour se venger le fier Artaban, grand seigneur coupable de lui avoir volé sa fiancée et qui de l'autre défigure la belle et ambitieuse Cédrine (*Amph.* I, 12), n'est pas non plus puni pour ce qu'il a fait. Il réussit même à s'enfuir en Allemagne où il se construira une nouvelle vie et vivra richement grâce aux biens qu'il a réussi à emporter[4].

Nous sommes bien loin de la méfiance universelle de Rosset[5], de l'atmosphère de tragédie irréparable pesant sur toute action, et de l'inévitable condamnation qui touche tous les personnages ! Camus sait

1 *Cf.* par ex. M. Bandello, *Novelle*, I, 42 et P. Boaistuau, *Histoires tragiques*, V (c'est-à-dire l'histoire de Didaco et de Violante, dans laquelle la femme qui tue pour se venger est condamnée) ; *cf.* aussi F. de Rosset, *Histoires tragiques*, XIV, dans laquelle la femme vengeresse se suicide après s'être vengée.

2 *Amph. Sangl.* I, 11, in J.-P. Camus, *Trente nouvelles*, *op. cit.*, p. 135.

3 *Ibid.*

4 *Ibid.*, p. 126.

5 À propos d'une (juste ?) vengeance, avant de décrire une situation semblable à celle de la nouvelle dans laquelle apparaît la Gondène de Camus, Rosset s'empresse de déclarer : « Cruelle vengeance, que tu as bien du pouvoir sur les hommes ! Tu bannis la raison de l'âme, et sans te soucier de sa perte, tu reduis les personnes en de telles extremitez, qu'elles executent des entreprises si horribles, qu'à peine ceux mesmes qui les voyent en peuvent imaginer les effects » (*Histoires tragiques*, XIV, 442). La vengeance est donc illégitime, elle provoque des actions horribles et elle est suivie d'effets néfastes : Rosset serait-il plus orthodoxe que l'évêque Camus ? Certains pensent que Rosset est d'origine protestante et qu'il s'est converti au catholicisme. L'absence d'espoir et le pessimisme dont il fait preuve dériveraient-ils de sa première formation ?

très bien montrer l'inéluctable ponctualité de la sanction s'abattant, tôt ou tard, sur les coupables, mais il réussit à justifier les crimes les plus sanglants en les attribuant à la volonté divine. Pourtant, ce qui pourrait sembler une contradiction ne l'est certainement pas. Dans la nouvelle mentionnée ci-dessus, y-a-t-il un coupable d'adultère et une victime coupable de meurtre ? Eh bien, si l'on considère les deux péchés, l'un, le péché/infraction représente la cause déclenchante, l'autre, le péché/punition, est la juste réaction. Le second est donc excusable tandis que le premier ne l'est pas. De plus, il existe l'institution du pardon pour tous ceux qui réagissent après avoir été provoqués et on peut toujours faire appel au subtil art catholique du *distinguo*. La doctrine et la pratique de l'Église post-tridentine imprègnent les pages du prélat-écrivain : s'il est vrai que la faute sera inexorablement punie, il est tout aussi vrai que le salut est possible. L'exemple de la répression que les histoires de Camus offrent au lecteur n'est pas tant le symptôme d'un malaise général et d'une condition inévitablement malheureuse de l'homme, mais il assume une valeur d'efficacité pratique et concrète, car il peut vraiment servir à éviter d'autres fautes ou d'autres erreurs.

C'est au moment où Richelieu travaille à la reconstruction de l'État et de la société française et qu'il plie la noblesse l'obligeant à obéir à la monarchie, au moment où il n'y a plus de tumultes, où les libertins sont condamnés et réduits au silence, et où la progression lente d'un monde bourgeois composite continue, c'est à ce moment-là que les histoires de Camus, en dépit de leurs horreurs et de leur violence, insufflent un peu d'optimisme dans ce genre littéraire. En effet, si l'enchaînement inexorable des infractions peut être interrompu et si la punition est le plus souvent efficace, alors le mal n'est pas universel et irrémédiable, malgré sa force. Dans le sillage de cette découverte inattendue, l'histoire tragique ne peut que devenir, tout compte fait, moins tragique. Et il n'est pas inutile de souligner qu'elle perd en tragicité précisément lorsqu'elle acquiert l'universalité, quand elle devient plus réaliste en faisant place aux « petites gens » à côté des nobles et des rois. Puisque la violence et le sang sont propres aux petites gens, car leur vie misérable en est remplie, puisque l'actualité leur est propre, car le peuple n'a pas d'histoire, alors la tragédie ne leur appartient pas, car la tragédie est aristocratique. À partir de ce moment-là, concilier le vrai, l'actuel et le cruel avec le tragique sera, nous le verrons, plus difficile.

LA CRISE DE L'HISTOIRE TRAGIQUE APRÈS LES ANNÉES 1630

L'avènement de l'Histoire

L'œuvre de Camus, la plus connue et célébrée sans doute dans le domaine de l'histoire tragique, constitue le signe le plus évident de la crise de ce genre littéraire, dont les bases elles-mêmes sont menacées par les mutations historiques et sociales. L'habileté de l'écrivain et la tension morale du religieux avaient en effet accompli le miracle d'insuffler une nouvelle vie aux nouvelles en élargissant leur horizon au-delà du monde aristocratique ; mais l'entreprise ne pouvait être répétée avec autant de succès par des écrivains laïques, clients d'une société noble de plus en plus vouée à raffiner ses coutumes, qui cultive de plus en plus la « bienséance » et le « vraisemblable ».

Juste au moment où l'histoire tragique ose décrire des jeunes filles violées par des soldats indisciplinés, par des bandits arrogants et cruels, par des paysans violents et luxurieux, voilà qu'une évolution se fait jour dans le roman vers une décence des mœurs plus accentuée. À ce propos Magendie affirme : « l'indécence est de plus en plus proscrite. [Et il continue] L'auteur du *Palais d'Angélie* reprouve, dès 1621, les récits "où la bienséance n'est pas gardée". "L'amour y est chaste, et ses desseins légitimes", dit Juvenel de *Don Pélage*. "Je n'ay rien mis en mon livre", écrit Scudéry dans la préface d'*Ibrahim*, [1641] "que les dames ne puissent lire sans baisser les yeux et sans rougir"[1] ».

Et vers les années 1630, pendant que Camus écrit ses nouvelles, l'histoire fait irruption dans le territoire du roman pour s'y installer triomphante à partir de la décennie suivante[2]. C'est l'Histoire, notez bien, non pas les faits divers ; et qui plus est, une histoire revue et corrigée dans ses détails dérangeants ou immoraux, de façon à être « utile » ainsi que « vraie », et donc susceptible d'enseigner le « bien » :

> « Ainsi on pourra modifier, comme il convient, le détail ou la conclusion des événements que fournit l'histoire, pourvu que ces modifications ne contredisent

1 M. Magendie, *op. cit.*, p. 129.

2 *Ibid.*, p. 233.

pas les données essentielles de l'histoire, ne heurtent pas la raison, et apparaissent comme possibles[1] ».

Aux bizarreries du vrai, donc, aux étrangetés du quotidien, s'oppose l'autorité des faits tour à tour héroïques, tragiques ou aventureux, mais universellement connus et attestés par des sources non romanesques ; voilà donc, encore une fois, ressurgir non pas la vérité mais l'apparence de la vérité, le « vraisemblable » ; il s'ensuit que, plus les romans « sont pleins de feintes parmy la vérité, plus ils sont beaux et profitables, pour ce que la feinte est fondée sur la bienséance et sur la raison, et la vérité toute simple n'embrasse qu'un récit d'accidens humains qui le plus souvent ne sont pleins que d'extravagances[2] ».

Il est impossible de ne pas se rendre compte que ces théories minent les fondements de l'histoire tragique telle que Prévost, Du Pont, Rosset, Camus l'avaient conçue. Toutes les règles de l'écriture littéraire du genre sont mises en question. Dans le domaine de la nouvelle, c'est le moment de la grande vogue de la nouvelle d'inspiration espagnole. Déjà en 1615, Rosset, comme on l'a vu, avait traduit les *Novelas esemplares*[3] de Cervantes, qui introduisent le goût pour un réalisme familier non dépourvu d'élégance du style, et qui ne proclament pas leur « vérité », mais plutôt leur « vraisemblance », et qui sont, enfin, bien plus chastes que les histoires d'origine italienne. Les traductions des recueils d'outre Pyrénées supplantent rapidement celles de provenance transalpine[4] et inspirent l'œuvre d'auteurs français comme Sorel et, plus tard, Segrais[5].

Et l'histoire tragique ? Menacée d'extinction, elle emprunte inexorablement un chemin infra ou extralittéraire, négligée par les narrateurs d'une certaine importance et seulement capable de satisfaire avec son réalisme cru le goût d'un public grossier et curieux. L'exemple du texte rossetien est de ce point de vue révélateur : bien que ses rééditions soient innombrables, elles perdent progressivement leur individualité originaire, qui apparaît comme obscurcie, sinon submergée, par les très nombreuses insertions de comptes rendus de procès célèbres, par les rapports d'évènements mémorables et bizarres : signe évident de la

1 *Ibid.*, p. 131-132.
2 P. Le Bossu, préf. de *Rosane*, (1639), cit. par M. Magendie, *op. cit.*, p. 132.
3 *Cf.* G. Hainsworth, *Les « Novelas »...*, *op. cit.*
4 *Ibid.*, p. 110 *sqq.*
5 *Ibid.*, p. 137 ; aussi R. Godenne, *Histoire de la nouvelle...*, *op. cit.* p. 46 *sqq.*

dégradation progressive du niveau de ses lecteurs. Écrasée entre le vraisemblable « bienséant » du roman et l'amour pour l'Histoire, l'histoire tragique peut encore essayer une voie pour se renouveler, un chemin qui n'est pas nouveau, mais déjà entrepris par Boitel dans les années 1620 : à savoir la voie de la fidélité historique, des exemples nobles issus des évènements d'un passé plus ou moins connu et lointain.

LES HISTOIRES DE MALINGRE

C'est bien un historiographe du roi, Claude Malingre de Saint Lazare, qui permet au genre d'accomplir cette évolution. En effet, il publie en 1635, un volume dont le titre rappelle de très près ceux de Rosset : *Les Histoires tragiques de nostre temps*[1], composé de vingt-neuf récits ; malgré le renvoi évident à son prédécesseur désormais célèbre, malgré le nombre d'histoires, qui dans son texte ne s'éloigne pas trop de celui des *Histoires tragiques* de Rosset, malgré enfin le fait que certains récits recourent dans les deux recueils[2], les caractéristiques communes sont très peu nombreuses, tant sur le plan narratif que sur le plan structurel général des ouvrages. « Sèches relations, analogues à celles du *Mercure*[3] » : ainsi Hainsworth définit-il les histoires que nous sommes en train d'analyser ; cependant, pour une fois, il paraît opportun de nuancer une telle affirmation : des récits secs comme ceux de Boitel, ou courts et denses comme on les trouve chez Camus, dans les *Histoires* de Malingres sont totalement absents. Les comptes rendus les plus courts se développent sur une dizaine de pages, mais les autres, nombreux, ont tendance à occuper beaucoup plus d'espace, jusqu'à dépasser les soixante feuillets, comme c'est le cas de l'histoire XVI[4]. Le schéma fondamental

1 C. Malingre, *Les Histoires tragiques de nostre temps dans lesquelles voyent plusieurs belles maximes d'Estat, et quantité d'exemples fort memorables, de constance, de courage, de generosité, de regret, et repentance*, A Paris chez Cl. Collet, MDCXXXV.

2 L'histoire XXI de Malingre, par ex. (*Du sieur Valeran Mussard et de Jeanne Presto, sa concubine*) parle des mêmes événements abordés par Rosset dans son histoire VIII (*De la constante et desesperee resolution d'un Gentil homme et d'une demoiselle*).

3 G. Hainsworth, *Les « Novelas »*..., *op. cit.*, p. 108.

4 De *Catherine, royne de Georgie, et des Princes Georgiens, mis à mort par commandement de Cha-Abas, Roy de Perse*, p. 469-532.

de l'histoire tragique en fait ne change pas, rhytmé par la tripartition habituelle interdiction/infraction/punition ; les expressions usuelles ne manquent pas non plus, comme « sa fin tragique », « merveilles qui arriverent apres sa mort[1] », tout comme les suicides[2], les exécutions[3], les jeunes filles corrompues par des prêtres méchants[4] : bref, tout l'appareil traditionnel de l'histoire tragique est exploité à fond.

Même la structure superficielle du récit reste telle quelle, dans son ensemble ; avant d'arriver aux événements, l'on trouve toujours la même introduction généralisante : « Le desespoir à [*sic*] souventefois produit des effects grandement tragiques et funestes, aussi l'histoire fournit assez d'exemples de ceste manie ou fureur d'esprit, où des villes entieres, et des peuples obstinez, se sont misérablement perdus[5] ». Et, enfin, pas toujours, mais souvent, on tombe sur la conclusion habituelle : « Tels sont les effects du desespoir qui perd la raison et le jugement aux personnes abandonnees de Dieu, qui se voyent reduites à telles desastreuses et malheureuses extremitez, par un juste jugement du ciel[6] ». Dès les premières pages, cependant, une anomalie qui distingue Malingre de ses prédécesseurs immédiats est bien visible : en effet, l'introduction ne comprend pas seulement quelques considérations générales ou génériques, mais elle est suivie à son tour de très nombreux exemples historiques accumulés l'un après l'autre afin d'en démontrer la vérité éternelle[7]. Ainsi, dans l'histoire concernant la noble Catherine, reine de Géorgie[8], après quelques phrases sur la puissance de l'amour, on passe à Sémiramis, « cause de la ruine de Babylone », à Hélène, cause de la guerre de Troie, et ensuite à Tarquin et Lucrèce, à Théodoric et à ses Goths, tous cités en bel ordre, dans un sommaire qui précède toujours ces comptes rendus. Cela prolonge énormément la partie introductive tout en nous immergeant dans une atmosphère vraiment historique et en reliant le véritable récit à une chaîne d'évènements exposés, entre autres, dans l'ordre chronologique.

---

1 Respectivement dans les titres des histoires VII et XXII.
2 Hist. XXI.
3 Hist. XXIX.
4 Hist. XXIII.
5 Hist. XXI, p. 670.
6 *Ibid.*, p. 683.
7 Ce trait apparente Malingre à certains auteurs du XVIe siècle, notamment à Poissenot.
8 *Cf. supra* note 4, p. 255.

De cette façon, une conception fondamentale de l'auteur se précise dès le départ : celle justement de l'« Histoire » comme source unique de la vérité pour les « histoires », comme seul théâtre valable pour l'histoire tragique. Voilà donc que, si Rosset et, dans de nombreux cas Camus aussi, dissimulaient les noms des protagonistes nobles, Malingre, lui, est bien content de nous les communiquer ; c'est ainsi que ce dernier parle surtout de personnages célèbres issus de toute époque et de tout pays, et traite d'un grand nombre d'événements bien connus. Henri IV[1], le duc de Buckingham[2], Gabriel Battory « prince de Transylvanie[3] » et d'autres grands personnages aux noms exotiques, comme « Demetrius Ioannes, Empereur des Russes[4] », le sultan « Osman, Empereur des Turcs[5] », le grand Visir Bessa Nassuf[6], se mêlent dans le recueil, à d'autres protagonistes moins importants, suivis seulement à la fin par des demoiselles et des religieux ordinaires.

Un ordre précis gouverne aussi, en effet, la succession des nouvelles (et donc de leurs protagonistes), tout comme un autre ordre également précis, l'ordre chronologique, alignait l'une après l'autre les différentes références historiques des introductions : il s'agit dans ce cas de l'ordre hiérarchique. Vu la nationalité de l'auteur, la première histoire concerne le roi de France (Henri IV), et cela ne pouvait en être autrement ; la deuxième, elle, voit comme protagoniste l'empereur de toutes les Russies, chrétien ; et pour finir, l'empereur de Constantinople, musulman. Suivent les princes : celui de Transylvanie, chrétien, précède l'islamique Grand Vizir ; les ducs, les vicomtes, les comtes et les barons se succèdent l'un après l'autre de manière presque parfaite, suivis à leur tour par d'autres personnages mineurs. Parfois cet ordre extérieur est inexact ou perturbé[7], mais dans l'ensemble il reste assez évident. Avec les *Histoires tragiques* de Malingre nous nous trouvons donc face à une structure relativement nouvelle, dans le domaine de l'histoire tragique. Néanmoins, Rosset avait déjà ébauché une sorte d'ordre hiérarchique dans son édition de 1619, où

1 Hist. I.
2 Hist VII.
3 Hist IV.
4 Hist. II.
5 Hist. III.
6 Hist. V.
7 Par exemple, l'histoire de Cathérine reine de Géorgie (XVI) est insérée dans le recueil juste après celle du baron de Guémadeuc (XV).

il faisait commencer son recueil par une histoire concernant la régente, Marie de Médicis, pour continuer avec le compte rendu de l'assassinat du baron de Luz de la part du Chevalier de Guise, et terminer enfin par un simple commerçant, quoique riche. Cependant, entre ces extrêmes, se succédaient pêle-mêle différents personnages, puisque Rosset souhaitait varier son œuvre, opposant des réalités différentes qui montraient les innombrables facettes de l'amour malheureux, ou de la mort violente ou de l'adultère. Par contre, les hiérarchies rigides de Malingre, qui correspondent à l'inexorable sévérité de chaque nouvelle[1], la succession de personnages si illustres n'est pas sans rappeler les lugubres danses macabres médiévales, où tous les hommes, le pape et l'empereur, les rois, les ducs, les bourgeois, les prêtres et les paysans, étaient fauchés sans pitié par la mort, qui les rendait tous égaux. Là aussi la mort règne dans toutes les histoires ; là aussi l'ordre hiérarchique, paradoxalement, nie toute hiérarchie, en faisant allusion à une tragédie universelle qui, déjà à première vue, confère au recueil un caractère sombre et obsédant, et élimine toute différence entre jeunes et vieux, entre chrétiens et infidèles, entre religieux et laïques, entre Français et étrangers.

Il s'ensuit que, de manière paradoxale, l'emploi même de l'Histoire nie l'Histoire elle-même : la recherche d'une vérité toujours égale, malgré les différences de milieu, de classe, de circonstances, dément tout progrès, toute amélioration, toute possibilité de sortir des chemins tracés depuis la fin des temps. Dans ce recueil, le « vrai » est donc mis au service du souci moral, et le changement que le genre subit n'attaque pas ses racines profondes. D'ailleurs, même si parfois, comme l'affirme Hainsworth, le déroulement des narrations, le style et la manière d'exprimer les faits sont typiques du compte rendu, le style sec et concis de celui-ci s'assouplit très souvent pour intégrer les ornements plus « littéraires » de la tradition.

Des discours, des dialogues, des lettres embellissent çà et là la page[2], des détails macabres sont savamment introduits çà et là pour impressionner le lecteur[3], des métaphores et des figures de tout genre

1 *Cf.* A. de Vaucher Gravili, *Loi et transgression*, *op. cit.*, p. 28-29.

2 *Cf.* par exemple la lettre de Meurab au Shah de Perse à la fin de l'histoire XVI (p. 528-531).

3 Voici comment Meurab se comporte contre les ennemis : « Pour ce qui est de Meurab, victorieux de l'armée de Perse, il fit prendre les testes de ces Ducs tuez, et les fit attacher au bout d'une pique, et lorsqu'il vouloit disner, il les faisoit présenter devant luy, comme

interrompent de temps en temps la rapidité prédominante du style ou mettent en relief les considérations de l'auteur[1]. Les sujets historiques, quant à eux, inspirent à l'historiographe du roi des méditations sur le pouvoir, sur la manière de gouverner, sur la nature supérieure des monarques :

> Un grand Empire puissant en Seigneurs et en peuples est ordinairement subject à de grands troubles, principalement quand le peuple debuttant contre tout devoir de subjection, n'obeyt que comme il luy plaist au Prince qui n'y est pas entièrement absolu : ce fut la cause du mal-heur qui tomba en la maison de Jean Basile Empereur de Moscovie[2].

Le rapport entre le Prince et ses sujets crée une sorte de *leit-motiv* de la deuxième histoire, récurrent non seulement dans l'introduction mais aussi à l'intérieur du récit :

> Car l'Empereur leur fit gouster peu à peu ce que c'est qu'un pays libre, gouverné par un Prince clement : il alloit tous les jours une ou deux fois voir l'Imperatrice sa mere ; il se monstroit par fois *un peu trop familier* envers les Seigneurs du pays qui sont nourris et eslevez en telle crainte et subjection qu'ils n'oseroient presque parler en presence de leur prince sans commandement[3]...

Tandis que la première histoire s'ouvre par un éloge de la nature des rois, toutefois eux aussi sujets à l'inéluctabilité de la mort :

> Il est bien vrai que les Roys se trouvent entre les hommes créés de la plus pure substance des Elemens, d'une matière ce semble incorruptible pour son excellence, de pur or d'Evilachs, comme le meilleur, moulez à l'exemplaire des plus belles Idees, porter l'image et le sceau de la Divinité, comme imprimé au Chef-d'œuvre de la nature en cette Majesté, qui relève leur front d'un gracieux orgueil : et neantmoins le moindre accident arrivant leur fait dire un à Dieu eternel à tous ces vains honneurs, vrays flambeaux d'envie, qui semblent aux humains estre de mesme durée que l'Eternité[4]....

---

metz qui luy estoient plus agreables, et à chaque fois qu'il beuvoit, faisoit un brinde, ores à l'une, puis l'autre, reprochant à chacun de ces Ducs morts, avec mille injures, ses actes scelerats qu'il avoit cogneus en eux » (XVI, 519).

1 « [Constantin] les traite magnifiquement, mais pour leur dessert, il les servit d'un metz de cruauté plus qu'inhumain : car il les poignarda tous deux, sans que le naturel ny le sang eussent pouvoir d'amolir son malheureux courage » (XVI, 488).

2 Hist. II, p. 76-77.

3 Hist. II, p. 102-103.

4 Hist. I, p. 3-4.

L'amour et la politique finissent par s'entremêler, comme chez Rosset, voire davantage ; mais dans ce cas la politique, tout en occupant plus de place, est le plus souvent releguée dans le passé ou dans des terres lointaines ; ou bien sert de prétexte pour des considérations qui ne sont plus politiques.

Ne serait-ce le signe de l'évolution de l'absolutisme royal ? D'un absolutisme qui ne pouvait pas ignorer les problèmes liés à l'exercice du pouvoir et à la raison d'État, mais qui interdisait en même temps un débat ouvert et donc dangereux sur ces questions ? Transposant l'histoire tragique dans le règne de l'histoire vraie, Malingre n'a fait que suivre les tendances de son époque ; il a lacéré le voile subtil des noms fictifs, il a privilégié les protagonistes célèbres par rapport aux personnages méconnus, bref, il a voulu être moins « actuel », moins « français » et plus inattaquable au niveau de la vérité. Cependant, il a renoncé de cette manière à la critique qui affleurait dans les pages de Rosset, il a échappé au doute qui imprégnait parfois les pages de Camus, et il n'a même pas eu besoin de forcer une matière apparemment objective pour convaincre ou convertir. Au contraire, il a pour ainsi dire sosutrait l'histoire tragique à la contingence en la ramenant à la simplicité d'un modèle abstrait et idéal, celui d'une littérature moralisante où résonne un *vanitas vanitatum* typique de tout le siècle et qui constitue l'une des raisons les plus profondes de l'existence de ce genre littéraire.

HISTOIRE OU HISTOIRES ?

Le fleuve de l'histoire tragique se perd cependant dans le vaste océan de l'Histoire. À partir des *Histoires tragiques* de Malingre il est très difficile de trouver des recueils attribuables sans hésitation à ce genre littéraire, ou même des recueils pouvant être inclus dans la production littéraire, quoique de moindre qualité. À cet égard Godenne affirme : « Le récit tragique est en voie de complète disparition. À notre connaissance, il ne paraît plus que quatre recueils[1] » et mentionne *Les hommes Illustres* de Campion (1657)[2], *L'histoire des plus illustres favoris anciens et modernes*

1 R. Godenne, *op. cit.*, p. 68, note 40.
2 Rouen, Courbé.

de Du Puy (1659)[1], ainsi que deux recueils de Parival, *Les histoires tragiques de nostre temps arrivées en Hollande* (1662)[2] et *Les histoires facetieuses et morales, assemblées et mises au jour, avec quelques histoires tragiques* (1663)[3].

Hainsworth avait déjà mentionné ces ouvrages, mais avait parlé – à propos de Du Puy – d'un « recueil franchement historique[4] » ; il avait également évoqué l'histoire en parlant du volume de Campion, imité de Plutarque[5]. Par ailleurs, il avait cité Grenaille, que les autres auteurs ne citent pas en général, et il n'avait pas non plus oublié Gonon. Peut-on donc parler d'histoires tragiques, ou tout simplement d'« affinités » avec ces dernières ? Sauf pour le recueil de Parival, les titres ne permettent pas de pénétrer les caractéristiques des textes. En outre, presque toutes ces œuvres dépassent les limites chronologiques imposées pour notre aperçu historique, étant généralement postérieures à la mort de Louis XIII. Toutefois, il ne sera pas inutile de s'y arrêter, bien que brièvement : quelles que soient leurs caractéristiques prédominantes, elles constituent dans une certaine mesure le fond sur lequel l'histoire tragique se transforme, le terrain qui l'absorbe, l'horizon dans au-delà duquel elle disparaît. Et, pour une étrange coïncidence, ou pour une heureuse et significative conjonction de dates et d'événements, l'auteur que nous sommes obligés de traiter en premier, lui consacrant une plus grande attention, est justement ce Grenaille que Godenne ne mentionnait pas, Grenaille qui a toutefois publié son recueil – comme par hasard – en 1642, peu avant la mort du roi.

LES AMOURS DE GRENAILLE

Le titre *Les Amours historiques des Princes*[6] n'évoque pas immédiatement l'histoire tragique ; il est vrai que les histoires sentimentales, tout comme l'histoire qui nous intéresse, sont pleines d'*Amour*(s) : il suffit de mentionner les *Amours de la belle du Luc*, l'*Histoire des amours tragiques de ce temps, L'Enfer d'Amour*, etc. ; cependant, en général, quelques adjectifs

1 Leyde, Elsevier.
2 Leyde, Vaguenaer.
3 Leyde, Vaguenaer.
4 G. Hainsworth, *Les « Novelas… »…*, *op. cit.*, p. 106.
5 *Ibid.*, p. 108.
6 Grenaille, Sieur de Chatounieres, *Les amours historiques des Princes. Contenant six narrations véritables, souz ces titres : l'Amour jaloux / L'Amour Furieux / L'Amour Efféminé / L'Amour Desesperé / L'Amour Ambitieux / L'Amour Infidele*, Paris, Nicolas et Jean de la Coste, 1642.

ou un autre substantif apparaissaient à côté du mot « amour » pour mettre en garde et préparer le lecteur aux tons sombres ou cruels des nouvelles. Dans le cas de la « belle du Luc », les « amours » (au pluriel) d'une « belle » femme suffisaient peut-être à évoquer de mauvais présages chez le lecteur potentiel. Mais ici, dans le titre, il n'y a rien de tragique, le mot « historiques » pouvant évoquer toute sorte d'intrigues. Voici probablement pourquoi les experts du sujet n'ont pratiquement pas mentionné Grenailles en parlant d'histoire tragique.

Et pourtant, quand on y pense bien, aucun titre ne saurait être plus tragique et à la mode à la fois que celui-ci : les Princes – de par leur noblesse et leurs responsabilités – ne sont-ils pas les personnages préférés de la tragédie, genre le plus aristocratique qui soit ? Et, pendant la même période où Corneille écrit *Horace, Cinna, Polyeucte*, la tragédie ne devient-elle pas – ou bien ne reste-t-elle pas – obligatoirement historique ? Même l'histoire de la Cour de France, comme le rappelaient aussi les années récentes de Catherine, d'Henri IV, et de Marie de Médicis offrait de nombreux exemples, célèbres et quelquefois tragiques, du poids politique de la passion. Bref, plus qu'un titre, Grenaille semble exprimer un énoncé théorique lapidaire.

Ceci est suivi d'un ample *Avertissement* développant davantage les idées de l'auteur. Il condamne, comme Camus et presque avec les mêmes mots, les invraisemblances des romans et, au sujet de son recueil, il exclame :

> Ainsi quand vous verrez le titre des *Amours des Princes*, ne vous persuadez pas que ce soient des contes faits à plaisir, ou des vray-semblances imaginaires que je debite pour de solides veritez. [...] Je vous offre des histoires d'Amour, mais qui sont toutes autentiques : et sans vous amuser par des récits controuvez, je tasche de vous donner l'agrément que les ignorans reçoivent en lisant des Avantures qui n'ont jamais esté que dans les testes creuses de leurs Autheurs[1].

On peut donc en déduire que l'Histoire n'est pas le but, mais plutôt le moyen de l'auteur, qui veut surtout amuser avec des sujets « vrais ». Il se contente donc de raconter uniquement ce que les historiens ont dit, tout en s'octroyant quelques libertés littéraires : « quoy que j'y adjouste des ornemens qu'ils n'y ont pas mis[2] ». L'Amour offre – justement – le

1 *Ibid.*, *Avertissement*, n. p.
2 *Ibid.*

sujet parfait pour satisfaire le désir d'« agrément » : « Dans cette vision j'ay choisi six evenemens remarquables, où l'Amour fait le principal personnage, quoy qu'on y voye souvent agir, et la fureur, et la haine[1] ».

Vérité et Amour, donc, mais également Haine et Fureur ; Histoire, mais également « Ornemens » : les éléments de l'histoire tragique sont tous réunis, et d'une façon bien plus évidente que dans les *Histoires tragiques* de Malingre. Une analyse, même superficielle, du recueil ne pourra que le confirmer. Les histoires de Grenaille, par exemple, ont une taille absolument supérieure à la moyenne : elles s'étendent jusqu'à cent/cent trente pages, sauf la dernière, qui dépasse les deux cents pages. Et pourtant leur structure est tout à fait proche de celle des nouvelles plus courtes citées jusqu'à présent : avant de se confronter avec le récit *stricto sensu*, le lecteur est orienté et plongé dans l'atmosphère caractéristique de la narration par le biais d'une introduction moralisatrice, souvent de la longueur de plusieurs pages[2] ; et à la fin, l'on retrouve toujours la même conclusion, qui expose les mêmes enseignements des faits exposés, listés par des formules absolument banales :

> De cette veritable narration on doit recueillir, *que* les meilleurs Princes peuvent devenir mauvais quand ils se marient mal. *Que* les Rois estant des personnes publiques, ne doivent pas tant considérer leur contentement dans les alliances, que le bien de leur Estât. *Que* comme une Princesse vertueuse est la couronne de son mary, une Megere est la ruine du sien. *Que* lorsqu'on veut faire du mal on trouve tousjours des prétextes pour se dispenser de bien faire[3].

La liste des « que » se poursuit sur trois pages et se termine finalement ainsi : « Qu'enfin bien que les meschans semblent heureux pour un temps, ils souffrent après beaucoup d'infortunes. Ils sont à charge à eux mesmes après avoir foulé tout le monde. Quand on voit les commencemens des Princes il en faut regarder la fin[4] ». Chaque évènement et chaque détail de la narration permet de tirer une règle morale : toute la vérité est exploitée dans un but didascalique.

En ce qui concerne la structure profonde de la narration, le respect de la tradition est toujours assuré. La perfide Leonor, deuxième épouse du roi Ferdinand du Portugal, manigance pour ruiner les frères de son

1 *Ibid.*
2 Dans la première et dans la deuxième histoire, par exemple, l'introduction dépasse les deux pages.
3 *Ibid.*, Hist. I, p. 131-132. C'est moi qui souligne.
4 *Ibid.*, Hist. I, p. 134.

mari, futurs héritiers du royaume : elle verra par conséquent mourir d'une mort atroce son amant, poignardé sous ses yeux, et elle perdra le trône[1]. Don Pedro, tombé amoureux d'Agnès et souhaitant l'épouser malgré la désapprobation de sa famille, voit son aimée tuée avant le mariage tant convoité : à la mort du roi son père, le prince, après avoir longuement couvé sa vengeance, mangera le cœur des tueurs[2]. L'alternance de transgressions et de punitions se poursuit régulièrement et sans relâche tout au long du recueil, avec son cortège de violences et d'horreurs.

Comme chez Rosset, les infractions concernent surtout deux ordres de valeurs, que l'écrivain dans la préface de ses *Histoires* avait appelés « Amour » et « Ambition ». Dans ce cas aussi, il s'agit toujours d'un amour coupable, monstrueux ou impur, et le lecteur en prend conscience dès le titre, qui énonce déjà en bel ordre, sur le frontispice de l'œuvre, les différents sujets des nouvelles : « l'amour jaloux, l'amour furieux, l'amour efféminé, l'amour désespéré, l'amour ambitieux, l'amour infidèle ». Un seul sentiment fondamental et plusieurs variations : comment ne pas remarquer ici, d'une façon encore plus évidente, ce caractère de traité qu'on avait si souvent trouvé dans d'autres recueils d'histoires tragiques de la même époque ? Peut-on éviter de penser à Du Pont, qui au sein de trois nouvelles explore trois types d'amour ? Ou encore à Laffemas, dont les histoires secondaires déclinent continuellement, avec des différences minimales, le sujet de l'histoire principale ? Ou même à Rosset, qui explore les possibilités du suicide, de la passion et de la trahison ? L'amour de Grenaille s'inscrit donc à juste titre dans une tradition désormais consolidée. L'ambition, pour sa part, est ici plus que jamais évidente sous des apparences ouvertement politiques, libre de toute censure car les personnages et les intrigues appartiennent à d'autres époques et à d'autres Pays : après Jean et Pedro du Portugal, les protagonistes sont, dans l'ordre, Néron « mary de Poppea Sabina », Radamiste « Roy d'Armenie », Néron « fils d'Agrippine », Chilpéric roi des Francs, « mary de Fredegonde ». Bref, aucun personnage contemporain, aucun Français.

Soutenu par l'autorité de l'Histoire, l'auteur peut donc énoncer toute une série de maximes concernant la morale publique, la façon de

1 *Ibid.*, Hist. I.
2 *Ibid.*, Hist. II.

gouverner, la Cour ; ces maximes sont parfois confiées aux protagonistes, mais le plus souvent aux interventions directes de l'écrivain :

> Il est certain neantmoins que la puissance des Rois n'est qu'une illustre foiblesse quand ils l'employent contre la justice[1].
>
> Les vrayes amitiez sont rares partout, mais quand il s'en trouve à la cour, elles sont miraculeuses[2].
>
> Les Princes qui se laissent préoccuper se laissent tromper bien honteusement. Il faut examiner les choses devant que de les condamner, et croire plustost à la vérité qu'à de faux rapports[3].
>
> La fidélité des Grands doit tousjours estre un peu suspecte de mauvaise foy[4].

Concises et « cornéliennes », ces sentences reflètent le goût de l'époque par leurs formules denses et didascaliques ; elles sont toutes développées autour d'une thèse fondamentale, d'après laquelle les fautes des Grands sont inévitablement punies par Dieu :

> Dieu fait quelque-fois misericorde aux petits, mais il tourmente puissamment les criminels qui ont beaucoup de pouvoir. D'où les Princes doivent apprendre qu'ils sont souverains, mais qu'ils relevent du Roy des Rois. Ils sont des petits Dieux sur la Terre, mais ils doivent craindre le grand Dieu. Autrement s'ils meprisent leur Original, comment honorerons nous ses images[5] ?

Cette thèse nous reconduit au cœur même du schéma tragique traditionnel, centré sur la faute et la sanction ; elle donne cependant à l'œuvre un goût particulier, à mi-chemin entre la critique adressée aux souverains et le bréviaire du bon gouvernement, entre la rébellion et l'avertissement, et lui donne une envergure qu'aucun autre recueil précédent n'avait, d'autant moins le recueil historique de Malingre.

Dans tous les cas, au même titre que les *Histoires tragiques* de ce dernier, *Les Amours* de Grenaille ont un caractère plus moral qu'historique et, surtout, un caractère d'œuvre littéraire : en effet, les ornements cités par l'auteur ne concernent pas uniquement les détails romanesques des intrigues, mais également le style, qui s'embellit de toutes les ressources rhétoriques de l'époque, s'ouvrant à des lettres, discours et dialogues,

1 *Ibid.*, Hist. I, p. 8.
2 *Ibid.*, Hist. I, p. 61.
3 *Ibid.*, Hist. I, p. 90.
4 *Ibid.*, Hist. IV, *Sommaire*, n. p.
5 *Ibid.*, Hist. IV, p. 538.

mêlant le pathétique et le cruel typiques du genre, fleurissant d'antithèses et de métaphores. Beaucoup de ces éléments, par exemple, sont réunis dans l'épisode du meurtre de Marie par son amant, Jean du Portugal, tragiquement dupé par la perfide Leonor. Celle-ci, pour le pousser à commettre un geste insensé, lui a raconté que Marie le trompe avec un autre homme, ce qui n'est pas vrai. La citation est longue mais éclairante :

> [...] et luy donna d'un poignard dans le sein comme elle s'avance pour le baiser. Cette Princesse infortunée tombe à ses pieds qu'elle s'efforce d'embrasser, jusques dans l'agonie, et mourant doucement, mesme parmy la violance du coup, elle justifie son innocence par la voix de son sang, ne la pouvant justifier par les paroles de sa bouche. Dom Jean ne croyant avoir fait que le premier acte d'une tragédie si funeste, laisse Marie dans ses convulsions de la mort, pour voir s'il trouvera dans la maison ce Galant pretendu à qui il veut ravir la vie. Et comme une cruauté suit ordinairement l'autre, celuy qui n'a pas espargné sa chère moitié ne peut espargner personne. Mais n'ayant pas rencontré ce qu'il cherchoit il revient dans la chambre où Marie rendoit les derniers abois, et luy dit par une bravade cruelle : « Puisque tu caches tes Galants tu veux estre impudique, mesme après cette vie. Pers un sang execrable que tu n'as pas su conserver pour moy ». Ces paroles picquerent plus vivement Marie que le coup qu'elle avoit reçu, et ne pouvant mourir criminelle quoyqu'elle mourust mal-heureuse elle recueillit ce peu qui luy restoit de force pour dire ces paroles avec autant d'efficace que de douceur : « Sçachez, Monsieur, que comme j'ay vescu dans l'honnesteté, je ne veux pas mourir d'opprobre. Marie n'a jamais aimé que Dom Jean ; et dans l'injustice qui me fait perir je connois que vous estes équitable en donnant la mort à une personne indigne de vostre amour. Je devois tomber à vos pieds pour que vous m'avez trop eslevée ; le faiste que je touchois m'a toujours menacée du precipice ». À ces mots elle acheve de parler et de vivre tout ensemble. Ce beau corps, blanc comme neige est empourpré de son propre sang ; et on peut bien dire, à la voir, que toute chair est une fleur qui se fane comme du foin. Si Marie n'eust pas esté belle elle n'eust pas esté blessée. Les plus grands avantages causent quelquefois les plus grandes pertes[1].

La violence aveugle et l'innocence la plus fidèle, les mots arrogants et durs, les phrases tendres et souffrantes, la blancheur de la chair blanche et le pourpre du sang boucle l'extrait dans un réseau d'oppositions visant à impressionner et émouvoir le lecteur, à illustrer les évènements d'une façon pathétique et à permettre à l'écrivain de faire preuve de ses capacités. Les observations finales marquent la digne conclusion d'un

---

1 *Ibid.*, Hist. I, p. 55-57.

texte qui peut être considéré comme exemplaire du point de vue de l'histoire tragique.

En somme, avec les *Amours historiques des Princes*, Grenaille réalise une fusion parfaite entre histoire et littérature, ou plutôt l'inclusion de l'histoire dans la narration (brève) tragique. Avec un style moins sec que celui de Malingre, plus élevé globalement dans le choix des sujets, plus explicitement moralisant, il fond complètement amour et ambition, exhortation et critique, et se veut, de ce point de vue, l'héritier et le successeur le plus fidèle de Rosset. Pour lui, l'Histoire est une nécessité utile, mais jamais un but en soi. Et les « ornemens », qu'il admet avoir ajouté à la réalité des faits narrés, nous rapprochent encore une fois du concept du « vrai » qu'avaient non pas les chroniqueurs, mais plutôt de nombreux poètes et écrivains précédents, Tasse en premier. Le genre atteint dans l'œuvre de Grenaille un équilibre entre tragédie et Histoire, équilibre toutefois instable qui ne survivra pas longtemps. La rupture de cet équilibre marquera justement la disparition définitive de l'histoire tragique.

L'HISTOIRE TRAGIQUE APRÈS LA MORT DE LOUIS XIII

À la mort de Louis XIII, le récit tragique est donc en équilibre entre littérature et histoire. À bien y réfléchir, il s'agit là d'un signe de l'agonie du genre, du fait que le concept du « vrai » est en train de se modifier, que l'actualité n'est plus à la mode et que le tragique change d'apparences. Quelques retours isolés ne suffiront pas à donner un nouvel élan au genre. Que retrouve-t-on, au cours des années suivantes, qui nous rappelle l'histoire tragique ? Très peu, selon les indications des chercheurs qui ont traité le sujet. Et d'ailleurs ce peu se révèle inconsistant dans la plupart des cas.

Les *Histoires admirables*[1] et les *Histoires pitoyables et tragiques*[2] de Gonon, « celestin de Lyon », par exemple, illustrent des faits tragiques et bizarres selon le modèle du *Trésor d'histoires admirables* de Goulart : il s'agit, comme d'habitude, d'une longue liste d'événements entre Histoire et légendes, présentés sans un ordre précis et concernant, dans ce cas,

1 *Histoires admirables, où les estranges avantures, vertus, vices et miseres de plusieurs Empereurs, Roys, Princes, Grands Seigneurs, et autres personnes considérables, sont amplement representees*, Lyon, Cl. La Riviere, 1653.

2 C'est Gonon lui-même qui cite cette dernière œuvre dans l'ouvrage précédent.

uniquement des « Empereurs, Roys, Princes, Grands Seigneurs, et autres personnes considérables », comme dans l'ouvrage de Grenaille. Gonon, tout comme Goulart, se préoccupe de citer ses sources pour chaque histoire, précisant, en outre, avoir eu recours aux « bons et approuvez Autheurs ». Cette affirmation montre d'un côté, une attention aux critiques et à la censure et, de l'autre, une attention encore plus évidente pour un « vrai » livresque, filtré, plutôt que pour la réalité proche de ses lecteurs. Gonon, comme son modèle Goulart d'ailleurs, ne peut pas être considéré comme un auteur d'histoires tragiques en raison de ses sujets, qui ne sont pas toujours sombres et désespérés, de ses références ponctuelles à d'autres textes, du caractère compilatoire de son recueil, de son penchant au bizarre ; qui plus est, hormis tout jugement de valeur, il brise de l'intérieur la structure typique de ce genre littéraire et des genres similaires, où un événement était renfermé entre une introduction et une conclusion plus ou moins figées et moralisantes[1]. Très souvent, en effet, l'histoire principale – qui peut aussi parfois atteindre une certaine logueur, étant alors entrecoupée des discours, dialogues, soliloques, etc.[2], habituels – est prolongée par une appendice interminable d'anecdotes secondaires, tirées d'historiens, mythographes, lettrés, visant à démontrer un seul propos. Le récit tend donc à perdre ses caractéristiques essentielles, se transformant de récit en liste d'érudition.

Le seul et véritable recueil d'histoires tragiques que l'on retrouve – au cours de la deuxième moitié du siècle – est celui de Parival, qui publie à Leyde les *Histoires tragiques de nostre temps, arrivées en Hollande*[3]. Le titre inspiré de Rosset marque de façon explicite le lien très étroit avec l'œuvre de ce dernier : voici donc des histoires concernant l'actualité, des histoires définies comme vraies d'une manière absolue et non pas en vertu d'une autorité livresque ; des histoires, enfin, où l'identité des personnages est cachée sous des noms fictifs. Les pseudonymes ne sont toutefois pas choisis par respect envers des familles puissantes et célèbres, car les personnages de ses histoires sont généralement de basse extraction, comme chez Camus. À ce propos, en s'adressant

1 Cependant, une conclusion et une introduction sont presque toujours présentes dans les histoires plus longues.

2 Les histoires les plus longues sont au début ; après, la taille des récits diminue progressivement.

3 *Histoires tragiques de nostre temps arrivées en Hollande : et quelques dialogues françois, selon le langage du temps*, Leyden, N. Hercules, 1656. Les dialogues constituent une partie séparée dans le volume.

au lecteur l'auteur affirme : « Je pouvois bien y mesler les malheurs arrivez à des personnages Illustres, et qui ont possédé des charges treseminentes, mais je ne l'ai pas voulu faire pour des raisons, que tu pourras facilement comprendre, si tu es moins curieux que politique[1] ». Cette phrase est révélatrice et met clairement en évidence l'un des obstacles insurmontables auxquels se confronte l'histoire tragique de cette époque et, en même temps, l'une des principales causes de sa décadence définitive. Le personnage illustre donnerait en effet plus d'autorité à l'*exemplum* ; cependant, à cause du contexte politique contemporain, il est de plus en plus difficile pour les écrivains (non seulement dans la France monarchique, mais également dans le reste de l'Europe, et même dans la libre Hollande !) de parler des grands de leur temps dans les termes traditionnels de l'histoire tragique, où chaque personnage est malheureux et opprimé par ses propres fautes. La seule possibilité de mettre en scène des ducs, des princes et des rois n'est offerte, justement, que par l'Histoire ; tout auteur de récits tragiques, voulant rester fidèle au principe du « vrai » de l'actualité, ne peut que se focaliser sur les pauvres gens.

Parival, qui plus est, ne parle pas des Français, mais plutôt des Hollandais, et surtout des habitants de la riche ville de Leyde ; une ville riche et heureuse comme aucune autre, mais par cela même exemple parfait pour démontrer qu'« il n'y a point terre, pour fertile et avantagee qu'elle soit, qui ne produise des espines et des ronces[2] ».

Encore une fois, dans ce recueil tardif résonne le refrain typique de toute histoire tragique, c'est-à-dire que le mal universel domine le monde et la vie humaine, sous n'importe quel ciel. La Hollande, protestante, bourgeoise, républicaine et marchande – si différente par rapport à la France catholique, aristocratique, absolutiste et agricole – se prête à merveille pour démontrer ce propos.

Certes, la différence de « climat » donne lieu à une variété différente de tragique : une variété plus basse, moins héroïque ou grandiose. Au lieu de l'amour ou de l'ambition, ce qui fait précipiter les événements dans ces lieux riches et gris est, dans la plupart des cas, le vin, ou bien, dans la meilleure des hypothèses, l'avarice :

---

1 *Ibid.*, *Au Lecteur*, n. p.

2 *Ibid.*, *A Madame la Baronesse de Jehay, de Merode*, etc., p. 3.

> Les peuples du Septentrion sont plus adonnez à la boisson, que ceux du Midy : et ce vice cause parmy eux des effets forts sanglans[1].
>
> S'il arrive icy des effets tragiques, ils sont produits par l'yvrognerie ou par l'avarice, et non pas par la passion d'amour, et de l'ambition, comme en France et ailleurs. Venons à la preuve[2].

Des différences quantitatives s'ajoutent aux différences qualitatives : « [...] et quoy qu'il se trouve *peu de Monstres en comparaison des autres Provinces du Midy*, ils ne se laissent pas d'y estre aussi hideux et difformes qu'ailleurs[3] ».

Le recours à une toile de fond insolite (jusqu'à ce moment-là les Pays-Bas, contrairement à l'Italie, la France et l'Allemagne, avaient été laissés plutôt de côté par les auteurs d'histoires tragiques) et, dans une certaine mesure, atypique, ne suffit cependant pas à donner un nouvel élan au genre. Les histoires de Parival, que Hainsworth définit comme de « simples coupures de la Gazette[4] », bien qu'elles aient souvent une certaine valeur, ont des dimensions minimes de deux à cinq-six pages. Elles conservent la structure de l'histoire tragique traditionnelle, centrée sur la loi, la transgression et la punition correspondante, qui est déjà énoncée dans les titres où le (ou les) protagoniste(s), la faute et ses conséquences sont souvent mentionnés[5]. Ainsi, la première histoire traite *De cincq François, executez dans la ville de Leiden, pour avoir forgé de la fausse monnoye*; la trente-troisième *D'un jeune homme qui eut la teste tranchee pour avoir assassiné son père*; la neuvième *D'un homme qui tua sa femme et son enfant; puis se pendit par desespoir;* et la plupart des autres suivent ce schéma.

La charpente traditionnelle est elle aussi maintenue, malgré la taille réduite : les introductions sont toujours présentes, parfois très courtes[6], parfois s'étendant au-delà d'une page[7] ; les conclusions, tout en étant parfois absentes, apparaissent toutefois dans la plupart des récits. Une

1 *Ibid.*, Hist. IV, p. 9.
2 *Ibid.*, Hist. III, p. 7.
3 *Ibid.*, Hist. IX, p. 21. C'est moi qui souligne.
4 G. Hainsworth, *Les « Novelas »...*, *op. cit.*, p. 108.
5 *Cf.* A. de Vaucher Gravili, *Loi et trasgression...*, *op. cit.*, p. 73.
6 Par exemple, dans l'hist. IX (p. 21-23), l'introduction est contenue dans deux brèves phrases.
7 Dans la première histoire, vingt-neuf lignes sont consacrées à l'introduction, vingt-sept lignes au reste du récit !

curiosité : les observations et les interventions de l'auteur, au début, au cours ou à la fin de la narration (et surtout à la fin !) sont imprimées en italique, se distinguant ainsi à première vue d'un texte qui n'est pas en italique. Est-ce le signe d'une plus grande conscience narrative ? Est-ce un signe d'honnêteté par rapport à la reproduction intégrale de ses sources, interrompue uniquement dans des passages bien précis par les propos de l'auteur, qui sont clairement indiqués au lecteur par des moyens typographiques ? Cette méthode marque sans aucun doute une nette répartition entre récit (ou fait divers) et commentaire, entre faits et morale, soulignant, certes, l'importance de l'enseignement que le lecteur doit tirer des événements racontés, mais donnant également à ces derniers une autonomie auparavant inconnue.

Dans ce sens, peut-être, même un recueil de « résumés » essentiels et si peu littéraires – comme des squelettes qui ne conservent de l'histoire tragique traditionnelle que l'anatomie et non pas sa richesse et ses humeurs – peut avoir une certaine importance dans l'histoire de ce genre, qui est enfin arrivé à une « dégénération très analogue à celle du conte facétieux[1] », qui est en retard sur les mouvements esthétiques de l'époque, et qui se réduit à n'offrir que des listes de faits tragiques sans aucun intérêt pour les attentes, aussi modestes qu'elles soient, d'un lecteur quelconque. En somme, avec Parival, l'histoire tragique s'aplatit complètement sur la chronique et, au lieu de confluer dans l'étendue de l'Histoire, elle se confond dans les eaux moins nobles, mais plus intrigantes et agitées, du journalisme de l'époque.

Mis à part ce dernier recueil, finalement, les ouvrages mentionnés par les spécialistes comme appartenant au genre de l'histoire tragique de l'époque n'en reprennent pas vraiment les schémas ni ne présentent une étroite parenté avec l'histoire tragique. Les *Playdoyers historiques*[2] de Tristan l'Hermite, tout en étant le remaniement d'un ouvrage du siècle précédent, dont le titre est *Procez tragiques ou Epitome de cent histoires tragiques*[3], ont en effet peu de rapport avec le genre en question, et ce sont plutôt, comme leur en-tête l'indique, des « discours ». Les récits à proprement parler ne constituent en effet qu'un point de départ

1 G. Hainsworth, *Les « Novelas »*..., *op. cit.*, p. 209.

2 *Playdoyers historiques, ou discours de controverse*, Paris, A. de Sommaville & A. Courbé, 1643.

3 A. Sylvain, *Procez tragiques ou Epitome de cent histoires tragiques*..., Paris, Nic. Bonfons, 1581 (1575).

permettant à l'auteur de formuler des harangues juxtaposées en défense et contre les protagonistes. Ils forment l'*Argument*, une brève et synthétique exposition des faits écrite en italique, qui transforme le récit en préambule ; les harangues sont, quant à elles, bien plus longues, et font de la morale un exercice rhétorique, où les anciens modèles de la Scolastique se mêlent aux paradoxes et aux finesses baroques. La surprise, l'insolite et l'extraordinaire prévalent sur le tragique, qui ne s'entrevoit d'ailleurs que dans une partie des événements racontés. Paradoxalement, cette œuvre tristanienne intéresse l'histoire tragique seulement en négatif, car l'adjectif « tragique », qui dans le texte-source apparaissait deux fois, ici disparaît complètement. C'est le signe d'une mode qui s'essouffle : tout comme dans les *Procez tragiques ou epitome de cent histoires tragiques*, où le mot « Procez » renvoyait à l'art oratoire des tribunaux où l'on juge les criminels pour se lier à un genre clairement en vogue, de même le nouveau titre oublie complètement aussi bien l'histoire tragique que le procès. Ce dernier se réduit à un simple « plaidoyer » défensif, et les faits qui étaient « tragiques » se transforment en « historiques », même si leur contenu historique est assez pauvre[1]. Quelle meilleure preuve du déclin d'un genre narratif et du triomphe parallèle de l'Histoire, même dans les brefs récits en prose ?

L'œuvre de Campion et celle de Du Puy, déjà citées comme on l'a vu par Hainsworth et Godenne, ont un caractère purement historique. La première rappelle, également dans le titre *(Les hommes illustres)*[2], le célèbre modèle de Plutarque : Campion s'inspire de l'historien de l'Antiquité pour se proposer en Plutarque français. Son travail a un caractère nationaliste, exaltant le génie français par rapport à celui de la Grèce et de l'Italie. À cette fin, il fait systématiquement une comparaison entre des grands personnages du passé, français d'un côté et étrangers de l'autre, de sorte à démontrer au moins l'égale dignité des uns et des autres. Clovis, Louis le Gros et Philippe Auguste sont donc rapprochés, d'une façon a-historique, de Constantin, d'Édouard d'Angleterre, de Charles Quint, etc. L'histoire tragique a clairement très peu en commun avec tout cela, d'autant plus que Campion refuse explicitement, dans sa très

1 Des personnages anonymes, des faits divers tragiques ou des faits boccaciens marquent le ton du recueil.

2 Mgr. De Campion, *Les hommes illustres*, Rouen, Maurry pour A. Courbé, 1657 (c'est la date du premier volume, consulté ici).

longue préface, la description de « passions dangereuses », considérées comme typiques de la fable et non pas de l'Histoire telle qu'il la conçoit. Il me paraît donc inexact de rapprocher son œuvre de celles de Parival, de Camus et de Rosset.

Les *Histoires des plus illustres favoris anciens et modernes*[1], quant à elles, peuvent donner lieu à des observations différentes. Il s'agit de vingt-six histoires ayant pour objet des personnages de tous temps et de tous pays, d'Apelle au comte de Somerset, en passant par Plautien, Rufin, Stilicon, Calderón, etc. Les récits sont brefs, de cinq à vingt pages environ, sans introduction ni conclusion. La longue succession d'événements similaires suffit à expliquer la thèse de fond : le destin des *favoris* est tragique, il représente un exemple des vicissitudes aléatoires du monde et des caprices de la Fortune. La thèse est typiquement baroque et n'est probablement pas exempte de connotations politiques[2] ; comme dans l'œuvre précédente, l'Histoire domine encore une fois l'actualité et la chronique, même si le recueil, avec sa succession de sorts malheureux et de puissances brisées, se rapproche davantage de l'atmosphère de l'histoire tragique. Une *Relation exacte de tout ce qui s'est passé à la mort du Mareschal d'Ancre*[3] est ajoutée en appendice du volume : cette *Relation*, tout en rappelant le récit rossétien correspondant, nous donne la mesure de la différence entre les deux œuvres. De l'« histoire », vraie sans aucun doute, mais également parsemée d'inventions fines et pittoresques (le rubis magique rendant les mots de Léonora Galigaï convaincants aux yeux de Marie de Médicis)[4], de portraits pathétiques (la mort de la Mareschale) et de perfides insinuations, on arrive à la « relation », qui se veut plus essentielle, plus froide et plus objective, d'où sont exclus, du moins en principe, les billets doux, les soliloques imaginaires, les exercices poétiques. On est parvenu à un genre qui refuse désormais tout encadrement du récit, toute morale directe, toute interprétation préliminaire par l'auteur, les histoires sont définitivement abandonnées en faveur de l'Histoire.

---

1 P. du Puy, *Histoires des plus illustres favoris anciens et modernes, recueillies par feu M. du Puy avec un Journal de ce qui s'est passé à la mort du Mareschal d'Ancre*, Leide, Jean Elsevier, 1659.

2 On est désormais très proche de la prise du pouvoir par Louis XIV ; dans la dédicace au comte Fabian, on fait l'éloge de la noblesse de sang, dont les mérites perdurables sont opposés au pouvoir éphémère des *favoris*.

3 De soixante-quinze pages.

4 La Galigaï est considérée comme une sorcière par la plupart des écrivains de l'époque (suffit-il de penser à Boitel). Mais pas tous les écrivains ne mentionnent un rubis magique…

ENTRE HISTOIRE ET HISTOIRES : UNE AMBIGUÏTÉ DE LONGUE DATE

Comment a-t-on pu en arriver là ? Pourquoi le récit tragique a-t-il subi, comme l'affirme Hainsworth, une dégénération semblable et parallèle à celle du « conte facétieux », pour atteindre parfois le style plat et essentiel d'un Parival ? Et pourquoi a-t-il progressé dans ses avatars les plus nobles dans la direction de l'Histoire, jusqu'à se confondre, à un moment donné, avec elle ?

Il est difficile, voire impossible, de donner une réponse exhaustive à ces questions : trop de raisons de nature différente (sociale, littéraire, économique etc.) peuvent concourir à déterminer la fortune et les changements d'un genre. On peut tout de même essayer d'en citer quelques-unes, dont plusieurs ont déjà été évoquées au cours de cette étude : l'affirmation de la bienséance, par exemple, qui contribue sans aucun doute à rendre démodées les cruautés sanguinaires typiques de la nouvelle tragique ; la vogue de l'Histoire, concernant aussi bien le roman que le théâtre, et qui commence à s'opposer, bien qu'indirectement, à celle de la chronique ; l'affirmation de plus en plus marquée d'un pouvoir monarchique et absolu, qui condamne toute déviation de la norme imposée (il suffit de se souvenir à ce propos du procès à Théophile de Viau) et face auquel l'histoire tragique reste trop encline à la rébellion et à l'ambiguïté ; la vogue croissante des nouvelles de type espagnol, au ton sentimental et sérieux, introduisant une nouvelle structure (le début *in medias res*, par exemple) et, plus important encore, qui ne sont pas vraies mais vraisemblables et tout à fait bienséantes. Enfin l'affirmation de la raison et de la mesure classique loin des excès des histoires de Rosset et de Camus, et ainsi de suite.

Tous ces phénomènes, et d'autres encore, offrent le cadre à l'intérieur duquel la fin de l'Histoire tragique va se produire, mais ils n'expliquent pas, à eux seuls, la dynamique profonde de sa mort. Tandis que le tragique disparaît progressivement de la nouvelle, il s'installe, sous un autre aspect, dans le théâtre, où il atteint le succès que l'on connaît. D'ailleurs, jusqu'à la fin, l'histoire tragique demeure fidèle à elle-même : non seulement à travers le schéma fondamental loi/transgression/punition, qui constitue sa nature profonde, mais aussi à travers sa structure externe traditionnelle, à travers ce récit encadré entre une introduction et une conclusion édifiantes qu'on retrouve dans la plupart des ouvrages examinés.

Quelles sont les exigences auxquelles répond un tel modèle, qui a su rester si constant dans le temps ? Et pourquoi est-ce justement ce modèle qui subit, à un moment donné, un déclin très rapide et tout à fait singulier ? Parmi les pistes nombreuses – et toutes partielles – qu'on peut suivre pour essayer de résoudre ce problème, il y en a une qui peut répondre à plusieurs questions. Il suffit d'interpeller les auteurs mêmes pour savoir ce qu'ils pensaient de leur œuvre. Tous n'ont pas été loquaces d'égale manière : mais dans plusieurs cas les *Préfaces*, les *Advis au Lecteur*, les *Dédicaces* nous montrent, du moins en partie, leurs théories et leurs finalités. Un examen de ce genre peut être conduit de différentes façons et être intéressant sous plusieurs points de vue. Il nous importe notamment ici de formuler quelques considérations générales nous permettant de mieux comprendre l'évolution singulière de l'histoire tragique. Tout en essayant de ne pas trop nous éloigner de notre but, nous sommes obligés, dans ce cas, de faire commencer notre analyse non pas des années 1590 (comme nous l'avons fait pour notre *excursus*), mais à partir de quelques décennies auparavant, c'est-à-dire à partir du moment où ce genre apparaît pour la première fois.

Deux choses sautent alors immédiatement aux yeux : la première est l'exceptionnelle uniformité de points de vue, qui rassemble dans le temps les auteurs d'histoires tragiques ; la deuxième, strictement liée à la première, réside dans la signification profonde que le mot « histoire » acquiert pour ces auteurs. Godenne, dans son travail sur la nouvelle en France, consacre un long paragraphe à ce terme, et il remarque qu'il servait à définir tout type de récit, long ou bref, comique ou tragique, concernant aussi bien les romans que chacun de leurs épisodes[1]. Furetière aussi, dans son *Dictionnaire Universel*[2], souligne l'extension de sens de cette expression, qui non seulement garde son sens primaire de description de ce qui est, ou est arrivé, ou pouvait arriver, ou encore qui s'est passé sous nos propres yeux ; mais qui est encore utilisée pour indiquer le compte rendu de faits mémorables, de brefs récits d'événements tragiques ou comiques, tout comme pour désigner des « romans », des « narrations

1 R. Godenne, *op. cit.*, p. 122 *sqq.*

2 A. Furetière, *Dictionnaire Universel*, Paris, SNL – Le Robert, 1978 (réimpression de l'éd. de La Haye. Rotterdam, Arnout & Reinier Leers, 1690), t. II.

fabuleuses mais vraisemblables qui sont feintes par un Auteur, ou desguisées[1] ». Ainsi, ce terme rassemble-t-il le noble et le mémorable, le littéraire et le réel, le vrai et le vraisemblable.

En ce qui concerne les histoires tragiques, pourtant, le terme acquiert généralement un sens moins vague, plus proche de la signification d'origine. En même temps, il garde une certaine ambiguïté, qui est le propre de l'époque, en demeurant suspendu entre l'histoire (ainsi que nous la concevons), la chronique et la littérature. En effet, si aux débuts du genre Boaistuau se borne à définir son recueil comme un « traicté d'histoires[2] », Belleforest est déjà plus précis à cet égard. Lorsqu'il parle de Bandello, qu'il critique pour la langue et le style, dans le but de vanter sa supériorité par rapport à son modèle, il affirme :

> Or mon Bandel (tel se nomme l'autheur Italien) sans faire tort à personne, peut porter le tiltre d'Historien, en faisant ses comptes, veu qu'il a recueilli plusieurs belles et notables histoires, qui sont, ou advenues de nostre aage, ou qui n'en sont gueres eslongnees. En ce a-il imité ce veritable historien François le Sieur d'Argenton : lequel a fait conscience d'escrire rien que les choses advenues de son temps, et sous les Princes desquels il manioit les affaires : non que pour cela je veuille vituperer ceux, qui repetans la memoire de nos ancestres véritablement et sans fard, et avec un meur jugement s'essayent d'escrire les gestes mémorables de l'antiquité[3].

Il en ressort que : 1) Bandello (et par conséquent Boaistuau et Belleforest, qui adaptent son œuvre pour le public français) est, au fond, un historien « veritable » ; 2) il est peut-être aussi plus que cela, ou il l'est d'une façon différente : s'il peut « porter le tiltre d'historien » cela signifie qu'il ne l'est pas tout à fait, qu'il est aussi autre chose ; 3) Bandello est considéré comme un historien, car il a recueilli et raconté des histoires vraies, qui ont eu lieu à son époque ou à des époques proches.

L'allusion au « sieur d'Argenton » explique mieux la pensée de Belleforest : le terme de comparaison est en effet Philippe de Commynes, qui reçut le titre d'historien par Louis XI, et le recueil de Bandello est

1 *Ibid.*

2 P. Boaistuau, *Histoires tragiques, extraictes des œuvres italiennes de Bandel, et mises en langue françoise*, les six premieres par P. Boaistuau, surnommé Launay, natif de Bretaigne. Les douze suivans, par F. Belleforest, comingeois, Turin, par Cesare Farina, MDLXX. *A Monseigneur Matthieu de Maury*, n. p.

3 F. de Belleforest, *Ibid.*, *Continuation des histoires tragiques. A Monseigneur, M. Ch. Maximilian, Duc d'Orléans*, n. p.

comparé aux *Mémoires*. Voilà donc que les histoires tragiques deviennent une sorte de carrefour où se rencontrent la littérature, l'histoire et les mémoires, c'est-à-dire quelque chose de plus proche à la chronique[1]. Les histoires de Bandello ne sont-elles pas « vraies », tout comme le récit du grand chroniqueur du XVe siècle ? Et ne s'agit-il pas, dans un cas comme dans l'autre, de témoignages directs des événements ou de narration des protagonistes-mêmes aux deux auteurs ? Si cela est implicite dans la nature des mémoires, cet aspect est d'autant plus évident dans les nouvelles italiennes traduites par Belleforest, par le biais des épîtres qui les précèdent chaque fois et qui déterminent le contenu comme « réel ».

La dernière phrase de la citation ci-dessus confirme enfin l'importance des affirmations de l'écrivain français. En effet, il fait une allusion (implicitement polémique ?) à ceux qui n'écrivent qu'à propos d'événements concernant l'histoire des ancêtres ; il est sûrement polémique là où il affirme qu'on doit écrire ces histoires « véritablement et sans fard, et avec un meur jugement » : s'agit-il peut-être d'une attaque à l'historiographie humaniste d'origine italienne ? Ou bien est-ce une attaque à la mode des histoires universelles, qui commençaient par l'origine du monde, en opposition aux histoires nationales ? Ou s'agit-il d'une polémique plus directe, contre des collègues comme le seigneur du Haillan[2], qui insérait, même dans ses histoires, des tournois d'éloquence à la mode des humanistes ? Il est difficile, au-delà des limites de notre travail, de définir avec précision la cible de Belleforest. Il est toutefois important de se rendre compte qu'elle est située davantage dans les domaines de l'histoire que dans ceux de la littérature. Et il n'est pas inutile de souligner à ce sujet que Belleforest fut historien outre qu'homme de lettres, et historien officiel, comme du Haillan. En tant que tel, il publia les *Grandes annales et Histoire générale de France*[3], s'occupa de la réédition, en 1573, des *Chroniques de France* de Gilles[4] et il composa, en 1568, cette œuvre singulière, à moitié entre la biographie et l'histoire, qui a pour

1 « Dans d'autres pays, Mémoires et Histoire étaient généralement séparés : en France, il n'y a jamais eu de distinction bien tranchée entre les deux genres », in E. Fueter, *Histoire de l'historiographie moderne*, Paris, Alcan, 1914, p. 181.

2 Historien (1535-1610), nommé « Historiographe de France » par Henri III, à qui il avait dédié son *Histoire de France* (Paris, 1576).

3 F. de Belleforest, *Grandes annales et histoire générale de France*, Paris 1579 ; cité par E. Fueter, *op. cit.*, p. 174.

4 N. Gilles, *Grandes chroniques de France*, 1492. Belleforest les republie en 1573.

titre *Histoire des neuf roys Charles de France*[1], et qui constitue un exemple bizarre d'histoire par thèmes.

Finalement, une fois acceptée la vérité des récits de Bandello, et vu qu'à l'époque la nécessité du contrôle rigoureux des sources n'était pas encore bien présente dans les mentalités, quelle différence peut alors subsister entre un recueil d'histoires où les protagonistes sont des rois s'appelant Charles, et un autre composé d'histoires qui ont en commun leur nature tragique (ou prodigieuse, ou mémorable) ?

D'autant plus que chez Belleforest historien et chez Belleforest lettré nous retrouvons des prises de position assez proches. La fidélité au vrai, avant tout : si l'Histoire doit être « veritable et sans fard », voilà qu'aussi les histoires traduites par l'écrivain sont choisies parmi les « plus veritables ». La mise en évidence de ce qui est utile : les récits peuvent servir « à l'institution et discipline de la jeunesse de nostre temps. Veu qu'il ne suffit pas à l'*historien* de bien tracer la narration d'une chose advenue, si le proffit d'icelle ne redonde à la gloire des passez, servans d'exemple aux presens, et adhortation à toute la postérité, qui se mirera au lustre de la vertu des majeurs[2] ». Enfin, à une époque où se développe en France la tendance à écrire des histoires nationales en opposition aussi bien aux histoires universelles qu'à la production étrangère (c'est-à-dire italienne), l'histoire tragique s'insère elle aussi dans les polémiques anti-italiennes, les développant avec Belleforest, surtout sur le versant de la langue et du style. Déjà Boaistuau avait affirmé que la phrase de Bandello lui avait paru : « tant rude, ses termes impropres, ses propos tant mal liez, et ses sentences tant maigres, que j'ay eu plus cher la refondre tout de neuf, et la remettre en nouvelle forme, que me rendre si superstitieux imitateur, n'ayant seulement prins de luy, que le sujet de l'histoire[3] ». Belleforest, de sa part, renchérit : Bandello est défini comme « assez grossier[4] », la traduction est appellée « embellissement » ; le français est opportunément exalté au-dessus de toutes les autres langues : « nostre langue a je ne sçay quoy de meilleur que toutes celles qui portent le tiltre de vulgaires[5] ».

1 F. de Belleforest, *Histoire des neuf roys Charles de France*, Paris, 1568.

2 F. de Belleforest, *Histoire des neuf roys Charles de France*, *op. cit.*, *A Monseigneur…*, f. 154. C'est moi qui souligne.

3 P. Boaistuau, *op. cit.*, *Advertissement au Lecteur*, n. p.

4 F. de Belleforest, *Histoire des neuf roys Charles de France*, *op. cit.*, *A. Monseigneur…*, *op. cit.*, f. 152.

5 *Ibid.*

Son œuvre d'écrivain est comparée à celle de Virgile : « De ce Bandel donc ay-je fait tout ainsi que le Poëte Mantuan Virgile des œuvres et vers de Enne, dans lesquels il ramassoit les perles d'emmy un fumier et ordure[1] ».

Dès les débuts, donc, Histoire et histoire tragique se confondent et se superposent, aussi bien dans leur nature que dans les finalités qu'on leur attribue, ou encore dans les références érudites dont elles font état et dans leurs modèles. Aucun étonnement donc que figurent, dans la préface de Belleforest, outre le nom de Commynes, celui aussi de Paolo Emilio Veronese et de ses collègues français contemporains[2] ; aucun étonnement que les nouvelles de Bandello soient traduites justement par ce terme si apprécié d'« histoire tragique » : malgré la pluralité de ses acceptions, l'expression est moins aléatoire qu'elle ne le paraît à première vue.

L'histoire tragique, vue d'aujourd'hui, inaugure dès ses débuts un genre hybride et instable ; pourtant ses présupposés théoriques demeurent très stables dans le temps, jusqu'au moment de son extinction. Vérité, utilité, nationalisme, et, surtout, en ce qui nous intéresse, recours au modèle historique, constituent des constantes qui, en mesure variable et de façon plus ou moins évidente, sont présentes dans toutes les œuvres de ce genre.

Voilà, par exemple, qu'au XVIe siècle, le nationalisme anime les propos d'Yver, qui est envieux du succès français de Bandello, et qui décide de démontrer « que nous ne sommes point plus steriles en belles inventions que les estrangers, et qu'avons bien de quoy recreer et soulager l'ennuy qu'apporte l'oysiveté par des discours nés en France, et habillez à la françoise[3] ». Voilà les mêmes accents qui retentissent de façon encore plus claire chez Poissenot, louant Belleforest et Yver, et ambitionnant la création d'histoires tragiques toutes françaises[4]. Pour se justifier d'avoir écrit des histoires tragiques, il recourt encore une fois à l'argument de l'Histoire : « [...] necessaire à tous en general, à ceux principalement qui doyvent estre admis au maniement des affaires publiques, et tenir le gouvernail de la Republique, qu'est l'histoire, qui nous rend ample

1 *Ibid.*, f. 153-154.
2 *Ibid.*, f. 154 v.
3 J. Yver, *Le Printemps d'Yver*, *op. cit.*, *Au favorable et bienveillant lecteur*, n. p.
4 B. Poissenot, *Nouvelles histoires tragiques*, Paris, G. Bichon, 1586. *Prologue*, p. 17.

et divers tesmoignage des choses, qui devant nous ont esté mises à la fin[1] ». Pour lui, dire « histoire » équivaut pratiquement à dire « vrai », et ses récits sont appréciables, car ils appellent « bois ce qui est bois, pomme ce qui est pomme[2] ». Seule la vérité, ennoblie par l'étiquette d'« historique », permet à l'écrivain de traiter certains sujets, en leur conférant une valeur d'enseignement[3].

Le lien entre une telle conception de la nouvelle et la situation socio-politique du temps est évident. À l'époque des guerres de Religion, au beau milieu d'une crise idéologique qui remet en question toute certitude, le seul point de repère permettant à l'homme de s'orienter dans le vaste océan de l'existence, dans sa navigation périlleuse et incertaine, reste la compréhension et l'analyse de l'événement ; non pas de la Vérité, au singulier et avec une majuscule, mais des diverses « vérités » qui sont les seules, si on les comprend et on les analyse bien, à nous donner la possibilité de dessiner une ligne de conduite pour des circonstances semblables à l'avenir. Histoire et histoire tragique se révèlent ainsi comme des filles du relatif, et non pas de l'universel, non pas de l'*a-priori* mais de l'*a-posteriori* : elles tendent donc à se confondre l'une avec l'autre.

On comprend bien alors pourquoi, s'il y a un moment où l'histoire tragique tend à abandonner, ou, du moins, à relâcher son lien avec l'Histoire, se rapprochant de la chronique ou de l'évasion sentimentale, ce moment arrive justement à la fin des guerres civiles et coïncide avec l'avènement d'Henri IV au trône de France. En effet, chez les auteurs des toutes dernières années du XVIe siècle et des premières années du XVIIe, certaines affirmations théoriques deviennent plus rares ou bien, parfois, elles sont exprimées d'une façon différente. C'est Mlle de Gournay, notamment, qui s'écarte le plus de ses prédécesseurs, car elle met en pratique les enseignements de son maître, Montaigne, recherchant une (discutable) vraisemblance à la place du vrai, si bien qu'elle ne fait pas la moindre allusion à l'Histoire[4]. La même chose se produit chez Nervèze,

---

1 *Ibid.*, p. 22-23.

2 *Ibid.*, p. 10-11.

3 Tout compte fait, l'Histoire et l'histoire tragique se justifient l'une par l'autre. Poissenot, répondant à ses nombreux critiques et détracteurs, qui accusaient ses histoires tragiques de corrompre les mœurs par la représentation du vice, proclame que son œuvre est « comme le Soleil, [qui] penetre la verriere sans la casser, luit dedans les privez et lieux pleins d'immondices sans rien perdre de sa splendeur » (*Prologue*, p. 10-11).

4 *Cf. supra*, p. 56 *sqq.*

qui n'a que le souci de justifier la « mondanité » de ses récits, définis comme des « feux d'une folle jeunesse », ou aussi des « fils vicieux » qu'un père ne peut pourtant pas s'empêcher d'aimer[1]. De son côté, Du Pont se borne à consacrer son recueil « A celle dont le nom est inscrit dans mon ame[2] », sans appronfondir les buts et les méthodes de son écriture.

Les raisons du « vrai » ne sont pourtant pas tout à fait ignorées même à cette époque : Prévost, entre autres, situe ses *Amours de la belle du Luc* de manière très précise, en racontant dans la dédicace à M. de la Serre (écrite un peu dans le style des lettres liminaires de Bandello) ses vissicitudes personnelles pendant les guerres civiles. Il cite aussi les amis qui avaient été témoins du fait qu'il racontera[3] par la suite. Vérité et chronique sont mises donc en relief et elles caractérisent le récit qui va suivre.

Pour sa part, d'Intras définit le *Duel de Tithamente* comme une « amoureuse et tragique narration », dont le contenu est tiré par une « histoire qui sommeille en nostre Gascogne[4] ». Qu'il s'agisse d'une histoire vraie est confirmé par la dédicace à Anne de Calonges[5], qui se complaint parce que son Tithamante est mort : d'Intras la console, en affirmant que la mort de celui-ci n'empêche pas qu'il vive dans le cœur de ses amis. En outre, pour effacer tout doute chez le lecteur, il le prévient que les noms des protagonistes du récit sont « supposez[6] », c'est-à-dire inventés pour cacher les noms réels et bien connus. L'histoire contemporaine et la situation réaliste (le sous-titre de l'ouvrage est : *Histoire Gasconne*), aussi bien que la préface sur le modèle de Bandello concourent à situer cette narration assez longue dans le sillage des précédentes.

Chez Laffemas, la volonté de suivre le vrai se transforme sans doute pour la première fois en une polémique explicite contre la Fable et contre les inventions des romans[7], contre les « boutades poétiques » et les « feintes tragiques ». L'Histoire en tant que telle, certes, n'est pas mentionnée, même si l'on peut la deviner en filigrane. Elle est pourtant toujours bien présente, comme Histoire ancienne dans la *Perle des histoires*

---

1 *Cf. Les amours diverses…*, *op. cit.*, Lyon, Th. Ancelin 1608, f. 2-3.
2 *Cf.* J. B. Du Pont, *op. cit.*, f. 2.
3 J. Prevost, *Les amours…*, *op. cit.*, f. 2-3.
4 J. d'Intras, *Le Duel de Tithamante*, *op. cit.*, p. 15.
5 *Ibid.* p. 1-9.
6 *Ibid.*, p. 16.
7 *Cf. supra*, p. 126 *sqq.* Plus réaliste encore est le décor du *Martyre de la Fidélité.*

tragiques, et elle constitue la toile de fond, pas tout à fait réaliste, dans les *Destinées des amans* de Tourniol. Et, dès que la situation politique change, et qu'un écho de guerre et de rébellion retentit de nouveau en France, voilà que Histoire et chronique se réunissent, et que les théories de Belleforest, de Boaistuau, de Poissenot sont reprises et reformulées presque de la même façon.

François de Rosset reprendra et reformulera ces conceptions, avec une ampleur et une précision insolites : il ne se borne pas, comme ses prédécesseurs immédiats, à assembler dans ses récits les éléments narratifs hérités d'une longue tradition, les fixant dans un schéma typique ; il revient aussi sur les réflexions théoriques précédentes, les ponderant avec beaucoup de cohérence dans ses différentes préfaces ainsi qu'à l'intérieur de son œuvre. Le premier sujet, qui revient dans ses pages, est comme au XVIe siècle, le sujet nationaliste, étroitement lié à la volonté d'être actuel : « Ces Histoires, Lecteur, sont advenues de nostre temps [...] ne doivent rien à l'Antiquité en matière d'admiration. La France en a esté le théâtre[1]... », affirme-t-il dans une préface que nous avons déjà citée précédemment. Le fait que les histoires soient actuelles et françaises ne peut qu'être profitable à l'éducation des lecteurs, « car il faut advoüer que les accidens tragiques et lamentables sont d'exellentes leçons à l'instruction de la vie[2] ».

Mais, si les histoires tragiques sont utiles et enseignent l'art de vivre, c'est parce que l'Histoire est utile, elle, qui depuis toujours a été célébrée comme *magistra vitae* : « Ce que Polibe a remarqué parlant de l'Histoire est très veritable, Lecteur. Elle est, dit-il, la parfaite Academie où nous apprenons l'Estat du gouvernement Politique, les volages revolutions des choses de ce monde, et Pendere cognoissance de nous mesmes[3] ». L'identification d'histoires et Histoire, de vérité, Histoire et chronique est donc encore une fois totale ; c'est aussi sur la base de cette identification que s'enflamme la polémique antiromanesque de l'œuvre de Rosset[4], qui résonnera désormais chez tous les auteurs successifs, à partir de Camus.

1 F. de Rosset, *op. cit.*, *Au Lecteur*, n. p. (cette introduction, qui concerne l'édition de 1619, est un peu différente de l'éd. de 1615, citée par de nombreux critiques).

2 *Ibid.*

3 *Ibid.*

4 *Cf. supra*, p. 202 *sqq.*

Comment peut-on alors s'étonner si quelques années après Rosset, l'histoire tragique coïncidera parfaitement avec l'Histoire vraie ? si à une époque où la littérature est dominée par le vraisemblable, le vrai se réfugie dans le passé, si au moment où s'affirme une universalité générale, la chronique deviendra le propre du journalisme naissant ? Pourtant, avant que tout cela n'arrive, il y a encore l'exception de Camus, qui, voulant peindre un monde peuplé de pauvres gens, est amené (ce qui est aussi important) à prendre ses distances des historiens et de l'Histoire :

> Sache donc, mon lecteur, que l'on peut proposer des faits en trois façons, la première est véritable et simple, sans aucun déguisement de noms, ni de lieux, ni de temps, et sans omettre aucune circonstance. L'autre est parabolique, et la parabole n'est autre chose qu'un fait inventé qui tend à quelque instruction. La troisième façon est en partie véritable, et en partie parabolique, ou si vous voulez ainsi, une histoire parabolisée, ou une parabole historiée... Je me range à la troisième façon d'écrire, qui est en partie véritable, en partie parabolique : car quant au fond des histoires que je propose, elles ont non la possibilité et la vraisemblance seulement, mais la vérité pour base fondamentale. Il est vrai que quant aux particularités et circonstances des événements en ce qui regarde les noms, les qualités des personnes, les temps, les lieux, et plusieurs autres singularités, je me donne la liberté de la parabole[1].

Et il se réserve un domaine d'enquête tout à fait particulier :

> [...] je laisse les actions des grands aux historiens du siècle, qui n'ont garde de les oublier dans leurs registres, parce que c'est ce qui enfle leurs cahiers et hausse leurs appointements. De moi qui ne suis, Dieu merci, aux gages de personne, je fais comme ces oiseaux qui quittent une ample mangeaille pour aller gratter la terre ou le fumier en un coin, et en tirer un petit ver qui soit à leur appétit. Et les petites vertus et les vertus des petits sont mon gibier et ma pâture [...] les exemples des grands plus admirables souvent qu'ils ne sont qu'imitables, font moins d'impression sur les petits, que les gestes de ceux qui sont leurs égaux[2].

Ce faisant, toutefois, l'évêque de Bellay n'élimine pas l'Histoire des histoires tragiques, mais il marque à jamais la séparation définitive

---

1 Préface aux *Décades historiques*, cit. par R. Favret, Notice, in J.-P., Camus, *Trente nouvelles*, *op. cit.*, p. 47. Il ne s'agit pas de la préface à un recueil d'histoires tragiques pures, mais les principes qui l'inspirent sont plus ou moins les mêmes.

2 *Préface aux Observations historiques*, cité par Favret, *ibid.*, p. 148.

entre Chronique et Histoire, qui se partageront désormais le royaume du Vrai au détriment de la Littérature.

Cela n'est pas encore si évident chez Camus, mais le deviendra quelques années plus tard, lorsque Parival sera obligé de suivre les traces de Camus non par choix, mais par nécessité. Pour lui, désormais, il est impossible de parler des Grands sans courir de graves risques : « Je pouvois bien y mesler les malheurs arrivez à des personnes illustres, et qui ont possedé des charges treseminentes, mais je ne l'ai pas voulu faire pour des raisons que tu pourras facilement comprendre, si tu es moins curieux que politique[1] ».

Parival parle de son œuvre pratiquement dans les mêmes termes que Rosset et ses prédécesseurs[2], mais il ne peut plus les imiter dans le choix des sujets. Les foudres de la censure (même dans la Hollande libre) sont devenues plus fortes que toute autre considération et pour tout auteur d'histoires tragiques les espaces de liberté se sont considérablement restreints. Par effet de l'autocensure, l'auteur s'engage alors dans la voie de la chronique anonyme : son recueil tombe par là dans les bas-fonds de la littérature. Il devient un simple compte rendu de faits divers que la basse condition sociale de ses protagonistes ne peut certainement pas ennoblir.

Toutefois, même l'autre voie, celle de l'histoire ennoblie, conduit inexorablement à une impasse. Certes, elle permet de représenter des personnages aristocratiques du passé, protagonistes exemplaires de tragédies, enveloppés dans une aura de vérité et de majesté, et, qui plus est, insoupçonnables du point de vue de la censure. Mais, somme toute, cette voie aussi ôte au texte toute ambition littéraire. Quelques années plus tard, les histoires tragiques de Malingre s'opposent à celles de Camus par le caractère noble et historique des sujets ; le titre montre ô combien l'écrivain se sent inséré dans une tradition qui légitime parfaitement son choix, mais le mot « histoires » acquiert pour lui, sans aucun doute, une valeur qu'il

1 J. N. de Parival, *Amy Lecteur*, *op. cit.*, n. p.

2 Chez lui on retrouve toutes les affirmations concernant le vrai : « D'une chose te puis-je assurer, à sçavoir que ce sont toutes Histoires véritables » *(ibid.)* ; ou celles concernant la linéarité de l'intrigue, pour ne pas ennuyer le lecteur : « [...] et ne dis pas mille particularitez superflues et ennuyantes... » *(ibid.)* ; ou encore, comme chez Rosset ou Camus, l'explication du choix de certains noms de fiction : « Je ne mets pas les noms, de ceux qui ont joué leur roolet [*sic*] sur ce theatre, ny la date tout expres, afin de n'affliger personne » *(ibid.)*.

était loin de posséder chez les prédécesseurs de Malingre. Grenaille suit l'exemple de ce dernier, se limitant strictement aux sources historiques et demeurant peut-être dans le domaine de la littérature surtout par son désir de ne parler que d'amour. Pour se justifier, l'écrivain reprend, dans tous les cas, les mêmes argumentations que Rosset, Laffemas, etc., et il emploie les mêmes mots, ou presque. Il parle en effet de narrations « toutes authentiques » (les siennes), s'opposant aux récits « faits à plaisir » et aux « vray-semblances imaginaires » des romans et de la Fable, qui n'existent que dans les « testes creuses de leurs Autheurs ». Il veut encore procurer de l'« agrément » en mêlant l'utile au délectable, pour l'instruction et l'éducation du lecteur[1]. Le vrai, dans son recueil, combat encore victorieusement contre une vraisemblance mensongère, pour lui disputer le contrôle des Lettres. Mais peu de temps après, les mêmes affirmations résonneront de manière bien différente dans l'œuvre de Campion. Campion opposera lui aussi la vérité historique (appelée « mémoire fidelle ») à l'imagination (l'« imagination féconde »), plus « agréable », mais moins utile ; il déplorera qu'à son époque « au milieu de tant de Fables superbement habillées[2] » les partisans de la vérité se fraient leur chemin avec tant de difficultés. Sous sa plume, la défense du vrai devient plus rigide, plus motivée, et, en même temps, plus désespérée. Il dénonce le fait que ses collègues se sentent de plus en plus obligés d'« emprunter les ornements et les couleurs de son [de la vérité] Ennemy, pour la rendre supportable aux yeux de nostre siècle : pendant que d'ailleurs les Autheurs de ces nouvelles fictions attirent tout le suc et tout l'esprit de la Vérité dans le corps de leurs Fables[3]… ». Et l'imagination est un mensonge, elle amène à croire ce qui n'est pas, et corrompt le lecteur d'autant plus qu'elle est vraisemblable. Campion s'en prend donc aux œuvres de fantaisie, d'éloquence, de morale, au nom de la vérité historique absolue :

> […] et c'est proprement le Dessein de ce Livre, qui expose en veue ce qu'il y a eu de plus Illustre, et ce qui s'est passé de plus digne de Memoire depuis tant de siecles et parmi tant de Nations différentes, l'Autheur y ayant adjoûté des comparaisons d'Hommes de diverses Provinces qui ramenent à soi l'Esprit du Lecteur, et luy fournissent les moyens de faire de belles et utiles reflexions sur ce qu'il a lû[4].

1 Grenaille, *op. cit.*, *Avertissement*, n. p. ; *cf. supra*, p. 261 *sqq.*
2 A. Campion, *op. cit.*, *Au Lecteur*, n. p.
3 *Ibid.*
4 *Ibid.*

L'Histoire contient donc en elle-même tout ce qui est nécessaire pour l'éducation et pour l'« agrément » : aucun espace n'est possible désormais pour les « ornemens », admis encore par Grenaille, pour les paraboles « historiées » de Camus, pour les mensonges astucieux de Rosset. Désormais, une œuvre est vraie, donc historique, ou bien elle est vraisemblable, donc elle est fiction, appartenant encore au domaine de la Littérature. C'est ce que reconnaît le grand Corneille, qui dédie à Campion un sonnet (situé, avec d'autres pièces en français et en latin, après l'introduction du volume), où il admet la supériorité de l'Histoire vraie par rapport à la Fable, même si cette dernière a un arrière-plan historique :

> J'ay quelque Art d'arracher les grands Noms du Tombeau
> De leur rendre un Destin plus durable et plus beau,
> De faire qu'après moy l'advenir s'en souvienne :
> Le mien semble avoir droit à l'Immortalité ;
> mais ma Gloire est autant au dessous de la tienne
> que la Fable en effet cede à la Vérité.

Il s'agit bien sûr de compliments d'écrivain à écrivain[1], mais ils annoncent la fin définitive de toute possibilité d'écrire des histoires tragiques. Dans le monde hiérarchique et rationnel du classicisme, tout doit être bien défini et réglé ; chaque genre a sa place et ses propres caractéristiques. Une histoire qui n'est pas histoire, un vrai qui n'est pas vrai, une fiction qui n'est pas fausse, mais aussi qui n'est pas vraisemblable (vu les horreurs, les crimes, les passions qui l'agitent) : une tragédie qui n'est pas toujours élevée et qui n'est jamais bienséante, une chronique qui ne peut plus être actuelle, car elle doit être politique ; tout cela devient dans la deuxième moitié du XVIIe siècle, sinon tout à fait impossible, du moins inopportun pour le public cultivé et peu rentable pour l'écrivain. Tout cela peut expliquer pourquoi une histoire qui, dès ses débuts, n'est Histoire qu'à moitié, s'éteint en devenant pleinement Histoire, reniant partiellement ses origines et perdant ainsi une duplicité qui avait alimenté sa croissance et sa vigueur.

---

1 Et entre amis : l'amitié de Campion et de Corneille est bien documentée (*cf.* par exemple le *Dictionnaire des lettres françaises*, XVIIe siècle, Paris, Fayard, 1954).

CONCLUSION

LES CONTOURS INDÉFINISSABLES DE L'HISTOIRE TRAGIQUE

Se confondant dans les eaux troubles de l'actualité sensationnaliste, se diluant dans l'océan des répertoires, ou confluant plus noblement dans les eaux de l'Histoire, l'histoire tragique perd sa nature de produit littéraire et cesse donc de nous intéresser. Aux seuils du Grand Siècle, elle semble disparaître avec ses cruautés désormais inappropriées, avec ses vérités violentes et inconvenantes, avec sa charge d'instincts et d'irrationalité. Par conséquent, devrons-nous alors la considérer épuisée à jamais ? Une telle conclusion serait risquée. Le recueil de Rosset, nous le savons désormais, est réédité jusqu'après la moitié du siècle suivant ; en outre, de nombreux éléments, parmi les plus troubles et sulfurés de l'histoire tragique, passent dans le roman « noir » du XVIIIe siècle comme le mentionne Coulet[1]. Un recensement minutieux, sous ce point de vue, de la nouvelle de la deuxième partie du XVIIe siècle réserverait peut-être quelques surprises. Derrière un titre, qui n'a rien de tragique, *L'Amant oisif* de Garouville par exemple, Cioranescu reconnaît une énième et tardive (1670) incarnation de l'histoire tragique précédente, tandis que dans *Isabelle, ou le journal amoureux d'Espagne* (1675), de Mme de La Roche-Guillem, il identifie une « dernière transformation » du genre qui nous intéresse[2]. S'il faut pour le moment positionner la fin de l'histoire tragique vers la moitié du XVIIe siècle, il faudrait tout aussi convenir qu'il s'agit d'une fin bien étrange, d'une mort provisoire et ouverte vers des réincarnations possibles.

1 H. Coulet, *op. cit.*, p. 156.

2 A. Cioranescu, *Le masque et le visage*, Genève, Droz, 1983, p. 444-445.

Toutefois, dans la longue évolution de ces sombres récits quelque chose se perd définitivement : une continuité ininterrompue, la conscience d'une spécificité, l'inaltérable fixité d'un modèle. Après avoir fait ces constats, Cioranescu clôt ainsi sa parenthèse à propos des narrations de ce genre : « Après avoir constitué un modèle clairement défini, l'histoire tragique se confond dans le grand fleuve du roman sentimental, où se dilue et se perd finalement sa goutte de venin. Les exemples postérieurs à Camus ont déjà l'air de produits hybrides[1] ».

Et certes, malgré toutes les surprises qu'une enquête ultérieure pourrait réserver, elle pourra difficilement aboutir à un *corpus* de textes si compact, imposant et homogène, comme celui que nous avons examiné jusqu'ici. Le titre même d'« histoire tragique » se perd, ou quand il survit, c'est de façon partielle et, comme l'affirme Cioranescu, « dilué », dispersé dans des formules diverses[2]. Bref, l'histoire du genre s'arrête là où nous en avons perdu les traces ; après c'est l'histoire de son influence, de sa survie sous de multiples avatars, des filiations imprévues qui commence ; histoire de nouvelles ou de romans plutôt que d'histoires, de rêveries lugubres plutôt que de sombres vérités, d'infamies lucides et rationnelles plutôt que d'actions imprévues et passionnelles. Une histoire sinueuse et souterraine, nettement en contraste avec l'histoire la plus linéaire et cohérente que nous avons tracée jusqu'ici.

Voici la première donnée évidente qui saute aux yeux à la fin de notre étude : la cohérence exceptionnelle d'un modèle, celui de l'histoire tragique de la fin du XVIe siècle qui, malgré les adaptations nécessaires, se maintient plus ou moins inaltéré pendant presque un siècle. Aux variations négligeables que lui font subir des écrivains tels que Mlle de Gournay, ou Nervèze, ou Laffemas, répondent les retours aux origines de Du Pont et de Rosset, les déclarations de fidélité à Belleforest et à Rosset de la part de Camus. Et toujours, d'un texte à l'autre, nous avons assisté au fonctionnement des mêmes mécanismes, à la succession des interdits, des fautes et des peines, à la formation parfois timide parfois limpide, d'un encadrement d'incipit et de conclusions, à la récurrence des mêmes thématiques et des mêmes symboles – du sang d'Alinda qui se fond avec celui de Leontin, au sang des victimes de Rosset qui

1 *Ibid.*, p. 445.

2 Il suffit de penser par exemple au titre de J. Donneau de Visé, *Nouvelles galantes, comiques et tragiques*, Paris, 1669.

tâche le visage des assassins – toujours, du début à la fin, nous avons assisté aux drames de l'amour et de la cruauté, au jeu des mensonges et des trahisons.

Valait-il la peine donc de parcourir de nouveau tous ces textes un à un ? La réponse ne peut qu'être affirmative et pour plusieurs raisons. La première, la plus banale, est aussi de loin à mon avis la plus importante. Elle se résume dans le simple constat de l'existence et de l'affinité de ces ouvrages. Un panorama de l'histoire tragique française depuis Boaistuau jusqu'à Poissenot ne peut être qu'incomplet et partiel : nous nous en rendons compte enfin. Ce panorama doit s'étendre vers d'autres époques, inclure le règne de Henri IV, la Régence, voire dépasser l'époque de Louis XIII. Sans doute, tout cela était-il connu, grâce surtout à l'omniprésence (éditoriale) de Rosset et à la notoriété de Camus ; et parfois tout cela avait été souligné mais n'avait jamais fait l'objet d'un constat précis. À y regarder de près, aussi bien Rosset que Camus peuvent être considérés comme deux moments, très importants quand même, d'un devenir ininterrompu ; ils se révèlent non pas des écrivains relativement isolés mais des écrivains bien positionnés dans une atmosphère littéraire donnée : leur originalité n'en est pas amoindrie, au contraire, ce n'est qu'ainsi qu'elle peut être pleinement appréciée. Si on la compare à la platitude du dernier Prévost, à la transparence de Gournay, aux exagérations de Boitel, la subtile ambiguïté de Rosset acquiert l'importance qu'elle mérite. Si on le compare avec les galanteries de Nervèze ou avec les métaphores vertigineuses de d'Intras, le langage amoureux des *Histoires tragiques* de Rosset se montre vraiment tel qu'il est : ce n'est pas comme l'affirmait Lever, une nouveauté dans l'histoire du genre[1], introduite pour complaire les lecteurs, mais c'est le fruit d'une tradition désormais enracinée, un fruit, qui plus est, empoisonné, imprégné de critique et de dérision. De même, comment pouvons-nous comprendre l'intensité de la violence sombre de certains personnages camusiens sans la rapprocher de la cruauté aveugle du Gentet de Prévost, aux infanticides des Médées de Nervèze, aux descriptions horribles de beaucoup d'autres ? Et comment pouvons-nous évaluer le caractère inexorable du comportement de l'Évêque de Belley, son abus de pouvoir sur les personnages, sans mettre sur le plateau de la balance

1 *Cf. supra*, note 1, p. 206.

les hésitations de La Mothe, les doubles jeux de Rosset, la résignation de l'auteur de *La Perle*? Les œuvres Rosset et Camus sont originales, mais elles ne sont pas les seules à l'être : à y regarder de près, leur originalité ne réside pas toujours dans ce que l'on croyait, et le terrain qui la nourrit est exceptionnellement riche d'un côté, uniforme de l'autre.

LA DOUBLE MORT DE L'HISTOIRE TRAGIQUE

Nous voici parvenus à la deuxième raison d'être de ce travail. L'uniformité relative de ces textes indique la persistance, pendant longtemps, d'une esthétique reflétant à son tour une certaine vision du monde et de l'homme. Tous les recueils examinés montrent, par exemple, que l'influence de la nouvelle italienne du XVIe siècle sur le récit bref en France couvre une longue période. Une influence qui se situe sous le sceau de Bandello plutôt que de Boccace, et qui survit malgré le triomphe de la nouvelle de goût espagnol autour des années 1620.

« Si la nouvelle connaît un prodigieux succès à la Renaissance, il n'en va plus de même dans la première moitié du XVIIe siècle : deux recueils, en tout et pour tout voient le jour[1] ! » : voilà ce qu'affirme Godenne en parlant de la « nouvelle-fabliau », c'est-à-dire de ce type de narration qui se situe dans la tradition des récits facétieux du *Décaméron*. Par rapport à cela l'histoire tragique dérivant de Bandello montre une vigueur exceptionnelle et une remarquable longévité : dans les années 1630, encore, un auteur important comme Camus, en dépit de son recours sporadique à des sources hispaniques[2], se montre comme le successeur fidèle d'une conception littéraire qui n'est pourtant pas hispanique. En effet, il préfère l'horreur au sérieux, la cruauté à la bienséance, une densité foudroyante et rigoureuse à la variété et à l'extension. S'agit-il d'un « retard sur les mouvements littéraires et le goût cultivé de l'époque[3] » ? Cela est en partie vrai : mais, il faut aussi

1 R. Godenne, *op. cit.*, p. 27.

2 *Cf.* à ce propos A. Cioranescu, *op. cit.*, p. 442-443. Malgré l'Espagne ait parfois pourvu la matière pour certains récits, leur forme est clairement de dérivation bandellienne.

3 G. Hainsworth, *Les « Novelas »*..., *op. cit.*, p. 110.

préciser que ni Mlle de Gournay, ni Rosset, ni à plus forte raison Camus ne sont des écrivains ou des personnages de moindre envergure, et que leur place dans le débat culturel de l'époque est important, pour des raisons diverses.

Dans ce débat, le rôle de l'histoire tragique perdra de son importance, mais ne sera pas pour autant moins intéressant : dans ce genre se perpétuent les influences sénéquéennes les plus évidentes, qui avaient eu tant de poids dans le théâtre de la fin du XVIe siècle et qui retentissent encore dans une grande partie de la tragédie du début du XVIIe siècle. Voilà ce qu'affirme Lebègue se référant à l'œuvre de l'écrivain latin : « Ses tragédies révèlent les funestes conséquences de l'amour déréglé, de la jalousie, de l'orgueil démesuré, de la colère, de toutes les passions effrénées ; il montre que le crime est bientôt suivi de remords ou d'hallucinations[1] » : ces mots, n'illustrent-ils pas parfaitement ce que nous savons de l'histoire tragique ? Presque toutes les pages de tous les ouvrages que nous avons examinés traite des « funestes conséquences de l'amour déréglé » : c'est la funeste conséquence d'une passion funeste qui cause la ruine d'Alinda ; c'est la jalousie de la reine qui provoque la mort de l'héroïne innocente de *La Perle* ; c'est une sorte d'orgueil tyrannique et arrogant qui pousse Lystorac, protagoniste rebelle d'une histoire de Rosset, vers sa ruine ; et la colère et les passions effrénées, de la jalousie au désir du pouvoir, de l'avidité à la soif de vengeance, parcourent tous ces textes de la même manière. Tout comme les thématiques, les personnages s'enveloppent souvent d'une aura sénéquéenne et, dans notre cas, il s'agit presque toujours des personnages les plus négatifs, ceux qui atteignent dans leur cruauté une sorte de grandeur épouvantable :

> [...] cur nature même rend aveugles au bien, dont la volonté ne peut être éclairée par la raison : ceux-là atteignent à la grandeur ; ils possèdent cette puissance divine qui leur assure une sorte de *constantia* – et c'est en cela qu'ils appartiennent au monde tragique, par ce qu'ils ont de vraiment divin – mais ce sublime qui est leur milieu naturel est celui du crime, vers lequel les entraîne leur propre fatalité[2].

1 R. Lebègue, « Christianisme et libertinage chez les imitateurs de Sénèque en France », in M. Oddon et J. Jacquot (dir.), *Les tragédies de Sénèque et le théâtre de la Renaissance*, Paris, éditions du CNRS, 1972, p. 89.

2 P. Grimal, « Les tragédies de Sénèque », in *Les tragédies de Sénéque...*, *op. cit.*, p. 10.

C'est bien encore une fois de Sénèque qu'il s'agit ; mais tout de suite nous viennent à l'esprit certains personnages de Rosset, la perfide et néfaste Gabrine, par exemple, qui pousse sa fille à la prostitution et tue son fils sans le moindre remord, et l'effronté et méchant Lystorac ; ou bien nous nous souvenons des mères terribles de Nervèze, qui n'hésitent pas à éliminer leurs propres créatures après avoir été abandonnées par leur mari ou par leur amant ; ou encore nous revoyons la reine des *Destinées des amants* de Tourniol, perfide et amorale, les excès de certains monarques de Grenaille, de quelques sombres personnages de Camus ou de Prévost.

Tout cela témoigne d'un goût vivace pour la violence et pour la cruauté qui traverse aussi certaines tragédies cornéliennes et qui devait être diffusé auprès d'un public très large. Ceci nous oblige à nous poser des questions auxquelles il serait intéressant de donner une réponse exhaustive : y a-t-il un réseau de relations plus vaste qu'on ne le soupçonne entre ces récits tragiques du XVIIe[1] et le théâtre de l'époque, dont on a mis quelquefois en relief des traits communs, sinon la même inspiration[2] ? Et si cela était, de quels types de rapports s'agirait-il ? Quels écrivains, quelles œuvres, quels milieux relieraient-ils, et en quelles directions ? Nous pouvons en supposer l'existence ainsi que le fait par exemple Searles[3], dont les arguments sont plutôt faibles ; mais leur nature et leur complexité reste globalement à définir.

Il est certain, toutefois, que l'influence sénéquéenne, ou les traits mêmes qui caractérisèrent l'histoire tragique tout au long de son évolution, contribua à la fin à la décadence du genre. Dans le long débat sur la bienséance, qui nous accompagne vers la deuxième moitié du siècle, les récits dont nous nous sommes occupés ne pouvaient que se ranger du côté des perdants, de même que dans le conflit parallèle entre le « vrai » et le « vraisemblable ». Dans ce conflit, le rôle joué par l'histoire tragique

1 Pour le XVIe, on a plusieurs fois souligné le rôle de Belleforest comme source probable du *Hamlet* de Shakespeare et du *Venceslas* de Rotrou. Mais des études exhaustives manquent pour le XVIe siècle tout comme, à plus forte raison, pour le XVIIe.

2 R. A. Carr, *Pierre Boaistuau's "Histoires tragiques" : A Study of Narrative Form and Tragic Vision*, Chapel Hill, University of North Carolina Press, 1979.

3 C. Searles, « Allusions to the Contemporary Theater of 1616 by F. de Rosset », *Modern Language Notes*, XL (1925,) p. 481-483. Le sujet Rosset-tragédie a été abordé d'un autre point de vue de nos jours, et après la première publication de ce volume : *cf.* L. Frappier, « Histoire tragique et tragédie : anatomie du pathétique dans les nouvelles de François de Rosset » in *Le théâtre de la nouvelle : de la Renaissance aux Lumières*, *Tangence*, n. 96, 2011, p. 11-25.

est de première importance. Avec très peu d'exceptions, toutes ces œuvres restent sans hésitations du côté du vrai, non seulement par la vérité affichée des récits, comme on l'a vu, mais encore par les prémisses théoriques de leurs préfaces, souvent réitérées à l'intérieur des narrations. Certes, Mlle de Gournay semble poursuivre une vérité idéale plutôt que réelle ; certes les vicissitudes de Tourniol semblent empruntées à la fantaisie ; et le Mexique de d'Intras n'a pas du tout l'atmosphère exotique à laquelle un lecteur d'aujourd'hui, habitué à une littérature différente, s'attendrait. Toutefois, à l'arrière-plan du *Promenoir* s'agite la vérité proclamée par la source d'inspiration du récit de Gournay, une vérité confirmée par Claude de Taillemont ; et ce n'est pas tant le contenu plus ou moins de fantaisie qui importe dans les histoires des autres auteurs cités, mais plutôt leurs attestions réitérées de véridicité. Du début à la fin de notre étude, ces allusions au vrai, ces affirmations de « réalisme », les recours aux témoins oculaires, les renvois à des autorités insoupçonnables, nous ont continuellement rappelé le lien très fort que le terme « histoire » conserve avec la réalité. À partir de Belleforest, l'histoire tragique se différencie des autres genres similaires, non seulement par la tonalité sombre et sanguinaire que l'adjectif tragique définit, mais aussi, et oserions-nous dire surtout, par le sens prégnant du substantif « histoire ».

Le sens, ou, pour mieux dire, les sens. L'ambiguïté du terme « histoire » renferme tout le parcours du genre, constamment suspendu, jusqu'à la fin, entre l'actualité de la chronique – et dans ce cas « histoire » a le sens, qu'il a souvent conservé dans la tradition historiographique française[1], de « mémoire », de chose vue ou entendue – et la vérité solennelle de l'Histoire. C'est dans cette ambiguïté que s'inscrit, dès le début, sa double mort : d'une part, la chute de l'histoire tragique littéraire dans les bas-fonds de l'actualité sensationnaliste du fait divers et, d'autre part, sa déviation vers le domaine plus noble, mais non moins étranger, de l'Histoire « pure ». Deux morts opposées donc, mais dues probablement à la même raison : la défaite de la Nature et le triomphe de la Raison. Dans le recueil de Rosset, les perdants qui ont eu le tort de suivre la nature, abondent : Rosset le dit à propos de Mélisse, qui n'était pas faite pour être enfermée dans un couvent par des parents insensibles ; Doralice le déclare en opposant les lois naturelles à celles

1 E. Fueter, *Histoire de l'historiographie moderne*, Paris, Alcan, 1914, p. 181.

des hommes ; et le bûcher de Vanini peut devenir le symbole d'un naturalisme pour lequel il n'y a désormais plus d'avenir. Or, c'est justement la nature le fondement théorique le plus solide de la poétique du vrai qui nourrit l'histoire tragique : il s'agit en effet toujours d'un vrai exceptionnel, incroyable, terrible, mais indiscutable, car il a – ou il devrait avoir, ou du moins on le garantit – une référence indiscutable dans la réalité. Comment une telle conception de la littérature aurait-elle pu survivre à l'avènement du Classicisme ? Elle meurt consommée par les froides flammes de la raison, dans un bûcher idéal dressé au nom de la vraisemblance. Inexorablement chassée des territoires des Lettres, les dernières troupes dispersées de la vérité se réfugient dans les marécages des comptes rendus sans prétention, ou bien dans les lointains royaumes du passé. L'histoire tragique est donc un observatoire privilégié de la bataille décisive impliquant tous les genres littéraires.

L'HISTOIRE TRAGIQUE : UN ÉCHO DE LA « QUERELLE DES FEMMES » ?

L'histoire tragique est aussi un observatoire idéal pour étudier les caractéristiques d'une époque et d'une société. Fidèle à la réalité, elle en représente de nombreuses facettes que ni les romans, ni le théâtre, ni encore moins la poésie n'ont soin de souligner. Où pourrait-on trouver, en effet, des histoires stylisées de nobles amants qui côtoient des récits de soldats et de paysans, de religieuses et de prêtres, de diables et de sorcières ; des récits où des rois bien connus apparaissent côte à côte avec des satrapes orientaux, où l'on parle de batailles et de vols, de violences et de miracles, d'exécutions célèbres et de vengeances obscures ? L'histoire tragique veut représenter la vie et elle en reproduit les nombreux aspects, y compris les innombrables contradictions. Contradictions qui opposent un texte à un autre, comme dans le cas de La Mothe ou de Prévost, qui dénigrent ou exaltent la même protagoniste d'un même fait ; ou qui s'ouvrent à l'intérieur d'un même recueil, comme dans le cas de *L'Enfer* de Du Pont, dont la première nouvelle décrit les effets néfastes d'une passion violente et dont la deuxième raconte les effets non moins néfastes d'une chasteté auto-imposée et aussi violente que la passion précédente. Ces contradictions se montrent enfin à l'intérieur d'une même histoire, ainsi qu'il arrive dans certaines nouvelles de Rosset, dont les personnages changent avec désinvolture selon les actions qu'ils accomplissent, tantôt objets de pitié, tantôt objets de moqueries, comme Vaumorin, tantôt réprouvés tantôt loués, comme Fleurie.

Cette ambiguïté générale des « histoires » influence surtout la représentation de la femme, objet symbolique sur lequel se projettent traditionnellement les fantasmes contrastants d'un monde fondamentalement masculin. À première vue la femme incarne, dans la plupart des histoires tragiques en question, le mal, la tentation, la cruauté. Toute une galerie de femmes habiles, menteuses et dévergondées semble illustrer de façon exemplaire la longue liste de vices et de défauts qui sont attribués aux sexe faible par *L'Alphabet de l'imperfection et malice des femmes*, célèbre pamphlet antiféministe de la « querelle des femmes », publié justement en 1617 et dédié à « la plus mauvaise du monde[1] ». D'après Ian McLean[2], « la plus mauvaise du monde » pourrait être Eleonora Galigaï : et c'est justement Eleonora Galigaï la perfide Circé qui domine le début des *Histoires* de Rosset, suivie par un cortège d'amantes sans scrupules, telle que Flaminie adultère et meurtrière, de coquettes écervelées, telle la « belle Calliste » de la quatrième histoire, de menteuses effrontées, comme le sont plus ou moins toutes les créatures féminines (mais pas seulement celles-ci) de ces récits. Autour d'elles, çà et là, dans les autres récits du même genre, s'élèvent les reines amorales et diaboliques, resplendissant d'une lumière sinistre dans les pages de *La Perle* et des *Destinées des amants* ; des constellations d'épouses infidèles et féroces brillent d'une sombre lumière ; les poignards des amoureuses trompées ou offensées étincellent dans le noir ; les méchantes créatures camusiennes passent silencieuses, plus opaques et venimeuses que toutes les autres, car insultées et maltraitées par leur auteur.

L'histoire tragique serait-elle alors le lieu privilégié de l'antiféminisme ? Il est difficile de l'affirmer de manière catégorique. Toute médaille a son revers, ceci étant d'autant plus vrai dans un genre, comme celui dont nous nous occupons, et pour une catégorie de personnages aussi

1 A. Trousset, *Alphabet de l'imperfection et malice des femmes*, Paris, Jean Petit-Pas, 1617.

2 I. Mc Lean, *Woman Triumphant. Feminism in French Literature 1610-1652*, Oxford, Clarendon Press, 1977.

délicate et controversée. À côté de la femme diabolique, il n'est pas rare de trouver, quoique moins souvent, une femme de type différent : la pauvre Pasithée, par exemple, n'incarne-t-elle pas le prototype de la jeune fille fidèle jusqu'au bout, sa vie durant et au-delà de sa mort ? Et Chariclée, qui se venge en tuant l'assassin de son mari et se suicide tout de suite après, n'est-elle pas victime plutôt que coupable ? Et le très sévère Camus n'élogie-t-il pas la paysanne, Marie, qui, pour défendre son honneur, poignarde son violeur (« tison d'enfer », le définit l'évêque), en lui faisant « sur le champ sortir l'âme maudite mêlée parmi le vin et le sang ? » : « Quant à la vengeance de la fille – l'auteur s'exclame satisfait – je la trouve extrêmement généreuse pour son âge, son sexe et sa condition, et elle me semble avoir quelque air du courage de Sara et de Judith[1] ». Ces mots sont repris en écho par certaines affirmations de Rosset, alors qu'il situe sa Fleurie, assassine par vengeance, « au rang de ces généreuses Dames, tant célèbres dans les Histoires des Anciens[2] ». À ce modèle se conforment la « belle du Luc » de Prévost, la courageuse Reine de Géorgie citée par Malingre, la chaste belle-sœur de Xerxès dans *La Perle*. Car, à côté de la femme méchante, il y a la « femme forte », la femme constante et résolue, qui agit tantôt avec l'énergie d'un homme, tantôt avec la plus subtile des astuces. Elle est grande quand elle agit pour le bien, mais elle atteint également, comme nous l'avons dit, une grandeur fulgurante quand elle agit pour le mal. Elle est toujours admirée, crainte, ou insultée par l'auteur homme, ou bien admirée et regrettée par la seule auteure femme que nous avons rencontrée, Mlle de Gournay. Elle est également toujours, ou du moins très souvent, la victime par excellence.

Ne s'agit-il pas de victimes dans le cas des innombrables jeunes filles séduites et abandonnées, bien souvent avec leurs enfants petits, par des hommes faibles ou sans scrupules, qui foisonnent dans les textes que nous avons analysés ? Que dire ensuite des innocentes violées ? Ou des femmes obligées par leur famille à s'enfermer dans un couvent ? Ou des femmes contraintes à se marier à des hommes qu'elles ne connaissent même pas, et pour lesquels elles n'éprouvent aucun désir ? Dans l'histoire malheureuse de Vaumorin écrite par Rosset, il y a un personnage plus

1 J.-P. Camus, L'*Amphithéâtre sanglant*, II, 6, in *Trente Nouvelles*, *op. cit.*
2 *Cf. supra*, p. 182 *sqq.*

malheureux que les autres : ce n'est pas le protagoniste, qui finalement est un voleur, ivrogne et arrogant, et qui pourrait donc bien mériter ce qui lui arrive ; ce n'est pas le fils, qui à la fin se retrouve orphelin, mais encore jeune, avec un avenir de chanteur célèbre, sans problèmes de subsistance. C'est en revanche la femme et mère, qui perd son premier mari lorsque celui-ci est condamné à la galère, et qui perd ensuite son deuxième mari, lorsque le fils sauve son père et le ramène à la maison. À la fin de l'histoire, elle se retrouve vieille, seule, sans moyens : de toutes les victimes, elle est la plus innocente et la plus injustement punie.

En somme, même pour ce qui est du discours sur la femme, l'histoire tragique s'avère généralement fidèle à son parti pris de vérité, nous assurant un portrait efficace de la condition féminine dans l'idéologie et dans la société du temps. Dans l'idéologie, en ce qu'elle nous présente concrètement les deux volets d'un débat célèbre, celui de la femme diable et de la femme créature d'exception, qui retint longtemps l'attention des intellectuels du temps (pour la plupart des hommes) ; dans la société, en ce qu'elle sait représenter – et parfois, comme nous l'avons vu au cours de notre analyse, nettement condamner – la position subordonnée et défavorable du sexe « faible » par rapport au sexe masculin dans les institutions, dans les mœurs, dans la mentalité de l'époque.

Dans la galerie des figures féminines de l'histoire tragique, un seul personnage manque : celui de la précieuse enfermée dans la tour d'ivoire de son salon d'intellectuels ; ou du moins, ce personnage apparaît avec la belle Calliste de Rosset, mais il est envisagé sous un point de vue très particulier, l'enjeu de la coquetterie qui peut causer d'énormes dégâts. Ce qui est d'ailleurs compréhensible : le phénomène de la Préciosité explose quand l'histoire tragique touche à sa fin ; le nouveau courant n'a rien de tragique, du moins à première vue ; et, comme il est limité à un petit groupe privilégié, stylisé et artificiel dans ses codes minutieux et rigides, il ne représente pas un portrait exhaustif de la condition réelle de la majorité des femmes. En plus, dans la littérature Précieuse, la femme peut être moins victime que dans d'autres cas, elle peut considérer sa condition avec un certain optimisme ; elle reste donc loin d'un genre sombre, qui se nourrit d'une vision négative et angoissée de la réalité.

L'HISTOIRE TRAGIQUE :
MIROIR D'UNE ÉPOQUE CONTRADICTOIRE

Il s'agit d'une vision négative qui laisse peu de place à l'espoir, peu d'ouverture au bien, nulle chance à la justice. Ce qui est étrange, car l'essence de l'histoire tragique devrait garantir le contraire : n'est-elle pas fondée sur la punition méritée du coupable et donc sur une perspective de triomphe de la justice, de victoire du bien sur le mal ? Nous avons en revanche souligné à plusieurs reprises, au cours de notre analyse, combien une telle perspective s'avère finalement illusoire. Non seulement les femmes en tant que telles, mais la plupart des personnages de la grande majorité des histoires tragiques, se révèlent être des coupables et des victimes en même temps. Tout comme Doralice, Lizaran est coupable d'inceste dans la belle nouvelle de Rosset, mais tout comme sa sœur, il est également victime des instincts naturels et de la négligence de ses parents qui, comme le souligne l'auteur, ont trop longtemps permis aux deux jeunes gens de dormir dans le même lit ; Alinda et son amant sont tour à tour dignes de reproches et de compassion ; la malheureuse Marizée accomplit le plus atroce des délits que l'on puisse imaginer, en massacrant trois de ses quatre enfants, mais elle le fait car elle a été abandonnée et qu'elle est restée seule, désespérée et sans moyens : elle est coupable car elle est victime ; de même, son Filandre, qui l'amène en Angleterre, puis l'abandonne, et qui tente ensuite d'assassiner son propre fils qui l'a retrouvé, est à une première lecture un personnage abominable et hypocrite : toutefois, à bien y regarder, il est devenu ce qu'il est car il a dû lutter contre un milieu hostile, qui s'opposait à son mariage, qui l'avait obligé à une vie pauvre, d'émigré. Filandre aussi peut donc invoquer de la part du lecteur, si ce n'est pas l'approbation, du moins une certaine pitié.

Le fait est que toutes les ambiguïtés, toutes les contradictions des histoires ont une racine profonde, que nous avons déjà essayé de mettre en lumière au cours de notre étude, et qui est non seulement typique des histoires que nous avons analysées, mais également des histoires du XVIe siècle : il s'agit de la structure en trois parties qui caractérise ce genre littéraire, scandée dans les trois moments de l'interdiction, de l'infraction et de la punition ; structure tripartite et imparfaite, car la punition n'arrive jamais, ou presque jamais, à régler les comptes ouverts par la transgression et, en se transformant à son tour en infraction, elle devient l'origine d'une chaîne infinie. C'est justement cette structure ouverte qui permet aux coupables de se transformer en victimes, aux juges de devenir des bourreaux, aux opprimés de se muer en justiciers. En vertu de cette structure, et en dépit des nombreuses prises de position des auteurs, le bien et le mal souvent se succèdent et se confondent, le juste vire à l'injuste, le vrai se retrouve être faux. Tout cela exprime parfaitement, comme nous l'avons vu, l'essence tragique des « histoires ». D'un point symbolique cette chaîne sans fin, toujours recommencée, renvoie à la notion médiévale de la roue : roue métaphysique de la fortune, en mouvement perpétuel, mais aussi roue physique et excessive de la torture ; elle incarne donc exactement la poétique du mouvement, de la métamorphose, de l'instabilité et de la surprise, tout comme les excès du crime et du malheur. Parmi tous les genres de l'époque, l'histoire tragique française s'avère donc l'un des plus réalistes, mais également l'un des plus profondément baroques. C'est peut-être là l'une des raisons – ou peut-être la raison – de l'oubli dans lequel la postérité l'a laissé tomber ?

Il s'agit de toute façon d'un oubli compréhensible pour une autre raison également : ces récits, considérés du point de vue du Pouvoir, peuvent se révéler très dangereux. À la différence de la poésie, portée naturellement à planer dans les chaudes régions des affects personnels ou dans les froides sphères des concepts généraux ; à la différence du roman, enclin à s'évader dans l'aventure imaginaire ou à se perdre dans les interminables dissertations d'amour ; à la différence aussi de la tragédie, désormais prête, en cette fin de XVIIe siècle, à confiner sa problématique – aussi explosive qu'elle soit – dans les lointains horizons d'une histoire révolue ou dans les cieux suggestifs mais inaccessibles du mythe ; au contraire de tous les autres genres en somme, l'histoire tragique tend irrésistiblement à parler du monde qui l'entoure : et comme elle est tenue de discuter de fautes, de victimes et d'injustices, son discours ne peut que concerner, de manière plus ou moins évidente, la Loi, la Morale, la Justice mêmes qui régulent la société de l'époque.

L'histoire tragique française est en définitive très souvent, et de diverses manières, un genre *engagé* : elle traduit sous forme d'*exempla* plus ou moins actuels les débats politiques, sociaux et religieux du siècle ; ou bien interprète, en prenant une autre position, les faits importants offerts par l'actualité. L'assassinat de Concini commandité par Louis XIII n'a-t-il pas divisé l'opinion publique et relancé le débat entre machiavéliens et anti-machiavéliens, entre étatistes et anti-étatistes ? L'histoire tragique entre immédiatement dans la dispute mettant en scène l'événement avec seulement quelques retouches sur les noms des protagonistes. Discute-t-on des limites du pouvoir monarchique et de celui de la noblesse[1] ? Voici le conflit entre les fidèles à l'État et les fidèles à leur propre classe sociale souligné par Rosset dans le récit d'un épisode fameux, celui de l'assassinat de Luz par Alexandre de Guise. Et encore : le problème des vocations forcées, n'était-il pas l'un des plus sensibles, et souvent critiqués, de l'époque ? Et alors Rosset aussi bien que Camus en parlent amplement. Pareillement, dans la désormais longue histoire du genre, on met en scène des mariages obligatoires ou empêchés par la volonté des parents ; on discute du problème de l'héritage que les pères devraient laisser intègre à leurs enfants et que ceux-ci devraient éviter de disperser en dehors de la famille ; on met en lumière le grave problème des unions clandestines, on fait allusion aux procès en sorcellerie, aux idées des libertins, condamnés et souvent exécutés, aux rapports entre catholiques et protestants, à tout ce qui enfin peut intéresser ou émouvoir ou indigner le lecteur de l'époque.

Un tel engagement du récit tragique comporte toutefois les risques, toujours aux aguets, de l'hétérodoxie : pour un Camus, champion de la Contre-Réforme, qui le plus souvent domine ses personnages dans le souci de démontrer une thèse (sans pour autant réussir à être toujours convaincant), il y a un Rosset beaucoup plus ambigu et problématique, un d'Intras cruel et attendri, une demoiselle de Gournay assez critique ; pour un Boitel dont les écrits sont quasiment des pamphlets vénéneux et partiaux contre les Concini et en faveur de l'action souveraine, on voit l'auteur de *La Perle* reconnaître la primauté monarchique, mais avec une sorte de mélancolie résignée, Malingre mettre à nu les mécanismes machiavéliques du pouvoir, Grenaille chercher à accorder, parlant des folles amours de son roi, la raison d'état avec la religion et la justice,

1 *Cf.* E. Thuau, *Raison d'état et pensée politique à l'époque de Richelieu*, Paris, Colin, 1966, p. 235.

ou enfin Parival renoncer à traiter certains arguments, le déclarant ouvertement.

Entraînés ensuite dans le jeu changeant des infractions et des punitions, souvent même les plus coupables paraissent excusables, même les puissants les plus adulés finissent par devenir suspects : Anne de Vaucher Gravili a bien mis en lumière l'existence d'un contre-discours, dans les écrits de Rosset, Camus, Malingre et Parival, qui « couve sous le discours de persuasion[1] ». Ce contre-discours mine parfois irrémédiablement même les pages les plus conventionnelles, obséquieuses et orthodoxes de nombreux auteurs et fait de l'histoire tragique un genre ambigu, souvent sulfureux, quelquefois subversif. Fatalement impopulaire, donc, auprès d'un système social toujours plus déshabitué à la critique et à l'opposition ; mais d'autant plus intéressant pour nous parce qu'il nous permet de percevoir, plus concret que dans les traités, plus défini que dans les tragédies, plus net et intense que dans la poésie, le visage caché d'une époque décisive de l'histoire et de la culture françaises.

LA RICHESSE D'UN GENRE

Lorsqu'on l'observe globalement, donc, la production tragique en prose se révèle beaucoup plus riche, complexe et articulée qu'elle ne le semblerait en examinant l'œuvre de chaque auteur. Elle nous montre tout un ensemble de rapports, un monde d'idéologies, une série de faits qui marquèrent les hommes de ce temps ; elle ouvre sous nos yeux tout un champ littéraire souvent oublié ou sous-estimé, mais important ; elle lance sur les autres domaines littéraires et reçoit de leur part des influences fécondes. Déborde-t-elle de cruautés et d'horreurs comme le théâtre sénéquéen ? Certainement, mais elle ne se limite absolument pas à cela : même chez les auteurs mineurs on trouve des traces de problématiques moins crues. Subit-elle l'influence du roman sentimental ? Sans aucun doute, mais elle en renverse les fondements idéologiques. Et il est sûr qu'elle ne peut être réduite au seul sentiment et au sang. Se

1 A. de Vaucher Gravili, *Loi et transgression…*, *op. cit.*, p. 56.

présente-t-elle de façon uniforme et répétitive ? Elle l'est seulement du point de vue des structures profondes et de certains thèmes récurrents : notre analyse a montré les nombreuses voies que le genre a empruntées pour se renouveler, la façon dont il suit, de la fin des guerres de religion jusqu'à Louis XIII et au-delà, en passant par la Régence et le règne d'Henri IV, les changements de goût et de sensibilité, et comment il finit par s'éteindre entre actualité et histoire. On ne peut donc, à mon avis, se passer de l'histoire tragique, pour comprendre pleinement la civilisation et la littérature de l'époque : elle se détache dans la production de la fin du XVIe siècle et du début du XVIIe comme une sombre cathédrale aux nombreux fidèles, qui la fréquentent en foule et qui continueront de la fréquenter encore longtemps.

Parvenus à ce point, nous voudrions savoir quelque chose de plus sur notre genre. Quelque chose de plus concernant les auteurs, souvent complètement inconnus, mais peut-être impliqués dans les querelles de l'époque : auteurs progouvernementaux ou appartenant à l'opposition, ou seulement opportunistes. Auteurs, surtout, catholiques et contre-réformistes, comme Camus, ou, très probablement, protestants comme Prévost, qui conteste le catholique La Mothe, ou encore d'origine protestante comme semble l'être Rosset. Leur foi pourrait justifier de nombreuses prises de position, et certainement jetterait quelques lumières supplémentaires sur l'origine des visions plus ou moins angoissées du monde, plus ou moins pessimistes de l'homme, qui ressortent des différents textes analysés.

Nous voudrions dire aussi quelque chose de plus sur la récurrence de certains thèmes privilégiés, de certaines fioritures stylistiques ; quelque chose de plus sur les sources de beaucoup d'œuvres examinées, sources qui peuvent bien se trouver en France, mais qui dans de nombreux cas devraient être cherchées en Espagne, et surtout en Italie. Le discours concernant les sources implique les rapports entre littérature et littérature, mais aussi entre la vérité des faits racontés, donnés pour réels, et le caractère conventionnel de certains schémas imposés à la matière pour l'embellir d'un point de vue esthétique et narratif.

Ces problèmes-ci et d'autres, en définitive, ont été l'objet d'études ponctuelles, ou d'analyses très générales. Une histoire des histoires, cette fois du XVIe et du XVIIe, complète, autonome et exhaustive aussi bien sur les auteurs, les sujets, les styles et les implications théoriques générales est encore à faire. Elle n'était pas dans notre pouvoir, pour le moment, et probablement elle demanderait un projet complexe, avec le concours de plusieurs spécialistes. Le territoire, en effet, est trop vaste, et la prétention de l'explorer tout entier et tout seul serait bien vaine. Il est toutefois important qu'une première carte, même si sommaire, mais du moins globale, ait ici été dessinée : elle se propose d'indiquer les grandes zones, les changements sensibles du paysage, l'étendue et les frontières approximatives d'une région, et son passage dans les régions voisines. Et elle pourra servir, espérons-le, comme instrument de base à d'autres expéditions qui se chargeront de corriger, d'approfondir et de souligner d'autres détails.

BIBLIOGRAPHIE

Cette bibliographie garde la structure de l'originale. Elle a été revue et augmentée des textes parus après 1985 par Chiara Rolla. Les ouvrages postérieurs à 1985 sont précédés d'un astérisque. Entre crochets sont indiquées les éditions critiques.

CORPUS DES ŒUVRES CITÉES (XVIe ET XVIIe SIÈCLES)

BELLEFOREST, François de, *Histoires tragiques, extraictes des œuvres italiennes de Bandel, et mises en langue françoise. Les six premieres par P. Boaistuau, surnommé Launay, natif de Bretaigne. Les douze suivans, par François de Belleforest, Comingeois*, Paris, 1559 (éd. consultée : À Turin, par Cesare Farina, 1570) [Paris : Honoré Champion, « Société des textes français modernes », 1977].

BELLEFOREST, François de, *Le sixième Tome des Histoires tragiques contenant plusieurs discours mémorables, la plupart recueillis des histoires advenues de nostre temps*. Par François de Belleforest, Commingeois. Revues, corrigées et augmentées outre les précédentes impressions. Lyon : pour César Farine, 1583.

BERGIER DE SAINT CLÉMENT, Jean, *Discours modernes et facecieux des faicts advenus en divers pays pendant les guerres civiles de France, avec un sens moral*, Lyon, P. Michel, 1572.

BOAISTUAU, Pierre. *Histoires tragiques, extraictes des œuvres italiennes de Bandel, et mises en langue françoise. Les six premieres par P. Boaistuau, surnommé Launay, natif de Bretaigne. Les douze suivans, par François de Belleforest, Comingeois*, Paris, 1559 (éd. consultée : À Turin, par Cesare Farina, 1570) [éd. critique de R. A. Carr, Paris, Honoré Champion, « Société des textes français modernes », 1977].

BOITEL, Pierre, *Les tragiques accidens des hommes illustres, et d'autres personnes signalees de l'univers, depuis le premier siecle jusque à present. Recherchez dans *les plus rares bibliotecques de la France par P. Boitel*, Parisien. À Paris, chez Toussainct du Bray, 1616.

BOITEL, Pierre, *La defaicte du faux Amour, par l'unique des braves de ce temps. Député à l'execution d'un acte tant heroique durant l'absence de Mars, Hercules, Mercure, Apollon, et Nestor, Dieux fugitifs du Ciel. Fiction intelligible aux jugemens solides*. Dédié au Cavalier Victorieux. À Paris, chez Pierre Chevalier, 1617.

BOITEL, Pierre, *Histoire tragique de Circé, ou suite de la defaicte du faux Amour, Ensemble l'Alliance du Cavalier Victorieux et de la belle Adrastee*. De l'invention de Boitel seigneur de Gaubertin. À Paris, chez P. Chevalier, 1617.

BOITEL, Pierre, *Le Theatre du Malheur, sur qui la fortune represente les divers accidens tragiques des hommes et dames illustres, plus signalees de l'Univers. Depuis la Création du monde jusques à present*. Par P. Boitel sieur de Gaubertin. À Paris chez Pierre Billene, 1622.

BRETHENCOURT, Pierre de Bouglers, sieur de, *Les Amours diverses du sieur de Brethencourt, contenant plusieurs histoires tragique comique* [*sic*], Rouen, J. Besongne, 1629.

CAMPION, Alexandre de, *Les hommes illustres*, tome I, Rouen, Maurry, pour A. Courbé, 1657.

CAMUS, Jean-Pierre, *L'Amphitheatre sanglant, où sont representees plusieurs histoires tragiques de nostre temps*, Paris, J. Cottereau, 1630 [S. Ferrari éd., Paris, Champion, 2001].

CAMUS, Jean-Pierre, *Les Spectacles d'horreur, où se descouvrent plusieurs tragiques effects de nostre siecle*, Paris, A. Soubron, 1630 [éd. R. Godenne, Genève, Slatkine, 1973 ; éd. S. Ferrari, Classiques Garnier, « Bibliothèque du XVIIe siècle », 2013].

CAMUS, Jean-Pierre, *Les Rencontres funestes, ou Fortunes infortunées de nostre temps*. Paris, J. Villery, 1643.

DES CHARTRES, le sieur, *Eloges et louanges des plus excellens personnages de nostre temps en France ; tant de ceux qui se sont signalez en la perfection d'un chacun des Arts et Sciences : Qu'ensemble les parallèles ou conférences de la plus-part d'iceux ; Avec les plus Anciens qui les ont precedez*. Par le sieur Des-Chartres, Breton. À Paris, De l'imprimerie de Claude Hulpeau, 1622.

DU PONT, Jean-Baptiste, *L'enfer d'amour, où par trois histoires est monstré à combien de malheurs les amants sont subjects*. Par J. B. du Pont, Lyonnais. Reveu et corrigé par l'Autheur, en ceste derniere édition. À Lyon, par Th. Ancelin 1603 (éd. consultée : À Lyon, par Th. Ancelin, 1608) [éd. S. Poli, Napoli, Edizioni Scientifiche Italiane, 1995].

DU PUY, Pierre, *Histoires des plus illustres favoris anciens et modernes. Recueillies par feu M. du Puy avec un Journal de ce qui s'est passé à la mort du Maréchal d'Ancre*. À Leide chez Jean Elsevier, 1659.

GONON, Benoist, *Histoires admirables, où les estranges avantures, vertus, vices et miseres de plusieurs Empereurs, Roys, Princes, Grand Seigneurs, et autres personnes considérables, sont amplement représentées. Pour l'instruction et divertissement de toutes sortes de personnes. Recueillies de plusieurs célébrés Autheurs par le Reverend Pere Benoist Gonon, celestin de Lyon.* À Lyon, chez Cl. la Riviere, 1653.

GOULART, Simon, *Histoires admirables et mémorables de nostre temps*, Paris, J. Houzé, 1600-1610.

GOURNAY, Marie Le Jars de, *Le Proumenoir de M. de Montaigne*, Paris, A. L'Angelier, 1594. [*Le promenoir de Monsieur de Montaigne* : texte de 1641, avec les variantes des éditions de 1594, 1595, 1598, 1599, 1607, 1623, 1626, 1627, 1634 / Marie de Gournay ; édition établie et annotée par Jean-Claude Arnould, Paris, H. Champion, 1996].

GRENAILLE, François de, Sieur de Chatounières, *Les amours historiques des Princes, contenant six narrations véritables, souz ces titres ; L'Amour Jaloux – L'Amour Furieux – L'Amour effeminé – L'Amour Desesperé – L'Amour Ambitieux – L'Amour Infidele.* Par M. de Grenaille, escuyer, sieur de Chatounieres. À Paris, chez Nicolas et Jean de la Coste, 1642.

HABANC, Vérité, *Nouvelles histoires, tant tragiques que comiques ausquelles est faict mention de plusieurs choses mémorables advenues de nostre temps*, par Vérité Habanc, gentilhomme xaintongeais. A Paris, pour Mathieu Quillemot, 1585. [*Nouvelles Histoires tant tragiques que comiques* [1585], édition annotée établie d'après l'exemplaire unique de la Bibliothèque de l'Arsenal par J.-C. Arnould et R. A. Carr, Genève, Droz, Textes littéraires français, 1989].

INTRAS DE BAZAS, Jean d', *Le duel de Tithamante, Histoire gasconne.* Par Jean d'Intras de Bazas, Orléans, P. Vernoy, 1603 (éd. consultée : À Paris, chez Robert Fouet, 1609).

INTRAS DE BAZAS, Jean d', *Le lict d'honneur de Chariclée, où sont introduites les infortunées et tragiques amours du Comte de Melisse.* Par Jean d'Intras. À Paris, chez R. Fouet, 1603 (éd. consultée : 1609).

INTRAS DE BAZAS, Jean d', *Le martyre de la fidélité*, par J. d'Intras de Basaz [*sic*]. À Paris, chez R. Fouet, 1604 (éd. consultée : 1609).

LAFFEMAS, Isaac de, *Histoire des amours tragiques de ce temps, par le sieur de Laffemas, de Beausemblant, Advocat à la cour.* À Paris, chez Toussainct du Bray, 1607.

LA MOTHE, Joseph de, *Discours de la perfidie d'Amour*, composé par Joseph de la Mothe, Sieur de Lerm, Gentilhomme Bazadois. À Lyon, par Pierre Le Phénix, 1594.

LA PLACE, le sieur de, *La chasteté violée, ou la cruauté d'une damoiselle envers son mary, et d'un gentilhomme envers sa femme, et la juste punition de tous deux*, Paris, A. Saugrain, 1604.

LIVET, Christofle, *Le Democare sanglant, enrichy d'un bois mystique, où sont les tombeaux des plus parfaits amans de France.* Dédié à M. du Sauzey par le sieur de Livet. À Lyon, pour Vincent de Cœursilly, 1623.

MALINGRE, Claude, *Histoires tragiques de nostre temps. Dans lesquelles se voyent plusieurs belles maximes d'Estat, et quantité d'exemples fort mémorables, de constance, de courage, de générosité, de regrets, & repentances.* À Paris, chez Cl. Collet, 1635.

MOULINET SIEUR DU PARC, Nicolas, *Les agréables diversités d'amour, sur les advantures de Chrisaure et de Phinimene*, par N. Le Moulinet, sieur du Parc, de Seez. À Paris, chez Jean Millot, 1613.

NERVÈZE, Antoine de, *Les amours de Philandre et de Marizee*, Marseille, P. Symonet, 1598.

NERVÈZE, Antoine de, *Deux histoires, la premiere tragique, sur la mort d'une jeune damoyselle âgee de dixsept à dixhuict ans, executee dans la ville de Padoue au mois de Décembre dernier. La Seconde de la délivrance d'un jeune homme François, Escolier, condamné à la mort en la ville de Salamanque, en Espagne.* À Paris, chez Toussainct du Bray, 1609.

NERVÈZE, Antoine de, *Les Amours diverses, divisees en sept histoires.* Par le sieur de Nervèze, conseiller et secretaire de M. le Prince de Condé. Paris, A. du Breuil, 1605 ; (éd. consultée : À Lyon, par Thibaud Ancelin, 1608).

NERVÈZE, Antoine de, *Les Amours diverses, divisees en dix histoires, par le sieur de Nerveze, secretaire de la chambre du Roi.* Tome premier. À Paris, chez Toussainct du Bray, 1611 (éd. consultée : 1617).

PARIVAL, Jean-Nicolas de, *Histoires tragiques de nostre temps arrivées en Hollande : et quelques dialogues français, selon le langage du temps*, par J. N. Parival, à Leyden, chez N. Hercules, 1656.

La Perle des Histoires tragiques, divisee en deux parties, Paris Frédéric Morel, 1597.

POISSENOT, Bénigne, *L'Esté de B. Poissenot licencié aux loix. Contenant trois journees, où sont deduites plusieurs histoires, et propos récréatifs tenus par trois escoliers avec un traité paradoxique fait en dialogue auquel est monstré qu'il vaut mieux estre en adversité qu'en prospérité.* A Paris, chez Claude Micard, 1583.

POISSENOT, Bénigne, *Nouvelles histoires tragiques de B. Poissenot. Ensemble une lettre à un amy* [...]. À Paris, chez G. Bichon, 1586 [Édition établie et annotée par J.-C. Arnould et R. A. Carr. Genève, Droz, 1996].

PREVOST, Jean sieur de Gontier, *Les amours de la belle du Luc, où est demonstree la vengeance d'Amour, envers ceux qui mesdisent l'honneur des dames*, Rouen, Th. Daré, 1597 (éd. consultée : À Paris, chez N. Bonfons, 1598).

PREVOST, Jean sieur de Gontier, *Histoire pitoyable des parricides commis par Jacques Gentet et sa femme envers leurs peres, meres et soeurs, en la ville de Blaye. Avec le sommaire de leur procès et arrest de la cour du Parlement de Bourdeaux contre les dits parricides.* Par J. Prévost, sieur de Gontier. À Paris, chez Nicolas Rousset, devant le Palais ruë de la Pelleterie, à l'image St.Iacques, 1610.

ROSSET, François de, *Les Histoires mémorables et tragiques de ce temps, où sont contenues les morts funestes et lamentables de plusieurs personnes, arrivées par leurs ambitions, amours desreiglees, sortileges, vols, rapines, et par autres accidens divers et memorables*, éd. originale perdue ; Cambray, La Rivière, 1614 (éd. consultée : Paris, chez Pierre Chevalier, 1619) [*Les Histoires tragiques de nostre temps* (1619 ; sixième et dernière réédition). Édition établie par A. de Vaucher Gravili. Paris : Le livre de poche, 1994, « Classiques de poche », n° 16101].

ROSSET, François de, *Seconde partie des Histoires tragiques et estranges de nostre temps, où sont contenues les morts funestes et lamentables de plusieurs personnes arrivées par leurs ambitions, amours desreiglees, sortileges, et par autres accidens estranges et mémorables.* Composées par F. de Rosset et dediees à monseigneur le Prince de Condé. À Paris, de l'imprimerie de François Huby, 1620.

SAINT-GERMAIN, Blaise de, *Histoire tragique des Amours du brave Florimond et de la belle Clytie*, par M. Blaise de Saint-Germain de Billy en Bourbonnais. À Lyon, chez Pierre Rigaud, 1607.

Le thrésor des Histoires tragiques, Paris, G. Mallot, 1581.

TOURNIOL, Philippe, *Les destinees des amans : tirees des amours de Philotimore, ou sont contenues plusieurs belles histoires de ce temps.* Par Philippe Tourniol Gueretois. À Paris, chez Claude de la Tour, 1603.

Les tragiques amours du fidel'Irion et de la belle Pasithee. À Monsigneur le duc d'Espernon. À Paris, pour Jean Canut et Helie Mareschal, 1601.

TRISTAN L'HERMITE (François L'Hermite, sieur du Solier, dit), *Playdoyers Historiques, ou discours de controverse.* À Paris, chez A. de Sommaville et A. Courbé, 1653.

VAN DEN BUSSCHE, Alexandre-Sylvain, *Epitome de cent histoires tragiques*, Paris, Nicolas Bonfons, 1581. [*Théâtre de la cruauté et récits sanglants en France (XVIe-XVIIe siècle)*, C. Biet dir., Paris, Robert Laffont, « Bouquins », 2006, p. 68-98].

YVER, Jacques, *Le Printemps d'Yver contenant cinq histoires, discouruës par cinq journees, en une noble compagnie, au chasteau de Printemps ;* par Jacques Yver, Seigneur de Plaisance et de la Bigottrie, gentilhomme Poictevin. Veu et corrigé de nouveau, Paris/Anverse, 1572 [éd. consultée : Paris, par Galiot Corrozet, 1585].

BIBLIOGRAPHIE CRITIQUE

AARNE, Antti, *The types of folk-tale. A classification and bibliography*, The Finnish Academy of Science and Letters, Helsinki, 1928.

Acta I : Proceedings of the Fourth Annual Conference of XVIIth Century French Literature, Minneapolis, University of Minnesota, 1, 1972.

**L'actualité et sa mise en écriture aux* XVe*,* XVIe*,* XVIIe *siècles : Espagne, Italie, France et Portugal*, D. Boillet et P. Civil (dir.), Paris, Presses de la Sorbonne Nouvelle, 2006.

ADAM, Antoine, *Histoire de la littérature française au* XVIIe *siècle*, Paris, Domat, 1948-1956 (5 vol).

ADAM, Antoine, *Théophile de Viau et la libre pensée française en 1620*, Paris, Droz, 1936.

ALBÉRÈS, René Marill, *Histoire du roman moderne*, Paris, A. Michel, 1962.

APOSTOLIDÈS, Jean-Marie, « The problem of history in Seventeenth-Century France », *Diacritics*, vol. XII/4, hiver 1982, p. 59-68.

ARBOUR, Roméo, *L'ère baroque en France. Répertoire chronologique des éditions de textes littéraires (1585-1615)*, t. 1, Genève, Droz, 1977.

ARBOUR, Roméo, *L'ère baroque en France. Répertoire chronologique des éditions de textes littéraires (1616-1628)*, t. 2, Genève, Droz, 1979.

ARBOUR, Roméo, *L'ère baroque en France. Répertoire chronologique des éditions de textes littéraires (1629-1643)*, t. 3, Genève, Droz, 1980.

*ARNOULD, Jean-Claude, « De Pierre Boaistuau à François de Belleforest, la rupture dans la *Continuation* », *Réforme, Humanisme, Renaissance*, 73, 2011, p. 73-87.

*ARNOULD, Jean-Claude, « Deux versions françaises d'une nouvelle de Bandello », *Bulletin de l'Association d'étude sur l'humanisme, la Réforme et la Renaissance*, 1986, vol. 22, n° 1, p. 27-41.

*ARNOULD, Jean-Claude, « La justice au banc d'essai des Histoires tragiques », *Cahiers de recherches médiévales et humanistes* [En ligne], 19 | 2010, mis en ligne le 30 juin 2013, https://crm.revues.org/12016.

*ARNOULD, Jean-Claude, « L'impasse morale des histoires tragiques au XVIe siècle », *Bulletin de l'Association d'étude sur l'humanisme, la réforme et la Renaissance*. 2003, n° 57, p. 93-108.

*ARNOULD, Jean-Claude, « Le juge et le criminel dans les "canards" (1574-1610) », in *Juges et criminels dans la narration brève du* XVIe *siècle*, Volume d'études préparé au cours du séminaire tenu à Rouen les 25 et 26 février 2010 sous la direction de J.-C. Arnould. Publications numériques du

CÉRÉdI, « Actes de colloques et journées d'étude » n° 5, 2010, http://ceredi.labos.univ-rouen.fr/public/?juges-et-criminels-dans-la.html.

*Arnould, Jean-Claude, « Sur la sixième des *Nouvelles Histoires tragiques* de Bénigne Poissenot », in *Narrations brèves : Mélanges de littérature ancienne offerts à Krystyna Kaprzyk*, P. Salwa et E. Dorotya Zolkiewska (éds.), Publications de l'Institut de Philologie Romane de l'Université de Varsovie, 1993, p. 382-394.

Asor Rosa, Alberto, *La novella occidentale dalle origini ad oggi*, Roma, Ed. Moderne Canesi, 1960.

Auerbach, Erich, *Zur Technik der Frührenaissancenouvelle in Italien und Frankreich*, Winter, Heidelberg, 1971.

Baldner, Ralph Willis, « Aspects of the "nouvelle" in France between 1600 and 1660 », *Modern Language Quarterly*, December 1961, 22(4), p. 351-356.

*Balsamo, Jean, Castiglione Minischetti, Vito, Dotoli, Giovanni, *Les traductions de l'italien en français au XVIe siècle*, en collaboration avec la Bibliothèque nationale de France, Fasano/Paris, Schena editore/Hermann éditeurs, 2009.

Bardon, Maurice, *Don Quichotte en France au XVIIe et au XVIIIe siècles (1605-1815)*, Paris, Champion, 1931.

Bastiaensen, Michel, *Postilla a F. de Rosset continuatore del « Furioso »*, in *Langue, dialecte, littérature. Études romanes à la mémoire d'H. Plomteux*, C. Angelet dir., Leuwen University Press, 1983, p. 35-46.

Battaglia, Salvatore, « Dall'esempio alla novella », *Filologia romanza*, VII, 1960, p. 21-84.

Bazin, Germain, *Destins du Baroque*, Paris, Hachette, 1970.

*Beam, Sara, « Les canards criminels et les limites de la violence dans la France de la première modernité », *Histoire, économie & société*, 2, 2011, p. 15-28, http://www.cairn.info/revue-histoire-economie-et-societe-2011-2-page-15.htm.

Bergal, Irene, « Jean-Pierre Camus : truth vs vraisemblance », *PFSCL*, n° 8, winter 1977-1978, p. 25-37.

Bertaud, Madeleine, *La Jalousie dans la littérature au temps de Louis XIII*, Genève, Droz, 1981.

*Biet, Christian, *Droit et littérature sous l'Ancien Régime. Le jeu et la valeur de la loi*, Paris, Champion, 2002.

Bitton, Davis, *The French Nobility in Crisis, 1560-1640*, Stanford University Press, 1969.

Boggio Quallio, Elena, « Una fonte barocca per la Gertrude manzoniana : i romanzi di Jean-Pierre Camus », *Lettere italiane*, ott.-dic. 1978, vol. 30, n° 4, p. 439-456.

BOGGIO QUALLIO, Elena, « L'Italia nelle novelle di J.-P., Camus », in *Mélanges à la mémoire de Franco Simone. France, Italie dans la culture européenne, II, XVIIe et XVIIIe siècles*, Genève, Slatkine, 1981, p. 97-111.

BOGGIO QUALLIO, Elena, « La structure de la nouvelle tragique de Jacques Yver à Jean-Pierre Camus », in *L'automne de la Renaissance 1580-1630*, J. Lafond et A. Stegman dir., Paris, Vrin, 1981, p. 209-218.

BOLLÈME, Geneviève, *La Bibliothèque Bleue*, Paris, Juillard, 1971.

BRAY, René, *La formation de la doctrine classique en France*, Paris, Nizet, 1961.

BREMOND, Claude, *La logique du récit*, Paris, Seuil, 1973.

BREMOND, Henri, *Histoire littéraire du sentiment religieux en France depuis la fin des guerres de religion jusqu'à nos jours*, Paris, Colin, 1967.

CALVET, Jean, *La littérature religieuse de François de Sales à Fénelon*, Paris, Del Duca, 1956.

*CAMPANGNE, Hervé-Thomas, « De l'histoire tragique à la dramaturgie : l'exemple de François de Belleforest », *RHLF*, 2006/4, vol. 106, p. 791-810.

*CAMPANGNE, Hervé-Thomas, « De l'histoire tragique à la dramaturgie : Mainfray et Desfontaines lecteurs de Jacques Yver », *XVIIe siècle*, 2005/2, n° 227, p. 211-226.

*CAMPANGNE, Hervé-Thomas, « L'imaginaire du voyage et de la découverte dans les Histoires Tragiques (1560-1630) », *RHLF*, 2003/4, vol. 103, p. 771-787.

*CAMPANGNE, Hervé-Thomas, « Justice et procès dans deux histoires tragiques de François de Belleforest », *Cahiers de recherches médiévales et humanistes* [En ligne], 19 | 2010, mis en ligne le 30 juin 2013, consulté le 19 décembre 2015. URL : http://crm.revues.org/12022 ; DOI : 10.4000/crm.12022.

*CAMPANINI, Magda, *In forma di lettere. La finzione epistolare in Francia dal Rinascimento al Classicismo*, Venezia, Supernova, 2011.

*CAPPELLO, Sergio, « Letteratura narrativa e censura nel Cinquecento francese », in *La censura libraria nell'Europa del secolo XVI*, U. Rozzo (dir.), Udine, Forum, 1997, p. 53-100.

*CAPPELLO, Sergio, « La tentation du roman dans les *Histoires tragiques* de François de Rosset », in *Les "Histoires tragiques" de François de Rosset*, Bologna, Emil di Odoya, 2014, p. 105-139.

*CAPPELLO, Sergio, « Verità e finzione in alcune poetiche del Seicento francese », *Quaderni del Seicento francese* (numero speciale : *Storiografia della critica francese del Seicento*), 7, 1986, p. 407-420.

CARR, Richard, *P. Boaistuau's « Histoires tragiques ». A study of narrative form and tragic vision*, Chapel Hill, Univ. of North Carolina, 1979.

CARR, Richard, *Introduction à* BOAISTUAU, P., *Histoires tragiques*, Paris, Champion, 1977.

CASTEX, Pierre-Georges, *Le conte fantastique en France, de Nodier à Maupassant*, Paris, Corti, 1951.

*CASTIGLIONE MINISCHETTI, Vito, « La fiction narrative italienne en prose de l'âge baroque. Les traductions françaises », in *Fictions narratives en prose de l'âge baroque. Répertoire analytique* (1611-1623), sous la direction de Frank Greiner, Paris, Classiques Garnier, 2014, p. 1125-1137.

*CAVAILLÉ, François, « Les perversions de la vengeance dans la tragédie baroque française », *Revue d'études théâtrales*, Presses Sorbonne-Nouvelle, n. 9-10, hiver 2004 – printemps 2005, p. 88-99.

*CAVE, Terence, *Pré-Histoires. Textes troubles au seuil de la modernité*, Genève, Droz, 1999.

CHABERT, Nicole, « L'amour du discours dans *L'Astrée* », XVIIe *siècle*, n° 133, 1981/4, p. 393-408.

CHARPENTRAT, Pierre, *Le mirage baroque*, Paris, Minuit, 1967.

CHAUNU, Pierre, *La civilisation de l'Europe classique*, Paris, Arthaud, 1966.

CHEVALLIER, Pierre, *Louis XIII, roi cornélien*, Paris, Fayard, 1979.

CHRESNAY, Agaton de, « À propos de Jean d'Intras », *Revue des Bibliophiles*, n° 11, 1879, p. 338-340.

CHUPEAU, Jacques, « Quelques formes caractéristiques de l'écriture romanesque à la fin du XVIe siècle et au début du XVIIe siècle », *L'automne de la Renaissance*, J. Lafond et A. Stegmann (dir.), Paris, Vrin, 1980, p. 219-230.

CIORANESCU, Alexandre, *Bibliographie de la littérature française du dix-septième siècle*, Paris, C.N.R.S., 1965-1966.

CIORANESCU, Alexandre, « La Nouvelle française et la "comedia" espagnole au XVIIe siècle », *Cahiers de l'Association internationale des études françaises*, vol. 18, n° 1, 1966, p. 79-87.

CIORANESCU, Alexandre, *Le masque et le visage. Du baroque espagnol au classicisme français*, Genève, Droz, 1983.

*CLOSSON, Marianne, *L'imaginaire démoniaque en France (1550-1650). Genèse de la littérature fantastique*, Genève, Droz, 2000.

COLLINET, Jean-Pierre, SERROY, Jean, *Romanciers et conteurs du* XVIIe *siècle*, Gap, Ophyrs, 1975.

*CONCONI, Bruna, « Calvinismo e letteratura : la critica riformata del romanzo », in *Il romanzo nella Francia del Rinascimento : dall'eredità medievale all'« Astrea »*, M. Barsi (dir.), Fasano, Schena, 1996, p. 237-252.

*CONLEY, Tom, « Nouvelle et point de fuite : Pierre Boaistuau, *Histoires tragiques* (1559) », in *Le Roman à la Renaissance*, Actes du colloque international dirigé par Michel Simonin (Université de Tours, Centre d'études supérieures de la Renaissance, 1990), publiés par Christine de Buzon, Lyon, *RHR*, 2012. http://www.rhr16.fr/ressources/roman-renaissance.

COSTA, John, *Le conflit moral dans l'œuvre romanesque de J.-P. Camus*, New York, Burt Franklin, V, 1974.
COULET, Henri, *Le roman jusqu'à la Révolution*, Paris, Colin, 1968.
*COURTÈS, Noémie, « Léonora Galigaï en Dragontine », *Critique*, 2003/6, n° 673-674, p. 484-497.
DALLA VALLE, Daniela, *Barocco e Classicismo nella letteratura francese del Seicento. Antologia di testi critici*, Ravenna, Longo, 1976.
DASPRÉ, André, « Le roman historique et l'histoire », *RHLF*, n° 2/3, 1975, p. 235-243.
DECOTTIGNIES, Jean, « Variations sur un succube – Histoire de Thibaud de la Jacquière », *Revue des Sciences Humaines*, 1963, 111, p. 329-340.
DELOFFRE, Frédéric, *La nouvelle en France à l'âge classique*, Paris, Didier, 1967.
*DELPORTE, Marion, « Des noces de Polybe et de Melpomène : les *Histoires tragiques* de François de Rosset », *XVIIe siècle*, 246, 2010/1, p. 43-54.
DELUMEAU, Jean, *La peur en Occident*, Paris, Fayard, 1978.
DÉMORIS, René, *Le roman à la première personne*, Paris, A. Colin, 1975.
DESCRAINS, Jean, *Bibliographie des œuvres de Jean-Pierre Camus, évêque de Belley, (1584-1652)*, Paris, Société d'étude du XVIIe siècle, 1971.
*DESCRAINS, Jean, « Les *Diversités* de Jean-Pierre Camus », in *Jean-Pierre Camus et le pays de l'Ain*, Belley, Le Bugey, 1986, p. 15-30.
*DESCRAINS, Jean, *Essais sur Jean-Pierre Camus*, Paris, Klincksieck, 1992.
*DESCRAINS, Jean, *Jean-Pierre Camus (1584-1652) et ses « Diversités » (1609-1618) ou la culture d'un évêque humaniste*, Paris, Nizet, 1985.
*DI MAIO, Mariella, *Le cœur mangé : histoire d'un thème littéraire du Moyen âge au XIXe siècle*, Paris, Presses de l'Université de Paris-Sorbonne, 2005.
*DOTOLI, Giovanni, CASTIGLIONE MINISCHETTI, Vito, PLACELLA SOMMELLA, Paola, POMPEJANO, Valeria, *Les traductions de l'Italien en Français au XVIIe siècle*, Schena editore/Presses de l'Université de Paris-Sorbonne, 2001.
DOTOLI, Giovanni, « Unité plurielle du XVIIe siècle », *PFSCL*, n° 19, 1983, p. 460-496.
DOLET, Étienne, *La Manière de bien traduire d'une langue en aultre. D'avantage, De la Punctuation de la langue Francoyse. Plus, Des accents d'ycelle*, Chez Dolet même, Lyon, 1540.
**Droit et littérature*, C. Biet (dir.), *Littératures classiques*, n° 40, automne 2000.
DU BELLAY, Joachim, *Déffence et illustration de la langue Françoise*, Paris, Arnoul l'Angelier, 1549 (Ière éd.).
DUBOIS, Claude-Gilbert, *Le Baroque : profondeurs de l'apparence*, Paris, Larousse, 1980.
DUBOIS, Claude-Gilbert, *La conception de l'histoire en France au XVIe siècle (1560-1610)*, Paris, Nizet, 1977.

DUBOIS, Claude-Gilbert, *Le Maniérisme*, Paris, P.U.F., 1979.

DUMONCEAUX, Pierre, *Langue et sensibilité au XVIIe siècle. L'évolution du vocabulaire affectif*, Genève, Droz, 1975.

**Écritures de l'actualité (XVIe-XVIIIe siècles)*, K. Abiven et L. Depretto (dir.), *Littératures classiques*, n° 78, 2012.

*ESMEIN-SARRAZIN, Camille, *L'Essor du roman. Discours théorique et constitution d'un genre littéraire au XVIIe siècle*, Paris, Champion, 2008.

*EVRARD, Franck, *Fait divers et littérature*, Paris, Nathan université, « collection 128 », 1997.

FAGUET Émile, *Seizième siècle. Études littéraires*, Paris, Boivin, 1894.

FAUSKEVÅG, Svein Eirik, « Violence et sexualité dans le roman baroque français chez Rosset et Jean-Pierre Camus », *Orbis Litterarum*, XXXIV, 1979, p. 1-16.

FAVRET, René, *Introduction à* Jean-Pierre Camus, *Trente Nouvelles*, Paris, Vrin, 1977.

FAVRET, René, *Morale et réalité dans les nouvelles de Camus*, Thèse 3e cycle, Tours, 1972.

FERREYROLLES, Gérard, « L'influence de la conception augustinienne de l'histoire au XVIIe siècle », *XVIIe siècle*, n° 135, 2, (avril-juin 1982), p. 216-241.

*FERRARI, Stéphan, « Camus comique. L'ivresse d'écrire et de raconter dans *L'Amphithéâtre sanglant* », *XVIIe siècle*, 2011/2, n° 251, p. 189-196.

*FERRARI, Stéphan, « Histoire tragique et grande histoire : Rencontre de deux genres », *Dalhousie French Studies*, Winter 2003, 65, p. 18-35.

*FERRARI, Stéphan, « L'histoire tragique au service de la cause tridentine. Exemplarité et foi religieuse dans *L'Amphithéâtre sanglant* et *Les Spectacles d'horreur* de Jean-Pierre Camus », in *Roman et religion de J.-P. Camus à Fénélon*, F. Greiner (dir.), *Littératures classiques*, n° 79, 2012.

**Fictions narratives en prose de l'âge baroque. Répertoire analytique. Première partie (1585-1610)*, sous la direction de F. Greiner, Paris, Honoré Champion, 2007.

**Fictions narratives en prose de l'âge baroque. Répertoire analytique. (1611-1623)*, sous la direction de F. Greiner, Paris, Classiques Garnier, 2014.

FIORATO, Adelin Charles, *Bandello entre l'écriture et l'histoire*, Firenze, Olschki, 1979.

*FIORATO, Adelin Charles, « Les Histoires tragiques de Boaistuau et Belleforest, ou la moralisation d'un conteur de la Renaissance Italienne en France », in *Oltralpe et outre-monts*, C. A. Fiorato (dir.), *Studi Francesi*, n° 139, 2003, p. 135-144.

FOUCAULT, Michel, *Histoire de la folie à l'âge classique*, Paris, Plon, 1961.

FOURNEL, Victor, *La littérature indépendante et les écrivains oubliés*, Paris, Didier, 1862.

*FRANCHETTI, Anna Lia, *L'Ombre discourante de Marie de Gournay*, Paris, Champion, 2006.

*FRANCHETTI, Anna Lia, « Marie de Gournay moraliste », in *Marie de Gournay. Œuvres complètes*, Paris, Champion, 2002, p. 90-97.

FRANCHETTI, Anna Lia, « Preistoria del "Proumenoir de M. de Montaigne" », *Paragone*, 356 (ott. 1979), p. 59-98.

FRANÇOIS, Alexis, « De l'*Heptaméron* à *La Princesse de Clèves* », *RHLF*, 1949, p. 305-321.

FUETER, Éduard, *Histoire de l'historiographie moderne*, Paris, Alcan, 1914.

FUMAROLI, Marc, *L'âge de l'éloquence. Rhétorique et « res literaria » de la Renaissance au seuil de l'époque classique*, Genève, Droz, 1980.

GARAVINI, Fausta, *La casa dei giochi. Idee e forme nel Seicento francese*, Einaudi, 1980.

GARAVINI, Fausta, « Il discorso "réaliste" di Scarron e Furetière », *Saggi e ricerche di letteratura francese*, 1976, vol. XV, p. 63-121.

GARREAU, Albert, *Jean-Pierre Camus, Parisien, évêque de Belley*, Paris, éd. du Cèdre, 1968.

GASTALDI, Vittoria, *Jean-Pierre Camus, romanziere barocco e vescovo di Francia*, Catania, Pubbl. dell'Università, 1964.

GETTO, Giovanni, « Il significato del Bandello », *Lettere italiane*, VII (1955), n° 3, p. 314-329.

GETTO, Giovanni, *Barocco in prosa e in poesia*, Milano, Rizzoli, 1969.

*GIRAUD, Yves, « Du fait divers à l'histoire tragique : le retour de Martin Guerre », in *L'histoire littéraire. Ses méthodes et ses résultats.* Mélanges offerts à Madeleine Bertaud et réunis par L. Fraisse, Genève, Droz, 2001, p. 467-492.

GODENNE, René, « *Les Spectacles d'horreur* de Jean-Pierre Camus », *XVIIe siècle*, 1971, n° 71 p. 25-35.

GODENNE, René, *Histoire de la nouvelle française aux XVIIe et XVIIIe siècles*, Genève, Droz, 1970.

GODENNE, René, « Pour une histoire de la nouvelle française au XVIIe et au XVIIIe siècles », *L'information littéraire*, 1971, n° 23, p. 66-67.

GODENNE, René, *Introduction à* Jean-Pierre Camus, *Les Spectacles d'horreur*, Genève, Slatkine, 1973.

GODENNE, René, *Présentation à* François de Rosset, *Histoires tragiques de nostre temps*, Genève, Slatkine, 1980.

GREEN, Frederick Charles, *French Novelists. Manners and Ideas from the Renaissance to the Revolution*, London, Dent, 1928.

GREEN, Frederick Charles, *Some observations on technique and form in the French XVIIth and XVIIIth Century Novel*, in *Stil und Formproblem in der Literatur*, Heidelberg, Winter, 1959.

GREEN, Frederick Charles, « The Critic of the seventeenth century and his attitude toward the French Novel », *Modern Philology*, n° 24, 1926-1927, p. 285-295.

*GREINER, Frank, *Les amours romanesques de la fin des guerres de religion au temps de « L'Astrée » (1585-1628). Fictions narratives et représentations culturelles*, Paris, Honoré Champion, collection « Bibliothèque littéraire de la Renaissance », 2008.

*GUERRIER, Olivier, « Fictions du droit et espace littéraire », *Fabula/Les colloques*, « Fiction du savoir à la Renaissance », URL : http://www.fabula.org/colloques/document88.php.

HAINSWORTH, George, *Les « Novelas exemplares » de Cervantès en France*, Paris, Champion, 1933.

HAINSWORTH, George, « François de Rosset and his *Histoires tragiques* », *French Quarterly*, XII (1930), p. 124-141.

HAINSWORTH, George, « Additional Notes on François de Rosset », *Modern Language Review*, XIII, 1 (jan. 1938), p. 15-21.

HAUSER, Arnold, *Mannerism : the Crisis of the Renaissance and Origin of Modern Art*, New York, Knops, 1965.

HENEIN, Eglal, « De François de Rosset à Diderot : une curieuse succession », *XVIIe siècle*, n° 84-85, 1969, p. 152-153.

*HENEIN, Eglal, « Jean-Pierre Camus, ou l'épigone téméraire », *Littératures classiques*, n° 15, octobre 1991, p. 41-57.

HENEIN, Eglal, « Les Poisons dans le roman. 1607-1628 », *Marseille*, 1973, n° 95, p. 151-158.

HENEIN, Eglal, « Romans et réalités. 1607-1628 », *XVIIe siècle*, 1974, n° 104, p. 29-43.

HENEIN, Eglal, « Les nouvelles de Camus et les "agencements" », *RHLF*, LXXVII, 1977, p. 440-458.

**Histoire des traductions en langue française, XVIIe et XVIIIe siècles (1610-1815)*, sous la direction d'Y. Chevrel, A. Cointre et Yen-Maï Tran-Gervat, Lagrasse, Verdier, 2014.

**Histoire des traductions en langue française, XVe et XVIe siècles*, sous la direction de V. Duché, Lagrasse, Verdier 2015.

**L'histoire en miettes, anecdotes et témoignages dans l'écriture de l'histoire (XVIe-XIXe siècles)*, C. Dornier et C. Poulouin (dir.), *Elseneur*, n° 19, 2004.

*« L'histoire saisie par la fiction », *Le Débat*, n° 165, mai-juin 2011.

**Les histoires tragiques*, J.-C. Arnould dir., *Réforme Humanisme Renaissance*, n° 73, 2011, http://www.rhr16.fr/revue/numero/id/22/titre/N%C2%B0+73%2C+D%C3%A9cembre+2011.

Les « Histoires tragiques » de François de Rosset, textes recueillis par B. Conconi, Bologna, Emil di Odoya, 2014.

L'image du monde renversé et ses représentations littéraires et para-littéraires de la fin du XVIe siècle au milieu du XVIIe, (Colloque International de Tours), Paris, Vrin, 1979.

**Instabilità e metamorfosi dei generi nella letteratura barocca*, a cura di S. Morando, Venezia, Marsilio, 2007.

L'italianisme en France au XVIIe siècle. État présent des études, Actes du 8e colloque de la société française de littérature comparée, *Studi Francesi*, suppl. au nº 35, mai-août 1968.

JOLLES, André, *Formes simples*, Paris, Seuil, 1972 (Ière éd. 1930).

*JOUANNA, Arlette, *Histoire et dictionnaire des guerres de religion*, Paris, Robert Laffont, 1998.

*JOUHAUD, Christian, « Roman historié et histoire romancée : Jean-Pierre Camus et Charles Sorel. », *XVIIe siècle*, 2002/2, nº 215, p. 307-316.

JOURDA, Pierre, *Conteurs français du XVIe siècle*, Paris, Gallimard, 1965.

**Journées internationales Jean-Pierre Camus*, S. Robic et M. Vernet (dir.), *XVIIe siècle*, nº 251, 2011/2.

*JUNOD, Samuel, « Comment sortir du cauchemar ? Le discours de l'histoire dans les tragédies des guerres de religion », *L'annuaire théâtral : revue québécoise d'études théâtrales*, nº 39, 2006, p. 60-74.

KAMEN, Henri, *Il secolo di ferro 1550-1660*, (trad.), Roma-Bari, Laterza, 1982.

KIBEDI-VARGA, Aron, « La nouvelle en France à l'âge classique », *Rapports*, XLII, janvier-avril 1972, p. 25-33.

*LA CHARITÉ, Claude, « L'ethos pathétique de Marguerite d'Auge dans *Les pitoyables et funestes regrets* (1600) » *Tangence* (Rimouski, Québec), 77, hiver 2005 (« Masques et figures du sujet féminin »), p. 73-106.

*LA CHARITÉ, Claude, « L'histoire tragique de Rosset comme héritière du refus du romanesque de *Don Quichotte* », in *« Don Quichotte » et le roman en Europe (XVIIe-XVIIIe siècles)*, Québec, Les Presses Universitaires de Laval, 2009, p. 91-104.

*LAJARTE, Philippe de, « Des *Nouvelles* de Marguerite de Navarre à *La Princesse de Clèves* : Notes sur quelques transformations de l'écriture narrative de la Renaissance à l'âge classique », *Nouvelle revue du XVIIe siècle*, 1988, vol. 6, p. 45-56.

*LAJARTE, Philippe de, « Entre destin, fortune et providence, romanesque et exemplarité : le tragique dans les *Histoires tragiques de nostre temps* (1614) de François de Rosset », *Elseneur*, 24, 2009, p. 123-139.

*LAJARTE, Philippe de, « Types de récit et formes du tragique dans les recueils d'histoires tragiques de la seconde moitié du XVIe et du début du XVIIe siècle », *RHR*, 73, 2011, p. 41-55.

*_Langage et vérité, Mélanges offerts à J.-C. Margolin_, J. Céard (dir.), Genève, Droz, 1993.

LANGEARD, Paul, « François de Rosset. La date inconnue de sa mort (1619) d'après une édition inconnue de ses "Histoires tragiques" », _Bulletin du Bibliophile_, 20 décembre 1930, p. 541-543.

*LANGER, Ullrich, _Vertu du discours, discours de la vertu. Littérature et philosophie morale au XVIe siècle en France_, Genève, Droz, 1999.

LATHUILLIÈRE, Roger, _La préciosité. Étude historique et linguistique_, t. I, Genève, Droz, 1966.

*LAVOCAT, Françoise, « Catastrophe et narrativité : récits factuels et fictionnels à l'époque moderne », in _Le récit_, W. Marx (dir.), _Actes de savoirs : revue interdisciplinaire de l'institut universitaire de France_, n° 4, Paris, PUF, 2008, p. 41-64.

LEBÈGUE, Raymond, « Christianisme et libertinage chez les imitateurs de Sénèque en France (XVIe et première moitié du XVIIe) », in M. Oddon et J. Jacquot (dir.), _Les Tragédies de Sénèque et le théâtre de la Renaissance_, Paris, Éditions du CNRS, 1972, p. 87-94.

*LEINER, Wolfgang, « Des incipit de la prose narrative de Jean-Pierre Camus », _Travaux de littérature_, III, 1990, p. 341-357.

LEOPOLD, Keith, « Andreas Gryphius and the sieur de Saint-Lazare. A study of the tragedy "Catharina von Georgien" in relation to its French source », _University of Queensland Papers_, I (1967), p. 47-62.

*LESTRINGANT, Frank, « Histoires tragiques et vies des hommes illustres : la rencontre des genres. À propos de quelques histoires orientales chez Belleforest et Thevet », in _Le Roman à la Renaissance_, Actes du colloque international dirigé par M. Simonin (Université de Tours, Centre d'études supérieures de la Renaissance, 1990), publiés par C. de Buzon, Lyon, _RHR_, 2012. http://www.rhr16.fr/ressources/roman-renaissance.

LEVER, Maurice, _La fiction narrative en prose au XVIIe siècle_, Paris, CNRS, 1976.

LEVER, Maurice, « État présent des études sur le roman français au XVIIe siècle, 1973-1977 », _XVII^e siècle_, oct. – déc. 1978, n° 121, IV, p. 309-314.

LEVER, Maurice, « De l'information à la nouvelle : les canards et les _Histoires tragiques_ de François de Rosset », _RHLF_, LXXIX, juill. – août 1979, p. 577-593.

LEVER, Maurice, _Le roman français au XVIIe siècle_, Paris, P.U.F., 1981.

*LIBRAL, Florent, « Entre démystification du surnaturel et justification de la Providence : le récit d'événements de 1623 à 1633 », in _Que m'arrive-t-il ? Littérature et évènement_, E. Boisset et P. Corno (dir.), Presses de l'Université de Rennes, 2006, p. 133-143.

*_Littérature et histoire au XVIIe siècle_, G. Ferreyrolles (dir.), _Dalhousie French Studies_, vol. 65, 2003.

MAGENDIE, Maurice, *Le roman français au XVIIe siècle de « L'Astrée » au « Grand Cyrus »*, Genève, Droz, 1932.
MAILLARD, Jean-François, *Essai sur l'esprit du héros baroque (1580-1640)*, Paris, Nizet, 1973.
MANDROU, Robert, *Introduction à la France moderne. Essai de psychologie historique (1500-1640)*, Paris, A. Michel, 1961.
MANDROU, Robert, *Magistrats et sorciers au XVIIe siècle. Une analyse de psychologie historique*, Paris, Plon, 1968.
MANDROU, Robert, *De la culture populaire aux XVIIe et XVIIIe siècles*, Paris, Stock, 1964.
MANDROU, Robert, *La France aux XVIIe et XVIIIe siècles*, Paris, P.U.F., 1970.
MANNI, Domenico Maria, *Istoria del Decamerone di Giovanni Boccaccio*, Firenze, Ristori, 1792.
MANSAU, Andrée, « Maynard édité par Laugier de Porchères et Rosset », *Cahiers Maynard*, 13, 1983, p. 24-32.
MARCHESI, Giambattista, *Per la storia della novella italiana nel secolo XVII*, Roma, Loescher, 1897.
MARTIN, Henri-Jean, *Livre, pouvoirs et société à Paris au XVIIe siècle*, Genève, Droz, 1969.
*MARZANO, Michela, *La mort spectacle : enquête sur l'« horreur réalité »*, Paris, Gallimard, 2007.
MC LEAN, Ian, *Woman triumphant. Feminism in French Literature. 1610-1652*, Oxford, Clarendon Press, 1977.
*MEERHOFF, Kees, *Rhétorique et poétique au XVIe siècle en France : Du Bellay, Ramus et les autres*, Leiden, E. J. Brill, 1986.
MENAGER, Daniel, *Introduction à la vie littéraire au XVIe siècle*, Paris, Bordas/Mouton, 1968.
*MÉNIEL, Bruno, « Les métamorphoses de la charité dans les romans d'Antoine de Nervèze », in *Roman et religion de J.-P. Camus à Fénélon*, F. Greiner (dir.), *Littératures classiques*, n° 79, 2012.
METHIVIER, Hubert, *Le siècle de Louis XIII*, Paris, P.U.F. (« Que sais-je ? »), 1971.
Le miroir et l'image. Recherches sur le genre narratif au XVIIe siècle, Torino, CIRVI, 1982.
MOLINIÉ, Georges, *Du roman grec au roman baroque*, Toulouse, Centre de recherches Idées, Thèmes et Formes, 1977.
MOLINIÉ, Georges, « Les conditions linguistiques du récit dans les romans baroques français », *Cahiers de Littérature du XVIIe siècle*, n° 3, 1981, p. 63-89.
MOLINO, Jean, « Qu'est-ce que le roman historique ? », *RHLF*, n° spécial sur le roman historique, mars-juin 1975, p. 195-234.
MONGRÉDIEN, Georges, *La vie littéraire au XVIIe siècle*, Paris, Tallandier, 1947.

MORILLOT, Paul, *Le roman en France depuis 1610 jusqu'à nos jours*, Paris, Masson, 1892.

MORTIER, Roland, *L'Originalité. Une nouvelle catégorie esthétique au siècle des Lumières*, Genève, Droz, coll. « Histoire des idées et critique littéraire », vol. 207, 1982.

MUCHEMBLED, Robert, *Culture populaire et culture des élites dans la France moderne (XVe-XVIIIe siècles)*, Paris, Flammarion, 1978.

MUCHEMBLED, Robert, *La sorcière au village (XVe-XVIIIe siècles)*, Paris, Juillard/Gallimard, 1979.

*MUCHEMBLED, Robert, *Le temps des supplices, de l'obéissance sous les rois absolus. XVe-XVIIIe*, Paris, Armand Colin, 1992.

NICOLICH, Robert N., « Mannerism and Baroque : further notes on problems in the transfer of these concepts from the visual arts to literature », *PFSCL*, n° 19, 1983, p. 442-457.

La nouvelle française à la Renaissance, Genève, Slatkine, 1981.

PAPASOGLI, Benedetta, « Il romanzo francese barocco in Italia. Bibliografia », *Micromégas*, 2-3, 1978, p. 107-164.

*PARE, François, « Formes du récit dans les *Nouvelles histoires tragiques* de Bénigne Poissenot », in *Écrire et conter : mélanges de rhétorique et d'histoire littéraire du XVIe siècle offerts à Jean-Claude Moisan*, M.-C. Malenfant et S. Vervacke (dir.), Laval : P.U.L., 2003, p. 97-109.

*PECH, Thierry, *Conter le crime. Droit et littérature sous la Contre-Réforme : les histoires tragiques (1559-1644)*, Paris, Champion, 2000.

*PECH, Thierry, « "Enfants de la mort". L'altérité de la mort dans les histoires tragiques du premier XVIIe siècle », in *L'autre au XVIIe siècle*, R. Heyndels et B. Woshinsky, Tübingen, Gunter Narr Verlag, 1999, p. 95-106.

PÉROUSE, Gabriel-André, *Nouvelles françaises du XVIe siècle. Images de la vie du temps*, Genève, Droz, 1977.

*PÉROUSE, Gabriel-André, « Sur l'intitulation des recueils de narrations brèves, en France, au temps de la Renaissance », in *Narrations brèves. Mélanges de littérature ancienne offerts à Krystyna Kasprzyk*, P. Salwa, E. D. ŻółkiewskaWarszawa (dir.), Université de Varsovie, 1993, p. 137-145.

*PIETRZAK, Witold Konstanty, *Le Tragique dans les nouvelles exemplaires en France au XVIe siècle*, Presses de l'Université de Lodz, 2006.

PINTARD, René, *Le Libertinage érudit dans la première moitié du XVIIe siècle*, Paris, Boivin, 1943.

PIZZORUSSO, Arnaldo, *La poetica del romanzo in Francia (1660-1685)*, Caltanissetta/Roma, Sciascia, 1962.

PIZZORUSSO, Arnaldo, « L'idea di "autore" nel Seicento francese », *Intersezioni*, I, n° 1, 1981, p. 45-57.

POLI, Sergio, « L'amour dans les *Histoires tragiques* de François de Rosset », in *Les visages de l'amour au* XVIIe *siècle*, Toulouse, Publ. de l'Université de Toulouse – Le Mirail, 1984, p. 269-278.

*POLI, Sergio, « Autour de Rosset et de Camus : l'histoire tragique, ou le bonheur impossible », *Littératures classiques*, 15, 1991, p. 29-39.

*POLI, Sergio, « Corpo trionfante, corpo trafitto. Del corpo e dell'erotismo nella storia tragica francese cinque-seicentesca », in *Eros in Francia nel Seicento*, Quaderni del Seicento francese, 8, 1988, p. 31-49.

*POLI, Sergio, « De l'aventure du vrai aux lois de la fiction. Lecture de la première des *Histoires tragiques* de F. de Rosset », in *De l'ordre et de l'aventure. Langue, littérature, francophonie. Hommage à Giovanni Dotoli*, A. Rey, P. Brunel, P. Desan, J. Pruvost (dir.), Paris, Hermann éditeurs, 2014, p. 159-169.

*POLI, Sergio, « La forza del destino nella storia tragica tra Cinque e Seicento (1590-1640) », in *Tragedia e sentimento del tragico nella letteratura francese del Cinquecento*, *Studi di letteratura francese*, vol. 232, XVIII, 1990, p. 127-140.

*POLI, Sergio, « Grandeur et décadence d'un recueil, ou des aventures diverses de l'histoire tragique », *Œuvres et critiques*, XII, 1, 1987, p. 11-21.

*POLI, Sergio, *Histoire(s) tragique(s). Anthologie/Typologie d'un genre littéraire*, Bari, Schena-Nizet, 1991.

*POLI, Sergio, « Histoire tragique et traduction », in *Metamorfosi della traduzione in ambito francese-italiano*, a cura di D. Londei, S. Poli, A Giaufret, M. Rossi, Genova University Press, 2015, p. 87-110.

POLI, Sergio, « Les *Histoires tragiques* de François Rosset ou de la contradiction », XVIIe *siècle*, n° 140, 1983, p. 333-346.

POLI, Sergio, « Mensonge et littérature : les *Histoires tragiques* de François de Rosset », in *Le Miroir et l'Image, Recherches sur le genre narratif au* XVIIe *siècle*, Torino, CIRVI, 1982, p. 11-45.

*POLI, Sergio, « Poétique de la vérité et conséquences textuelles : sur une histoire tragique de François de Rosset », in *Les Histoires tragiques de François de Rosset*, textes recueillis par B. Conconi, Bologna, Emil di Odoya, 2014, p. 35-53.

*POLI, Sergio, « Poetica della verità e fascinazione del male », in *Miti e linguaggi della seduzione*, a cura di M. T. Puleio e R. Gasparro, Catania, C.U.E.C.M., 1996, p. 79-96.

*POLI, Sergio, « Prolegomeni per uno studio del tempo nella storia tragica », in *La "guirlande" di Cecilia. Studi in onore di Cecilia Rizza*, R. Galli Pellegrini, I. Merello, S. Poli et F. Robello (dir.), Fasano, Schena, 1996, p. 353-372.

POLI, Sergio, « Su alcune edizioni dimenticate delle *Histoires tragiques* di Rosset », *Studi Francesi*, 1979, n° 69, p. 488-495.

*POLI, Sergio, « Tradition ancienne et récit baroque : mythe et réalité dans l'histoire tragique », *Travaux de littérature*, V, 1992, p. 89-108.

*POLI, Sergio, « Vendetta e pena capitale nella narrativa del primo Seicento », in *Il delitto narrato al popolo. Immagini di giustizia e stereotipi di criminalità in età moderna*, a cura di R. De Romanis e R. Loretelli, Palermo, Sellerio, 1999, p. 241-253.

*POLI, Sergio, « Violence et mythe dans l'histoire tragique. Un exemple de François de Rosset », in *Violence et fiction jusqu'à la Révolution*, M. Debaisieux et G. Verdier (dir.), Tübingen, Gunter Narr Verlag, 1998, p. 55-62.

*POMPEJANO, Valeria, « La traduction d'œuvres italiennes en France de 1600 à 1630 », in *La traduction de l'italien en français au XVIIe siècle*, Fasano-Paris, Schena-Presses Paris Sorbonne, 2001, p. 41-54.

PROPP, Vladimir, *Morphologie du conte*, Paris, Seuil, 1974 (éd. orig. 1928).

La prosa francese del primo Seicento, Cuneo, SASTE, 1977.

RAYMOND, Marcel, *Baroque et Renaissance poétique*, Paris, Corti, 1953.

RAYNAL, Marie-Aline, *La Nouvelle française de Segrais à Mme de La Fayette*, Paris, Picart, 1926.

*RÉGENT-SUSINI, Anne, « Sauvage ou bon sauvage ? Le paysan chez Jean-Pierre Camus », in *Roman et religion de J.-P. Camus à Fénélon*, F. Greiner (dir.), *Littératures classiques*, n° 79, 2012.

REISS, Timothy J., *Tragedy and truth*, New Haven – London, Yale University Press, 1980.

REYNIER, Gustave, *Le Roman sentimental avant « L'Astrée »*, Paris, Colin, 1908.

REYNIER, Gustave, *Les origines du roman réaliste*, Paris, Hachette, 1912.

REYNIER, Gustave, *Le roman réaliste au XVIIe siècle*, Paris, Hachette, 1914.

RICHTER, Bodo, « François de Belleforest : un des pamphlétaires fulminants du XVIe siècle », *Cahiers de l'Association internationale des études françaises*, 1984, vol. 36 n° 1, p. 97-110.

*RIEGER, Dietmar, « "Histoire de loi" – "Histoire tragique". Authenticité et structure de genre chez François de Rosset », in *Dynamique sociale et formes littéraires. De la société de cour à la misère des grandes villes*, Tübingen, Gunter Narr, 1997, p. 19-36.

RIZZA, Cecilia, *Barocco francese e cultura italiana*, Cuneo, SASTE, 1973.

RIZZA, Cecilia, « État présent des recherches dixseptiémistes en Italie », *Œuvres et critiques*, I, 1, 1976, p. 24-37.

*ROBIC DE BAEQUE, Sylvie, *Le salut par l'excès : Jean-Pierre Camus (1584-1652). La poétique d'un évêque romancier*, Paris, Champion, 1998.

ROLFE, Franklin P., « On the Bibliography of the Seventeenth Century Novel », *PMLA*, 49, 1934, p. 1071-1086.

*ROLLA, Chiara, « Alla ricerca di uno "statuto" del romanzo nella Francia del primo Seicento », *Quaderni del Dipartimento di Lingue e Letterature Straniere Moderne*, Università di Genova, n° 10, 1998, p. 27-40.

*ROLLA, Chiara, « Le "statut" du roman dans la première moitié du XVIIe siècle : à propos de quelques œuvres et auteurs "mineurs" (Gerzan, Guérin de Bouscal, Axiane) », in *Préfaces romanesques*, ét. réunies par M. Kozul, J. Herman, P. Pelckmans, K. Peeters, Actes du XVe Colloque international de la SATOR, Louvain-Anvers, mai 2003, Louvain, éd. Peeters, coll. « La République des Lettres », vol. 23, 2005, p. 103-116.

*ROLLA, Chiara, *L'apologie du roman. À la recherche d'un statut du roman dans la France de la première moitié du XVIIe siècle. Recueil de textes théoriques avec une introduction et des notes biographiques*, Roma, Aracne, 2006.

**Roman et religion de J.-P. Camus à Fénelon*, F. Greiner (dir.), *Littératures classiques*, n° 79, 2012.

ROMANO, Massimo, « Tematica barocca nel romanzo francese del Seicento », *Studi Francesi*, n° 37 (genn.-aprile 1969) p. 26-43 – n° 38 (maggio-agosto 1969) p. 210-234.

Il romanzo al tempo di Luigi XIII, Bari/Parigi, Adriatica/Nizet, 1981.

**Il romanzo nella Francia del Rinascimento : dall'eredità medievale all'« Astrea »*, M. Barsi (dir.), Fasano, Schena, 1996.

ROUSSET, Jean, *La littérature de l'âge baroque en France*, Paris, Corti, 1953.

ROUSSET, Jean, *Narcisse romancier*, Paris, Corti, 1972.

ROY, Émile, « La poétique du roman au XVIIe siècle », *Revue Bourguignonne de l'enseignement supérieur*, 1897, p. 1-36.

RUSSO, Vittorio, « Il senso del tragico nel *Decamerone* », *Filologia e letteratura*, Anno 11, Fasc. I, n° 41, 1965, p. 29-83.

*SAVARY, Karine et MASSON-LABONTÉ, Amélie, « Un guide de bonne conduite pour catholiques à travers les faits divers : Les "canards d'information" en France entre la fin du XVIe siècle et le début du XVIIe », http://www.rhus.association.usherbrooke.ca/wp-content/articles/05.pdf.

SCHMIDT, Albert-Marie, « Histoires tragiques », in *Études sur le XVIe siècle*, Paris, A. Michel, 1967, p. 247-259.

SEARLES, Colbert, « Allusions to the Contemporary theater of 1616 by F. de Rosset », *Modern Language Notes*, XL (1925), p. 481-483.

SEGRE, Cesare, *La struttura e il tempo. Narrazione, poesia e modello*, Torino, Einaudi, 1974.

SERROY, Jean, *Roman et réalité. Les histoires comiques au XVIIe siècle*, Paris, Minard, 1981.

SHEARMAN, John, *Mannerism*, Baltimore, Penguin, 1967.

SIMONIN, Michel, « Autour du *Traicté paradoxique en dialogue* de B. Poissenot : dialogue, foi et paradoxe dans les années 1580 », in *Le paradoxe au temps de la Renaissance*, Paris, Touzot, 1982, p. 23-39.

SIMONIN, Michel, *Introduction à* Boaistuau, P., *Le théâtre du monde*, Genève, Droz, 1981.

SIMONIN, Michel, « François de Belleforest traducteur de Bandel dans le premier volume des "Histoires tragiques" », in *Matteo Bandello, novelliere europeo*, Tortona, Cassa di Risparmio, 1982, p. 455-482.

*SIMONIN, Michel, « Notes sur Pierre Boaistuau », in *L'encre et la lumière*, Genève, Droz, 2004, p. 3-14.

SIMONIN, Michel, « Le statut de la description à la fin de la Renaissance », in *L'automne de la Renaissance*, J. Lafond et A. Stegmann (dir.), Paris, Vrin, 1980, p. 129-140.

*SIMONIN, Michel, *Vivre de sa plume au XVIe siècle ou la carrière de François de Belleforest*, Genève, Droz, 1992.

**Les songes de Clio : fiction et histoire sous l'Ancien Régime*, S. Vervacke,T. Belleguic, E. van der Schueren (dir.), Presses de l'Université Laval, 2006.

SOREL, Charles, *La bibliothèque françoise*, Paris, Compagnie des Libraires du Palais, 1664 (2a ed.) [Kessinger Legacy Reprints, 2010].

SOREL, Charles, *De la connaissance des bons livres*, Paris, Pralard, 1671 [Hachette Livre Bnf, 2012].

*SOZZI, Lionello, « Introduction », in *L'« histoire tragique » nella seconda metà del Cinquecento francese*, Torino, Genesi editrice, 1991, p. 7-51.

SOZZI, Lionello, *La nouvelle française de la Renaissance*, Torino, Giappichelli, 1973.

SOZZI, Lionello, « Il racconto tragico in Francia alla fine del Cinquecento », *Sigma*, n° 5, IX, 1-2, 1976, p. 43-81.

*SPICA, Anne-Élisabeth, « Poétique de la fiction : la nouvelle et la "fable" au XVIIe siècle », in *La Nouvelle de langue française aux frontières des autres genres*, V. Engel et M. Guissard (dir.), t. 1, Academia Bruylant, 2001, p. 170-182.

STEGMANN, André, « La fête parisienne à la Place Royale en avril 1612 », in *Les fêtes de la Renaissance*, Paris, CNRS, 1973, p. 373-392.

*STRAUSS, Leo, *La persécution et l'art d'écrire*, trad. de l'anglais par O. Sedeyn, Paris, Gallimard, 2009.

STUREL, René, « Bandello en France au XVIe siècle », *Bulletin Italien*, XIV, 1914, p. 29-42.

SUSINI, Eugène, « Malingre et son histoire de "Catherine de Georgie" », *Études Germaniques*, 1968, n° 23, p. 37-53.

*SUSO LOPEZ, Javier, « La conception de la traduction pendant la Renaissance en France », in *La traducción : metodología, historia, literatura. Ámbito hispano-francés*, F. Lafarga, A. Ribas, M. Tricas (dir.), Barcelona, PPU, 1995, p. 115-122.

TAPIÉ, Victor-Lucien, *Le siècle de Louis XIII et de Richelieu*, Paris, Flammarion, 1952.

TAPIÉ, Victor-Lucien, *Le Baroque*, Paris, P.U.F. (« Que sais-je ? »), 1961.

TENENTI, Alberto, *Il senso della morte e l'amore della vita nel Rinascimento*, Torino, Einaudi, 1957.

TENENTI, Alberto, « Il macabro nel simbolismo dell'Umanesimo », *Umanesimo e Simbolismo*, Roma, Istituto di studi filosofici, 1958, p. 205-213.

**Théâtre de la cruauté et récits sanglants en France (XVI*[e]*-XVII*[e]* siècles)*, C. Biet dir., Robert Laffont, collection Bouquins, 2006.

**Le théâtre de la nouvelle : de la Renaissance aux Lumières*, R. Roy (éd.), *Tangence*, n° 96, été 2011, https://www.erudit.org/revue/tce/2011/v/n96/.

**Le théâtre, la violence et les arts en Europe*, C. Biet et M.-M. Fragonard (dir.), *Littératures classiques*, n° 73, automne 2010.

THUAU, Étienne, *Raison d'état et pensée politique à l'époque de Richelieu*, Paris, Colin, 1966.

TODOROV, Tzvetan, *Grammaire du « Décaméron »*, The Hague/Paris, Mouton, 1969.

TOLDO, Pietro, *Contributo allo studio della novella francese del XV e XVI secolo considerata specialmente nelle sue attinenze con la letteratura italiana*, Roma, Loescher, 1895.

TOURNAND, Jean-Claude, *Introduction à la vie littéraire du XVII*[e] *siècle*, Paris, Bordas/Mouton, 1970.

Travaux récents sur le XVIIe *siècle*, Actes du 8e colloque de Marseille (Janvier 1978), Marseille, A. Robert, 1979.

Les tragédies de Sénèque et le théâtre de la Renaissance, Paris, CNRS, 1972.

*TREILHOU-BALAUDÉ, Catherine, « Quelques propositions pour comprendre le spectacle de la violence baroque », *Revue d'études théâtrales*, n° 9/10 (« Le Théâtre et le Mal »), hiver 2004-printemps 2005, p. 81-88.

TURBET-DELOF, Guy, « Sur une esquisse de théorie du crime passionnel dans les *Histoires Gasconnes* de J. d'Intras », *Cahiers de Littérature du XVII*[e] *siècle*, 1984, n° 6, p. 425-432.

*VALCIC BULIC, Tamara, « Le narrateur de Poissenot, ou l'art de "tournoyer à l'entour du pot" », *Réforme, Humanisme, Renaissance*, n° 73, 2011, p. 107-118.

*VANDENDORPE, Christian, « La lecture du fait divers : fonctionnement textuel et effets cognitifs », *Tangence*, n° 37, Ottawa, 1992, p. 56-69.

*VAUCHER GRAVILI, Anne de, « Langages et figures de la séduction dans les histoires tragiques de François de Rosset », in *Miti e linguaggi della seduzione*, M. T. Puleio (ed.), Catania, CUEM, 1997, p. 97-114.

*VAUCHER GRAVILI, Anne de, « Discours didactique et contre-discours dans l'histoire tragique du XVIIe siècle », in *Le Roman à la Renaissance*, Actes du colloque international dirigé par Michel Simonin (Université de Tours, Centre d'études supérieures de la Renaissance, 1990), publiés par C. de Buzon, Lyon, *RHR*, 2012, http://www.rhr16.fr/ressources/roman-renaissance.

VAUCHER GRAVILI, Anne de, « Loi et transgression dans *Les Spectacles d'horreur* de J.-P. Camus, évêque de Belley », *Studi Francesi*, n° 76 (1982), p. 20-31.

VAUCHER GRAVILI, Anne de, *Loi et transgression. Les histoires tragiques au XVIIe siècle*, Lecce, Milella, 1982.

VAUCHER GRAVILI, Anne de, *Le schéma narratif de l'histoire tragique en France au XVIIe siècle*, Venezia, Libreria editrice Cafoscarina, 1981.

*VAUCHER GRAVILI, Anne de, « Violence représentée, violence exorcisée : François de Rosset et la peinture de son temps », in *Violence et fiction jusqu'à la Révolution*, M. Debaisieux et G. Verdier (dir.), Tübingen, Gunter Narr Verlag, 1998, p. 63-76.

**La vengeance dans la littérature d'Ancien Régime*, E. Méchoulan (dir.), Montréal, Paragraphes, 2000.

*VERDIER, Gabrielle, « Lire Nervèze ? Rhetoric and readability in early 17th century narrative », *PFSCL*, XII, 1985, p. 431-450.

*VERDIER, Gabrielle, « Masculin/Féminin : la réécriture de l'histoire dans la nouvelle historique », in *La Naissance du roman en France*, N. Boursier et D. Trott (dir.), Biblio 17, 1990, p. 39-54.

*VERNET, Max, « Jean-Pierre Camus. Comment fut inventé le paratexte », in *Paratextes. Études aux bords du texte*, textes réunis et présentés par M. Calle-Gruber et E. Zawisza, Paris, L'Harmattan, 2000, p. 229-238.

*VERNET, Max, *Jean-Pierre Camus : théorie de la contre-littérature*, Paris, Nizet, 1995.

**Violence et fiction jusqu'à la Révolution*, M. Debaisieux et G. Verdier éds., Tübingen, Gunter Narr, 1998.

VIVANTI, Corrado, *Lotta politica e pace religiosa fra Cinque e Seicento*, Torino, Einaudi, 1963.

VOVELLE, Michel, *Mourir autrefois. Attitudes collectives devant la mort aux XVIIe et XVIIIe siècles*, Paris, Gallimard/Julliard, 1974.

VOVELLE, Michel, *Baroque et déchristianisation*, Paris, Pion, 1973.

*« Le Vrai et le Vraisemblable », *Revue des Sciences Humaines*, n° spécial, 280, 2006.

WETZEL, Herman, *Die romanische Novelle bis Cervantes*, Stuttgart, Metzler, 1977.

WETZEL, Herman, « Éléments socio-historiques d'un genre littéraire : l'histoire de la nouvelle jusqu'à Cervantès », in *La nouvelle française à la Renaissance*. Études réunies par L. Sozzi et présentées par V. L. Saulnier, Genève-Paris, Slatkine, 1981, p. 41-78.

*WETZEL, Herman, « Premesse per una storia del genere della novella romanza dal Due al Seicento », in *La novella italiana* (Atti del Convegno di Caprarola, 19-24 settembre 1988), 2 voll., Roma-Salerno, Salerno editrice, 1989, vol. 1 p. 265-281.

WILLIAMS, Ralph Coplestone, *A Bibliography of the Seventeenth Century Novel in France*, New York, The Century Company, 1931.

ZANTA, Léontine, *La renaissance du stoïcisme au XVIe siècle*, Paris, Champion, 1914.

*ZIERCHER, Estelle, « Histoires tragiques et formes narratives au XVIe siècle », *Réforme, Humanisme, Renaissance*, n° 73, 2011, p. 9-21.

ZINGUER, Ilana, « Tentative de définition de la nouvelle au début du XVIe siècle », in *L'automne de la Renaissance (1580-1630)*, J. Lafond et A. Stegmann (dir.), Paris, Vrin, 1981, p. 195-208.

*ZUBER, Roger, « Grandeur et misère du style Nervèze », in *Les Émerveillements de la raison. Classicismes littéraires du XVIIe siècle français*, Paris, Klincksieck, 1997, première partie, chap. 5, p. 83-95.

*ZUFFEREY, Joël, « Un cas de positionnement générique : les récits brefs de J.-P. Camus », *Poétique*, n° 152, Paris, Seuil, novembre 2007, p. 423-437.

*ZUFFEREY, Joël, « Fiction et vérité dans les nouvelles de J.-P. Camus », *Poétique*, n° 124, Paris, Seuil, novembre 2000, p. 475-484.

*ZUFFEREY, Joël, « De l'occasionnel au sériel : les histoires tragiques de Jean-Pierre Camus », *Variations*, Zürich, 2001, n° 7, p. 75-87.

ZUMTHOR, Paul, *La poétique de la prose*, Paris, Seuil, 1971.

INDEX DES NOMS

INDEX DES OUVRAGES CITÉS

TABLE DES MATIÈRES

IMPRIM'VERT®

Achevé d'imprimer par Corlet Numérique,
à Condé-sur-Noireau (Calvados). N° d'impression : 128502
Imprimé en France